utb 2653

D1985267

**Eine Arbeitsgemeinschaft der Verlage**

Böhlau Verlag · Wien · Köln · Weimar
Verlag Barbara Budrich · Opladen · Toronto
facultas · Wien
Wilhelm Fink · Paderborn
A. Francke Verlag · Tübingen
Haupt Verlag · Bern
Verlag Julius Klinkhardt · Bad Heilbrunn
Mohr Siebeck · Tübingen
Ernst Reinhardt Verlag · München
Ferdinand Schöningh · Paderborn
Eugen Ulmer Verlag · Stuttgart
UVK Verlag · München
Vandenhoeck & Ruprecht · Göttingen
Waxmann · Münster · New York
wbv Publikation · Bielefeld

Stephan Meder

Andrea Czelk

# Grundwissen Sachenrecht

3., vollständig überarbeitete Auflage

Mohr Siebeck

Prof. Dr. Stephan Meder hat den Lehrstuhl für Zivilrecht und Rechtsgeschichte an der Universität Hannover inne.

Juniorprofessorin Dr. Andrea Czelk lehrt Bürgerliches Recht an der Justus-Liebig-Universität Gießen.

1. Auflage 2005
2. Auflage 2008 (überarbeitet)
3. Auflage 2018 (vollständig überarbeitet)

ISBN 978-3-8252-5070-6 (UTB Band 2653)

Online-Angebote oder elektronische Ausgaben sind erhältlich unter www.utb-shop.de.

Die Deutsche Nationalbibliothek verzeichnet diese Publikation in der Deutschen Nationalbibliographie; detaillierte bibliographische Daten sind im Internet über *http://dnb.dnb.de* abrufbar.



Das Buch wurde von Jung Crossmedia in Lahnau gesetzt und von Hubert & Co. in Göttingen auf alterungsbeständiges Werkdruckpapier gedruckt und gebunden.

Printed in Germany.

# Vorwort

Die dritte Auflage behält das bewährte Prinzip der ersten beiden Auflagen bei: Wir wollen die Grundlagen des Sachenrechts vermitteln und die Leser befähigen, die damit verbundenen Rechtsfragen tatsächlich zu verstehen, statt sie bloß auswendig zu lernen.

In der Lehr- und Prüfungspraxis zeigt sich allerdings die Tendenz, bereits Anfangssemester vermehrt mit Examensproblemen zu konfrontieren. Wir haben daher in den Vertiefungshinweisen insbesondere die weiterführenden Fragestellungen aufgegriffen, die mittlerweile als „klassisch" gelten dürfen und daher häufiger Prüfungsgegenstand sind. Darunter fallen die petitorische Widerklage, Streitfragen um das Anwartschaftsrecht und der Diskurs um den gutgläubigen Erwerb gesetzlicher Pfandrechte. Durch die Aufteilung in Grundlagen (Fließtext) und Vertiefungshinweise (Kleindruck) können die LeserInnen selbst steuern, wann sie sich sicher genug fühlen, um anspruchsvolleren Fragestellungen nachzugehen. Wir haben die Vertiefungshinweise mit weiterführender Literatur ergänzt. Am Ende jeder Einheit sind neben einer ausführlicheren Literaturübersicht auch Fundstellen von gutachterlichen Fall-Lösungen angegeben, die eine Vertiefungsarbeit im Eigenstudium und in Kleingruppen unterstützen können. Aktuelle Literatur konnten wir bis April 2018 berücksichtigen.

Der beste Lerneffekt wird sich immer beim aktiven Lesen einstellen. Daher haben wir wie gewohnt Beispiele im Text verwendet, die zum Mitdenken einladen und vor allem zu Studienbeginn helfen können, die Interessenlage verständlich zu machen. Sie dienen der Illustration und sollen das Problembewusstsein schärfen; als Mustersubsumtion sind sie nicht gedacht. Dieser Ansatz mindert auch die Gefahr, „fertige" Fälle auswendig zu lernen – statt rechtliche Prinzipien zu verstehen. Komplexere Ausgangsfälle wie das Streckengeschäft wurden zum Teil grafisch unterstützt.

An der neuen Auflage waren viele Helfer beteiligt. Insbesondere für die Literaturrecherche und -aktualisierung danken wir Frau Rechtsreferendarin Philina Heinke und Herrn Rechtsreferendar Antonio Paulheim; Frau stud. jur. Alina Marcens war mit der Endkontrolle der Literatur beauftragt. Herrn Paulheim danken wir zudem ebenso wie Herrn stud. jur. Michail Sowwa für die Erstellung der Register. Herr Sowwa hat außerdem die Grafiken zum Streckengeschäft angefertigt.

Wir danken besonders Frau Pirko Wedhorn (Gießen) und Frau Janina Schaffert (Hannover) für die sorgfältige Korrekturlesung der Druckfahnen. Frau Jana Trispel als Herstellungsleiterin war bei allen Fragen der Fertigstellung eine geduldige und hilfsbereite Ansprechpartnerin.

Die wichtigsten Anregungen zu Vertiefungsfragen verdanken wir, wie stets, den Studierenden!

Hannover und Gießen
August 2018

Stephan Meder
Andrea Czelk

# Vorwort zur 1. Auflage

Das Grundwissen Sachenrecht ist vor allem an Studierende gerichtet, die sich zum ersten Mal mit dem dritten Buch des BGB auseinandersetzen (müssen). Es trägt dabei der Tatsache Rechnung, dass für eine gelungene Fall-Lösung die Kenntnis der Grundlagen unerlässlich ist. Obwohl vielfach die Angst vor dem Examen mit der Vorstellung geschürt wird, es käme auf die Kenntnis unzähliger Spezialprobleme an, zeigt sich doch immer wieder, dass von Seiten der Prüfenden die richtige Anwendung der Grundlagen die am häufigsten geforderte Leistung ist. Denn nur, wer die Grundlagen beherrscht und auch auf unbekannte Fälle anwenden kann, wird überhaupt Fälle *lösen*. Der schönste auswendig gelernte „Rückerwerb vom Nichtberechtigten" hilft wenig, wenn die Klausur-Bearbeiter die einfachen Voraussetzungen des gutgläubigen Erwerbs nicht durchprüfen können. Mehr noch: Solange die Grundlagen nicht verstanden wurden, wissen die Studierenden häufig noch nicht einmal, was sie da eigentlich auswendig lernen oder warum sich Spezialprobleme so und nicht anders in den Griff bekommen lassen. Wer kasuistisch einen Problemfall lernt, kann *einen* Fall lösen; wer die Prinzipien der Rechtsanwendung verstanden hat, kann (fast) jeden Fall lösen.

Wir haben versucht, die Vermittlung solcher Grundlagen für das Sachenrecht zu leisten. Das Sachenrecht wird noch stärker als andere Bücher des BGB von Grundprinzipien getragen, und viele Folgeprobleme in der Rechtsanwendung müssten ohne Kenntnis etwa von Abstraktion oder Akzessorietät unverständlich bleiben. Dabei haben wir uns bemüht, besonders wichtige oder komplexe Sachverhalte so zu erklären, dass sie auch ohne Vorwissen verstanden werden können. Für einen guten Lerneffekt empfiehlt sich zusätzlich der Blick in die jeweils angegebenen Paragraphen.

Der Leser wird feststellen, dass in den Vertiefungshinweisen gelegentlich auch kritisch diskutiert oder so mancher bisheriger Lösungsvorschlag in Frage gestellt wird. Solche Erörterungen beanspruchen keine neue Allgemeingültigkeit, sondern sollen zum Mitdenken und Argumentieren ermuntern. Vielfach prägt sich gerade dadurch das Gelesene noch stärker ein.

Bei der Fertigstellung des Manuskripts haben wir vielfältige Unterstützung erfahren. Wir danken Frau stud. jur. Jana Sheps für die tatkräftige Hilfe bei der Anfertigung der Register sowie Frau stud. jur. Anja Schmädecke und Herrn Rechtsreferendar Eric Neiseke für die Literaturrecherche. Ein besonderer Dank gilt Frau Ina Krückeberg für die sorgfältige Korrekturlesung des Manuskripts.

Bei der Niederschrift haben wir oft mit Freude an die Studierenden in Hannover gedacht, die uns durch ihre aktive Teilnahme an unseren Lehrveranstaltungen mit vielen klugen Fragen oder interessanten Lösungsvorschlägen zu mancher Fall-Abwandlung inspiriert haben.

Hannover, im April 2005

Stephan Meder
Andrea Czelk

# Inhaltsverzeichnis

## Mobiliarsachenrecht


**1. Einheit – Einführung: Bedeutung des Sachenrechts. Grundprinzipien** . . . 3

A. Sachenrecht: Ein Überblick . . . 3

I. Die Grundpfeiler des Sachenrechts: Eigentum und Besitz als absolute Rechte . . . 3
1. Das Eigentum als absolutes Recht . . . 4
2. Besitz und Besitzrecht . . . 4

II. Grundprinzipien des Sachenrechts . . . 5
1. Absolutheit . . . 6
2. Typenzwang . . . 6
3. Publizität . . . 6
4. Spezialität und Bestimmtheit . . . 6
5. Trennungs- und Abstraktionsprinzip . . . 7
– Ausnahmen vom Abstraktionsprinzip . . . 8

B. Bedeutung des Sachenrechts . . . 10

I. Die studienbezogene Bedeutung . . . 10

II. Bedeutung des Sachenrechts für die Wirtschafts- und Gesellschaftsordnung . . . 11

**2. Einheit – Besitz und Besitzerwerb** . . . 13

A. Der Begriff des Besitzes . . . 13

I. Die tatsächliche Sachherrschaft . . . 13

II. Besitzwille . . . 14
1. Tatsächliche Sachherrschaft und genereller Besitzwille . . . 14
2. Zusammenfassung . . . 15

III. Besitz und tatsächliche Sachherrschaft – Ausnahmen . . . 15
1. Erbenbesitz . . . 16
2. Mittelbarer Besitz . . . 16
3. Besitzdienerschaft, § 855 . . . 17

IV. Besitzerwerb . . . 17
1. Erlangung der tatsächlichen Sachherrschaft . . . 17
2. Besitzerwerb ohne sofortige Übernahme der tatsächlichen Sachherrschaft . . . 18

3. Besitzergreifungswille . . . 19
4. Exkurs: Richtung des Besitz(ergreifungs)willens . . . 19
a.) Eigenbesitzwillen . . . 20
b.) Fremdbesitzwillen . . . 20

V. Besitzverlust . . . 20

VI. Mittelbarer Besitz: Inhalt und Voraussetzungen . . . 21
1. Besitzmittlungsverhältnis . . . 21
2. Die Bedeutung des mittelbaren Besitzes . . . 23
3. Zusammenfassung: Voraussetzungen für Erwerb und Verlust des mittelbaren Besitzes . . . 23
4. Gestufter mittelbarer Besitz . . . 24

B. Weitere Arten des Besitzes: Mitbesitz, Organbesitz . . . 24

I. Mitbesitz . . . 24

II. Organbesitz . . . 25

C. Funktionen des Besitzes . . . 25

I. Publizitätsfunktion . . . 25

II. Schutzfunktion . . . 26

III. Erhaltungsfunktion . . . 26

**3. Einheit – Besitzschutz und Formen des Besitzerwerbs in der Fallanwendung** . . . 28

A. Possessorische und petitorische Besitzschutzansprüche: Abgrenzung 28

B. Die Besitzschutzansprüche im Einzelnen . . . 30

I. Die possessorischen Besitzschutzansprüche . . . 30
1. Das Selbsthilferecht, § 859 . . . 30
a.) Definition und Inhalt: Verbotene Eigenmacht . . . 30
b.) Besitzwehr, § 859 I . . . 32
c.) Besitzkehr, § 859 II, III, und die Unmittelbarkeitskomponente . . . 32
d.) Verhältnis zu den §§ 227 ff. . . . 34
2. Der Herausgabeanspruch des § 861 I . . . 35
3. Der Störungsbeseitigungs- und Unterlassungsanspruch, § 862 . . . 38
4. Das „Abholungsrecht", § 867 . . . 38

II. Petitorische Besitzschutzansprüche . . . 39
1. Gegen den bösgläubigen Besitzer, § 1007 I . . . 39
2. Gegen den gutgläubigen Besitzer, § 1007 II . . . 39
3. Ausschlussgründe . . . 40

III. Besitzschutz außerhalb des Sachenrechts . . . 40

**4. Einheit – Eigentum. Kurze Einführung: Bedeutung des Eigentums. Arten des Eigentums** . . . . . 42

A. Das Eigentum im Spannungsverhältnis zwischen Rechten und Pflichten . . . . . 42

B. Der Niederschlag im BGB: § 903 und die Notstandsparagraphen . . . . 44

C. Arten des Eigentums . . . . . 46

I. Miteigentum nach Bruchteilen . . . . . 47

II. Das Gesamthandseigentum . . . . . 47

III. Das Treuhandeigentum . . . . . 48
1. Uneigennützige Treuhand (Verwaltungstreuhand) . . . . . 48
2. Eigennützige Treuhand . . . . . 48

**5. Einheit – Rechtsgeschäftlicher Erwerb von Eigentum** . . . . . 49

A. Der Regelfall: Eigentumserwerb gemäß § 929 S. 1 . . . . . 50

I. Die Einigung . . . . . 50
1. Anwendbarkeit der Vorschriften über Willenserklärungen . . . . . 50
2. Der Inhalt der Einigung unter Berücksichtigung der sachenrechtlichen Prinzipien . . . . . 51
3. Widerruflichkeit der Einigung . . . . . 52

II. Die Übergabe . . . . . 52
1. Sonderfall der Übergabe: Mittelbarer Besitz auf Erwerberseite und Unterschied zum Kommissionsgeschäft . . . . . 53
2. Sonderfall: Die „brevi manu traditio", § 929 S. 2 . . . . . 55

III. Der Geheißerwerb als weiterer Sonderfall des § 929 S. 1: Übergabe an Dritte, Übergabe durch Dritte ohne Besitzrechtsverhältnis . . . . . 56

B. Die Übereignung nach § 930: Besitzkonstitut statt Übergabe . . . . . 57
– Sonderfall: Das antizipierte Besitzkonstitut . . . . . 60

C. Übereignung gemäß § 931: Abtretung des Herausgabeanspruchs statt Übergabe . . . . . 61

D. Übertragung von Miteigentum . . . . . 63

E. Überleitung zum gutgläubigen Erwerb: Der Erwerb vom Nichtberechtigten i.V.m. § 185 . . . . . 63

I. Wirksamkeit gemäß § 185 I ... 64
II. Wirksamkeit gemäß § 185 II S. 1, 1. Alt ... 64
III. Wirksamkeit gemäß § 185 II S. 1, 2. Alt ... 64
IV. Wirksamkeit gemäß § 185 II S. 1, 3. Alt ... 65
V. Prioritätsgrundsatz gemäß § 185 II S. 2 ... 65

**6. Einheit – Der gutgläubige Erwerb** ... 66

A. Einführung: Der Gutglaubensschutz ... 66
I. Der Grundfall: Gutgläubiger Erwerb vom Nichtberechtigten, §§ 929, 932 ... 67
1. Das Übergabeerfordernis: Besitzerwerb vom Veräußerer ... 67
2. Der gute Glaube, § 932 II ... 68
3. Kein gutgläubiger Erwerb abhandengekommener Sachen ... 71
II. Gutgläubiger Erwerb bei Übereignung kurzer Hand, § 929 S. 2, § 932 I S. 2 ... 75
III. Gutgläubiger Erwerb bei Vereinbarung eines Besitzkonstituts, §§ 930, 933 ... 75
IV. Gutgläubiger Erwerb bei Abtretung des Herausgabeanspruchs, §§ 931, 934 ... 76
1. Mittelbarer Besitz des Veräußerers ... 77
2. Kein mittelbarer Besitz des Veräußerers ... 77

B. Wirkung des gutgläubigen Erwerbs ... 78
1. Rückerwerb „vom“ Nichtberechtigten oder Rückerwerb „des“ Nichtberechtigten ... 78
2. Verfügung eines Minderjährigen ... 79

C. Gutgläubiger Erwerb bei Übereignung unter aufschiebender Bedingung ... 79

D. Verbindung zu Ansprüchen aus § 816 I ... 81

E. Gutgläubiger lastenfreier Erwerb, § 936 ... 82

**7. Einheit – Der gesetzliche Erwerb von Eigentum** ..................... 85

A. Verarbeitung, Verbindung, Vermischung ..................... 85

I. Die Verarbeitung, § 950 ..................... 86
1. Definition „neue Sache" ..................... 86
2. Definition „Hersteller" ..................... 87
3. Ausschluss bei Geringwertigkeit ..................... 87
4. Wirkung der Verarbeitung und abweichende Vereinbarungen ...... 87

II. Verbindung und Vermischung, §§ 946, 947, 948 ............ 88
1. Verbindung einer beweglichen Sache mit einem Grundstück, § 946 .. 88
a.) Wesentlicher Bestandteil, § 93 ..................... 88
b.) Dauer der Verbindung und Scheinbestandteil ..................... 89
c.) Zubehör, § 97 ..................... 89
d.) Ein Sonderproblem: Der Überbau ..................... 89
2. Verbindung gemäß § 947 ..................... 90
3. Vermischung, § 948 ..................... 90

B. Ausgleichsansprüche für den Rechtsverlust ..................... 91

I. § 951 als Rechtsfortwirkungsanspruch: Voraussetzungen ...... 91
1. Erwerb ohne rechtlichen Grund ..................... 91
2. Berechtigter und Verpflichteter ..................... 92
3. Anspruchsinhalt ..................... 92
4. Aufgedrängte Bereicherung ..................... 92

II. Anwendungsbereich und Konkurrenzen zu anderen Ersatzansprüchen ..................... 93

C. Eigentumserwerb an Schuldurkunden, § 952 ..................... 94

I. Unselbstständige Urkunden ..................... 94

II. Inhaber- und Orderpapiere ..................... 95

D. Der Erwerb von Erzeugnissen und Bestandteilen (§§ 953 bis 957) ... 95

I. Erwerb von Bestandteilen, §§ 953, 93 und 94 ..................... 95

II. Erwerb von Erzeugnissen, §§ 953, 99 ..................... 96

III. Das Schachtelprinzip in den §§ 953 ff. ..................... 96

E. Aneignung herrenloser Sachen, §§ 958 bis 964 ..................... 97

I. Herrenlosigkeit ..................... 97

II. Ausschlussgründe gemäß § 958 II ..................... 98

F. Fund, §§ 965 bis 984 ..................... 98

**8. Einheit – Das Eigentümer-Besitzer-Verhältnis: Der Herausgabeanspruch des Eigentümers** ... 100

A. Der Herausgabeanspruch des Eigentümers aus § 985 ... 101

I. Die Vindikationslage ... 101
1. Eigentum und Eigentumsvermutung ... 101
2. Die Unrechtmäßigkeit des Besitzes ... 103

II. Die Herausgabepflicht des unmittelbaren Besitzers ... 104
1. Herausgabepflicht und Besitzrecht des unmittelbaren Besitzers bei gestuftem mittelbarem Besitz ... 104
2. Zusammenfassung ... 106

III. Die Herausgabepflicht des mittelbaren Besitzers ... 106

VI. Zurückbehaltungsrecht, unzulässige Rechtsausübung ... 107

B. Konkurrenzverhältnisse ... 108

I. Anwendbarkeit neben den allgemeinen Regeln des Schuldrechts 108
1. Speziell neben §§ 285, 275 ... 108
2. Der Herausgabeanspruch als gesetzliches Schuldverhältnis? Anwendbarkeit neben § 280 I u. III, § 281 I u. II (Schadensersatz statt der Leistung) ... 108

II. Anwendung neben vertraglichen Ansprüchen ... 109

III. Anwendung neben anderen gesetzlichen Schuldverhältnissen ... 109

**9. Einheit – Ansprüche auf Nutzungsherausgabe und Schadensersatz** ... 111

A. Haftung bei Bösgläubigkeit oder nach Rechtshängigkeit ... 111

I. Rechtshängigkeit ... 111

II. Bösgläubigkeit ... 112

III. Sperrwirkung ... 113

B. Die Ansprüche auf Nutzungsherausgabe im Einzelnen ... 113

I. Verschärfte Haftung auf Nutzungsherausgabe: § 987 I und § 990 I i. V. m. § 987 I ... 113

II. Beschränkte Haftung auf Nutzungsherausgabe gemäß § 991 I ... 115
1. Wenn der gutgläubige Besitzer den Besitz unentgeltlich erlangt hat, § 988 ... 115
2. Wenn der gutgläubige Besitzer Früchte im Übermaß zieht, § 993 ... 116

C. Die Ansprüche auf Schadensersatz ..... 116

I. Haftung nach §§ 989, 990 ..... 116
– Haftungsmaßstab bei Besitzmittlungsverhältnis, § 991 ..... 117

II. Verschärfte Haftung des deliktischen Besitzers, § 992 ..... 118

D. Besonderheiten des Besitzrechts und der Fremdbesitzerexzess ..... 118

I. Besonderheiten des Besitzrechts ..... 119
1. Nicht-so-berechtigter Besitzer ..... 119
2. Nicht-mehr-berechtigter Besitzer ..... 119
3. Der Aufschwung-Exzess ..... 120

II. Der Fremdbesitzerexzess ..... 121

E. Ergänzung durch Vorschriften des allgemeinen Schuldrechts ..... 122

F. Weitere Ansprüche zugunsten des Eigentümers ..... 123

**10. Einheit – Verwendungsersatzansprüche des Besitzers. Konkurrenzen aus dem EBV** ..... 125

A. Ersatz von Verwendungen ..... 125

I. Der Begriff der Verwendungen und Grundprinzipien des Ersatzes 125

II. Die zu unterscheidenden Arten von Verwendungen ..... 126
1. Notwendige Verwendungen, § 994 ..... 127
2. Nützliche Verwendungen, § 996 ..... 127
3. Luxusaufwendungen ..... 127

B. Verwendungsersatzansprüche des redlichen oder unverklagten Besitzers ..... 127

I. Ersatz der notwendigen Verwendungen, § 994 ..... 127

II. Ersatz der nützlichen Verwendungen, § 996 ..... 128

III. Das Wegnahmerecht gemäß § 997 ..... 128

IV. Ersatz von Luxusaufwendungen ..... 128

C. Ansprüche des unredlichen/verklagten Besitzers ..... 129

I. Notwendige Verwendungen ..... 129

II. Nützliche Verwendungen und Luxusverwendungen ..... 129

D. Die Geltendmachung der Verwendungsersatzansprüche .......... 129

I. Die Geltendmachung des Anspruchs nach Genehmigung durch den Eigentümer oder dessen Besitzerlangung, § 1001 ......... 130

II. Ansprüche bei Besitzer- oder Eigentümerwechsel ............ 130

III. Zurückbehaltungs- und Befriedigungsrecht des Besitzers ...... 131
1. Das Zurückbehaltungsrecht gemäß § 1000 .................... 131
2. Das Verwertungsrecht gemäß § 1003 ....................... 131

E. Konkurrenzen des Eigentümer-Besitzer-Verhältnisses ............ 133

I. Grundsatz: Ausschluss des Deliktsrechts, §§ 823 ff. durch § 993 I Hs. 2 ................................ 133

II. Ersatzansprüche bei Veräußerung oder Verbrauch neben den §§ 989, 990 ................................ 134

III. Ansprüche aus ungerechtfertigter Bereicherung, §§ 812 ff. für Nutzung und Verwendungsersatz ...................... 134

IV. GoA ................................ 134

**11. Einheit – Eigentumsvorbehalt und Anwartschaftsrecht** .............. 136

A. Einführung: Sicherungsrechte an beweglichen Sachen ............ 136

B. Der Eigentumsvorbehalt ................................ 138

I. Die schuldrechtliche Seite: Der Vorbehaltskauf ............. 138

II. Die sachenrechtliche Seite: Die aufschiebend bedingte Übereignung ................................ 139

C. Das Anwartschaftsrecht: Problem und Inhalt .................. 141

I. Definition und Voraussetzungen des Anwartschaftsrechts ...... 142

II. Rechtsfolgen des Anwartschaftsrechts ...................... 143
1. Schutz vor Zwischenverfügungen gemäß § 161 ............... 143
2. Schutz des Vorbehaltskäufers bei Herausgabeverlangen .......... 144
3. Besitzschutz ................................ 145
4. Herausgabeanspruch aus § 985 (analog) ..................... 145
5. Schutz bei unerlaubter Handlung ......................... 146

D. Zur Übertragbarkeit des Anwartschaftsrechts .................. 147

I. Probleme beim Erwerb des Anwartschaftsrechts vom Berechtigten 148

II. Gutgläubiger Ersterwerb des Anwartschaftsrechts ........... 148

III. Gutgläubiger Zweiterwerb des Anwartschaftsrechts .......... 149
1. Gutgläubiger Erwerb bei Nichtbestehen des Anwartschaftsrechts .... 149
2. Gutgläubiger Erwerb bei Bestehen des Anwartschaftsrechts ....... 150

E. Überblick über besondere Formen des Eigentumsvorbehalts ....... 150

I. Nachträglicher Eigentumsvorbehalt .................... 150

II. Erweiterter Eigentumsvorbehalt ........................ 151
1. Verlängerter Eigentumsvorbehalt .......................... 151
2. Überblick über weitere Formen des Eigentumsvorbehalts ......... 152

**12. Einheit – Die Sicherungsübereignung. Typische Fallkonstellationen bei Sicherungsrechten an beweglichen Sachen** ..................... 154

A. Das Faustpfandrecht als vom Gesetzgeber bevorzugtes Mittel der Kreditsicherung ........................................ 154
1. Gutgläubiger Erwerb gesetzlicher Pfandrechte ................ 155
2. Pfandrechte an Rechten; Pfandrecht an Anwartschaftsrechten ...... 156
3. Schutz des Pfandrechtsinhabers ......................... 157

B. Die Sicherungsübereignung: Interessenlage .................. 157

I. Die schuldrechtliche Seite der Sicherungsübereignung ........ 159
1. Pflichten des Sicherungsgebers ............................ 160
2. Pflichten des Sicherungsnehmers ......................... 160

II. Die sachenrechtliche Seite: Die Übereignung gemäß §§ 929, 930 160
1. Die Einigung ......................................... 160
2. Besitzmittlungsverhältnis ................................ 161

C. Typische Fallkonstellationen im Spannungsfeld von Sicherungsrechten und gutgläubigem Erwerb ................. 162

I. Der Rückerwerb vom Nichtberechtigten .................. 163

II. Doppelverwertung einer Sache ......................... 166

III. Der Klassiker: Die „wandernde Fräsmaschine“ ............. 167

IV. Überleitung zum Grundstücksrecht ..................... 169

**Anhang:**
(einfacher) Geheißerwerb auf Veräußererseite ..................... 171
Doppelter Geheißerwerb ....................................... 172

## Immobiliarsachenrecht

**13. Einheit – Einführung in das Immobiliarsachenrecht** ..... 175

A. Einführung: Das Grundstücksrecht ..... 175

B. Rechtliche Definition des Grundstücksbegriffs ..... 175

C. Überblick: Gemeinsamkeiten und Unterschiede zwischen Mobiliar- und Immobiliarsachenrecht ..... 176

I. Gemeinsamkeiten ..... 176

II. Ein wichtiger Unterschied: Die Übertragung von Grundeigentum 178

III. Das Grundbuch als Mittel der Publizität ..... 178

D. Aufgaben und Inhalt des Grundbuchs. Überblick über die einzelnen Grundstücksrechte ..... 179

E. Eintragungsfähige Rechte ..... 181

I. Grundeigentum ..... 181

II. Nutzungsrechte an Grundstücken ..... 181

III. Verwertungsrechte ..... 181

IV. „Dingliche" Erwerbsrechte ..... 181

V. Relative Verfügungsverbote ..... 181

VI. Sonstige ..... 182

VII. Nicht eintragungsfähige Rechte ..... 182

**14. Einheit – Das Grundbuch: Anlage und Verfahrensgrundsätze** ..... 183

A. Grundbuchsysteme ..... 183

B. Einteilung des Grundbuchs ..... 183

I. Die Aufschrift ..... 183

II. Das Bestandsverzeichnis ..... 183

III. Die einzelnen Abteilungen ..... 184

C. Das Grundbuchverfahren ........ 184
I. Das Antragserfordernis ........ 184
II. Der Bewilligungsgrundsatz ........ 185
III. Grundsatz der Voreintragung ........ 186

D. Grundbuch und Rangordnung der Grundbuchrechte ........ 186
I. Mehrfachbelastung, Reihenfolge und Rang ........ 186
II. Rangerwerb: Locus- und Tempus-Prinzip ........ 188
III. Zwangsversteigerung bei Nießbrauch und Hypothek ........ 189
IV. Rangverwechslung ........ 189

**15. Einheit – Grundeigentum. Erwerb des Grundeigentums und Rechte des Eigentümers** ........ 191

A. Vertiefung: Rechte und Pflichten des Grundeigentümers ........ 191
I. Die Rechte des Grundeigentümers ........ 191
II. Befugnisse und Begrenzungen ........ 191
1. Ansprüche des Grundstückseigentümers aus § 1004 ........ 192
2. Einschränkungen gemäß § 1004 II ........ 194
a.) § 1004 II i. V. m. den §§ 906 ff ........ 194
b.) Weitere Begrenzungen der Rechte des Grundstückseigentümers ........ 195

B. Vertiefung: Erwerb von Grundeigentum ........ 195
I. Die Auflassung als Sonderfall der Einigung, §§ 925 I, 873 ........ 196
– Besonderheiten der Auflassung, § 925 I ........ 196
II. Die Eintragung ........ 198

C. Der Schutz des Verkäufers ........ 198

D. Der Schutz des Käufers ........ 199
– Die Rechte des Auflassungsempfängers als Anwartschaftsrecht ........ 199

E. Die Beeinträchtigung des Eigentumserwerbs durch Mängel des Kausalgeschäfts ........ 201
I. Schwarzkauf und Erwerbsverbot ........ 201
II. „*Falsa demonstratio non nocet*“ bei der Grundstücksveräußerung ........ 203
1. Andeutungstheorie ........ 203
2. *Falsa demonstratio*-Grundsatz bei Grundbucheintragung ........ 204

**16. Einheit – Der Anspruch auf Berichtigung des Grundbuchs. Gutgläubiger und gesetzlicher Erwerb von Grundstücken** ... 206

A. Anspruch auf die Berichtigung des Grundbuchs ... 207
– Anspruch gemäß § 894 ... 208

B. Der gutgläubige Erwerb vom Nichtberechtigten ... 209

I. Voraussetzungen ... 209
1. Die Eigentumsvermutung gemäß § 891 I ... 210
2. Erwerb vom voreingetragenen Veräußerer ... 210
3. Redlichkeit des Erwerbers ... 210
4. Gutglaubensmaßstab und öffentlicher Glaube des Grundbuchs ... 211
5. Maßgeblicher Zeitpunkt für den guten Glauben ... 211
6. Geschützte Rechtsvorgänge ... 212

II. Wirkung ... 213

C. Überblick über den gesetzlichen Eigentumserwerb bei Grundstücken 213

I. Erwerb infolge Erbgangs, § 1922 ... 213

II. Ersitzung ... 213
1. Buchersitzung, § 900 ... 213
2. Kontratabular-Ersitzung, § 927 ... 214

III. Erwerb kraft Hoheitsakts ... 214

D. Verlust des Grundeigentums (Dereliktion) ... 214

**17. Einheit – Grundpfandrechte: Die Hypothek** ... 216

A. Grundpfandrechte: Interessenlage und Vorteile gegenüber anderen Sicherungsrechten ... 216

B. Die Hypothek: Voraussetzungen und Grundprinzipien ... 217

I. Die Bestellung der Briefhypothek ... 218

II. Die Bestellung der Buchhypothek ... 218

C. Arten der Hypothek ... 219

I. Die Verkehrshypothek ... 219

II. Die Sicherungshypothek ... 220

III. Die Höchstbetragshypothek ... 221

D. Hypothek und Forderung . . . . . . . . . . 222
I. Sicherungsfähige Forderungen . . . . . . . . . . 222
II. Die nicht valutierte Hypothek . . . . . . . . . . 222
III. Problem: Forderungsauswechslung . . . . . . . . . . 225
IV. Wucher und unwirksame Hypothekenbestellung . . . . . . . . . . 226
V. Gefahr der Doppelinanspruchnahme bei Auseinanderfallen von Forderung und Hypothek infolge gutgläubigen Zweiterwerbs . . . 227

E. Inhalt und Umfang der Haftung . . . . . . . . . . 227
– Miet- und Pachtzinsen als Teil des Haftungsverbands . . . . . . . . . . 230

F. Geltendmachung der Hypothek – Bezüge zur ZPO . . . . . . . . . . 231

**18. Einheit – Die Hypothek bei beglichener Forderung. Der gutgläubige Erwerb** . . . . . . . . . . 233

A. Das Schicksal der Hypothek bei beglichener Forderung . . . . . . . . . . 233
I. Der Ausgangsfall: Ordnungsgemäße Tilgung der gesicherten Forderung . . . . . . . . . . 233
II. Die Befriedigung bei Identität von Schuldner und Eigentümer des belasteten Grundstücks . . . . . . . . . . 234
1. Leistung durch den Schuldner . . . . . . . . . . 234
2. Ablösung durch Dritte . . . . . . . . . . 234
III. Die Befriedigung bei Auseinanderfallen von Schuldner und Eigentümer . . . . . . . . . . 235
1. Leistung durch den Eigentümer des Grundstücks . . . . . . . . . . 235
2. Leistung durch den Schuldner der Forderung . . . . . . . . . . 236

B. Einwendungen und Einreden bei der Inanspruchnahme durch den Hypothekar . . . . . . . . . . 237
I. Überblick . . . . . . . . . . 237
II. Einwendungen und Einreden des persönlichen Schuldners . . . . . 237
III. Einwendungen des Eigentümers . . . . . . . . . . 237

C. Erwerb der Hypothek . . . . . . . . . . 238
I. Ersterwerb . . . . . . . . . . 238
II. Zweiterwerb . . . . . . . . . . 239
– Besonderheiten beim Zweiterwerb der Briefhypothek . . . . . . . . . . 240

III. Der gutgläubige Erwerb der Hypothek ... 240
1. Der gutgläubige Ersterwerb ... 241
2. Der gutgläubige Zweiterwerb ... 241
a.) Besonderheiten der Briefhypothek ... 242
b.) Der gutgläubige Zweiterwerb in den verschiedenen Varianten ... 242
aa.) Nichtbestehen der Hypothek ... 242
bb.) Nichtbestehen der Forderung ... 243
cc.) Doppelter Mangel ... 245
dd.) Anschlussproblem: Doppelinanspruchnahme ... 245

**19. Einheit – Die Grundschuld** ... 248

A. Die Grundschuld: Inhalte und Voraussetzungen ... 248

I. Die Sicherungsgrundschuld ... 249

II. Besonderheiten bei der Übertragung der Grundschuld ... 252
– Besondere Probleme der isolierten Übertragung bei der Sicherungsgrundschuld ... 252

III. Eintragungsfähigkeit ... 255

IV. Besonderheiten beim gutgläubigen Erwerb ... 255
1. Der gutgläubige Ersterwerb ... 255
2. Der gutgläubige Zweiterwerb ... 255

B. Rechtsfolgen bei Befriedigung des Grundschuldgläubigers ... 256

I. Identität von Schuldner und Grundstückseigentümer ... 257

II. Auseinanderfallen von Schuldner und Grundstückseigentumer ... 257
1. Zahlung durch den Eigentümer ... 257
2. Zahlung durch den Schuldner ... 258

III. Ablösung durch Dritte ... 259

C. Einwendungen und Einreden ... 259

**20. Einheit – Überblick über weitere Grundpfandrechte. Vormerkung und Widerspruch** ... 261

A. Überblick über weitere Grundpfandrechte ... 261

I. Die Reallast ... 261

II. Die Rentenschuld ... 262

B. Die Vormerkung: Inhalt und Zweck . . . . . 262
I. Voraussetzungen für die Entstehung der Vormerkung . . . . . 264
II. Wirkung der Vormerkung . . . . . 264
III. Gutgläubiger Ersterwerb der Vormerkung . . . . . 265
IV. Übertragung der Vormerkung . . . . . 266
V. Gutgläubiger Zweiterwerb . . . . . 267
1. Nichtbestehen der Forderung . . . . . 267
2. Mangel der Vormerkung . . . . . 268
VI. Erlöschen der Vormerkung . . . . . 268

C. Der Widerspruch, § 899 . . . . . 268

Lehrbuch- und Kommentarliteratur (aktualisiert) . . . . . 271

Paragraphen-Register . . . . . 273

Stichwortregister . . . . . 279

# Abkürzungsverzeichnis

| | |
|---|---|
| a. E. | am Ende |
| AcP | Archiv für die civilistische Praxis |
| AGB | Allgemeine Geschäftsbedingungen |
| Alt. | Alternative |
| Art. | Artikel |
| BauGB | Baugesetzbuch |
| BayObLG | Bayerisches Oberstes Landesgericht |
| BFH | Bundesfinanzhof |
| BGB | Bürgerliches Gesetzbuch |
| BGH | Bundesgerichtshof |
| BGHZ | Entscheidungen des Bundesgerichtshof in Zivilsachen |
| BImSchG | Bundesimmissionsschutzgesetz |
| BJagdG | Bundesjagdgesetz |
| BNatSchG | Bundesnaturschutzgesetz |
| BVerfG | Bundesverfassungsgericht |
| BVerfGE | Entscheidungen des Bundesverfassungsgerichts |
| bzw. | beziehungsweise |
| d. h. | das heißt |
| EBV | Eigentümer-Besitzer-Verhältnis |
| ErbbauVO | Erbbaurechtsverordnung |
| etc. | et cetera |
| f. | folgende |
| ff. | fortfolgende |
| FS | Festschrift |
| GBO | Grundbuchordnung |
| GBVfg | Grundbuchverfügung |
| GG | Grundgesetz |
| GoA | Geschäftsführung ohne Auftrag |
| GVG | Gerichtsverfassungsgesetz |
| HGB | Handelsgesetzbuch |
| Hs. | Halbsatz |
| InsO | Insolvenzordnung |
| i. S. | im Sinn |
| i. V. m. | in Verbindung mit |

| | |
|---|---|
| JA | Juristische Arbeitsblätter |
| JuS | Juristische Schulung |
| JZ | Juristen-Zeitung |
| LG | Landgericht |
| MDR | Monatsschrift für Deutsches Recht |
| m.w.N. | mit weiteren Nachweisen |
| NJW | Neue Juristische Wochenschrift |
| NJW-RR | NJW-Rechtsprechungs-Report Zivilrecht |
| OLG | Oberlandesgericht |
| pVV | positive Vertragsverletzung |
| RG | Reichsgericht |
| RGZ | Entscheidungen des Reichsgerichts in Zivilsachen |
| RHeimStG | Reichsheimstättengesetz |
| Rn. | Randnummer |
| S. | Seite |
| s. u. | siehe unten |
| u. ä. | und ähnliches |
| UrhG | Urhebergesetz |
| VerbrKrG | Verbraucherkreditgesetz |
| vgl. | vergleiche |
| WEG | Wohnungseigentumsgesetz |
| WM | Wertpapiermitteilungen |
| z. B. | zum Beispiel |
| zit. | zitiert |
| ZPO | Zivilprozessordnung |
| z. T. | zum Teil |
| ZVG | Gesetz über die Zwangsversteigerung und die Zwangsverwaltung |

# Mobiliarsachenrecht

# 1. Einheit – Einführung: Bedeutung des Sachenrechts. Grundprinzipien

## A. Sachenrecht: Ein Überblick

Das Sachenrecht findet sich im 3. Buch des BGB[1] und bestimmt, welche Rechte eine Person an einer Sache hat. Der Begriff der Sache ist in § 90 definiert. Sachen sind demnach alle körperlich fassbaren und beherrschbaren Gegenstände. Tiere werden gemäß § 90a rechtlich wie Sachen behandelt. Der Gesetzgeber unterscheidet bewegliche und unbewegliche Sachen. Unbewegliche Sachen sind Grundstücke und ihre wesentlichen Bestandteile. Die Legaldefinition für wesentliche Bestandteile findet sich in den §§ 93 und 94. 1

Der Gesetzgeber hat für bewegliche und unbewegliche Sachen unterschiedliche Übertragungs- und Belastungsarten vorgesehen. Sachenrechte an unbeweglichen Sachen werden unter dem Begriff Immobiliarsachenrecht zusammengefasst, Sachenrechte an beweglichen Sachen unter dem Begriff Mobiliarsachenrecht.

Die Rechte, die an diesen Sachen bestellt, verändert oder belastet werden können, sind häufig Eigentumsrechte. Das Eigentumsrecht gibt dem Eigentümer die Möglichkeit, über seine Sache nach Belieben zu verfügen und andere von dem Zugriff auf die Sache auszuschließen. Allerdings muss auch der Eigentümer entgegenstehende Rechte Dritter achten, § 903. Neben dem Eigentum gibt es noch Nutzungsrechte (beispielsweise dingliche Wohnrechte), Verwertungsrechte (etwa die Hypothek als Kreditsicherheit auf einem Grundstück) und (Grund-)Dienstbarkeiten (Wegerechte). Eine wichtige Rolle spielt außerdem der Besitz. Auch der Besitz verschafft dem Besitzer eine gesetzlich geschützte Rechtsposition gegenüber jedermann.

Gerade das Sachenrecht wird in Auslegung und Anwendung von besonderen Grundprinzipien geprägt. Dazu gehört unter anderem die Absolutheit dinglicher Rechte. Im Gegensatz zu Ansprüchen aus dem Schuldrecht, die beispielsweise im vertraglichen Schuldverhältnis nur gegenüber dem Vertragspartner geltend gemacht werden können, kann sich der Inhaber eines Sachenrechts gegenüber jedem beliebigen Dritten auf sein dingliches Recht berufen. 2

### I. Die Grundpfeiler des Sachenrechts: Eigentum und Besitz als absolute Rechte

Wie sich diese Absolutheit dinglicher Rechte auswirken kann, soll zum Einstieg anhand zweier Eckpfeiler des Sachenrechts – Eigentum und Besitz – erläutert werden:

---

[1] Im Folgenden sind alle Paragraphen, die nicht anders gekennzeichnet sind, solche des BGB.

3 **1. Das Eigentum als absolutes Recht.** Das umfassendste dingliche Recht an einer Sache ist das Eigentum. Der Inhaber dieses Rechts ist gemäß § 903 befugt, mit seiner Sache nach Belieben zu verfahren „und andere von jeder Einwirkung auszuschließen", soweit nicht das Gesetz oder Rechte Dritter entgegenstehen. Der Eigentümer darf also – nur begrenzt durch Rechte Dritter – mit seiner Sache machen, was er möchte: Er kann sie veräußern oder vermieten, er kann sie verändern, indem er sie z. B. bunt anstreicht, und er kann darauf bestehen, den Besitz an seinem Eigentum auszuüben.

Die *absolute* Wirkung des dinglichen Rechts „Eigentum" zeigt sich in § 903 an der Formulierung „andere": Sie unterscheidet die Eigentumsrechte von Rechten, die sich aus Schuldverhältnissen ergeben könnten. Denn „andere" meint hier tatsächlich potentiell jeden anderen, der auf die Sache einwirkt oder voraussichtlich einwirken wird (vgl. dazu Loose, JA 2016, 808 [809]). Anders als im Schuldrecht, wo Ansprüche aus einem Vertrag nur gegenüber dem Vertragspartner und Ansprüche aus gesetzlichen Schuldverhältnissen nur gegenüber dem jeweiligen Schädiger oder Geschäftsherrn durchgesetzt werden können, darf sich der Eigentümer gegenüber *jedermann* auf sein dingliches Recht berufen. Da schuldrechtliche Ansprüche lediglich gegenüber einem eingeschränkten Personenkreis geltend gemacht werden können, entfalten sie nur eine *relative* Wirkung. Dingliche Rechte wirken dagegen gegenüber jedermann und somit *absolut.*

4 Die entsprechenden Rechte des Eigentümers werden allerdings nicht durch § 903, sondern durch speziellere Anspruchsgrundlagen und Rechtsbehelfe gewährleistet. Zu nennen sind hier insbesondere der Herausgabeanspruch des Eigentümers gegen den unberechtigten Besitzer, § 985, und der Beseitigungs- und Unterlassungsanspruch aus § 1004. Diese Anspruchsgrundlagen werden in den Kapiteln, die das Eigentum behandeln, ausführlich dargestellt.

**Hinweis:** § 903 ist selbst zwar keine Anspruchsgrundlage, zeichnet aber für die Position des Eigentümers das wichtige Verhältnis von „Recht" (grundsätzlich weitreichende Befugnis) und „Gegenrecht" (Rechte Dritter müssen beachtet werden) vor, das sich dann wie ein roter Faden durch die Anspruchsgrundlagen des Sachenrechts zieht: Der Eigentümer kann die Sache vom gegenwärtigen Besitzer herausverlangen (§ 985), jedoch nur, wenn der Besitz nicht (mehr) berechtigt ist (§ 986). Ebenso steht dem Eigentümer gemäß § 1004 I gegen den Störer ein Anspruch auf Unterlassung zu, es sei denn, dass er zur Duldung der Störung rechtlich verpflichtet ist (§ 1004 II). Sich diesen vom Gesetzgeber vorgezeichneten Interessenausgleich bewusst zu machen, kann in schwierigen Abgrenzungsfragen zur überzeugenden Entscheidung verhelfen.

5 **2. Besitz und Besitzrecht.** Ein anderer Gegenstand des Sachenrechts ist der Besitz bzw. das Besitzrecht. Besitzer ist, wer die vom Willen getragene tatsächliche Sachherrschaft über eine Sache ausüben kann, also derjenige, der die Sache tatsächlich innehat, vgl. §§ 854 ff. Der Besitz knüpft demnach allein an die realen Umstände an: Wer eine Sache beispielsweise in den Händen hält oder in seiner Wohnung liegen hat, ist unmittelbarer Besitzer. Unmittelbarer Besitz ist im wahrsten Sinne des Wortes „greifbar". Um eine Sache in Besitz zu nehmen, kommt es dem-

zufolge nicht auf ein Recht, sondern auf einen Zustand (eben die oben genannte tatsächliche Sachherrschaft) an.

Unmittelbarer Besitz kann, muss aber nicht mit dem Eigentum zusammenfallen. Der Eigentümer selbst kann die Sache tatsächlich besitzen: Er kann sein Auto in seiner Garage parken und selbst nutzen oder sein Buch in sein Bücherregal im Wohnzimmer stellen. Der Eigentümer kann aber beispielsweise seine Sachen auch vermieten, verpachten oder verleihen. Dann fallen Eigentum und unmittelbarer Besitz auseinander. Verleiht der Eigentümer sein Auto etwa an seinen Freund, so übt dieser Freund die tatsächliche Sachherrschaft über den Wagen aus und ist demnach unmittelbarer Besitzer. Der Verleiher bleibt aber trotzdem Eigentümer und behält das Recht, den Wagen nach Ablauf der Leihfrist von seinem Freund zurückzufordern: § 985 gibt dem Eigentümer einen Herausgabeanspruch gegen den Besitzer; § 604 begründet einen vertraglichen Herausgabeanspruch des Verleihers gegen den Entleiher. Räumt der Eigentümer einem anderen den Besitz an der Sache ein, bedeutet dies aber nicht, dass er selbst keinerlei Art von Besitz an der Sache behalten würde. Vielmehr entsteht ein sogenanntes „Besitzmittlungsverhältnis" (vgl. Rn. 31 und Rn. 44). Der Eigentümer wird sogenannter „mittelbarer" Besitzer, da der Freund, der das Auto geliehen hat, seinen unmittelbaren Besitz in dem Bewusstsein ausübt, dass er dem Eigentümer gegenüber zur Herausgabe verpflichtet bleibt.

**Hinweis:** Dass Eigentum und unmittelbarer Besitz auseinanderfallen können, begründet zugleich, warum der Absolutheit dinglicher Ansprüche ein so hoher Stellenwert beigemessen wird: Hätte nämlich der Freund den Pkw unbefugt an seinen Nachbarn weiterverliehen, könnte dem Eigentümer nur noch der dingliche Herausgabeanspruch aus § 985 helfen, während der Anspruch aus § 604 scheitern müsste: Denn zwischen dem Eigentümer selbst und dem Nachbarn bestand gerade kein Leihvertrag. Hier zeigt sich also die *Relativität* der Schuldverhältnisse im Vergleich zum dinglichen Recht.

Das Sachenrecht sucht häufig einen Ausgleich zwischen verschiedenen Interessen 6 herbeizuführen. Wie verhalten sich etwa Eigentumsrechte zu Besitzrechten, wann kann ein Eigentümer seine Sache herausverlangen, wann muss er entgegenstehende Rechte des Besitzers tolerieren? Diese Problematik findet sich in dem sogenannten Eigentümer-Besitzer-Verhältnis (kurz: EBV) und wird in den Einheiten 8–10 ausführlich behandelt werden.

## II. Grundprinzipien des Sachenrechts

Im Zusammenhang mit dem Eigentumsrecht wurde mit dem Absolutheitsgrund- 7 satz schon ein wichtiges Prinzip des Sachenrechts angesprochen. Daneben zeichnet sich das Sachenrecht noch durch vier weitere zentrale Grundprinzipien aus, die in einer fallorientierten Auslegung durchaus eine Rolle spielen können. Da viele sachenrechtliche Institute gerade diesen Grundprinzipien Rechnung tragen, erleichtert die Kenntnis dieser Prinzipien auch die Einprägsamkeit der anzuwendenden Regelungen.

8 **1. Absolutheit.** Der Absolutheitsgrundsatz bringt, wie oben dargestellt, zum Ausdruck, dass dingliche Rechte gegenüber „jedermann" gelten, also anders als im Schuldrecht nicht auf die jeweiligen Vertragsparteien beschränkt sind.

9 **2. Typenzwang.** Das Grundprinzip des „Typenzwangs" stellt klar, dass der Gesetzgeber die dinglichen Rechte nach Zahl und Inhalt abschließend geregelt hat. Diese Beschränkung auf die gesetzlich vorgesehenen Arten der dinglichen Rechte gebietet sowohl die Rechtssicherheit als auch der Absolutheitsgrundsatz: Ein Recht, das gegenüber jedermann wirkt, muss seinem Inhaber eindeutig zuzuordnen, in seinen Inhalten klar umrissen und gegenüber anderen Rechten abgrenzbar sein. Die Folge des Typenzwangs ist, dass die Parteien nicht frei über die Ausgestaltung der Rechte entscheiden können. Der Typenzwang bildet damit einen Gegensatz zu dem im Vertragsrecht herrschenden Prinzip der „Vertragsfreiheit". Es gibt zwar Abschlussfreiheit bei der Frage, ob ein gesetzlich zugelassenes dingliches Recht bestellt wird oder nicht; es besteht aber im Gegensatz zum Schuldrecht keine Gestaltungsfreiheit.

**Vertiefung:** Ausführlich dazu Kaulbach, JuS 2011, 397 f.

10 **3. Publizität.** Der Publizitätsgrundsatz fordert, dass für jedermann erkennbar ist, welche konkreten Rechte an einer Sache bestehen. Auch dieses Erfordernis folgt aus dem Absolutheitsgrundsatz – da die dinglichen Rechte gegenüber jedermann gelten, muss auch offenkundig sein, wem diese Rechte zustehen oder wann sie wechseln. Bei beweglichen Sachen wird aus dem Rechtsschein des Besitzes auf das Eigentum geschlossen: § 1006 stellt die Vermutung auf, dass derjenige, der eine Sache tatsächlich innehat, auch der Eigentümer ist (diese Vermutung ist natürlich widerlegbar). Umgekehrt erfordert der Übergang des Eigentums auch die Übergabe der Sache an den neuen Eigentümer, sodass durch den Wechsel des Besitzes auch der Wechsel des Eigentums offenkundig wird. Bei unbeweglichen Sachen (Grundstücke) übernimmt der Eintrag ins Grundbuch diesen Zweck (vgl. Loose, JA 2016, 808 [809]).

11 **4. Spezialität und Bestimmtheit.** Der Grundsatz der Spezialität wird in der Literatur teilweise deckungsgleich mit dem Bestimmtheitsgrundsatz genannt, gelegentlich aber vom Bestimmtheitsgrundsatz auch im Detail unterschieden. Die folgende Umschreibung des Grundsatzes trägt der Tatsache Rechnung, dass oft genug Spezialitäts- und Bestimmtheitsgrundsatz ineinander übergehen:

Der Spezialitätsgrundsatz folgt aus dem Gebot der Rechtssicherheit und besagt, dass sich die dinglichen Rechte jeweils auf eine bestimmte Sache beziehen müssen. Es muss erkennbar sein, auf welche konkrete Sache sich welche Rechte beziehen. Darum ist auch keine Übertragung von Sachgesamtheiten wie beispielsweise „meiner Bibliothek" möglich: Zu der Bibliothek gehören nicht nur eine unbestimmte Zahl von Büchern, sondern auch Regale, Lampen und Register. Übereignet werden können daher nur die einzelnen Bücher. Zwar kann das übrige Inventar bei der Gelegenheit ebenfalls übertragen werden. Es muss aber klar erkennbar sein, welche Sachen (z. B. „Goethes gesammelte Werke und die fünf hohen schmalen Regale") in das Eigentum des Erwerbers übergehen sollen.

Der Bestimmtheitsgrundsatz als Unterfall des Spezialitätsgrundsatzes konkreti- 12
siert dieses Prinzip dahingehend, dass sachenrechtliche Vereinbarungen wegen der absoluten Geltung inhaltlich hinreichend bestimmt sein müssen, und zwar vor allem dann, wenn den Parteien ein Gestaltungsspielraum bleibt (etwa bei der Bestellung einer Hypothek über die Höhe des Geldbetrages und damit der zu sichernden Forderung). Auch für Dritte muss erkennbar sein, welche Rechte unter welchen Bedingungen an einer Sache bestehen. Der Bestimmtheitsgrundsatz stellt außerdem klar, dass sachenrechtlich eine „Gattungsschuld" nicht möglich ist. Es kann nicht Übereignung irgendeines Buchs oder irgendeines Autos eines bestimmten Typs vereinbart werden. Die Übereignung/Eigentumsübertragung muss sich immer ganz konkret auf eine bestimmte Sache beziehen. Da der Eigentümer oder der sonst dinglich Berechtigte darüber zu bestimmen hat, welche Einwirkungen er auf die Sache oder das Recht zulassen will, muss genau feststehen, wer Eigentümer oder dinglich Berechtigter einer konkreten Sache ist. Denn nur dann kann auch festgestellt werden, wer berechtigterweise über die Sache oder das Recht verfügen oder bestimmen kann.

Bestimmtheits- und Spezialitätsgrundsatz können also auf den gemeinsamen Nenner gebracht werden, dass Sachenrechte auf eine konkrete Sache bezogen und in Inhalt und Umfang klar einem Berechtigten zuzuordnen sein müssen.

**5. Trennungs- und Abstraktionsprinzip.** Das Trennungsprinzip bestimmt, dass 13
die sachenrechtliche Verfügung unabhängig vom schuldrechtlichen Vertrag zu betrachten ist. Durch das dingliche Geschäft wird das Recht an einer Sache übertragen, belastet, inhaltlich verändert oder aufgehoben. Für diese sachenrechtliche Verfügung bildet das schuldrechtliche Verpflichtungsgeschäft den Rechtsgrund *(causa)*. Das schuldrechtliche Geschäft führt die Rechtsänderung nicht direkt herbei, es verpflichtet nur dazu. Beispielsweise verpflichtet der Kaufvertrag den Verkäufer zur Übereignung. Die Übereignung ist dann das dingliche Geschäft, mit dessen Hilfe die Rechtsänderung – hier etwa der Eigentumsübergang vom Veräußerer auf den Erwerber – unmittelbar herbeigeführt wird: Durch die Übereignung wird der Erwerber Eigentümer der Kaufsache. Das Abstraktionsprinzip hat nun zur Folge, dass dingliches und schuldrechtliches Geschäft auch in ihrer Wirksamkeit unabhängig voneinander betrachtet werden müssen: Die Verfügung als solche ist „zweckfrei" (sogenannte inhaltliche Abstraktion) und bleibt auch bei Unwirksamkeit des Verpflichtungsgeschäfts bestehen (sogenannte äußerliche Abstraktion).

**Vertiefung:** Zu den Begriffen Lorenz, JuS 2009, 489; Bayerle, JuS 2009, 1079; Kreutz, ZJS 2009, 136 (139); besonders lesenswert ist der Beitrag von Strack, JURA 2011, 5 zu der Entwicklung des Abstraktions- und Trennungsprinzips von einem historischen und philosophischen Blickpunkt.

Entfällt beispielsweise aufgrund eines Rücktritts im Nachhinein die Verpflichtungswirkung des schuldrechtlichen Vertrags, bleibt das dingliche Geschäft (Übereignung) unabhängig davon zunächst wirksam. War also die Übereignung nach Maßgabe des dinglichen Rechts wirksam, ist der Erwerber trotzdem Eigentümer geworden. Allerdings könnte der Verkäufer Ansprüche gegen den Käufer aus ungerechtfertigter Bereicherung geltend machen. Dies wird in Einheit 8 und 9 ausführlich behandelt werden.

14 – **Ausnahmen vom Abstraktionsprinzip.** Bezieht sich ein Mangel (ohnehin) direkt auf das Verfügungsgeschäft, wäre es – streng genommen – unnötig, von einer „Durchbrechung" des Abstraktionsprinzips oder von Fehleridentität zu sprechen. Der Buchhändler, der sich im Regal vergreift und einen anderen Band als den soeben bezahlten herausgibt, verfügt über den falschen Gegenstand. Der Irrtum bezieht sich also gerade auf das Verfügungsgeschäft. Als besonders klausurrelevant erweisen sich dann Situationen, die im Sachverhalt vorrangig als Probleme des schuldrechtlichen Geschäfts geschildert werden, die sich aber bei genauer Prüfung auch auf das dingliche Geschäft erstrecken. Das Abstraktionsprinzip wird dann insofern „durchbrochen", als der Mangel, der zur Unwirksamkeit des schuldrechtlichen Vertrags führte, auch einen Mangel des Verfügungsgeschäfts zur Folge hatte, ohne dass dies der Fallangabe explizit zu entnehmen gewesen wäre. Ursache dafür ist regelmäßig, dass schuldrechtliches und dingliches Rechtsgeschäft an demselben Fehler leiden können und dann beide für sich angreifbar sind. Liegt der Fall so, spricht die didaktische Literatur von „Fehleridentität".

**Hinweis:** Wer sorgfältig prüft und herausarbeitet, dass ein Mangel (auch) das Verfügungsgeschäft selbst betrifft, bräuchte also im Grunde genommen von Fehleridentität nicht zu sprechen – es genügt, wenn die dingliche Einigung tatsächlich an einem rechtlich beachtlichen Mangel leidet. Die Formulierungen von der „Durchbrechung des Abstraktionsprinzips" und der „Fehleridentität" haben sich in der didaktischen Literatur nicht zuletzt aus dem Grund etabliert, um das Regel-Ausnahme-Verhältnis klar herauszustellen. Das Abstraktionsprinzip bleibt die Regel; „Fehleridentität" die Ausnahme und die Auswirkung eines im Sachverhalt geschilderten Irrtums mit Blick auf das Verfügungsgeschäft daher stets sorgfältig zu prüfen (vgl. Schreiber, JURA 2010, 272).

15 „Fehleridentität" kann etwa gegeben sein, wenn ein Irrtum gemäß § 119 oder eine arglistige Täuschung gemäß § 123 zur Anfechtung berechtigen: Das Verpflichtungsgeschäft wird unwirksam, da die Willenserklärung auf einem Irrtum (oder einer Täuschung bzw. Drohung) beruht. Aber auch für die sachenrechtliche Übereignung ist eine Einigung erforderlich, die wie beim Vertragsschluss durch zwei übereinstimmende Willenserklärungen zustande kommt. Oft leidet dann diese Willenserklärung an demselben Mangel wie die auf den schuldrechtlichen Vertrag bezogene.

**Beispiel:** Rentner R möchte beim Bäcker zwei Brötchen kaufen. Aus Versehen sagt er aber „zwei Brote". Weil er völlig in Gedanken ist, bemerkt er den Irrtum erst Zuhause, als er den Einkaufskorb auspackt. Er bringt die Brote zurück und erklärt dem Bäcker, er könne als alleinstehender Senior mit zwei Broten nichts anfangen. – Wenn er die Anfechtung erklärt, möchte er hier nicht nur das Verpflichtungsgeschäft, den Kaufvertrag, anfechten, sondern auch die Willenserklärung auf die Übereignung. Schließlich wollte er nicht Eigentümer von zwei Broten werden.

**Vertiefung:** Während in den Fällen des § 123 Fehleridentität jedenfalls mit dem rechtsethischen Durchbruch begründet werden kann, ist sie für die Fälle des § 119 I seltener anzunehmen: Äußert sich das Verschreiben etwa in einem Zahlendreher beim Kaufpreis, ist allein die schuldrechtliche Komponente betroffen. Der Eigenschaftsirrtum gemäß § 119 II ist dagegen umstritten: Wertsteigernde Sacheigenschaften können (auch) an die Sachsubstanz anknüpfen; andererseits lässt sich für die Übereignung der sogenannte *sachenrechtliche Minimalkonsens* annehmen. – Will etwa K ein Fahrrad von V erwerben, das ihm im Geschäft ausgehändigt wird und irren sich beide über den Namen des Herstellers des ausgewählten Rades (Herakles oder Arion), spielt dies für die *dingliche* Einigung keine Rolle. Übereignet werden sollte das konkret angebotene Fahrrad. Dazu Bayerle, JuS 2009, 1079; Berneith/Lieder, JuS 2016, 673. Fehleridentität kann ferner in den Fällen des § 104 (Geschäftsunfähigkeit) vorliegen. Bei beschränkter Geschäftsfähigkeit gelten für die Wirksamkeit wie üblich die Maßstäbe der §§ 106 ff. 16

Außerdem liegt Fehleridentität im Fall des § 134 vor, wenn das Verbotsgesetz gerade auch das Erfüllungsgeschäft erfassen soll, um die Vermögensverschiebung zu verhindern. Im Fall des § 138 II (Wucher) soll das Verfügungsgeschäft des Bewucherten unwirksam sein.

**Vertiefung und Beispiele:** Gerade beim Wucher darf Fehleridentität nur für das Verfügungsgeschäft des *Bewucherten* angenommen werden. – Beispiel: Der siebzehnjährige M veräußert ein in Wahrheit nicht in seinem Eigentum stehendes Gemälde (insoweit rechtlich neutral) an einen erfahrenen Sammler, der, die Unerfahrenheit des M ausnutzend, einen Wucherpreis verlangt: Die Verfügung des M als Bewucherten wäre dann unwirksam.

Anders dagegen, wenn Darlehensgeber D an Schuldner S ein Wucherdarlehen bar ausbezahlt: Diese Verfügung des Wucherers D bleibt wirksam, was an den Wortlaut des § 138 II anknüpft: „sich (...) versprechen oder gewähren *lässt*" (MüKo/Armbrüster, 7. Aufl. (2015), § 138 II, Rn. 164). Der Empfänger des Darlehens hätte dann den bar ausgezahlten Geldbetrag dinglich wirksam erlangt, allerdings „ohne rechtlichen Grund": Am Ende stünde die bereicherungsrechtliche Rückabwicklung.

Außerdem kann Fehleridentität gegeben sein, wenn nach § 138 I die Erfüllung selbst sittenwidrig ist. Ob dies der Fall ist, muss im Einzelfall geprüft werden!

**Klausurhinweis:** Fehleridentität darf nicht voreilig angenommen werden. Der Grundsatz ist und bleibt das Abstraktionsprinzip. In der Klausur ist daher nicht nur zu hinterfragen, ob sich der Mangel *tatsächlich* auf das dingliche Rechtsgeschäft erstreckt, sondern auch, ob ein Gestaltungsrecht überhaupt mit Blick auf die Übereignung ausgeübt worden ist. Selbst bei der Anfechtung nach § 119 oder § 123 muss dies nicht unbedingt der Fall sein. Veräußert etwa ein unlauterer Verkäufer einen gestohlenen Plasmafernseher zu einem völlig überhöhten Preis, und ficht der Erwerber nachträglich wegen arglistiger Täuschung – ausdrücklich nur – den *Kaufvertrag* an, bleibt die Übereignung wirksam: Denn Eigentümer des Fernsehers wollte der Erwerber allemal werden (vgl. Rn. 448). Das stärkt auch seine Position im Rückgewährsschuldverhältnis, bis er den Kaufpreis wiedererhalten hat. 17

Für den Prüfungsaufbau der Klausur hat dies zur Folge, dass der Fehler beim schuldrechtlichen und beim dinglichen Rechtsgeschäft jeweils separat geprüft werden muss. So lässt sich auch am besten untersuchen, ob die Übereignung wirklich an demselben Mangel leidet.

18 Durchbrochen wird das Abstraktionsprinzip, wenn die Parteien die Wirksamkeit des dinglichen Geschäfts von der des Verpflichtungsgeschäfts gemäß § 158 I abhängig gemacht haben. In Fällen der Unwirksamkeit des Verpflichtungsgeschäfts tritt die erforderliche Bedingung nicht ein, und das Verfügungsgeschäft kommt nicht zustande. Zulässig ist ein solches „Bedingungsgeschäft" aber nur, wenn die Parteien dies (ausdrücklich, streitig) vereinbaren. Ausgeschlossen ist die Vereinbarung eines solchen Bedingungszusammenhangs jedoch stets für die dingliche Einigung auf die Übereignung eines *Grundstücks,* die sogenannte Auflassung, da sie gemäß § 925 gerade nicht unter einer Bedingung erklärt werden darf.

Außerdem können nach Ansicht des BGH die Parteien Verpflichtungs- und Verfügungsgeschäft zu einer rechtlichen Einheit i. S. d. § 139 verbinden. Die Literatur lehnt dies jedoch für die meisten Fälle ab, weil sonst das Abstraktionsprinzip „ausgehöhlt" werde.

**Vertiefung und Literatur:** Vor allem das Problem der Fehleridentität und der Abgrenzung bei Zweifelsfällen kann noch weiterverfolgt werden. Dazu genügt ein Überblick über die Argumentationslinien: Prütting, Rn. 28–36; Jauernig, JuS 1994, 721 (723 ff.); MüKo/Gaier, 7. Aufl. (2017), Einl. Sachenrecht, Rn. 19 f. Nach wie vor lesenswert: MüKo/Quack, 3. Aufl. (1981), Einl. Sachenrecht Rn. 42–44. Mit der Frage, ob die Parteien eine Geschäftseinheit gemäß § 139 vereinbaren können, hat sich bereits Heck befasst und diese – ähnlich wie später der BGH – bejaht: Heck, § 30, 8. Ablehnend äußern sich dagegen Baur/Stürner, § 5, Rn. 56, Prütting, Rn. 32. Grundlegend zum Typenzwang (gerade auch als Gegensatz zur Vertragsfreiheit) und Abstraktionsprinzip: Wiegand, in: FS Karl Kroeschell, 1987, 623; Huber, in: FS Claus-Wilhelm Canaris, 2007, Bd. 1, S. 471.

## B. Bedeutung des Sachenrechts

19 Wer bis zu dieser Stelle vorgedrungen ist, dem kann ein gewisses Interesse am Sachenrecht nicht abgesprochen werden. Die Gründe, sich mit dem Sachenrecht auseinander zu setzen, sind für den (angehenden) Juristen vielfältiger Natur.

### I. Die studienbezogene Bedeutung

20 In der Lehrpraxis zeigt sich rasch, dass ausbildungsbedingte Interessen der Zuhörer im Vordergrund stehen. Dies ist durchaus berechtigt, da dem Sachenrecht im Studium schon aufgrund seiner Prüfungsrelevanz ein besonderer Stellenwert zukommt. Es lassen sich zwei Grundsituationen unterscheiden, in denen das Sachenrecht in Klausuren oder Hausarbeiten relevant werden kann:

Die erste Grundsituation ist die einer zivilrechtlichen Aufgabenstellung mit mehreren Parteien und einer Mehrheit von Ansprüchen. In der Regel handelt es sich um Fallklausuren, die z. B. mit einem unter Eigentumsvorbehalt getätigten Kauf beginnen, bei dem es zu Problemen kommt (so könnte der Vertrag selbst fehlerhaft oder die Ware bei Ausführung des Vertrags an die „falsche" Person geliefert worden sein). Neben den schuldrechtlichen Anspruchsgrundlagen ist häufig auch die Wirksamkeit von Übereignungen (beispielsweise ein späterer gutgläubiger Erwerb durch einen Dritten) zu prüfen. Je nachdem, wie der sachenrechtliche Teil entschieden wird, zeichnen sich Folgeprobleme im Bereicherungs- und Deliktsrecht ab: Welcher der Beteiligten kann gegebenenfalls eine Eigentumsverletzung gemäß § 823 I geltend machen oder den Verkaufserlös aus § 816 I herausverlangen?

Die zweite Grundsituation, in der das Sachenrecht Prüfungsrelevanz erlangen kann, ist die im Schwerpunkt sachenrechtlich konzipierte Klausur. Oft ist die Fallfrage dann schon entsprechend zugeschnitten, indem sie beispielsweise lautet: „Kann X die Herausgabe der Sache verlangen?“ oder „Hat E tatsächlich eine Hypothek erworben?“. Derartige Fallfragen sind eher in den Anfangssemestern zu finden, während Examensklausuren nur selten auf ein Teilgebiet beschränkt bleiben. Ist dies aber doch einmal der Fall, werden in aller Regel auch vertiefte Kenntnisse erwartet. Besonders beliebt sind solche sachenrechtlichen Schwerpunktklausuren mit erbrechtlichem oder prozessualem „Aufhänger“.

Komplexere Aufgabenstellungen mit Anspruchsmehrheit und Akzent auf dem sachenrechtlichen Teil sind häufig bei Fortgeschrittenen- und Examensklausuren zu finden. Hier hat der Bearbeiter neben den Kenntnissen im jeweiligen Teilrechtsgebiet auch Systemverständnis und einen Gesamtüberblick über das Bürgerliche Recht unter Beweis zu stellen.

### II. Bedeutung des Sachenrechts für die Wirtschafts- und Gesellschaftsordnung

Spätestens nach der Ausbildung kann dem Juristen je nach Tätigkeitsbereich das 21
Sachenrecht auch in der Praxis wiederbegegnen. Dabei hat das Sachenrecht nicht nur praktische Relevanz für Juristen, sondern – um nur einige Beispiele zu nennen – auch für Makler, Architekten, Banken oder Gerichtsvollzieher. Der Grund für diese vielfältigen Berührungspunkte mit dem Sachenrecht ist die Bedeutung des geltenden sachenrechtlichen Systems für die Wirtschafts- und Gesellschaftsordnung.

Sowohl das Grundgesetz (Art. 14 GG) als auch der BGB-Gesetzgeber haben das Privateigentum als wichtiges und umfassendes Rechtsinstitut anerkannt (vgl. nur die Reichweite des § 903). Dabei bildet das Privateigentum zugleich eine Grundlage für die soziale Marktwirtschaft: Es bleibt dem Eigentümer prinzipiell selbst überlassen, welche Waren er beispielsweise auf seinem Grundstück produzieren lässt oder für welche Art von Fabrikation er sich entscheidet.

Doch nicht nur durch die Sicherung des Privateigentums wird die geltende Gesellschaftsordnung gewährleistet. Das Sachenrecht hat auch großen Einfluss auf die Vermögensordnung. Wer Geld anlegen möchte, kann dies z. B. in Form von Forderungen tun. Darunter fallen Geldanlagen wie ein Sparbuch, eine Lebensversicherung oder Bausparverträge. Derartige Forderungen sind aus Sicht des Gläubigers allerdings mit Risiken verbunden, denn sie unterliegen den üblichen Einschränkungen der Vollstreckbarkeit. Wird der Forderungsgegner beispielsweise zahlungsunfähig, erleidet der Anleger einen Verlust.

Dagegen ist in Sachwerten, etwa in Grundstücken angelegtes Vermögen, wenigstens in seinem Bestand nicht von der Liquidität oder dem guten Willen Dritter abhängig. Den wichtigsten Beitrag zur Wirtschaftsordnung leistet das Sachenrecht jedoch durch die Bereitstellung von Kreditsicherheiten. Investitionen lassen sich ohne Kredite kaum tätigen. Das Sachenrecht bietet daher die Möglichkeit, Kredite zu sichern. Erinnert sei nur an die Hypothek oder die Grundschuld als Mittel der Kreditsicherung.

**Vertiefung:** Diese Funktion hat der Gesetzgeber zuletzt 2008 durch das Risikobegrenzungsgesetz stärken wollen und dafür eine Änderung des Grundschuldrechts vorgenommen (§ 1192 I a). Ziel war unter anderem, einen massenhaften Handel mit Grundstückssicherheiten zu verhindern, Cataldo, § 1192 Ia BGB, 2014; ausführlicher werden die Folgen für die Rechtsanwendung in Einheit 19 behandelt.

Nicht zu unterschätzen ist in der Praxis auch – gerade mit Blick auf die zunehmende Verbreitung von Versandhandel und *e-commerce* – die Bedeutung des Eigentumsvorbehalts zur Sicherung einer gestundeten Kaufpreisforderung. Fortgeschrittene Studierende müssen dabei zusätzlich die Verbindungen zum Verbraucherdarlehen und zum Teilzahlungsgeschäft im Auge behalten. In den folgenden Kapiteln wird anhand von Beispielsfällen wiederholt gezeigt werden, wie sich die hier nur grob skizzierte Bedeutung des Sachenrechts auch in der Fallbearbeitung widerspiegelt.

**Vertiefung:** Eine Übersicht der höchstrichterlichen Rechtsprechung zum Mobiliarsachenrecht findet sich bei Gursky, JZ 2005, 285 ff., 385 ff.

**Literatur:** *Bayerle, Katrin:* Trennungs- und Abstraktionsprinzip in der Fallbearbeitung, JuS 2009, 1079–1082; *Berneith, Daniel/Lieder, Jan:* Echte und unechte Ausnahmen vom Abstraktionsprinzip, JuS 2016, 673–678; *Cataldo, Rocco:* § 1192 Abs. 1a BGB im Lichte massenhafter Sicherungsgrundschuldzessionen, Tübingen 2014; Gursky, Karl-Heinz: Die neue höchstrichterliche Rechtsprechung zum Mobiliarsachenrecht – Teil 1, JZ 2005, 285–295; Gursky, Karl-Heinz: Die neue höchstrichterliche Rechtsprechung zum Mobiliarsachenrecht – Teil 2, JZ 2005, 385–399; *Jakobs, Horst Heinrich:* Gibt es den dinglichen Vertrag? ZRG 119 (2002) Rom.-Abt., 269–325; *Jauernig, Othmar:* Trennungsprinzip und Abstraktionsprinzip, JuS 1994, 721–727; *Kaulbach, Ann-Marie:* Typenzwang im BGB?, JuS 2011, 397–401; *Kreutz, Peter:* Der Begriff der Verfügung im BGB und das Trennungs- und Abstraktionsprinzip, ZJS 2009, 136–141; *Lieder, Jan:* Die Anwendung schuldrechtlicher Regeln im Sachenrecht, JuS 2011, 874–879; *Loose:* Sachenrecht kompakt – ein Überblick für Studienanfänger zum dritten Buch des BGB, JA 2016, 808–812; *Lorenz, Stephan:* Grundwissen – Zivilrecht: Abstrakte und kausale Rechtsgeschäfte, JuS 2009, 489–491; *Schreiber, Klaus:* Die Grundprinzipien des Sachenrechts, JURA 2010, 272–275; *Strack, Astrid:* Hintergründe des Abstraktionsprinzips, JURA 2011, 5–9

**Für Weiterdenker:** *Huber, Ulrich:* Savigny und das sachenrechtliche Abstraktionsprinzip, in: Festschrift für Claus-Wilhelm Canaris, Band I, München 2007, S. 471–512; *Wiegand, Wolfgang:* Numerus clausus der dinglichen Rechte, Zur Entstehung und Bedeutung eines zentralen zivilrechtlichen Dogmas, Festschrift für Karl Kroeschell zum 60. Geburtstag: Wege europäischer Rechtsgeschichte, Frankfurt am Main (u. a.) 1987, 623–643

# 2. Einheit – Besitz und Besitzerwerb

## A. Der Begriff des Besitzes

Anders als das Eigentum, das dem Berechtigten (also dem Eigentümer) das Recht an der Sache zuweist, knüpft der Besitz an die „tatsächliche Sachherrschaft" des Besitzers an (Lorenz, JuS 2013, 776). Der Besitz beruht also auf einem Realakt, auf einem Umstand in der Lebenswirklichkeit dahingehend, eine Sache tatsächlich in der Gewalt zu haben. Das Vorliegen des Besitzes selbst ist somit von einem Recht völlig unabhängig. Hinzukommen sollte aber der „natürliche" (im Gegensatz zum rechtsgeschäftlichen) Wille zum Besitz. Aus diesen beiden Elementen setzt sich die gängige Kurzdefinition zusammen: „Besitz ist die vom Besitzwillen getragene tatsächliche Sachherrschaft". 22

### I. Die tatsächliche Sachherrschaft

Tatsächliche Sachherrschaft ist gegeben, wenn die realisierbare Möglichkeit zur Einwirkung auf die Sache besteht. 23

**Vertiefung und Literatur:** Ausführlich zu dieser Frage Brehm/Berger, § 3, Rn. 4–6; Heck, § 6, 5. Letzterer lässt, ähnlich wie MüKo/Joost, 7. Aufl. (2017), § 854, Rn. 12, den sogenannten „Kurzbesitz" zu. Dagegen fordert Prütting nach wie vor, die tatsächliche Gewalt müsse auf Dauer angelegt sein (Prütting, Rn. 53). Im Streitfall muss zwischen beiden Ansichten entschieden werden. Hilfreich kann dabei ein Blick auf den Besitzwillen und die tatsächlichen Verhältnisse sein: Besitz an einer Parkbank, dem Kinosessel oder dem Geschirr eines Restaurants wird etwa wegen der fehlenden Dauer zu verneinen sein, wenn sich der Gast nur vorübergehend dort aufhält. Wird dagegen jemandem ein Buch als Geschenk überreicht, das er grundsätzlich behalten möchte, aber seinem Freund F für zwei Tage zur Ansicht überlässt, wäre es zu formalistisch, den Besitz des Beschenkten zu verneinen, weil er es vor Weitergabe an F nicht lange genug in der Hand gehalten habe.

Der Begriff der tatsächlichen Sachherrschaft ist nicht legaldefiniert. Ob eine tatsächliche Sachherrschaft in diesem Sinne vorliegt, ist deshalb nach allgemeiner Ansicht aufgrund „natürlicher Betrachtungsweise" zu ermitteln. Die Beurteilung ist in der Regel unproblematisch, wenn die Person die Sache unmittelbar physisch innehat:

**Beispiele:** Student S hält seinen Palandt in der Hand; Professor P sitzt auf seinem Bürostuhl. Hier liegt jeweils Besitz an dem Palandt bzw. an dem Bürostuhl vor.

Schwieriger kann die Bewertung sein, wenn die Sache nicht direkt physisch beherrscht wird, sondern sich nur in der „Sphäre" einer Person befindet:

**Beispiele:** Student S hat den Palandt im Regal seines Arbeitszimmers stehen; Professor P seinen Porsche in der Garage.

Die tatsächliche Sachherrschaft einer Person über eine Sache wird jedoch regelmäßig auch für die Gegenstände zu bejahen sein, die sich nach allgemeiner Lebenserfahrung in der Sphäre dieser Person befinden. Darunter fallen unproblematisch die Wohnräume sowie die beherrschbaren und ihr zuzuordnenden Objekte wie Garagen oder Briefkästen, je nach Umständen (beispielsweise bei Selbstständigen) auch die Büroräume. Dabei ist gerade für die zuletzt genannten Fälle von Bedeutung, dass eine ihrer Natur nach nur vorübergehende Verhinderung bei der Ausübung der tatsächlichen Sachherrschaft den Besitz nicht beendet, § 856 II. So bleibt z. B. auch der Besitz an einem über Nacht auf der Straße parkenden Pkw gewahrt.

24 Der Besitz endet jedoch, wenn die realisierbare Einwirkungsmöglichkeit auf die Sache dauerhaft gehindert ist. Dieser Fall tritt beispielsweise ein, wenn der Besitzer die Sache verloren oder vergessen hat, ohne sich daran erinnern zu können, wo das geschehen ist. Hier stimmt der zivilrechtliche Begriff der „tatsächlichen Sachherrschaft" weitgehend mit dem strafrechtlichen Begriff des „Gewahrsams" überein.

## II. Besitzwille

25 Gefordert wird außerdem, dass ein sogenannter „Besitzwille" vorliegt. Hervorhebung verdient dabei die Tatsache, dass es sich beim „Besitzwillen" nicht um einen rechtsgeschäftlichen, sondern nur um einen natürlichen Besitzwillen handelt. Es kommt also nicht auf die üblichen Voraussetzungen und Erwartungen an, die bei einer rechtsgeschäftlichen Willenserklärung zu erfüllen wären. So spielt etwa die Geschäftsfähigkeit des Besitzers keine Rolle: Auch ein Kind kann bezogen auf seine Spielsachen einen natürlichen Besitzwillen haben. Der Besitzwille meint demnach nur, dass die tatsächliche Sachherrschaft auch innerlich bejaht und gewollt sein muss.

**Beispiel:** Geschäftsmann G, dem seine Schwiegermutter S einen „entzückenden" rosa Teppich in sein Arbeitszimmer legt, erlangt zwar die tatsächliche Sachherrschaft an dem Teppich in seinem Arbeitszimmer. Er hat aber keinen entsprechenden Besitzwillen und wird darum auch nicht Besitzer.

In den meisten Fällen wird mit der tatsächlichen Sachherrschaft auch der Besitzwille einhergehen. Da auch ein natürlicher Wille Bewusstsein erfordert, könnte sich allerdings die Frage stellen, ob sich der Besitzwille nur auf solche Gegenstände beziehen kann, deren Vorhandensein in seiner Sphäre dem Besitzer auch bekannt sind.

26 **1. Tatsächliche Sachherrschaft und genereller Besitzwille.** Wie also wären folgende Beispielsfälle zu beurteilen:

**Fall 1:** Student S will seinem Kommilitonen K einen Palandt schenken. Da K nicht anwesend ist, als S das Buch bringt, nimmt die Mutter des K das Geschenk in Empfang und legt es dem K auf den Schreibtisch.

**Fall 2:** Herr Meier verliert im Supermarkt einen 20 €-Schein, den der Supermarktinhaber (freilich ohne zu wissen, wer diesen Geldschein verloren hat) nach Ladenschluss an sich nimmt.

In beiden Fällen behelfen sich Rechtsanwendung und herrschende Lehre mit dem Konstrukt des „generellen“ Besitzwillens: Alle Gegenstände, die sich nach allgemeiner Lebenserfahrung in der Sphäre des Besitzers befinden, werden von einem generellen Besitzwillen erfasst. So erstreckt sich z. B. der generelle Besitzwille des Supermarktinhabers in Fall 2 auch auf verlorene Geldscheine (BGH NJW 1987, 2812 [2813 f.] = BGHZ 101, 186). Genauso wird sich in Fall 1 der generelle Besitzwille des K auf alle Gegenstände auf seinem Schreibtisch erstrecken. Gleiches gilt für eine von mehreren Disketten, die sich in seinem Zimmer befinden mögen – selbst wenn er nicht genau weiß, ob im Schreibtisch oder in der Ablage.

Wie verhielte es sich aber mit einer Geldsendung, die versehentlich in den Briefkasten des K geworfen wird? Mit dem Einwurf in den Briefkasten erlangt K die tatsächliche Sachherrschaft, da sich die Sache nun in seinem Herrschaftsbereich befindet. Da er aber keine Kenntnis davon hat, ist dies nur dann von seinem Besitzwillen erfasst, wenn man einen generellen Besitzwillen auf alle Gegenstände in seinem Briefkasten zugrunde legt. Es könnte also zugunsten des K angenommen werden, dass sich sein Besitzwille auf alle Gegenstände in seinem Briefkasten erstreckt.

Allerdings ist dieser generelle Besitzwille einschränkend anzuwenden. Es ist z. B. 27
fraglich, ob sich der generelle Besitzwille des K auch auf eine in seinen Briefkasten eingeworfene Briefbombe beziehen würde: Grundsätzlich gilt, dass die den neuen Besitzer möglicherweise treffenden Rechtsfolgen zu ermitteln sind – nur, wenn diese nach dem natürlichen Verlauf der Dinge zu erwarten oder von seinem Willen erfasst wären, kann von einem generellen Besitzwillen ausgegangen werden. So mag sich der generelle Besitzwille bei Briefkästen nur auf solche Gegenstände beschränken, die „normalerweise“ dort hineingehören.

**2. Zusammenfassung.** Besitz liegt also auch dann vor, wenn sich die tatsächliche Sachherrschaft nur über eine „Sphäre“ erstreckt und der Besitzwille nur „generell“ gegeben ist.

**Vertiefung:** Der Schulfall des Geldscheins im Supermarkt basiert auf der bekannten, oben bereits zitierten BGH-Entscheidung (NJW 1987, 2812). Wer hier allerdings mit der Rechtsprechung Besitz des Supermarktinhabers annehmen möchte, muss sich über die weitreichenden Konsequenzen für den ehrlichen Finder bewusst sein: Denn wenn über den generellen Besitzwillen der Besitz des Supermarktinhabers angenommen wurde, ist die gefundene Sache gerade nicht verloren, also besitzlos i. S. d. § 965: Der ehrliche Finder erhält demnach auch keinen Finderlohn gemäß § 971, nach herrschender Meinung auch nicht analog § 978 II. Gewinnbringend kann die Problematik auch einmal in Form der Fallbearbeitung wiederholt und vertieft werden: Vieweg/Röthel, Fall 1.

## III. Besitz und tatsächliche Sachherrschaft – Ausnahmen

Prinzipiell fallen Besitz und tatsächliche Sachherrschaft zusammen. In bestimmten 28
Fällen hat der Gesetzgeber den Besitz aber auch ohne tatsächliche Sachherrschaft angenommen oder trotz Vorliegens tatsächlicher Sachherrschaft verneint.

29 **1. Erbenbesitz.** Der Erbenbesitz gehört zur ersten Fallgruppe, nach der Besitz auch ohne tatsächliche Sachherrschaft vorliegen kann. Der Besitz des Erben tritt nämlich „automatisch“ mit dem Erbfall ein, § 857, unabhängig davon, ob der Erbe die tatsächliche Sachherrschaft ausübt oder nicht. Diese Regelung schafft zum einen Rechtssicherheit dahingehend, dass die Gegenstände des Erblassers mit dessen Tod nicht herrenlos (d. h. besitzlos) werden, sondern in den Besitz einer bestimmten Person (nämlich des Erben) übergehen. Zum anderen sichert es natürlich auch die Position des Erben, der auch dann Besitzer werden kann, wenn er etwa in einer anderen Stadt wohnt und die tatsächliche Sachherrschaft über die Sache gar nicht sofort ausüben könnte.

Der Erbenbesitz endet, sowie ein anderer eine „neue“ tatsächliche Sachgewalt begründet, indem er beispielsweise die Sache vom Grundstück des Erblassers entfernt und auf seinem eigenen Grundstück unterstellt. Denn der Erbe soll nur in den ursprünglich gegebenen Besitz des Erblassers eintreten.

**Vertiefung:** Der Erbe „übernimmt“ den Besitz genau in der Form, wie er zuletzt beim Erblasser bestand: Das kann sowohl unmittelbarer Besitz als auch mittelbarer Besitz als Eigen- oder Fremdbesitz sein, vgl. Röthel, JURA 2012, 947 (wie auch bereits Wieling, § 4 V a). Dass somit auch unmittelbarer redlicher Fremdbesitz ererbt werden kann, führt zu interessanten Folgeproblemen im Eigentümer-Besitz-Verhältnis, wenn der Erbe dann als (vermeintlicher) Eigenbesitzer die Sache weiterveräußert. Daher wird in Einheit 9 (Eigentümer-Besitzer-Verhältnis) auf diese Frage zurückzukommen sein.

Wird die Besitzlage, die im Zeitpunkt des Erbfalls vorlag, dadurch geändert, dass ein anderer als der Erbe eine neue tatsächliche Sachherrschaft ausübt, verliert auch der Erbe seinen Erbenbesitz.

30 **Vertiefung:** Dann ist stets an Besitzschutzansprüche (vgl. Einheit 3) zu denken. Wenn nämlich ein Dritter die Sache von ihrem ursprünglichen Standort entfernt und ihr – gegen oder ohne Willen des Erbenbesitzers – einen neuen Standort zuweist, wird der Erbenbesitz durch verbotene Eigenmacht beendet. In diesem Fall stehen dem Erben gleichfalls die Besitzschutzansprüche der §§ 859 ff. zu.

31 **2. Mittelbarer Besitz.** Wie noch ausführlicher zu erläutern sein wird (vgl. Rn. 44), gibt es neben dem unmittelbaren Besitz noch den mittelbaren Besitz. Bis hierher wurde der Grundfall, der unmittelbare Besitz, angesprochen: Ein Besitzer übt selbst die unmittelbare tatsächliche Sachherrschaft über eine Sache aus (K hält seinen Palandt in der Hand oder verwahrt diesen in seiner Wohnung). Daneben können auch Fälle vorkommen, in denen eine Person Eigentümer einer Sache ist, aber die unmittelbare Ausübung der tatsächlichen Sachherrschaft einem anderen überlassen hat.

**Beispiel:** F ist Eigentümer einer Blu-ray „Live in Concert 2017“. Er verleiht sie für zwei Monate an seinen Kollegen K. In diesem Fall kann nur K unmittelbar die tatsächliche Sachherrschaft über die Disc ausüben. Dem F selbst ist die Beherrschungsmöglichkeit in der Zeit, in der K die Sache in Besitz hat, nur „mittelbar“, nämlich über die Person des K, möglich. Deswegen wird in diesen Fällen von „mittelbarem Besitz“ gesprochen.

Auch beim „mittelbaren Besitz“ ist Besitz also ohne unmittelbare Ausübung der tatsächlichen Sachherrschaft möglich.

**3. Besitzdienerschaft, § 855.** Den letzten Ausnahmefall vom Prinzip „tatsächliche Sachherrschaft = Besitz“ bildet die sogenannte Besitzdienerschaft, die in § 855 geregelt ist. Der Besitzdiener gilt nämlich nicht als Besitzer, obwohl er die tatsächliche Sachherrschaft über eine Sache ausübt (vgl. Schreiber, JURA 2012, 514 [515]). Besitzdienerschaft kommt regelmäßig in Subordinationsverhältnissen vor. Als Besitzer gilt der „übergeordnete“ Besitzherr. 32

**Beispiel:** Ein Hausmädchen mag zwar die tatsächliche Sachherrschaft über den Staubwedel ausüben; Besitzer ist aber der Hausherr. Das Hausmädchen ist nur dessen „Besitzdiener“.

Besitzdienerschaft ist dann anzunehmen, wenn ein tatsächliches Weisungsverhältnis zwischen dem Besitzdiener und dem Besitzherrn vorliegt; Kennzeichen der Besitzdienerschaft ist darum in aller Regel auch eine nach außen hin erkennbare soziale Abhängigkeit. Nur der Besitzherr, nicht aber der Besitzdiener, gilt als Besitzer.

**Hinweis:** Wie später noch ausführlich erläutert wird, kann die Besitzdienerschaft auch Folgen für die Übereignung haben. Voraussetzung für eine wirksame rechtsgeschäftliche Übertragung des Eigentums ist unter anderem die Übergabe des Besitzes an den neuen Eigentümer. Diesem Erfordernis ist aber auch dann Genüge getan, wenn der Besitzdiener des neuen Eigentümers, beispielsweise dessen Ladenangestellter, die Sache in Empfang nimmt: Die tatsächliche Sachherrschaft wird dem Ladeninhaber als dessen Besitz zugerechnet.

## IV. Besitzerwerb

**1. Erlangung der tatsächlichen Sachherrschaft.** Die Natur des Besitzes als tatsächliches Herrschaftsverhältnis verrät an sich schon einiges über den Besitzerwerb: Da der Besitz durch die tatsächliche Sachherrschaft, also die realisierbare Beherrschungsmöglichkeit einer Person über eine Sache und nicht durch ein Recht begründet wird, kann der unmittelbare Besitz schon dadurch erworben werden, dass eine Person die tatsächliche Sachherrschaft über eine Sache ausübt. Als Beispiele: 33

**Fall 3a):** Das im Hörsaal liegende Buch wird von dem Studenten S in die Tasche gesteckt: S erlangt unmittelbaren Besitz an dem Buch.

**Fall 3b):** Eine unter Ratenzahlung erworbene Maschine wird in eine Fabrikhalle gestellt: Unmittelbarer Besitz des Fabrikanten F.

**Fall 3c):** Das notdürftig an einen Zaun angeschlossene Fahrrad wird von dem Drogenabhängigen D mitgenommen. Unmittelbarer Besitz des D.

Die Inbesitznahme durch schlichte Begründung der tatsächlichen Sachherrschaft ist in ihrem Entstehen grundsätzlich unabhängig davon, ob der vorherige Besitzer seinerseits die tatsächliche Sachherrschaft freiwillig aufgegeben hat oder nicht. Auch der Dieb D erlangt unmittelbaren Besitz an seinem Beutegut – immerhin trifft auch auf ihn die Definition zu, dass Besitzer ist, wer die realisierbare Möglichkeit zur Einwirkung auf die Sache hat. Für den Erwerb des unmittelbaren Besitzes 34 kommt es also nicht darauf an, ob ein vorheriger, möglicherweise über seinen Besitzverlust unglücklicher Besitzer existiert.

**Hinweis:** Das spielt erst dann eine Rolle, wenn ein neuer Besitz gegen den Willen des früheren Besitzers beispielsweise aus verbotener Eigenmacht begründet wurde und der alte Besitzer daraufhin Besitzschutzansprüche gegen den neuen Besitzer geltend macht. Aber selbst dann hat der „neue" Besitzer zunächst Besitz erworben: Fraglich ist nur, ob er diesen nicht an den „alten" Besitzer herausgeben oder sich dessen Selbsthilfe (Besitzwehr und Besitzkehr, ausführlich dazu Rn. 69 ff.) gefallen lassen muss. Während den Besitzschutzansprüchen die gesamte folgende Einheit gewidmet sein wird, soll an dieser Stelle erst einmal festgehalten werden, dass unmittelbarer Besitz – gemäß seiner Natur – durch die Erlangung der tatsächlichen Sachherrschaft über eine Sache erworben wird.

Genauso, wie der Besitz durch schlichte Erlangung der tatsächlichen Sachherrschaft ohne oder gegen den Willen des vorherigen Besitzers erworben werden kann, ist es natürlich auch möglich, dass der vorherige Besitzer bei der Besitzerlangung mitwirkt, indem er etwa die Sache selbst übergibt.

**Fall 4:** Student S gibt seinem Kommilitonen K sein Lehrbuch. K erlangt unmittelbaren Besitz an dem Lehrbuch.

Als Beispiel für die Mitwirkung des vorherigen Besitzers bei der Übertragung der tatsächlichen Sachherrschaft auf einen neuen Besitzer kann oben Fall 3b) angeführt werden: Der Verkäufer wird die Lieferung der Maschine veranlasst und so die Erlangung der tatsächlichen Sachherrschaft durch F überhaupt erst ermöglicht haben. Obschon für die Erlangung des Besitzes unerheblich, wird in der Literatur nach wie vor zwischen den Fällen, in denen der neue Besitzer seinen Besitz vom vorherigen Besitzer ableitet, und den Fällen, in denen er den Besitz direkt ergreift, begrifflich unterschieden.

35 In den Fällen, in denen der neue Besitzer seinen Besitz vom vorherigen Besitzer ableitet, spricht man vom „derivativen", d. h. „abgeleiteten" Besitzerwerb. Ein derivativer Besitzerwerb wäre in den Fällen 3b) und 4 anzunehmen. In den anderen Fällen, in denen der neue Besitzer ohne einen entsprechenden Willen des vorherigen Besitzers eine Sache in Besitz nimmt – beispielsweise bei einem Fund wie in Fall 3a) oder einem Diebstahl wie in Fall 3c) – spricht man dagegen von einer „originären", weil einseitigen Besitzergreifung.

Dabei handelt es sich jedoch allein um eine begriffliche Unterscheidung, die für den Besitzerwerb des „neuen" Besitzers bedeutungslos bleibt. In beiden Fällen erwirbt derjenige, der die tatsächliche Sachherrschaft ausübt, auch unmittelbaren Besitz. Für den *Erwerb* des Besitzes ist diese Unterscheidung daher ohne Belang und muss in der Regel in Klausuren nicht weiter vertieft werden.

**Hinweis:** Die Unterscheidung wird aber gerne in der mündlichen Prüfung abgefragt.

36 **2. Besitzerwerb ohne sofortige Übernahme der tatsächlichen Sachherrschaft.** Neben dem Grundfall des Besitzerwerbs gemäß § 854 I durch Erlangung der tatsächlichen Sachherrschaft ist auch der Besitzerwerb ohne sofortige Ausübung der Sachgewalt möglich. Hierunter fällt nicht nur der oben erwähnte Erbenbesitz ge-

mäß § 857 (der Erbe erlangt – unabhängig von der tatsächlichen Sachherrschaft – Besitz im Augenblick des Erbfalls), sondern auch der Sonderfall des § 854 II: Demzufolge kann der Erwerber auch durch bloße *Einigung* mit dem vorherigen Besitzer den Besitz an einer Sache erlangen. Voraussetzung ist jedoch, dass der Erwerber in der Lage ist, die Gewalt an der Sache auszuüben.

Diese Art des Besitzerwerbs ist also nur in den Fällen möglich, in denen der Er- 37
werber seinen Besitz von einem anderen ableitet (vgl. oben, Rn. 35), denn nur dann ist eine Einigung mit dem vorherigen Besitzer möglich. Hinsichtlich der tatsächlichen Sachherrschaft unterscheidet sich der Fall des § 854 II von der Grundsituation des § 854 I insofern, als bei ersterem die potentielle Ausübung der tatsächlichen Sachherrschaft genügt, während sie bei letzterem realisiert werden musste.

**Beispiel:** Bauer A und Bauer B sind Grundstücksnachbarn. Bauer A hat Brennholz auf seiner Wiese gestapelt, das er dem B geben möchte. Er ruft B an und sagt ihm, er könne sich das Holz von der Wiese nehmen. B ist begeistert und beschließt, irgendwann „in den nächsten Tagen" das Holz vom Grundstück des A zu holen. – In diesem Fall erwirbt B gemäß § 854 II Besitz an dem Brennholz, weil sich die Beteiligten über den Besitzerwerb geeinigt haben und er in der Lage ist, sich das Brennholz vom Grundstück des A zu nehmen. Er kann also die tatsächliche Sachherrschaft potentiell realisieren.

**Vertiefung und Literatur:** Da die Einigung in diesem Fall von der herrschenden Meinung als Vertrag aufgefasst werde, sei Geschäftsfähigkeit erforderlich, Prütting, Rn. 57. Anderer Ansicht ist jedoch MüKo/Joost, 7. Aufl. (2017), § 854, Rn. 32: Es sei kein Rechtsgeschäft, sondern eine Neubegründung des Besitzes gegeben; ähnlich auch Wieling, § 4 II 1c, der hier von einer „Rechtshandlung" spricht.

**3. Besitzergreifungswille.** Nach herrschender Meinung muss zu der tatsäch- 38
lichen Sachherrschaft noch der (natürliche) Besitzergreifungswille hinzutreten, der aber lebensnah in den meisten Fällen anzunehmen sein wird, wenn jemand nach einer Sache greift, um die tatsächliche Sachherrschaft darüber auszuüben. Hier sind gleichfalls die Fälle des „generellen Besitzwillens" zu berücksichtigen. Ein genereller Besitzwille kann auch bei der Erlangung des Besitzes angenommen werden (wie etwa oben in Fall 2 für den Geldschein im Supermarkt oder für die Post im Briefkasten).

**Vertiefung:** Zum Teil wird gefordert, der generelle Besitz(ergreifungs)wille müsse zusätzlich nach außen sichtbar werden, beispielsweise durch das Aufstellen des Briefkastens oder die Einrichtung einer Sammelstelle für Fundsachen im Kaufhaus, Vieweg/Werner, § 2, Rn. 19; Staudinger/Gutzeit, § 854, Rn. 18. Diesem Erfordernis ist jedoch in den meisten Fällen schon dadurch Genüge getan, dass der Besitzer die tatsächliche Sachherrschaft an der Sache ausüben will und daher Maßnahmen trifft, um seine Sphäre entsprechend auszuweiten (z. B. durch das Aufstellen eines privaten Briefkastens im Gemeinschaftsflur eines Mehrfamilienhauses).

**4. Exkurs: Richtung des Besitz(ergreifungs)willens.** Schon zum zweiten Mal 39
wird also ein Willenselement im Zusammenhang mit Besitz erwähnt. Die tatsächliche Sachherrschaft muss von einem natürlichen Besitzwillen getragen sein, der als genereller Besitzwille auf die jeweilige Herrschaftssphäre ausgedehnt wird. Und

auch beim Besitzerwerb wird ein entsprechender Besitzergreifungswille gefordert. Dabei handelt es sich aber letztlich um ein und dieselbe Ausprägung eines Willenselements: Die tatsächliche Sachherrschaft muss eben auch gewollt sein, unabhängig davon, ob sie schon länger besteht oder gerade erworben wird.

**Hinweis:** Erinnert sei hier nur an den „generellen" Besitzwillen und das Beispiel mit der Briefbombe: Die tatsächliche Sachherrschaft mag bei Einwurf in den Briefkasten vorliegen; ein genereller Besitzwille wird sich aber kaum auf eine Bombe erstrecken.

40 Allerdings ist beim Besitzwillen nach der Richtung des Willens zu unterscheiden:

41 **a.) Eigenbesitzwillen** liegt vor, wenn der unmittelbare Besitzer die Sache „für sich selbst" besitzt, wenn er i. S. d. § 872 die Sache als „ihm gehörend" ansieht.

**Beispiele:** S besitzt „seinen" Palandt als Eigenbesitzer; Fabrikant F besitzt „seine" Maschine als Eigenbesitzer.

Ob Eigenbesitz vorliegt, ist allein nach der Willensrichtung zu beurteilen. Selbst wenn die Maschine aus dem oben angeführten Beispiel aufgrund des Eigentumsvorbehalts noch einem Händler H gehörte, läge Eigenbesitz des F vor, solange er selbst – weil er sich z. B. über den Eigentumsvorbehalt nicht bewusst ist – meint, Eigentümer der Maschine geworden zu sein.

42 **b.) Fremdbesitzwillen** liegt dagegen vor, wenn jemand eine Sache nicht „als ihm gehörend", sondern „für einen anderen" besitzt.

**Beispiel:** K besitzt den von S ausgeliehenen Palandt mit dem Willen, ihn dem S nach Ablauf der Leihfrist zurückzugeben. Er besitzt mit Fremdbesitzerwillen.

Entscheidend ist der Fremdbesitzerwille für den mittelbaren Besitz, der unten ausführlich behandelt wird. Nur wer bei Besitzergreifung die tatsächliche Sachherrschaft mit Fremdbesitzerwillen – also für einen anderen – ausüben möchte, kann diesem anderen den Besitz mitteln (vgl. Rn. 44 ff.).

**Vertiefung:** An dieser Stelle sei schon einmal auf den Begriff des (mittelbaren) Nebenbesitzes hingewiesen, der in Einheit 12 (Fall 43) ausführlicher behandelt wird. Bei dieser Fortgeschrittenenproblematik geht es um Fallkonstellationen, in denen der unmittelbare Besitzer gegenüber mehreren Personen Besitzmittlungswillen hat. Lesenswert dazu Szerkus, ZJS 2016, 592.

## V. Besitzverlust

43 Besitzverlust tritt ein, wenn die tatsächliche Sachherrschaft dauerhaft verloren geht oder der vorherige Besitzer seinen Besitz einem neuen Besitzer mit der Absicht übergibt, dauerhaft auf diesen zu verzichten.

**Beispiele:** Student S hat sein Buch verloren ohne sich erinnern zu können, wo ihm dieses Missgeschick unterlaufen ist. Damit kann er seine tatsächliche Sachherrschaft nicht mehr realisieren.

Kommilitone K schenkt dem Freund F seinen Palandt mit dem Hinweis, ihn nie mehr zurückerhalten zu wollen.

Frau Meier stellt ihre Kommode zum Sperrmüll.

## VI. Mittelbarer Besitz: Inhalt und Voraussetzungen

Was den unmittelbaren Besitz kennzeichnet und wie dieser unmittelbare Besitz 44
erworben oder aufgegeben wird, dürfte hinreichend erörtert worden sein. Wie verhält es sich nun aber mit dem oben bereits mehrfach erwähnten Fall des mittelbaren Besitzes? Geregelt ist der mittelbare Besitz in § 868. Mittelbarer Besitz liegt vor, wenn ein ursprünglicher Besitzer auf bestimmte Zeit die tatsächliche Sachherrschaft an einer Sache von einer anderen Person, die diese Sache unmittelbar in Besitz hat, „gemittelt" bekommt. Neben dem Besitzmittlungsverhältnis, dessen Voraussetzungen noch ausführlicher erklärt werden, ist stets Fremdbesitzerwillen (vgl. Rn. 42) erforderlich. Mit dem Willen, für den anderen zu besitzen, wird zugleich das stärkere Besitzrecht des anderen, beispielsweise des Eigentümers, anerkannt:

**Fall 5:** K verleiht seinen Palandt für die Zeit der „Fortgeschrittenen-Hausarbeit" an seinen Freund F. Für die Dauer der Leihe hat also F unmittelbaren Besitz an dem Palandt: Er übt die tatsächliche Sachherrschaft aus. F besitzt den Palandt aber in dem Wissen, dass K Eigentümer ist. Er will den Palandt nicht als eigenen, sondern als den des K nutzen können. Auch K soll aus Sicht des Gesetzgebers Besitzer sein. Die tatsächliche Sachherrschaft wird dem K von F gemittelt. K ist also mittelbarer Besitzer; F ist Besitzmittler.

**Fall 6:** Der Hauseigentümer H vermietet eine Wohnung an den Mieter M. Dieser zieht in die Wohnung ein und erlangt damit die tatsächliche Sachherrschaft und unmittelbaren Besitz an der Mietsache. H bleibt aber mittelbarer Besitzer, dem die tatsächliche Sachherrschaft an der Wohnung von M gemittelt wird. Der Besitzwille des Mieters ist auch hier ein Fremdbesitzerwille, der die übergeordnete Position des Vermieters anerkennt.

| | | | | |
|---|---|---|---|---|
| H = | Eigentümer & zunächst unmittelbarer Besitzer der Wohnung | | M = | zunächst keine Sachbeziehung |
| H | vermietet Wohnung an M → | | M | erlangt tatsächliche Sachherrschaft |
| H = | Eigentümer und mittelbarer Besitzer | | M = | unmittelbarer Besitzer der Wohnung und Besitzmittler für H |

**Vertiefung:** Zum Begriff des Besitzmittlungswillens vgl. Szerkus, JURA 2017, 251.

Derjenige, der die tatsächliche Sachherrschaft mit Fremdbesitzerwillen für den anderen ausübt (hier: M), ist der Besitzmittler. Der andere, der auf die Sache nur mittelbar, nämlich über die Person des unmittelbaren Besitzers, zugreifen kann, wird „mittelbarer Besitzer" genannt (hier: H). Manche sprechen hier auch von „vergeistigter Sachherrschaft" (Neuner, Rn. 50).

**1. Besitzmittlungsverhältnis.** Damit derjenige, der seine Sache einem anderen 45
zum unmittelbaren Besitz überlässt, „mittelbarer Besitzer" werden kann, muss ein sogenanntes Besitzmittlungsverhältnis vereinbart werden. § 868 nennt Beispiele für solche Besitzmittlungsverhältnisse, unter anderem die Pacht, die Miete und den Verwahrungsvertrag. Anerkannte Besitzmittlungsverhältnisse sind darüber hinaus

die Leihe, der Sicherungsvertrag im Rahmen der Sicherungsübereignung, die Ehe und die (berechtigte) GoA.

Um mittelbaren Besitz zu begründen, muss das Besitzmittlungsverhältnis nicht zwingend wirksam sein. Wenn beispielsweise in Fall 6 der Vermieter H dem Mieter die Wohnungsschlüssel und damit den Zugang zu der Wohnung überlässt, ist er auch dann mittelbarer Besitzer, wenn der Vertrag im Nachhinein wegen Irrtums angefochten wird. Entscheidend ist nur, dass der unmittelbare Besitzer (hier: M) die Sache in dem Bewusstsein besitzt, dass er dadurch dem anderen (hier: H) den Besitz mittelt.

46 Das Besitzmittlungsverhältnis darf zwar auf Dauer, aber nicht auf unbegrenzte Zeit angelegt sein (Schreiber, JURA 2012, 514 [514]). Wenn der „mittelbare" Besitzer – wie oben in Fall 6 Vermieter H – den Besitz in Wirklichkeit „für immer" auf den unmittelbaren Besitzer M überträgt, besitzt dieser die Mietsache nicht mehr in dem Bewusstsein, dem H einen Besitz zu mitteln, sondern nur noch „für sich selbst". In einem solchen Fall würde der Vermieter seinen eigenen Besitz faktisch aufgeben. Das Besitzmittlungsverhältnis muss also vorübergehender Art sein. Das wird auch dadurch konkretisiert, dass für ein Besitzmittlungsverhältnis ein wirksamer Herausgabeanspruch des mittelbaren Besitzers gegen den unmittelbaren Besitzer Voraussetzung ist.

**Beispiel:** Damit die Miete oben in Fall 6 ein wirksames Besitzmittlungsverhältnis für H als mittelbaren Besitzer begründen kann, muss H einen Herausgabeanspruch gegen den Mieter und unmittelbaren Besitzer M geltend machen können.

47 In aller Regel ergibt sich ein solcher Herausgabeanspruch schon aus dem Vertragstyp des Besitzmittlungsverhältnisses selbst, beispielsweise aus § 546 bei der Miete oder aus § 604 bei der Leihe. Auch bei der GoA als gesetzlichem Schuldverhältnis ergibt sich ein Herausgabeanspruch aus den §§ 681, 667. Ist das Besitzmittlungsverhältnis unwirksam, kann auf die Herausgabeansprüche aus gesetzlichem Schuldverhältnis (§ 812 oder § 985) zurückgegriffen werden.

**Vertiefung und Literatur:** Liegt eine Geschäftsführung ohne Auftrag vor, ist in der Klausur zu beachten, dass nur die berechtigte GoA einhellig als Besitzmittlungsverhältnis anerkannt wird (z. B. Wolf/Wellenhofer, § 4, Rn. 24). Einschränkungen gelten dagegen, wenn der Geschäftsherr keinen Besitzerwerbswillen hat, die GoA also möglicherweise gar nicht berechtigt ist (dazu MüKo/Joost, 7. Aufl. (2017) § 868, Rn. 52 m. w. N.; Szerkus, JURA 2017, 251 [254]).

In allen Fällen muss das Besitzmittlungsverhältnis konkret vereinbart werden. Ein abstraktes Besitzmittlungsverhältnis (etwa durch Vereinbarung einer Klausel „E besitzt für F") ist nicht ausreichend, weil dort die Zweckabrede fehlt, nach außen also nicht erkennbar ist, *warum* der unmittelbare Besitzer E die Sachgewalt für F ausüben darf. Ausführlich zu dieser Frage Brehm/Berger, § 3, Rn. 15.

48 In seltenen Fällen fehlt es bei Unwirksamkeit des Besitzmittlungsverhältnisses auch an anderen Herausgabeansprüchen, weil das Verhalten der Beteiligten insgesamt gegen die Rechtsordnung verstößt: Gibt etwa der Dieb D ein entwendetes Auto beim Lackierer L zur Lackierung ab, um es danach leichter ins Ausland weiterverkaufen zu können und ist der Lackierer eingeweiht, dürfte der Werkvertrag gegen

§§ 134, 138 verstoßen. Das Besitzmittlungsverhältnis ist also nicht wirksam. D steht indes auch kein anderer Herausgabeanspruch zu: Er ist nicht Eigentümer, hat also keinen Herausgabeanspruch nach § 985. Einem Anspruch aus § 812 gegen den Lackierer steht jedoch § 817 S. 2 entgegen. D wird folglich nicht mittelbarer Besitzer. Vgl. Baur/Stürner, § 7, Rn. 43–46 [46].

**Vertiefung:** Dies hätte auch Folgen für den gutgläubigen Erwerb eines unbeteiligten Dritten (U) von D gemäß §§ 931, 934. Da D nicht mittelbarer Besitzer wird, scheidet ein Erwerb des U gemäß § 934, 1. Fall aus. Letztlich gäbe es hier auch keinen Herausgabeanspruch, der abgetreten werden könnte. Ein Erwerb wäre demnach allenfalls in Form des § 934 2. Fall möglich, wenn nämlich U den (mittelbaren oder unmittelbaren) Besitz durch L erhielte und dann noch gutgläubig wäre, Baur/Stürner, § 51, Rn. 36 f. und § 52, 20–24.

**2. Die Bedeutung des mittelbaren Besitzes.** Der mittelbare Besitz wird vom 49
Gesetz grundsätzlich genauso behandelt wie der unmittelbare Besitz (§ 868: „So ist auch der andere Besitzer“). § 869 regelt die Ansprüche des mittelbaren Besitzers. Daraus geht hervor, dass sich der mittelbare Besitzer genauso wie der unmittelbare Besitzer zum Schutz vor verbotener Eigenmacht anderer auf die Besitzschutzansprüche gemäß §§ 861, 862 berufen kann. Obwohl es in § 869 nicht ausdrücklich erwähnt wird, kann er auch das Selbsthilferecht des § 859 ausüben. Voraussetzung ist allerdings, dass die verbotene Eigenmacht gegenüber dem *unmittelbaren* Besitzer ausgeübt wird (vgl. Rn 73).

Außerdem ermöglicht der mittelbare Besitz den Eigentumserwerb gemäß § 930, 50
indem der ursprüngliche Eigentümer zunächst noch den unmittelbaren Besitz an der Sache behalten darf, wenn er dem neuen Eigentümer den Besitz aufgrund eines konkreten Besitzmittlungsverhältnisses mittelt. Der neue Erwerber wird also zunächst Eigentümer und mittelbarer Besitzer. Der Eigentumserwerb nach § 931 setzt den mittelbaren Besitz des ursprünglichen Eigentümers voraus: So kann der Eigentümer eines vermieteten Autos den Pkw nach § 931 weiterveräußern, wenn er dem neuen Eigentümer den Herausgabeanspruch aus dem Mietvertrag gegen den derzeitigen Mieter abtritt.

**3. Zusammenfassung: Voraussetzungen für Erwerb und Verlust des mittel- 51
baren Besitzes.** Der mittelbare Besitz wird dadurch begründet, dass ein Besitzmittlungsverhältnis entsprechend den Voraussetzungen des § 868 geschaffen wird. Dazu gehört das Vorliegen eines Herausgabeanspruchs. Hinzutreten muss außerdem der Fremdbesitzerwillen des Besitzmittlers: Der Besitzmittler muss den Willen haben, „für den anderen“, also den mittelbaren Besitzer, die Sache zu besitzen (Rn. 42, 44). Der mittelbare Besitz kann auch übertragen werden. Gemäß § 870 geschieht das durch Abtretung des Herausgabeanspruchs.

**Hinweis:** Dies ist wiederum bedeutsam für die Übereignung nach § 931, vgl. oben Rn. 50. Dort ersetzt die Abtretung des Herausgabeanspruchs und die damit einhergehende Übertragung des mittelbaren Besitzes die Sachübergabe. Dieser Zusammenhang wird nach der Lektüre der Kapitel zur Übereignung noch besser verständlich.

52 Überträgt der mittelbare Besitzer seinen mittelbaren Besitz auf einen anderen, verliert er selbst seinen mittelbaren Besitz. Der Verlust des mittelbaren Besitzes tritt ebenfalls ein, wenn der Besitzmittler dem mittelbaren Besitzer den Besitz nach außen erkennbar nicht mehr vermitteln will, indem er z. B. die Sache unterschlägt. Nicht erforderlich ist, dass der bisherige mittelbare Besitzer von dieser Willensänderung erfährt. Es genügt, dass der Besitzmittler nicht mehr „für den anderen" besitzen möchte:

**Fortsetzung Fall 5:** F hat keine Lust mehr, dem K den Palandt jemals wieder herauszugeben. Er beschließt, den Palandt bis zu seiner mündlichen Prüfung zu behalten und dann irgendwann an einen Studienanfänger zu verkaufen. In diesem Fall mittelt F dem K nicht mehr den Besitz, weil F in Wahrheit nur noch für sich selbst besitzt. Er besitzt nun mit Eigenbesitzerwillen.

53 **4. Gestufter mittelbarer Besitz.** Mittelbarer Besitz kann auch in „gestufter" Form vorkommen: Leiht jemand beispielsweise eine Sache vom Eigentümer, so ist der Entleiher unmittelbarer Besitzer, der Verleiher ist mittelbarer Besitzer. Möglicherweise verleiht aber der Entleiher die Sache an einen Dritten weiter: Dann wird er selbst zum mittelbaren Besitzer, der den Besitz von dem unmittelbar besitzenden Dritten gemittelt bekommt. Trotzdem bleibt der mittelbare Besitz des ursprünglich verleihenden Eigentümers (der „Erstverleiher") weiterhin bestehen. In diesen Fällen spricht man darum von einem „gestuften" oder „mehrstufigen" mittelbaren Besitz.

**Beispiel:** A verleiht sein Buch an B, der es an C weiterverleiht. A ist mittelbarer Besitzer: B mittelt ihm den Besitz an dem Buch. B seinerseits ist auch mittelbarer Besitzer, denn C mittelt ihm den unmittelbaren Besitz an dem Buch.

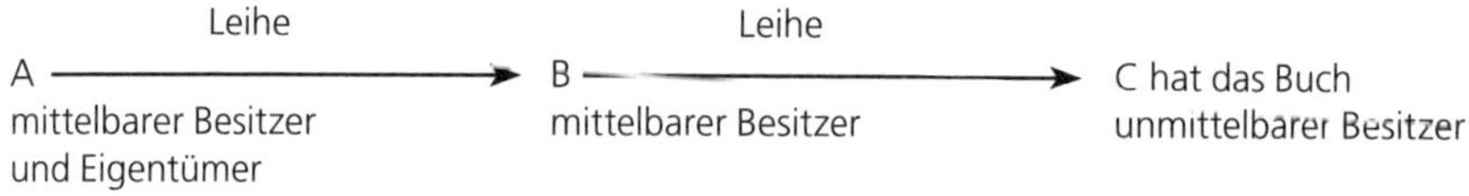


## B. Weitere Arten des Besitzes: Mitbesitz, Organbesitz

### I. Mitbesitz

54 Mit mittelbarem und unmittelbarem Besitz sind die wichtigsten Arten des Besitzes schon umrissen worden. Daneben gibt es noch den Mitbesitz. Einfacher Mitbesitz ist dadurch gekennzeichnet, dass zwei gleichberechtigte Personen auch unabhängig voneinander die tatsächliche Sachherrschaft über eine Sache ausüben können.

**Beispiel:** Drei gemeinsam in einer Wohngemeinschaft lebende Studenten haben Mitbesitz an dem Sofa im Gemeinschaftsraum, sofern sie die gleichen Beherrschungsmöglichkeiten an der Sache haben.

Qualifizierter Mitbesitz liegt dagegen vor, wenn mehrere Personen nur gemeinsam die tatsächliche Sachherrschaft über eine Sache ausüben können.

**Beispiel:** Die Geschäftsinhaber G und I haben den Zugang zum Tresorraum so aufgeteilt, dass G über die Zahlenkombination und I über den Schlüssel verfügt: Nur gemeinsam können sie den Tresorraum betreten und die Sachgewalt über die darin befindlichen Gegenstände ausüben.

## II. Organbesitz

Gerade bei Prüfungsaufgaben mit einem besitzrechtlichen Schwerpunkt kann sich die Frage stellen, wie der Besitz bei einer juristischen Person (AG, GmbH) zugeordnet werden soll. So könnte etwa der Supermarktinhaber im „Geldschein-Fall" eine natürliche Person (ein eingetragener Kaufmann, § 19 HGB) oder eine juristische Person, beispielsweise eine GmbH, sein. Als solche könnte „die GmbH" die tatsächliche Sachherrschaft nicht ergreifen; der Geschäftsführer als für sie handelndes Organ (§ 35 GmbHG) ist dazu jedoch sehr wohl in der Lage. Erlangt der Geschäftsführer einer GmbH die tatsächliche Sachherrschaft, so wird dies als Besitz der GmbH betrachtet. Daher spricht man von „Organbesitz". 55

**Vertiefung:** Hier wird das Zusammenspiel verschiedener Beziehungsarten zur Sache relevant: Mit Blick auf die „juristische Person" handelt es sich – streng genommen – um eine *Fiktion* des Besitzes ohne tatsächliche Sachherrschaft. Bei der Frage, ob ein „Organ", etwa der Geschäftsführer, die tatsächliche Sachherrschaft erlangt hat, darf und muss auf alle Prinzipien des Besitzes zurückgegriffen werden: Insbesondere genügt es, wenn ein Angestellter als Besitzdiener die Sache tatsächlich innehat, um dem Geschäftsführer den Besitz zuzurechnen. Dessen Besitz gilt dann wiederum als derjenige der GmbH (denn er ist Organ, vgl. § 35 GmbHG). Wer diese Frage für die GmbH durchdacht hat, kann sie schließlich auch für die GmbH & Co. KG lösen: Denn die GmbH & Co. KG ist nichts anderes als eine Kommanditgesellschaft mit einer GmbH als Komplementärin – es wird also im Ergebnis wieder auf den Geschäftsführer abzustellen sein.

Für Personengesellschaften (KG, OHG, die GbR ist weitgehend gleichgestellt) kommt es auf die vertretungsberechtigten Gesellschafter an (schon BGH WM 1967, 938; zur GbR BGH NJW 2003, 1445). Vom Begriff des Gewahrsams ausgehend u. a. auch zum Organbesitz Jüchser, ZJS 2012, 195 (199); Brand, Der Organbesitz, 2015. Die Struktur des Organbesitzes muss bei juristischen Personen auch für die Frage des Abhandenkommens berücksichtigt werden, vgl. Rn. 194 f.

# C. Funktionen des Besitzes

Der Besitz erfüllt im Rechtsverkehr drei Funktionen: die Publizitätsfunktion, die Schutzfunktion und die Erhaltungsfunktion. Nachdem die Natur des Besitzes erklärt worden ist, wird auch begreiflich, warum dem Besitz diese jeweiligen Funktionen zugeordnet sind. 56

## I. Publizitätsfunktion

Der Besitz knüpft, wie oben schon beschrieben, an die tatsächliche Sachherrschaft an. Die Herrschaft einer Person an einer Sache und damit der Besitz sind dadurch, anders als ein „Recht", nach außen hin sichtbar. Dem Besitz kommt also Publizi- 57 tätsfunktion zu, weil nach außen deutlich wird, wer Besitz an einer Sache hat. Dass jemand Besitz an einer Sache ausüben kann, zeigt auch, dass Rechte an einer Sache bestehen. Das Eigentumsrecht selbst wird zwar nicht nach außen sichtbar. Der Regelfall der rechtsgeschäftlichen Eigentumsübertragung, § 929, hat aber als Voraussetzung für den Erwerb von Eigentum die Übergabe des Besitzes vorgesehen. Die Begründung des Rechts „Eigentum" geht folglich damit einher, dass Besitz übertragen wird. Durch diese Übergabe des Besitzes an den neuen Eigentümer wird nach außen erkennbar, dass eine Rechtsänderung eingetreten ist.

**Hinweis:** Diese Publizitätsfunktion übernimmt der Besitz auch in den Fällen der Übereignung gemäß §§ 930, 931. Dort wird zwar regelmäßig „nur" mittelbarer Besitz zugunsten des neuen Eigentümers begründet oder bestehender mittelbarer Besitz auf diesen übertragen. Trotzdem erfüllt auch der „nur" mittelbare Besitz die Publizitätsfunktion: Außenstehende können eher nachvollziehen, wer wem einen Gegenstand geliehen hat und diesen Gegenstand darum auch wieder herausverlangen kann, als der Sache ansehen, wer das Eigentum an der Sache innehat.

**58** Der Publizitätsfunktion des Besitzes trägt daher auch die Eigentumsvermutung des § 1006 Rechnung: Gemäß § 1006 wird aus dem (im Fall des zweiten Absatzes: früheren) unmittelbaren Besitz einer Person – widerleglich – auf deren Eigentum an der Sache geschlossen. Nach Maßgabe des § 1006 III gilt diese Eigentumsvermutung auch für den mittelbaren Besitz.

## II. Schutzfunktion

**59** Da der Besitz für die Rechtssicherheit so wichtig ist, muss der Besitzer vor Störungen geschützt werden. Auch ein rein tatsächliches Verhältnis einer Person zu einer Sache darf nicht eigenmächtig beseitigt werden. Diese Funktion des Besitzes ist insbesondere bei den Besitzschutzansprüchen verwirklicht worden, die im folgenden Kapitel erläutert werden.

## III. Erhaltungsfunktion

**60** Erhaltungsfunktion bedeutet, dass der Besitz zur Verfestigung einer Rechtslage führen kann. Ein Beispiel dafür ist die Ersitzung. Hier wird derjenige, der eine Sache über eine lange Zeit hinweg besitzt, schließlich Eigentümer, §§ 937 ff. Die ursprüngliche Besitzlage kann aber auch eine Änderung der Eigentumsverhältnisse hindern: Kommt dem Besitzer eine Sache beispielsweise abhanden, ist ein gutgläubiger Eigentumserwerb Dritter gemäß § 935 ausgeschlossen. Der Besitz sichert also auch den Bestand der Rechtsverhältnisse (dazu Omlor/Gies, JuS 2013, 12 [13]).

**Vertiefung und Literatur:** Kritisch zu der üblichen Einteilung der Funktionen des Besitzes Brehm/Berger, § 2, Rn. 3 f.; klassisch dagegen die Darstellung bei Prütting, Rn. 44–47.

**Literatur:** *Jüchser, Alexander:* Gewahrsam – ein Begriff, der es nicht leicht macht, ZJS 2012, 195–200; *Lorenz, Stephan:* Grundwissen Zivilrecht: Besitzschutz, JuS 2013, 776–779; *Omlor, Sebastian/Gies, Christian:* Der Besitz und sein Schutz im System des BGB, JuS 2013, 12–17;

*Röthel, Anne:* Erbenbesitz und Erbschaftsbesitz, JURA 2012, 947–952; *Schreiber, Klaus:* Die Besitzformen, JURA 2012, 514–516; *Szerkus, Oscar:* Die Lehre vom Nebenbesitz und gutgläubiger Erwerb nach § 934 Alt. 1 BGB, ZJS 2016, 592–596; *Szerkus, Oscar:* Besitzmittlungswille und Besitzmittlungsverhältnis: Begriff und Fallgruppen, JURA 2017, 251–256.

**Für Weiterdenker:** *Brand, Marco:* Der Organbesitz, Studien zum Privatrecht 43, Mohr Siebeck 2015.

# 3. Einheit – Besitzschutz und Formen des Besitzerwerbs in der Fallanwendung

61 In der letzten Einheit wurde gezeigt, dass der unmittelbare Besitz ausschließlich an die tatsächliche Sachherrschaft und den entsprechenden Herrschaftswillen geknüpft ist. Auf die Rechtmäßigkeit des Besitzerwerbs kommt es für die wirksame Begründung von Besitz dagegen nicht an.

**Fall 7:** Student S schließt sein Fahrrad am Zaun eines Biergartens an. Dieb D, versiert im „Knacken" von Fahrradschlössern, nimmt das Rad im Wege seiner üblichen Beschaffungskriminalität an sich. Tatsächliche Sachherrschaft, Besitzwille und damit wirksamer Besitzerwerb des D sind gegeben.

In solchen Fällen wäre der ursprüngliche Besitzer (hier: S) dem Besitzerwerb eines anderen hilflos ausgeliefert. Um den Besitzer zu schützen und die mit der ursprünglichen Besitzlage einhergehende Rechtssicherheit zu gewährleisten, hat der Gesetzgeber Besitzschutzansprüche vorgesehen: Sie sichern den ursprünglichen Besitzer gegen die verbotene Eigenmacht anderer ab und verhelfen dem rechtmäßigen Besitzer, seinen Besitz ungestört zu wahren. Voraussetzungen und Inhalte dieses Besitzschutzes sind Gegenstand dieser 3. Einheit.

## A. Possessorische und petitorische Besitzschutzansprüche: Abgrenzung

62 Zunächst ist auf eine Besonderheit der Besitzschutzansprüche aufmerksam zu machen: Der Gesetzgeber unterscheidet zwischen sogenannten *possessorischen* und *petitorischen* Besitzschutzansprüchen. Diese Unterscheidung soll mit Blick auf die Fallanwendung erklärt werden.

63 Die *possessorischen* Besitzschutzansprüche und ihre Voraussetzungen sind in den §§ 858 bis 864 geregelt. Sie zielen auf eine – wenigstens vorläufige – Klarstellung der Rechtslage ab und sind auf eine schnellstmögliche Wiederherstellung der bisherigen Besitzlage ausgerichtet. *Possessorische* Besitzschutzansprüche schützen den Besitzer vor jeder Fremdeinwirkung durch Dritte. Auf ein Recht des Besitzers zum Besitz kommt es bei Geltendmachung des Anspruchs nicht an. So soll etwa bei einem *possessorischen* Herausgabeanspruch oder dem Selbsthilferecht des § 859 II derjenige den Besitz an der Sache wiedererlangen, der ihn zuvor – gleichgültig, ob zu Recht oder zu Unrecht – innehatte und durch verbotene Eigenmacht eines anderen verlor. Das erfordert schon die Rechtssicherheit, denn schließlich wird aus dem Besitz auf das Eigentum geschlossen, vgl. Rn. 182. Diese Schutzfunktion wird rechtspraktisch dadurch verwirklicht, dass possessorische Besitzschutzansprüche prozessual mit dem vorläufigen Rechtsschutz verfolgt werden können und das Begehren der Herstellung der vorherigen Besitzlage nicht als Vorwegnahme der Hauptsache gilt. Damit sichern die possessorischen Besitzschutzansprüche die wichtige Erhaltungs- und Publizitätsfunktion des Besitzes ab.

Doch dauerhaft wird der Rechtsfrieden erst dann hergestellt sein, wenn die Sache endgültig in den Besitz des berechtigten Besitzers zurückkehrt: 64

Nimmt in der **Fortsetzung von Fall 7** der angetrunkene A seinerseits dem Fahrraddieb D das Fahrrad weg, kann der vorherige Besitzer D zwar Besitzschutzansprüche geltend machen und Wiedereinräumung des Besitzes verlangen. Damit ist das Fahrrad aber noch nicht wieder in den Besitz des von den Beteiligten allein zum Besitz berechtigten S zurückgelangt.

Auf Dauer muss die Rechtsordnung aber darauf bedacht sein, eine endgültige Besitzlage herzustellen, die auch dem Recht zum Besitz der jeweiligen Beteiligten Rechnung trägt. Dazu dienen z. B. die in § 1007 festgeschriebenen *petitorischen* Besitzschutzansprüche. Sie sollen eine endgültige Besitzlage auch unter dem Aspekt der Rechtmäßigkeit des Besitzes herstellen: Wer das Recht hat, eine Sache zu besitzen, muss dieses Recht auch gegen den unrechtmäßigen Besitzer durchsetzen können. Ob dieses Recht besteht oder nicht, muss auf dem üblichen Weg – also im ordentlichen gerichtlichen Verfahren – geklärt werden. Der *petitorische* Besitzschutz knüpft also an ein Recht zum Besitz an und fordert je nach den Umständen des Falls auch Bösgläubigkeit des zu Unrecht Besitzenden: Es soll derjenige endgültig den Besitz an der Sache erlangen, dem er nach Gesetz und Recht tatsächlich zusteht. 65

**Vertiefung:** Zur Verdeutlichung vgl. auch unten, Fall 11a zu § 863 und 11b zur petitorischen Widerklage.

**Hinweis:** Zusätzlich wird der Besitz „als sonstiges Recht" vom Rechtsgüterschutz des § 823 I mitumfasst.

Im Folgenden ist das Augenmerk besonders auf die *possessorischen* Besitzschutzansprüche zu richten: Hier handelt es sich – da sich ja die *absolute* Natur dinglicher Rechtspositionen auch auf die §§ 858 ff. erstreckt – um Ansprüche, die potentiell jeder Besitzer (weil *possessorisch)* gegen jeden (weil *absolut)* geltend machen kann. 66

Dieser fast universellen Anwendbarkeit – selbst, wenn sie im konkreten Fall an den einzelnen Voraussetzungen scheitern sollte – trägt das Bewusstsein der Klausurbearbeiter nicht immer Rechnung: Neben den viel bekannteren Ansprüchen aus dem Eigentümer-Besitzer-Verhältnis werden die Besitzschutzansprüche in der jeweiligen Prüfung zu oft übersehen 67

**Vertiefung und Literatur:** Beispielsfälle finden sich bei Magnus/Wais, NJW 2014, 1270 [1273 ff.].

Als Merksatz zur Unterscheidung der Ansprüche ließe sich festhalten, dass possessorische Ansprüche an ein *factum* (der Besitz als Innehaben, lateinisch *possessio)* und petitorische Ansprüche an ein Besitz*recht* anknüpfen, auf das sich der Anspruchsteller beruft. 68

## B. Die Besitzschutzansprüche im Einzelnen

### I. Die possessorischen Besitzschutzansprüche

69 **1. Das Selbsthilferecht, § 859.** Erleidet ein Besitzer die Störung oder den Entzug seines Besitzes durch einen anderen, ermächtigt ihn § 859, sich gegen den Störer zur Wehr zu setzen. Diese Bestimmung ist außergewöhnlich: Immerhin erlaubt sie dem vorherigen Besitzer, selbst in die Besitzlage zu seinen Gunsten einzugreifen, sich der verbotenen Eigenmacht „mit Gewalt" zu „erwehren" oder, wenn er den Besitzverlust bereits erlitten hat, dem Störer die Sache mit Gewalt wieder abzunehmen. Als Beispiel:

**Abwandlung Fall 7:** S kommt aus dem Biergarten und sieht, wie der D sich auf das von seinem Schloss befreite Fahrrad setzt, um damit zu verschwinden. S reißt D vom Rad herunter und nimmt sein Fahrrad wieder an sich. Ein solches Selbsthilferecht wird dem S von § 859 zugestanden.

70 Um eine solche Selbsthilfe nicht in Selbstjustiz ausufern zu lassen, hat der Gesetzgeber die Voraussetzungen, unter denen der vorherige Besitzer die Sache auch „mit Gewalt" wieder an sich nehmen kann, eng eingegrenzt, und zwar in zweierlei Hinsicht: *Zeitlich* ist die Selbsthilfe überhaupt nur unmittelbar nach dem Entzug oder der Störung des Besitzes gestattet. *Rechtlich* ist die Selbsthilfe zwingend an die „verbotene Eigenmacht" des Störers gebunden.

71 **a.) Definition und Inhalt: Verbotene Eigenmacht.** Der Gesetzgeber hat die verbotene Eigenmacht als Störung oder Entziehung des Besitzes ohne den Willen des Besitzers und ohne gesetzliche Grundlage in § 858 I definiert. „Entziehung des Besitzes" bedeutet Ausschluss des vorherigen Besitzers von der Ausübung der tatsächlichen Sachherrschaft.

**Beispiel wie oben Fall 7:** Wenn Dieb D das Rad erfolgreich entwendet, hindert er den S dauerhaft an der Ausübung der tatsächlichen Sachherrschaft. Aber auch wie in Fall 6, wenn der Vermieter H dem Mieter M wegen Eigenbedarfs kündigt und M daraufhin alle Schlösser der Wohnung auswechselt: Hier wird H an der Ausübung der tatsächlichen Sachherrschaft durch M gehindert.

„Störung" des Besitzes ist dagegen jede Beeinträchtigung der Besitzausübung, ohne dass dabei die tatsächliche Sachherrschaft verloren ginge (vgl. zum Besitzstörungsbegriff: Omlor/Gies, JuS 2013, 1065 [1067]).

**Abwandlung zu oben Fall 7:** Der D ist kein Dieb, sondern ein überambitionierter Sprayer: Während S im Biergarten ein Bier trinkt, sprüht D das Fahrrad Blau-Weiß-Rot ein.

**Fall 8:** Der Mieter M wird im Besitz seiner Wohnung dadurch beeinträchtigt, dass der nebenan wohnende Nachbar N jeden Mittag um 12:00 Uhr den Rasen mäht und die Tochter des N jeden Abend ab 22:00 Uhr Klavier spielt.

72 In beiden Fällen kommt es nur auf die objektiv gegebene Beeinträchtigung der Besitzausübung an: Verschulden ist nicht erforderlich. Darum liegt „verbotene Eigenmacht" auch dann vor, wenn der Sprayer beispielsweise in dem Glauben handelt,

das Fahrrad wirksam erworben zu haben (und keine Anhaltspunkte für eine Unwirksamkeit des Erwerbs hatte, sonst wäre zumindest Fahrlässigkeit gegeben). „Ohne Willen" des Besitzers bedeutet, dass der – vorherige – Besitzer den Besitzverlust oder die Besitzbeeinträchtigung nicht gewollt haben darf. Es bedeutet aber nicht notwendig „gegen den Willen" des Besitzers. Nur wenn der andere den Besitz mit Zustimmung des Besitzers an sich nimmt, ist verbotene Eigenmacht ausgeschlossen.

Wie z. B. oben in **Fall 7:** Dieb D handelt auf jeden Fall ohne den Willen des S, als er das Fahrrad an sich nimmt. Auch in Fall 8 mag N zwar nicht *gegen* einen ausdrücklichen Willen des M den Rasen mähen – *ohne* den Willen des M tut er es allemal.

Interessanter ist die Konstellation, wenn der zunächst unmittelbare Besitzer seine tatsächliche Sachherrschaft aufgibt, um sie – bewusst – einem anderen einzuräumen. Was geschieht, wenn dann dieser andere die Sache unbefugt weiterveräußert? **73**

**Fall 9:** Student S hat sein Fahrrad an den Kommilitonen K verliehen. K veräußert das Fahrrad an den Hehler H. Kann S dem H das Rad wegen verbotener Eigenmacht im Wege der Selbsthilfe entreißen?

Hier kann das in Einheit 2 Erlernte sogleich einmal angewandt werden: Welche Form von Besitz hatte S, bevor H das Rad erwarb? Zunächst war S unmittelbarer Besitzer. Als er das Rad an K verlieh, erlangte K unmittelbaren Besitz an dem Fahrrad. Aufgrund des Besitzmittlungsverhältnisses Leihe blieb S aber mittelbarer Besitzer des Rades. Dieser mittelbare Besitz an dem Rad endete jedoch, als K beschloss, es an H zu verkaufen: K hatte dann nämlich keinen Fremdbesitzerwillen mehr. S verliert also immerhin seinen mittelbaren Besitz, und zwar ohne seinen Willen. Könnte man darin nicht eine verbotene Eigenmacht des K oder des H sehen und so dem S sein Selbsthilferecht gestatten?

Die Antwort ist Nein. Vom Grundsatz könnte sich der mittelbare Besitzer zwar auf die Besitzschutzansprüche, darunter auch, obschon in § 869 nicht ausdrücklich genannt, auf das Selbsthilferecht berufen. Das gilt aber nur, wenn die verbotene Eigenmacht – wie in Einheit 2, Rn. 49 bereits erwähnt – gegen den *unmittelbaren* Besitzer angewandt wurde. Das wäre hier der K. Er verliert aber das Fahrrad nicht „ohne Willen". Vielmehr verkauft er es äußerst willentlich an den H. Darum liegt hier keine verbotene Eigenmacht gegen den unmittelbaren Besitzer vor, sodass sich auch S als vormals mittelbarer Besitzer nicht auf sein Selbsthilferecht berufen kann.

**Merke:** Verbotene Eigenmacht kann nur gegen den *unmittelbaren* Besitzer ausgeübt werden. Liegt allerdings verbotene Eigenmacht vor, kann sich auch der mittelbare Besitzer gemäß § 869 auf die Besitzschutzansprüche einschließlich des Selbsthilferechts berufen. **74**

Ferner ist Inhalt der Definition, dass die verbotene Eigenmacht nicht vom Gesetz gestattet sein darf. „Nicht vom Gesetz gestattet" bedeutet dabei, dass die Besitzbeeinträchtigung nicht gesetzlich gerechtfertigt sein darf. Gerechtfertigt wäre beispielsweise ein Eingriff aufgrund eines Hoheitsakts oder im Zuge der allgemeinen Notwehr- und Selbsthilferechte. Bedeutend sind auch in diesem Zusammenhang vor allem die §§ 227 ff., 904, vgl. Rn. 110. **75**

Liegt verbotene Eigenmacht vor, so besitzt derjenige, der sich auf diese Art in den Besitz der Sache gebracht hat, gegenüber dem bisherigen Besitzer stets fehlerhaft.

76 **b.) Besitzwehr, § 859 I.** Im Weiteren sind die verschiedenen Fälle des § 859 zu unterscheiden: Der erste Absatz normiert die sogenannte Besitzwehr. Dieser Fall liegt vor, wenn der bisherige Besitzer noch im Besitz der Sache ist und sie gegen einen anderen, der den Besitz beeinträchtigen oder widerrechtlich ergreifen möchte, verteidigen muss. Hier gewährt § 859 I dem Besitzer das Recht, sich mit einem angemessenen, im Bereich des Erforderlichen liegenden Maß an Gewalt gegen die Beeinträchtigung zu wehren. Unangemessen wäre die Besitzwehr, wenn der durch die Verteidigung drohende Schaden in einem Missverhältnis zu der Besitzstörung stünde (AG Hadamar NJW 1995, 968; BayObLG NJW 1965, 163 [164 f.]: Die Besitzwehr darf über das „erforderliche" Maß nicht hinausgehen). Zeitlich ist die Besitzwehr auf einen *gegenwärtigen Angriff* begrenzt.

77 **Vertiefung und Literatur:** Eine Güterabwägung ist dagegen nicht nötig; auch gegen relativ unbedeutende Störungen ist Besitzwehr möglich, Wieling, § 5 III 1 a; Baur/Stürner, § 9, Rn. 11. In Klausuren besteht das Risiko, über die Diskussion zum Maß der Gewaltanwendung die Voraussetzungen der verbotenen Eigenmacht zu übersehen. Entreißt etwa Badegast A dem Badegast B im Freibad das Handtuch, um einen Schwelbrand im trockenen Gras möglichst schnell zu ersticken, den er als einziger rechtzeitig bemerkt hat, handelt A gerechtfertigt nach § 904 S. 1. Würde sich B also nun der Wegnahme des Handtuchs mit Gewalt erwehren, kann er sich – mangels verbotener Eigenmacht der Besitzentziehung – nicht auf § 859 I berufen, falls sich dann etwa A beim Kampf um das Handtuch verletzt.

78 **c.) Besitzkehr, § 859 II, III, und die Unmittelbarkeitskomponente.** Der wichtigste Anwendungsfall des § 859 ist aber zweifellos der zweite (und bei Immobilien: der dritte) Absatz, die Besitzkehr. Diese Vorschriften sind anzuwenden, wenn der vorherige Besitzer seinen Besitz durch die verbotene Eigenmacht eines anderen verloren hat. Hier kann der Besitz nicht mehr verteidigt, sondern nur noch die vorherige Besitzlage wiederhergestellt werden. Deswegen darf der vorherige Besitzer die Sache demjenigen, der sie mit verbotener Eigenmacht an sich gebracht hat, wieder wegnehmen, und zwar nötigenfalls auch mit Gewalt.

79 Für bewegliche Sachen ist § 859 II maßgeblich. Neben der Grundvoraussetzung, dass der andere den Besitz der Sache mit verbotener Eigenmacht erlangt hat, muss die Selbsthilfe unmittelbar im Anschluss an die Störung erfolgen. Dies geht direkt aus § 859 II hervor: Der Täter muss auf frischer Tat betroffen oder unmittelbar nach der Tat vom vorherigen Besitzer verfolgt worden sein. „Unmittelbar" mag zwar nicht gleichbedeutend mit „sofort" sein: Der Begriff meint aber unmissverständlich „alsbald nach der Tat", also im Anschluss an die Wegnahme (Palandt/Herrler, § 859, Rn. 4), und nicht etwa im Anschluss an die Kenntnisnahme.

**Beispiel zu Ausgangsfall 7, fortgesetzt als Fall 10:** S sieht den D mit dem Fahrrad fortfahren. Zufällig weiß er, wo D wohnt. Er beschließt, erst einmal sein Bier zu zahlen, nach Hause zu gehen und auszuschlafen, bevor er am nächsten Morgen das Wohnhaus des D aufsucht, wo er im Hinterhaus sein Fahrrad angeschlossen sieht. S reißt es aus der Halterung in der festen Überzeugung, dieses Recht stehe ihm zu.

Hier irrt S, weil dem Unmittelbarkeitserfordernis nicht mehr Rechnung getragen wird. Ein Außenstehender könnte auch gar nicht mehr erkennen, dass dem S zuerst der Besitz abhandengekommen war. Im Gegenteil, das Verhalten des S könnte seinerseits den Eindruck erwecken, er handle mit verbotener Eigenmacht. Würde eine zeitlich so weit von der ursprünglichen Wegnahmehandlung entfernte „Selbsthilfe" noch dem Unmittelbarkeitserfordernis genügen, wäre die Rechtssicherheit gefährdet: Weder für den Außenstehenden (auch als möglichem Zeugen) noch für die Justiz wäre erkennbar, wer nun eigentlich seinen Besitz gegen wen verteidigt. Angesichts der Publizitätsfunktion muss die Besitzkehr auf einen Zeitpunkt beschränkt bleiben, in dem der vorangegangene eigenmächtige Eingriff in die Besitzlage mit der Selbsthilfe des ursprünglichen Besitzers in Verbindung zu bringen ist.

Ändert sich etwas an der Beurteilung, wenn S den Biergarten am Abend so volltrunken verlässt, dass er sein Fahrrad vergisst und erst am nächsten Tag, als er zufällig den D mit einem verdächtig ähnlich aussehenden Rad herumfahren sieht, bemerkt, dass es gestohlen wurde? Nein, denn auch hier gilt, dass für den Rechtsverkehr nicht mehr transparent sein kann, wer wem das Rad zuerst entwendet hat.

Für das Maß der Gewaltanwendung gilt das für die Besitzwehr schon Gesagte. Ferner ist daran zu denken, dass auch der *Besitzdiener* Selbsthilfe üben darf, § 860, wenn verbotene Eigenmacht angewandt wird. Das gilt übrigens auch für den *mittelbaren Besitzer,* wie oben bei der Definition der verbotenen Eigenmacht bereits erklärt wurde. 80

Zwar ist es nicht unumstritten, dass sich der mittelbare Besitzer auch auf ein Selbsthilferecht berufen darf, weil der Verweis des § 869 auf die §§ 861, 862 abschließend zu verstehen sein könnte. Die Anwendbarkeit der Selbsthilfe zugunsten des mittelbaren Besitzers ist aber ganz herrschende Meinung und sichert als einzige einen lückenlosen Rechtsschutz. Denn denkbar ist ja der Fall, dass der unmittelbare Besitzer aufgrund der Gegebenheiten gerade keine Besitzwehr oder Besitzkehr ausüben kann, der mittelbare Besitzer aber schon. Da durch die verbotene Eigenmacht eines Dritten auch der mittelbare Besitz enden würde, ist es nur billig, ebenso dem mittelbaren Besitzer Verteidigungsansprüche zuzugestehen. Allerdings muss das Ziel die Wiederherstellung der vorherigen Besitzlage sein: Die Sache ist also dem vorherigen *unmittelbaren* Besitzer zu übergeben. Für eine Selbsthilfe des mittelbaren Besitzers kann § 869 jedoch nur analog angewandt werden, da er nicht direkt auf § 859 verweist. 81

**Fall 11:** Student S hat dem Kommilitonen K sein Fahrrad geliehen, weil er selbst zurzeit ohnehin lieber Inlineskates läuft. S ist mittelbarer, K unmittelbarer Besitzer. Während K die Strafrechtsvorlesung besucht, sieht S, der gerade zufällig in der Mensa zu Mittag isst, wie sich der niederträchtige Kommilitone D an dem von K auf dem Campus abgestellten Fahrrad zu schaffen macht. S stürmt hinzu und verjagt D von dem Fahrrad. Dann wartet er dort, bis K aus der Vorlesung kommt und das Rad wieder sicher in Besitz nehmen kann. – Hier durfte S nach herrschender Meinung Selbsthilfe anwenden, §§ 869 analog, 859, sofern er dann, wie auch geschehen, die ursprüngliche Besitzlage wiederherstellt.

Gilt es, den Besitz unbeweglicher Sachen, beispielsweise von Grundstücken oder Mietwohnungen, gegen die verbotene Eigenmacht anderer zu verteidigen, so ist § 859 III maßgeblich. Hier ist als einzige Besonderheit zu beachten, dass der Begriff „sofort", den der Gesetzgeber in § 859 III verwandt hat, nicht gleichzusetzen ist mit „unverzüglich". Er bedeutet vielmehr „so schnell wie möglich". Grund dafür ist, dass im Regelfall sowohl verbotene Eigenmacht an einem Grundstück dem Besitzer nicht sofort bekannt werden muss (Beispiel: Verbotene Eigenmacht an einem Gar- 82 tengrundstück, wenn der Besitzer dort gerade nicht verweilt) als auch nicht „sofort“ verteidigt werden kann.

83 **Vertiefungshinweis:** Bedeutung hat die Vorschrift auch bei den sogenannten Abschleppfällen. Denn wenn sich der Besitzer einer Grundstücksfläche gegen einen Falschparker wehrt, indem er dessen Pkw abschleppen lässt, handelt er im Rahmen des § 859 jedenfalls gerechtfertigt, und zwar entweder durch die Vorschrift des § 859 I, wenn man das unbefugte Parken als Besitzstörung ansieht, oder aus der Vorschrift des § 859 III, wenn man eine (teilweise) Entziehung des Besitzes annimmt, vgl. BGH NJW 2009, 2530 (2531). Der Besitzer des Parkplatzes darf dabei die Hilfe des Abschleppunternehmers in Anspruch nehmen: § 859 verlangt keine Eigenhändigkeit. Allerdings unterscheiden sich § 859 III und § 859 I hinsichtlich der zeitlichen Vorgaben. Während die Besitzkehr nach Abs. 3 „sofort“ erfolgen muss, genügt für § 859 I, dass die Besitzentziehung noch andauert. Um Wertungswidersprüche zu vermeiden, empfiehlt sich bei Abschleppfällen stets den Maßstab des § 859 I anzuwenden, was sich (auch) auf die besondere Natur des Grundstücksbesitzes stützen lässt (MüKo/Joost, 7. Aufl. (2017), § 859 Rn. 5). Ist diese Hürde erst einmal genommen, bleibt die Prüfung der Ersatzansprüche des Grundstücksbesitzers gegen den Falschparker. Diese können sich aus Geschäftsführung ohne Auftrag (kurz: GoA) ergeben (dabei ist das Problem des auch-fremden-Geschäfts zu beachten) sowie aus § 823 I (auch § 823 II iVm § 858 als Schutzgesetz), vgl. Lorenz, NJW 2009, 1025, Omlor/Gies, JuS 2013, 1065 (1067 ff.), sowie Paal/Guggenberger, NJW 2011, 1036 (1039 f.).

84 **d.) Verhältnis zu den §§ 227 ff.** Alle oben besprochenen Selbsthilferechte stellen einen Sonderfall der §§ 227, 229 dar. Grundsätzlich ist das Verteidigungsverhalten des Besitzers schon durch § 227 abgedeckt (Lorenz, JuS 2013, 776; Paal/Guggenberger, NJW 2011, 1036 [1037]). Daher wird im Schrifttum die Notwendigkeit des § 859 bisweilen angezweifelt. Im Verhältnis zum allgemeinen Notwehrrecht des § 227 stellt § 859 jedenfalls klar, dass auch Sachen notwehrfähige Rechtsgüter sind. Ansonsten ist bei § 227 erforderlich, dass ein gegenwärtiger rechtswidriger Angriff vorliegt, während bei § 859 auf die verbotene Eigenmacht des Störers abzustellen ist. Ist der Verteidiger auch unmittelbarer Besitzer der Sache, ist § 859 jedenfalls die speziellere Norm und sollte vor dem allgemeinen Notwehrrecht geprüft werden.

**Vertiefung und Literatur:** Treffen allerdings Besitzschutz nach § 859 I (Besitzwehr) auf der einen und Rechtsschutz auf der anderen Seite zusammen – ist also der Verteidiger des Rechts gerade nicht unmittelbarer Besitzer – soll der Rechtsschutz vorgehen, Wieling, § 5 III 1 c; Heck, § 13, 5.

**Beispiel:** Der Pächter eines Obstgartens fällt gesunde Bäume entgegen dem im Pachtvertrag festgehaltenen ausdrücklichen Willen des Eigentümers. Hier kann der Eigentümer zum Schutz seines Eigentums aus § 227 gegen den Pächter vorgehen und ihn etwa des Grundstücks verweisen, ohne dass der Pächter als Besitzer berechtigt wäre, den Angriff des Eigentümers nach § 859 I abzuwehren.

85 Im Verhältnis zu den §§ 229, 230 ist die Vorschrift des § 859 insofern weiter gefasst, als gerade § 229 den Vorrang obrigkeitlicher Hilfe ausdrücklich vorsieht. Wie aber aus den Selbsthilferechten des § 859 deutlich wird, darf und soll hier der Besitzer sofort handeln, ohne vom Grundsatz her obrigkeitliche Hilfe abwarten zu müssen.

Besonderheiten gelten allerdings für den Fall der Besitzkehr, § 859 II, III: Die Gewaltanwendung ist dort nur in engem zeitlichen Zusammenhang mit der Entziehung zulässig. Der Gesetzgeber wollte gerade unüberschaubare Besitz- und Selbsthilfesituationen vermeiden, wie sie oben in Fall 10 hätten entstehen können. Ist dem Unmittelbarkeitserfordernis des § 859 II nicht mehr Genüge getan, kann der Handelnde nur noch nach Maßgabe der §§ 229, 230 gerechtfertigt sein.

**2. Der Herausgabeanspruch des § 861 I.** Des Weiteren kann der Besitzer, der den Besitz aufgrund verbotener Eigenmacht eines anderen verloren hat, einen Herausgabeanspruch geltend machen. Die erste Voraussetzung ist also ein Besitzentzug. Außerdem muss die verbotene Eigenmacht desjenigen hinzukommen, der die Sache an sich genommen hat. Hierfür gelten keine Besonderheiten. 86

Entscheidend ist, dass es sich bei § 861 I um einen Herausgabeanspruch handelt. Anders als bei den Selbsthilferechten des § 859 muss der Anspruch aus § 861 geltend gemacht und gegebenenfalls prozessual durchgesetzt werden: Der vorherige Besitzer kann also die Sache nicht einfach wie beim Selbsthilferecht an sich nehmen, sondern muss Herausgabe verlangen.

**Hinweis:** In aller Regel wird derjenige, dem der Besitz aufgrund verbotener Eigenmacht entzogen worden ist, sowohl sein Selbsthilferecht aus § 859 II als auch seinen Herausgabeanspruch aus § 861 I geltend machen können. Dabei ist ihm mit dem Selbsthilferecht zunächst am ehesten geholfen. Sollte das Selbsthilferecht allerdings scheitern (beispielsweise am Unmittelbarkeitserfordernis), bleibt ihm immer noch der possessorische Herausgabeanspruch gemäß § 861, der mit dem vorläufigen Rechtsschutz durchgesetzt werden kann. 87

Auch der mittelbare Besitzer kann sich auf diesen Herausgabeanspruch berufen, vorausgesetzt, die verbotene Eigenmacht wurde gegen den unmittelbaren Besitzer ausgeübt (vgl. oben, Rn. 73 f. und Fall 11, Rn. 81). Anders als beim Selbsthilferecht ist hier § 869 direkt anwendbar, weil er ausdrücklich auf die §§ 861, 862 verweist. Überdies darf dem Herausgabeanspruch *keine Einwendung* entgegenstehen, § 863. 88

**Klausurhinweis:** Darauf sollte in der Fall-Lösung allerdings nur eingegangen werden, wenn es Anhaltspunkte für eine Einwendung gibt. Salvatorische Klauseln wie „Einwendungen sind nicht ersichtlich" empfehlen sich nie. Gibt es tatsächlich keinen Anlass für eine Erörterung, hat sie ganz zu unterbleiben. Bestehen aber doch Bedenken, ob eine Einwendung vorliegen könnte, ist eine – wenn auch kurze – gutachterliche Auseinandersetzung erforderlich. Mit der allgemeinen Feststellung, etwas sei nicht ersichtlich, gewinnt der Bearbeiter nichts: Irrt er sich, ersetzt die lapidare Formel nicht die ordentliche Prüfung. Fehlen dagegen jegliche Anhaltspunkte für eine Einwendung, teilt er dem Korrektor nur Überflüssiges mit.

Zulässig sind allein solche Einwendungen des Anspruchsgegners, die das Vorliegen von verbotener Eigenmacht in Abrede stellen. Unerheblich sind dagegen materielle Einwendungen wie der Verstoß gegen Treu und Glauben (§ 242) oder ein *Recht* zum Besitz. Solche ihrer Natur nach petitorischen Ansprüche (beispielsweise aus § 985 oder § 1007) müssen hinter dem possessorischen Besitzschutz zurückstehen, weil es Sinn und Zweck des possessorischen Besitzschutzes ist, so schnell wie möglich über eine – vorläufige – Besitzlage zu entscheiden. Wären erst Gegenansprüche 89 zu prüfen, würde die kurzfristige Klarstellung der Besitzlage unangemessen verzögert.

90 **Vertiefung und Literatur:** Diese Problematik ist vor allem im Prozess, aber natürlich auch in Klausuren von Bedeutung. Es kann nämlich geschehen, dass petitorischer und possessorischer Anspruch aufeinandertreffen. Zu der Problematik der möglichen Einwendungen vgl. Lorenz, JuS 2013, 776 (777).

**Fall 11a:** B mietet von Eigentümer E ein Auto. Weil B den Mietzins im letzten Vierteljahr nicht mehr entrichtet hat, kündigt E den Mietvertrag. Noch bevor sich B zu der Kündigung geäußert hat, fährt E mit dem auf dem Grundstück des B geparkten Auto von dannen. B fordert von E Herausgabe des Pkw, denn auch der E als Eigentümer dürfe nicht „einfach so" mit dem Auto davonfahren. E hält dem B entgegen, als Eigentümer habe er ein Recht zum Besitz und nach rechtmäßiger Kündigung des Mietvertrags einen durchsetzbaren Herausgabeanspruch: Es wäre doch absurd, wenn er dem B das Auto herausgeben müsste, nur um es dann postwendend zurückzuverlangen.

Ob in diesem Fall der Inhaber des petitorischen Rechts (hier: der Eigentümer E) oder der gestörte Besitzer (B) mit dem jeweiligen Anspruch durchdringt, ist umstritten. Einigkeit herrscht in der Literatur darüber, dass gegenüber dem Besitzschutzanspruch aus § 861, der hier auch dem B zustünde, die aus dem entgegenstehenden Anspruch des Eigentümers resultierende Einwendung nach § 242 materiell unbeachtlich bleibt. Denn die §§ 859 ff. sollen den Besitz als tatsächlichen Zustand schützen, ohne (vorher) nach einem Recht zum Besitz zu fragen. Der Gesetzgeber duldet keinen eigenmächtigen Eingriff in die bestehende Besitzlage. Die Besitzschutzansprüche dienen schließlich der Wahrung des Rechtsfriedens: Der Besitz ist von jedem, notfalls auch vom Eigentümer, bis zur endgültigen Klärung der Rechtslage zu respektieren. Der Eigentümer darf also weder eigenmächtig die Sache an sich nehmen noch sich dem Herausgabeanspruch des Besitzers aus § 861 mit dem Einwand verweigern, die Wiederherstellung der Besitzlage sei rechtsmissbräuchlich, weil er selbst anschließend Herausgabe aus § 985 verlangen könne. Wenn der Eigentümer sein Recht geltend machen möchte, muss er auf Herausgabe klagen; der Besitz kommt zunächst dem vorherigen Besitzer zu, bis sich die Parteien entweder einigen oder das Gericht entschieden hat, wem das bessere Recht daran zusteht.

**Hinweis:** Der Beklagte könnte sich jedoch erfolgversprechend verteidigen, wenn er die anspruchsbegründenden Umstände bestreitet, also etwa den früheren Besitz des Klägers. Erheblich ist auch der Vortrag, der Beklagte habe keine verbotene Eigenmacht begangen, weil der Kläger mit dem Besitzverlust einverstanden gewesen sei. Auch Umstände, die eine gesetzliche Gestattung der Besitzbeeinträchtigung ergeben (beispielsweise ein Notstand, der die Inbesitznahme rechtfertigt, vgl. Rn. 76) können dem Beklagten weiterhelfen.

Allgemeine Zurückbehaltungsrechte sind als petitorische Einwendungen dagegen ausgeschlossen. Für Fortgeschrittene sei jedoch ergänzt: Dieser Grundsatz erstreckt sich nicht auf die Zurückbehaltungsrechte nach §§ 273 II, 1000: Hat der (unrechtmäßige) Besitzer Verwendungen auf die Sache gemacht, so ist die verbotene Eigenmacht als ein Unterfall der unerlaubten Handlung anzusehen. Der Herausgabeanspruch geht dem Zurückbehaltungsrecht dann nur bei vorsätzlich begangener Eigenmacht vor, vgl. MüKo/Joost, 7. Aufl. (2017), § 863, Rn. 2–5.

91 **Die petitorische Widerklage. Fortsetzung als Fall 11b:** E weigert sich, dem B das Auto herauszugeben. Daraufhin erhebt B Klage vor dem zuständigen Gericht auf Herausgabe. Mit der Begründung von oben, Fall 11a, erhebt E Widerklage gegen den Herausgabeanspruch des B mit dem Antrag festzustellen, dass er, der E, Eigentümer des Pkw sei.

Umstritten ist der Fall aber im weiteren Verlauf, wenn er etwa wie im Fall 11b die Gerichte beschäftigt. Normalerweise dienen die possessorischen Ansprüche der vorläufigen Wiederherstellung der alten Besitzlage. Weil damit nicht abschließend über das bessere Recht, sondern nur kurzfristig über die Wiederherstellung der früheren Sachgewalt zugunsten des gestörten Besitzers entschieden wird, ist die Besitzschutzklage aus § 861 dem Eilverfahren zugänglich (Zeising, JURA 2010, 248 [251]). Das gilt jedoch nicht für die petitorischen Ansprüche. Da mit dem Anspruch zugleich über das *Recht* entschieden werden muss, käme es im Eilverfahren zu einer unzulässigen Vorwegnahme der Hauptsache. Petitorische Ansprüche können daher in der Regel nur im ordentlichen Verfahren durchgesetzt werden (MüKo/Joost, 7. Aufl. (2017), § 863, Rn. 12; lehrreich zu den Ausnahmen in der Rechtsprechung: Lehmann-Richter, NJW 2003, 1717 [1717]).

Sucht der Besitzer gleichfalls Rechtsschutz im ordentlichen Verfahren, kann der Eigentümer seinen petitorischen Anspruch in der Widerklage geltend machen. Der Besitzer beantragt dann in der Klage Herausgabe (aus § 861). Der Eigentümer beantragt widerklagend zwar nicht Herausgabe, denn *noch* ist er ja (wie etwa E oben in Fall 11a und 11b) im Besitz der Sache. Er beantragt aber festzustellen, dass er Eigentümer der Sache (hier: des Pkws) ist, um seinen Herausgabeanspruch aus § 985 später weiterverfolgen zu können. Um zu verhindern, dass der possessorische Besitzschutz unterlaufen wird, möchten einige Vertreter der Literatur schon die Widerklage gegen den possessorischen Anspruch in Anlehnung an § 863 für unzulässig erklären. Indes ist diese Auffassung abzulehnen, denn die Widerklage unterliefe den Besitzschutz nur dann, wenn sich dadurch die vorläufige Wiederherstellung der Besitzlage unangemessen verzögerte, weil z. B. über das bestehende Eigentumsrecht noch Beweis erhoben werden müsste. Das wäre im Beispiel 11b der Fall, wenn B bestreiten würde, dass der Pkw überhaupt jemals dem E gehört hätte. Dann müsste über die Besitzschutzklage ein Teilurteil ergehen; über den Eigentümerherausgabeanspruch könnte dann später entschieden werden (MüKo/Joost, 7. Aufl. (2017), § 863, Rn. 9).

Sind beide Klagen zur Entscheidung reif – weil im Beispiel etwa B weder das Eigentum des E noch die Mietzinsschulden bestreitet – musste die Rechtsprechung eine Lösung finden, alle zwei Klagen prozessökonomisch zu entscheiden. Unter strenger Anwendung des § 863 hätte beiden Klagen entsprochen werden müssen (auf die Klage würde E zur Herausgabe verurteilt, auf die Widerklage festgestellt, dass E Eigentümer des Autos sei). Diese Lösung wird wegen § 863 von einem Teil der Literatur bevorzugt (Prütting, Rn. 124; MüKo/Joost, 7. Aufl. (2017) § 863, Rn. 10; Spiess, JZ 1979, 717; Staudinger/Gutzeit, § 863, Rn. 8).

Der BGH (BGHZ 73, 355; NJW-RR 2005, 280; Übersicht bei Gursky, JZ 2005, 285 [285 f.]) 92
hat – in analoger Anwendung des § 864 II – einen anderen Weg gewählt: Auf die Widerklage hin wird die Klage abgewiesen. Es obsiegt also – entgegen § 863 – der Eigentümer über den Besitzer. Diese Lösung mag auf den ersten Blick systemwidrig erscheinen. In Anbetracht des gerichtlichen Alltags wird man dieser Entscheidung aber zugutehalten können, dass die Herausgabe der Sache an den Besitzer die Gerichte alsbald erneut beschäftigt hätte, nämlich dann, wenn der Eigentümer seinerseits Herausgabe vom Besitzer begehren würde. Verweigert der Besitzer die Herausgabe, müsste der Eigentümer erneut die Gerichte in Anspruch nehmen und aufgrund seines festgestellten Rechts ein Leistungsurteil anstreben. In der Klausur sind mit entsprechender Begründung beide Auffassungen gut vertretbar.

Hinzuweisen ist ferner auf den Ausschlussgrund des § 861 II. Danach ist der Her- 93
ausgabeanspruch des vorherigen Besitzers dann ausgeschlossen, wenn er innerhalb des letzten Jahres seinerseits die Sache mittels verbotener Eigenmacht gegenüber dem nun gegenwärtigen Besitzer an sich gebracht hatte.

**Beispiel:** S hat sein Fahrrad vor dem Biergarten angeschlossen. Dieb D entwendet das Fahrrad – D bringt also das Fahrrad mittels verbotener Eigenmacht in seinen Besitz. S wiederum reißt ihn vom Fahrrad und nimmt es – gerechtfertigt durch sein Selbsthilferecht aus § 859 II – wieder an sich. Könnte D, der immerhin für eine kurze Zeit unmittelbarer Besitzer des Rades war und nun in seiner Besitzausübung von S „gestört" wird, Herausgabe des Besitzes von S verlangen? Nein, denn es liegt keine verbotene Eigenmacht des S vor. Das Handeln des S ist gemäß § 859 II gesetzlich gerechtfertigt.

Was wäre aber, wenn sich S – aus welchen Gründen auch immer – mittels verbotener Eigenmacht in den Besitz der Sache gebracht hätte? Könnte sich D dann seinerseits auf § 861 I berufen? Nein, denn in diesem Fall griffe § 861 II: Selbst wenn S seinen Besitz mittels verbotener Eigenmacht (wieder-)erlangt hätte, kann D keine Herausgabe des Rades von S aus § 861 I verlangen: D selbst hat die Sache dem S ursprünglich mittels verbotener Eigenmacht abgenommen. Der Vorgang liegt auch nicht länger als ein Jahr zurück, der Herausgabeanspruch gegen S ist wegen § 862 II ausgeschlossen.

94 Das Beispiel zeigt auch den Sinn dieses Grundsatzes: Da § 861 einen Anspruch possessorischer Natur einräumt, der von einem Recht zum Besitz unabhängig ist, könnte theoretisch auch der Dieb seinen Besitzschutz geltend machen. Das kann er aber nicht gegenüber demjenigen, dem er selbst die Sache innerhalb des vorangegangenen Jahres mit verbotener Eigenmacht entzogen hat: Das Ergebnis wäre sonst eine nie endende Besitzschutzkette, in der jeder gegen jeden immer wieder dieselben Ansprüche erheben könnte. Daher gilt der Grundsatz: Wer den Besitz einer Sache wegen der verbotenen Eigenmacht eines anderen verliert, kann sich auf sein Selbsthilferecht und auf den Herausgabeanspruch des § 861 berufen. Das ist jedoch ausgeschlossen, wenn er selbst seinen ursprünglichen Besitz gerade vom Anspruchsgegner mithilfe verbotener Eigenmacht erlangt hatte.

95 **3. Der Störungsbeseitigungs- und Unterlassungsanspruch, § 862.** Der Anspruch auf Unterlassung und/oder Beseitigung einer Störung unterscheidet sich vom oben behandelten Herausgabeanspruch aus § 861 nur dahingehend, dass hier eben kein Besitzentzug vorliegt: Der Besitzer übt nach wie vor die tatsächliche Sachherrschaft über die Sache aus, wird darin aber gestört oder beeinträchtigt. Damit sich der gegenwärtige Besitzer auf den Anspruch aus § 862 berufen kann, muss der Störer mit verbotener Eigenmacht handeln.

Zu beachten ist ferner der Ausschlussgrund des § 862 II, der in seiner Grundstruktur § 861 II ähnelt: Der Besitzer kann sich nicht auf den Störungsbeseitigungsanspruch gemäß § 862 I berufen, wenn er innerhalb des vergangenen Jahres seinerseits verbotene Eigenmacht gegen den jetzigen „Störer" angewandt hatte.

96 **4. Das „Abholungsrecht", § 867.** In engem Zusammenhang mit den Ansprüchen der §§ 861, 862 steht das sogenannte „Verfolgungsrecht" des § 867, das in der Literatur auch als „Abholungsrecht" bezeichnet wird: Ist eine Sache auf das Grundstück eines anderen gelangt, darf der vorherige Besitzer die Sache abholen. Allerdings darf er das Grundstück nicht unbefugt betreten und muss seinen Anspruch notfalls auf dem Klageweg durchsetzen.

## II. Petitorische Besitzschutzansprüche

Wie eingangs schon erwähnt, erfordern die petitorischen Besitzschutzansprüche ein *Recht* zum Besitz. Anders als bei den possessorischen Besitzschutzansprüchen kann aufgrund eines petitorischen Anspruchs auch keine einstweilige Verfügung zugunsten des Antragstellers erwirkt werden. Stattdessen muss die endgültige Besitzlage im ordentlichen Verfahren geklärt werden. 97

**Hinweis:** Auch der Herausgabeanspruch des Eigentümers (§ 985) ist seiner Natur nach (wie alle Ansprüche, die an Rechte anknüpfen) petitorisch: Der Inhaber des Rechts „Eigentum" hat auch ein Recht zum Besitz, das er aber gerichtlich durchsetzen muss, wenn der Anspruchsgegner seinen Besitz nicht freiwillig aufgibt, vgl. oben, Fälle 11a und 11b. Auch dort wird übrigens geprüft, ob nicht der Besitzer dem Eigentümer seinerseits ein „besseres" Recht zum Besitz entgegenhalten kann, § 986, vgl. auch unten, Einheit 8. Von diesem Anspruch des Eigentümers unterscheiden sich die hier besprochenen Besitzschutzansprüche schon dadurch, dass die possessorischen Ansprüche gerade nicht an ein Recht (weder an ein Recht zum Besitz noch an das Recht „Eigentum") anknüpfen, sondern den (vorherigen) Besitz als solchen als Anspruchsberechtigung genügen lassen. Die petitorischen Besitzschutzansprüche wiederum stellen allein auf das Recht zum Besitz, nicht auf das Eigentum ab. Der Besitz nimmt insofern eine Sonderstellung innerhalb des Zivilrechts ein: Da er aufgrund des tatsächlichen Verhältnisses und unabhängig von einer Berechtigung entstehen kann, ist er das einzige Rechtsinstitut, das auch unabhängig von einem Recht (possessorium) geschützt wird. Daher findet sich beim Besitz die Dualität von possessorischen und petitorischen Ansprüchen, während alle übrigen Positionen im Zivilrecht, weil sie für ihre Entstehung ein Recht voraussetzen, nur petitorisch geschützt werden können. Das ihm zustehende Recht muss stets vom Antragsteller nachgewiesen werden. Vgl. zum Verhältnis von Vindikation und Besitzrecht Zeuner: FS Felgenträger, 423 ff. 98

Die petitorischen Besitzschutzansprüche finden sich in § 1007. Die Vorschrift unterscheidet zwei Fälle. Der erste Fall richtet sich auf Herausgabe gegen den bösgläubigen Besitzer, der zweite ermöglicht unter bestimmten Umständen auch einen Anspruch gegen den gutgläubigen Besitzer. 99

**1. Gegen den bösgläubigen Besitzer, § 1007 I.** Voraussetzung ist, dass der Antragsteller zuvor mittelbarer oder unmittelbarer Besitzer der Sache war, ohne dass es dabei auf die Art des Besitzes (Fremd- oder Eigen-, Allein- oder Mitbesitz) ankäme. Der Antragsgegner muss sich gegenwärtig im Besitz der Sache befinden und im Zeitpunkt des Besitzerwerbs bösgläubig gewesen sein. Der Maßstab für den guten Glauben des Antragsgegners ist dabei an § 932 II ausgerichtet: Der gegenwärtige Besitzer ist gegenüber dem früheren Besitzer dann bösgläubig, wenn er bei Besitzerwerb wusste (positive Kenntnis) oder aufgrund grober Fahrlässigkeit nicht wusste, dass er gegenüber dem anderen kein Recht zum Besitz hatte. Der Anspruch dringt durch, wenn der Antragsteller gegenüber dem Antragsgegner das bessere Recht zum Besitz hat (vgl. Omlor/Gies, JuS 2013, 1065 [1069]). 100

**2. Gegen den gutgläubigen Besitzer, § 1007 II.** Ausnahmsweise gibt § 1007 II auch bei Gutgläubigkeit des jetzigen Besitzers einen Anspruch auf Herausgabe zugunsten des vorherigen Besitzers. Dieser Fall tritt aber nur dann ein, wenn 101 die Sache dem vorherigen Besitzer abhandengekommen war. Zur Veranschaulichung:

**Fall 12:** Student S verliert sein Buch. Kommilitone K findet das Buch und behält es in der Annahme, dass es weggeworfen worden sei.

Allerdings ist ein solcher Herausgabeanspruch, wie er S gegenüber K im Fall zusteht, dann ausgeschlossen, wenn dem Antragsgegner (hier: K) selbst das Buch abhandengekommen wäre, bevor es der Antragsteller in Besitz genommen hätte (im Beispiel: Bevor S das Buch gebraucht erwarb, war es K irgendwann gestohlen worden). Ausgeschlossen ist der Anspruch auch, wenn der Antragsgegner beispielsweise aufgrund des Fundrechts mittlerweile Eigentum an der Sache erworben hat:

**Fortsetzung von Fall 12:** K meldet den Fund des Buchs bei der zuständigen Ordnungsbehörde. Nach sechs Monaten erlangt er Eigentum an der Sache (§ 973 I). Wenn S danach Herausgabe des Buchs aus § 1007 II von K verlangen möchte, scheitert der Anspruch daran, dass K mittlerweile Eigentümer geworden ist.

102 **3. Ausschlussgründe.** Zu berücksichtigen ist noch, dass die petitorischen Besitzschutzansprüche gemäß § 1007 III ausgeschlossen sein können. Zum einen ist ein Besitzschutzanspruch des früheren Besitzers ausgeschlossen, wenn er den Besitz freiwillig aufgegeben hatte oder seinerseits bei Besitzerwerb bösgläubig war. Die Wertung des Gesetzgebers ist klar: Wer seinen Besitz freiwillig aufgibt, hat auf seine daraus resultierenden Rechte verzichtet; wer selbst bösgläubig war, verdient keinen gesetzlichen Schutz. Ausschlussgründe können aber auch in der Person des Antragsgegners liegen. Denkbar wäre der Fall, dass er gegenüber dem Antragsteller ein besseres Recht zum Besitz hat, §§ 1007 III, 986. Der Anspruchsgegner – der gegenwärtige Besitzer – kann dem Antragsteller dieses Recht zum Besitz entgegenhalten.

**Klausurhinweis:** Dieser Ausschlussgrund kann freilich nur dann greifen, wenn das Recht des gegenwärtigen Besitzers zum Besitz erst nach Besitzerwerb entstanden ist. Lag es schon vorher vor, war der Antragsgegner von vornherein nicht bösgläubig, sodass ein Anspruch gemäß § 1007 I gar nicht entstanden sein konnte.

Beispiele für ein besseres Recht zum Besitz können unter anderem Pfandrechte begründen.

**Beispiel:** Mieter M hat seit anderthalb Jahren seine Miete nicht bezahlt und ist dann – unter Zurücklassen aller seiner Einrichtungsgegenstände – untergetaucht. Später kehrt er noch einmal nachts in die Wohnung zurück, um seinen Fernseher mitzunehmen. Hier hätte der Vermieter ein besseres Besitzrecht aus seinem Vermieterpfandrecht geltend machen können. Ähnliche Konstruktionen sind aus den Unternehmerpfandrechten denkbar.

## III. Besitzschutz außerhalb des Sachenrechts

103 Abschließend sei noch darauf hingewiesen, dass auch nichtsachenrechtliche Anspruchsgrundlagen eine Herausgabe entzogenen Besitzes oder Ersatzleistungen wegen Störungen oder dem Untergang eines Besitzes begründen können. In umfang-

reichen Fall-Lösungen sind diese weiteren Anspruchsgrundlagen unbedingt zu beachten. Bei offensichtlichem Nichtvorliegen der jeweiligen Voraussetzungen sollte eine (ausführliche) Prüfung allerdings unterbleiben.

**Vertiefung:** Dazu gehört in erster Linie der Besitzschutz aufgrund des § 823 I. Der Besitz stellt ein sonstiges Recht in diesem Sinne dar, sodass der berechtigte Besitzer Herausgabe in Form von Schadensersatz (Naturalrestitution) geltend machen kann. Auch über § 823 II ist der Besitz geschützt, weil § 858 I als Schutzgesetz anerkannt ist. **104**

Ferner ist – vor allem bei Herausgabeansprüchen – stets an das Bereicherungsrecht zu denken. § 812 I S. 1, 1. Fall gewährt hier einen allgemein anerkannten Kondiktionsgrund (Leistungskondiktion). Dann gelten freilich die Voraussetzungen des Bereicherungsrechts: Der gegenwärtige Besitzer muss den Besitz auch aufgrund der Leistung des vorherigen Besitzers erlangt haben. Liegt eine Leistung i. S. d. Bereicherungsrechts nicht vor, wäre – gerade in den Fällen des Besitzerwerbs durch verbotene Eigenmacht – an eine Eingriffskondiktion zu denken. Ob die Eingriffskondiktion neben den sachenrechtlichen Besitzschutzansprüchen anwendbar sein kann, ist jedoch umstritten. Die Systematik des Gesetzgebers streitet eigentlich dafür, die §§ 861, 1007 als abschließende Regelungen zu begreifen, zumal sonst die dort getroffenen Wertungen und Ausschlussgründe unterlaufen werden könnten (herrschende Meinung Palandt/Herrler, § 861, Rn. 2; andere Ansicht BGH WM 1987, 181 [182]; Baur/Stürner, § 9, Rn. 38 f., deren Auffassung ebenfalls in der Klausur gut vertretbar ist).

Ferner ist der Besitz noch im Insolvenzverfahren geschützt: Die Besitzschutzansprüche nach §§ 861, 862 und § 1007 stellen anerkannte Aussonderungsgründe i. S. d. § 47 InsO dar. Außerdem hindert der Besitz nach herrschender Meinung die Veräußerung: Prozessual ist somit eine Drittwiderspruchsklage gemäß § 771 ZPO des Besitzers zulässig.

**Literatur:** *Gursky, Karl-Heinz:* Die neue höchstrichterliche Rechtsprechung zum Mobiliarsachenrecht – Teil 1, JZ 2005, 285–295; *Lehmann-Richter, Arnold:* Possessorische Besitzschutzansprüche und petitorische Einwendungen im einstweiligen Rechtsschutz, NJW 2003, 1717–1718; *Lorenz, Stephan:* Abschleppen – Besitzschutz oder Abzocke, NJW 2009, 1025–1029; *ders.:* Grundwissen Zivilrecht: Besitzschutz, JuS 2013, 776–779; *Magnus, Robert/Wais, Hannes:* Unberechtigter Besitz und Verjährung, NJW 2014, 1270–1275; *Omlor, Sebastian/Gies, Christian:* Klausurkonstellationen zum Besitzschutzrecht, JuS 2013, 1065–1070; *Paal, Boris/Guggenberger, Nikolas:* Falschparken, Parkkrallen und private Rechtsdurchsetzung, NJW 2011, 1036–1040; *Spiess, Pirmin:* Die Auswirkungen der petitorischen Widerklage auf die Besitzklage, JZ 1979, 717–719; *Zeising, Jörg:* Petitorische Durchbrechung possessorischen Besitzschutzes, JURA 2010, 248–255

**Für Weiterdenker:** *Zeuner, Albrecht:* Zum Verhältnis zwischen Vindikation und Besitzrecht, in: Festschrift für Wilhelm Felgenträger zum 70. Geburtstag, Göttingen 1969, S. 423–431.

**Falllösung:** JuS 2009, 711; JuS 2012, 815; JuS 2015, 818; JuS 2016, 717; JURA 2010, 852; JURA 2017, 570; ZJS 2008, 382; ZJS 2015, 46.

# 4. Einheit – Eigentum. Kurze Einführung: Bedeutung des Eigentums. Arten des Eigentums

105 Neben dem Besitz spielt das Eigentum eine entscheidende Rolle – wenn nicht gar *die* entscheidende Rolle – sowohl im Rechtsverkehr als auch in der sachenrechtlichen Fall-Lösung. Anders als der Besitz wird das Eigentum nicht durch einen Umstand des wirklichen Lebens wie etwa das Ergreifen einer Sache erworben. Das Eigentum ist ein Recht (genauer gesagt *das* umfassende Herrschaftsrecht an einer Sache) und kann auch nur wie ein Recht erworben werden: Der Gesetzgeber hat dazu gesetzliche, hoheitliche und rechtsgeschäftliche Arten des Eigentumserwerbs vorgesehen.

Was unter einem „umfassenden Herrschaftsrecht“ im Zusammenhang mit dem Eigentum zu verstehen ist, hat der Gesetzgeber in § 903 umschrieben. Demzufolge hat der Eigentümer das Recht, mit der Sache nach Belieben zu verfahren und andere von jeder Einwirkung auf die Sache auszuschließen. Jedoch hat der Gesetzgeber einen wichtigen Nebensatz eingeschoben, der dieses umfassende Herrschaftsrecht einschränkt: Der Eigentümer darf sein Recht nur soweit ausüben, wie keine Gesetze oder Rechte Dritter entgegenstehen. Eigentum ist also keine Erlaubnis uneingeschränkter Selbstverwirklichung. Die Rechte Dritter und die Pflichten gegenüber der Allgemeinheit müssen gewahrt bleiben. Da sich diese prinzipielle Ausformung des Eigentumsbegriffs auch gelegentlich durch Auslegung oder Wertung in einer Fall-Lösung niederschlagen kann, sollte die Problematik zumindest bekannt sein.

## A. Das Eigentum im Spannungsverhältnis zwischen Rechten und Pflichten

106 Den deutlichsten Ausdruck hat sowohl die Gewährleistung des Eigentums als auch dessen Einschränkung in Art. 14 GG erfahren: Das Grundgesetz der Bundesrepublik Deutschland hat – anders als in der früheren DDR – die Eigentumsgarantie als Grundrecht verankert. Eigentumsgarantie bedeutet in diesem Zusammenhang die Gewähr von Privateigentum, anders als in sozialistischen Staaten, die dem Konzept des staatlichen Eigentums mit „Nutznießung“ der Bewirtschafter vertrauten. Wenn der deutsche Staat das Privateigentum gewährt, bestätigt er damit die Wertung des Zivilgesetzgebers, der dem Adressaten des Bürgerlichen Gesetzbuchs – also dem Bürger! – das Recht eingeräumt hatte, mit den in seinem Eigentum befindlichen Sachen zu verfahren, wie es ihm beliebe. Mit der Garantie des Privateigentums verpflichtete sich der Staat ebenfalls zum Schutz der Eigentumsrechte. Eigentumsverletzungen durch Dritte (Sachbeschädigungen) werden daher von staatlicher Seite geahndet, Eigentumsverletzungen durch den Staat selbst sind wie jeder andere Grundrechtseingriff nur dann rechtmäßig, wenn das Grundrecht einschränkbar

und der Eingriff verhältnismäßig war. Das Herrschaftsrecht „Eigentum" wird also nicht nur gewährt, sondern auch von staatlicher Seite geschützt.

Dieses Recht wird aber nicht unbeschränkt zugestanden: Art. 14 II GG stellt explizit klar, dass Eigentum nicht nur ein Recht, sondern auch eine Pflicht begründet, wörtlich: „Eigentum verpflichtet". Das Recht „Eigentum" ist so zu gebrauchen, dass es zugleich dem Wohl der Allgemeinheit dient. Damit ist gleichzeitig sichergestellt, dass nur unter bestimmten Voraussetzungen in das Eigentumsrecht eingegriffen werden darf: von staatlicher Seite, wenn es das Wohl der Allgemeinheit (beispielsweise in Notfällen) erfordert, von privater Seite, wenn die Gesetze es ausnahmsweise gestatten. **107**

So wäre eine öffentlich-rechtliche Fallkonstellation denkbar, in der eine Behörde in Eigentümerbefugnisse eingreift, um eine drohende Gefahr abzuwenden. So könnte etwa eine bestimmte Bepflanzung eines Ufergrundstücks angeordnet werden, um die Hochwassergefahr für eine Flussregion einzudämmen. Ist der Eingriff angesichts der Gefahr verhältnismäßig, muss der Eigentümer diese behördliche „Einmischung" in seine Eigentümerkompetenzen dulden (Art. 14 II GG), hat aber je nach Lage des Falls einen Anspruch auf Entschädigung. **108**

In einer privatrechtlichen Fallkonstellation würde statt der Behörde ein Bürger aufgrund eines Notfalls in die Eigentumsrechte anderer eingreifen: Ein Passant, der Gefahr läuft, von einem von der Fahrbahn abgekommenen Lkw überfahren zu werden, kann nur noch ausweichen, wenn er in den Vorgarten eines Einfamilienhauses springt (Rn. 113, Fall 13). Leider wird dabei eine Blumenrabatte zerstört. Hier müssen die Eigentumsverletzung auf der einen und die abgewandte Gefahr auf der anderen Seite zueinander ins Verhältnis gesetzt werden. Der Gesetzgeber hat diesem Gedanken im System der Duldungspflichten und Notstandsrechte Rechnung getragen (dazu ausführlicher Rn. 111 ff.). **109**

Der Inhalt des Eigentums wird laut Art. 14 I GG von den allgemeinen Gesetzen festgelegt. Die hier maßgeblichen allgemeinen Gesetze finden sich im Sachenrecht des BGB: Das Spannungsverhältnis zwischen Freiheiten, Rechten und Pflichten des Eigentümers führt gedanklich zurück zu § 903. Sowohl Art. 14 GG als auch § 903 liegen parallele Wertungen des jeweiligen Gesetzgebers zugrunde: Der Eigentümer erhält weitläufige Rechte, muss aber auch die Rechte Dritter, besondere Umstände und die geltenden Gesetze beachten. So, wie sich der Eigentümer in bestimmten Fällen staatlichen Eingriffen zum Schutz des Allgemeinwohls beugen muss (Art. 14 II GG), ist er auch schon durch § 903 und die systematisch umstehenden Paragraphen gehalten, Eingriffe anderer („privater" und darum dem Privatrecht unterworfener Personen) hinzunehmen, wenn die Umstände es erfordern. Welche Umstände einen Eingriff in die Eigentumsrechte eines anderen rechtfertigen, ist unter anderem in den §§ 227 ff. und insbesondere §§ 904 ff. gesetzlich geregelt. **110**

## B. Der Niederschlag im BGB: § 903 und die Notstandsparagraphen

111 Im Zusammenspiel der Rechte und Pflichten eines Eigentümers zeigt sich dann eine erste Fallrelevanz. Beispielsweise geht aus § 836 hervor, dass den Grundstücksbesitzer[2] besondere Sorgfaltspflichten treffen: Er muss dafür sorgen, dass die Gebäude so erbaut und instand gehalten werden, dass niemand durch ihren etwaigen Einsturz gefährdet wird.

112 Häufiger noch handelt es sich bei den Pflichten des Eigentümers um Duldungspflichten: Grundsätzlich hat der Eigentümer gemäß § 903 zwar das Recht, mit der Sache nach Belieben zu verfahren und andere von jeglicher Einwirkung auszuschließen. Gelegentlich muss er aber eine solche Einwirkung dulden, wenn die Gesetze ihm gebieten, einen solchen Eingriff hinzunehmen. Mehr noch: Würde der Eigentümer in bestimmten Notsituationen unnachgiebig auf der Ausübung seiner Befugnisse beharren, würde er gegen gesetzliche Wertungen verstoßen. Das lässt sich am besten anhand des oben erwähnten Beispiels mit dem gerade noch vermiedenen Lkw-Unfall erläutern:

113 **Fall 13:** Fußgänger F kommt gerade vom Einkaufen zurück, als ein Lkw mit hoher Geschwindigkeit von der Straße abkommt und auf ihn zurast. F kann sich nur durch einen schnellen Sprung über die Hecke in den Vorgarten des Eigentümers E retten. Dessen Blumenrabatte wird dabei zerstört. Ansprüche des E?

E ist Eigentümer des Grundstücks und des Vorgartens. Unstreitig hätte er als Eigentümer das Recht, Unbefugten das Betreten seines Grundstücks zu verbieten. Trotzdem muss er in diesem Fall dulden, dass F seinen Vorgarten betritt und dabei sogar seine Blumenrabatte beschädigt: F handelt im „aggressiven" Notstand gemäß § 904. Als „aggressiver" Notstand wird dieser Rechtfertigungsgrund darum bezeichnet, weil hier eine Sache beschädigt wird, von der die Gefahr nicht ausgegangen ist. „Defensiv", und damit nach § 228 zu beurteilen, wäre die Notstandshandlung des F gewesen, wenn die Gefahr von der geschädigten Sache selbst ausgegangen wäre, wenn F beispielsweise vom Hund des E angegriffen worden wäre und er diesen unschädlich gemacht hätte.

114 **Hinweis:** Defensiver Notstand nach § 228 und aggressiver Notstand gemäß § 904 unterscheiden sich vor allem im Hinblick auf die Verhältnismäßigkeit: Weil im Fall des § 228 die Gefahr von der Sache selbst ausgeht, ist der Maßstab weniger streng als in den Fällen des § 904.

**Vertiefung:** Die Gefahr muss objektiv gegeben sein. Ein Putativnotstand wird von der rechtfertigenden Wirkung des § 904 nicht umfasst: Wieling, § 8 II c.

Das war hier aber nicht der Fall: Die Gefahr ging vom Lkw aus, beschädigt wird jedoch die Blumenrabatte des E. Diesen Eingriff müsste E hinnehmen, wenn die Voraussetzungen des § 904 S. 1 erfüllt wären, wenn F also mit Einwirkungswillen (nach ganz herrschender Meinung ungeschriebenes Erfordernis, dem *dolus eventualis* ge-

---

[2] In der Regel der Eigentümer, da Eigenbesitz erforderlich ist. Dass der Gesetzgeber auf den Besitz und nicht auf das Eigentum abgestellt hat, trägt der leichteren Nachweisbarkeit des Besitzes im Vergleich zum Recht „Eigentum" Rechnung.

nügt) gehandelt hat und die Güterabwägung erbringt, dass der Eingriff auch verhältnismäßig angesichts der drohenden Gefahr war. Ursprünglich wurde der Einwirkungswille gefordert, um rein zufällige Eingriffe in das Eigentum anderer von der rechtfertigenden Wirkung des § 904 S. 1 auszuschließen. Wenn auch das Erfordernis dieses Merkmals für sich betrachtet wenig überzeugend ist, weil der Gesetzgeber selbst eine solche Einschränkung nicht vornahm und Notstandshandlungen oft genug von Panikreaktionen geprägt sein können, macht es in der Klausur bei entsprechender Argumentation wenig Schwierigkeiten: Für den obenstehenden Fall wäre ohnehin festzuhalten, dass F schon durch das unbefugte Betreten des Grundstücks auf das Eigentum des E eingewirkt hat. Den Schaden an der Blumenrabatte muss er dabei – da keine Absicht, sondern eben *dolus eventualis* gefordert wird – nur billigend in Kauf genommen haben.

Ähnlich verhält es sich mit einer anderen, wenig überzeugenden Einschränkung 115
in der Literatur: Ein junger Mann, der sich vor einem Wohnungsbrand, den er nicht verschuldet hatte, retten wollte, sprang aus dem Fenster auf ein Auto, das dabei beschädigt wurde. Hier wollte Prütting (unten Rn. 116) die Voraussetzungen des § 904 S. 1 verneint sehen, weil mit der Handlung nicht die Gefahr abgewendet worden wäre. Diese Argumentation erscheint jedoch zu kurz gegriffen: Freilich konnte der junge Mann durch den Sprung aus dem Fenster nicht den Brand löschen und damit die allgemeine Gefahr abwenden. Er rettete jedoch durch die Verletzung fremden Eigentums (hier: des Autos) sein Leben. Diese Wertung widerspricht weder dem Wortlaut noch der *ratio* des § 904. Insofern ist Brehm/Berger (unten Rn. 116) zuzustimmen, die eine solche Einschränkung ebenfalls für fragwürdig erachten. Es ist nicht ohne weiteres ersichtlich, warum an eine Notstandshandlung der Maßstab herangetragen werden sollte, neben einer vorhandenen Lebensgefahr den Gefahrenherd grundsätzlich eliminieren zu müssen. Bei einem solchen Erfordernis käme dem in einer Notlage Handelnden die Rechtfertigung des § 904 nur dann zu, wenn er die Gefahr für alle, nicht nur für sich, beseitigen wollte. Wenn eine Notstandshandlung die Gefahr für ein einzelnes Leben abwenden kann, ist damit auch der *ratio legis* des § 904 (Wortlaut: „zur Abwendung [...] einer drohenden Gefahr notwendig") Genüge getan, zumal die Güterabwägung regelmäßig zugunsten des geretteten Lebens ausfallen sollte.

Für oben, Fall 13, ist jedenfalls festzustellen, dass F, um sein Leben aus einer gegenwärtigen Gefahr zu retten, auf das Eigentum des E einwirkte. Nach der hier vertretenen Ansicht handelte er darum gerechtfertigt gemäß § 904 S. 1.

**Literaturhinweise:** Für die Beschränkung auf die Fälle, in denen die Gefahr tatsächlich ab- 116
gewendet wird: Prütting, Rn. 313; dagegen Brehm/Berger, § 6, Rn. 7; auch Wieling vertritt die Auffassung, es sei unerheblich, ob die Gefahr (erfolgreich) abgewendet werde: § 8 II c. So hat auch das LG Freiburg entschieden: NJW-RR 1989, 683.

Allerdings bleiben dem Eigentümer (hier: E) etwaige Schadensersatzansprüche ge- 117
mäß § 904 S. 2 unbenommen. Von diesem Schadensersatzanspruch kann auch F betroffen sein, obwohl er selbst die Gefahr für sein Leben nicht verschuldet hat. Dieser Schadensersatzanspruch des § 904 S. 2 erklärt sich in erster Linie daraus,

dass ein an der Gefahr unbeteiligter Eigentümer einen Eingriff wegen des Verhaltens Außenstehender dulden muss. Vorausgesetzt, dass E alle Voraussetzungen des § 904 S. 1 vor Gericht nachweisen kann, ist ihm daher F zum Schadensersatz gemäß § 904 S. 2 verpflichtet. Je nach Fallkonstellation könnte dieser aber möglicherweise einen Teil des Schadens auf den Lkw-Fahrer abwälzen, sofern die Kausalität zwischen dem Fehlverhalten des Fahrzeugführers und dem durch den Sprung des F verursachten Schadens gegeben ist.

118 Umstritten ist der Fall dann, wenn Begünstigter und Einwirkender auseinanderfallen, beispielsweise, weil Nothilfe geübt wurde:

**Fall 14:** Eine widerrechtlich gehaltene und nicht mehr zu bändigende amerikanische Bulldogge fällt auf der Straße ein zwölfjähriges Mädchen (M) an. M hat bereits gefährliche Bisswunden davongetragen. Um schlimmeren Schaden abzuwenden, reißen die Passanten P1 und P2 eine kleine Gartenlaterne aus dem Vorgarten des F und schlagen damit auf die Bulldogge ein. Die Bulldogge bricht bewusstlos zusammen. Die Laterne ist danach unbrauchbar.

Ansprüche des Bulldoggenhalters gegenüber P1 und P2 scheitern am defensiven Notstand gemäß § 228: Die Gefahr für das Kind ging von der Bulldogge selbst aus; der Eingriff war auch verhältnismäßig. P1 und P2 handeln diesbezüglich gerechtfertigt; § 228 begründet auch keine Schadensersatzpflicht.

Anders liegt die Beurteilung für den Schaden an der Laterne des F. P1 und P2 handeln gerechtfertigt in Nothilfe gemäß § 904 (die Gefahr ging nicht von der Laterne aus). Wer aber hat nun für den Schaden des F gemäß § 904 S. 2 einzustehen, der Begünstigte (hier: M) oder die Einwirkenden (hier: P1 und P2)? – Vom Grundsatz her wird man sagen dürfen, dass die Ersatzpflicht den Begünstigten treffen sollte, um zum einen die Bereitschaft zur Nothilfe nicht zu mindern und die Nothelfer nicht der Gefahr der Insolvenz des Begünstigten – an den sie sich sonst ihrerseits halten könnten – auszusetzen. Dafür streitet auch, dass die Ersatzpflicht im Regelfall eher hinzunehmen sein wird als der abgewandte Schaden. Das folgt oft schon aus der Abwägung bei § 904: Beispielsweise wiegt der Sachschaden an der Laterne weniger schwer als lebensbedrohliche Verletzungen des Kindes, der Eingriff war also verhältnismäßig. Daher wird es im Zweifelsfall auch der Begünstigte hinnehmen können, dass er zwar dem Eigentümer der Sache einen Schaden ersetzen muss, ihm dafür aber schlimmere Folgen erspart bleiben.

**Vertiefung:** Ausführlich mit Darstellung aller Argumente der jeweils vertretenen Ansichten zu dieser Problematik des § 904 S. 2, Gursky, Probleme, S. 18 (4. Problem).

## C. Arten des Eigentums

119 Die bisherigen Beispiele zeigten den Eigentümer stets als sogenannten „Alleineigentümer“: Das Eigentum an der jeweiligen Sache stand nur einer natürlichen Person zu. Denkbar – und der Gesetzgeber hat diese Fälle auch vorgesehen – ist außerdem, dass mehrere natürliche Personen gemeinsam das Eigentumsrecht an einer Sache innehaben, oder dass beispielsweise einer juristischen Person das Eigentum an einer Sache zugewiesen wird, über das aber nur bestimmte Beteiligte verfügen dürfen.

## I. Miteigentum nach Bruchteilen

Miteigentum liegt vor, wenn mehrere Personen Eigentümer einer Sache sind. 120

**Hinweis:** Rhetorisch ließe sich die Frage stellen, ob zwei Personen dergestalt jeweils Eigentümer einer Sache sein könnten, dass jedem die „vollen" Rechte und Ansprüche des Eigentümers zustünden, ob also beispielsweise zwei Freunde jeweils unabhängig voneinander über ihr gemeinsames Eigentum in Form eines Buchs verfügen könnten. Die Antwort auf diese Frage muss „Nein" lauten: Die Verfügung über den im (Mit-)Eigentum eines anderen stehenden Gegenstands ohne dessen Einverständnis kann nicht möglich sein, ohne die Eigentumsrechte des anderen zu verletzen. Daher ist nur Miteigentum *nach Bruchteilen* möglich: Beide erwerben zwar Eigentumsrechte an dem Fahrrad, unterliegen aber in der Ausübung der Eigentümerbefugnisse den Beschränkungen der §§ 1008 ff., 741 ff.

Beim Miteigentum nach Bruchteilen steht das Eigentum an einer Sache zwei oder mehreren Personen in der Weise zu, dass jede Person zu einem „gedanklich-rechnerischen" Bruchteil an der Sache berechtigt ist. Dieser Bruchteil erstreckt sich ideell auf die ganze Sache, wird aber vom Sachanteil des Miteigentümers in der Verfügungsbefugnis beschränkt. Als Beispiel:

**Fall 15:** Die Freunde F1 und F2 kaufen sich gemeinsam ein Tandem. Da beide gleichermaßen mit ihren Ersparnissen beitragen, soll das Rad nach übereinstimmendem Willen auch beiden gleichermaßen gehören. – Dafür bietet sich die Form des Miteigentums an. F1 und F2 gehört das Rad jeweils „zur Hälfte", sie sind Miteigentümer, nicht Alleineigentümer. Ideell erstreckt sich das Miteigentum aber auf die ganze Sache, beschränkt durch das gleichzeitige Miteigentum des anderen Teils.

Geregelt ist die Gemeinschaft nach Bruchteilen in den §§ 741 ff.; ergänzende Vor- 121
schriften für das Miteigentum finden sich in den §§ 1008 ff. Im Gegensatz zur Gesamthandsgemeinschaft (dazu unten mehr) kann jeder Miteigentümer über seinen ideellen Anteil frei und unabhängig von den anderen Miteigentümern verfügen (§ 747 S. 1): Er kann also „seinen Anteil" übertragen oder belasten. Über das gemeinschaftliche Eigentum kann allerdings nur bei Zusammenwirken aller Miteigentümer verfügt werden (§ 747 S. 2).

**Beispiel zu oben Fall 15:** F1 kann seine Rechte an dem Tandem (also sein Miteigentum nach Bruchteilen) an den Nachbarn N abtreten. Er kann aber nicht das ganze Fahrrad ohne Zusammenwirken mit F 2 an N verkaufen.

**Hinweis:** Im Übrigen regelt das Gesetz Einzelheiten des Gebrauchsrechts und der Verwaltung durch die Gemeinschaft im Innenverhältnis (§§ 742 bis 748) sowie die Rechtsverhältnisse bei Aufhebung der Gemeinschaft (§§ 749 bis 758). Das Recht, Aufhebung der Gemeinschaft zu verlangen (§§ 749 I), kann gemäß § 1010 ausgeschlossen werden.

## II. Das Gesamthandseigentum

Das Gesamthandseigentum steht zwei oder mehreren Personen in der Weise zu, 122
dass sie lediglich gemeinsam über die Sache verfügen können, §§ 719 I, 1419 I, 2033 II. Gesamthandseigentum kann nur im Rahmen einer Gesamthandsgemeinschaft bestehen. Dafür sind im BGB drei Formen vorgesehen: das Gesellschaftsvermögen (§§ 718, 719), die eheliche Gütergemeinschaft (§§ 1416 ff.; zu den Eigen-

tumsverhältnissen in der Ehe vgl. Coester-Waltjen, JURA 2011, 341) und die Miterbengemeinschaft (§§ 2032). Neue oder andere Formen der Gesamthand können nicht rechtsgeschäftlich vereinbart werden.

## III. Das Treuhandeigentum

123 Der Treuhandeigentümer ist im Hinblick auf das dingliche Recht „Eigentum" genauso Volleigentümer wie der Alleineigentümer. Schuldrechtlich ist er allerdings aufgrund des Treuhandverhältnisses gegenüber dem Treugeber verpflichtet, von dem Treuhandeigentum nur zu bestimmten Zwecken Gebrauch zu machen. Verstößt der Treuhänder gegen die Pflicht, bleibt er zwar juristisch betrachtet „Eigentümer". Durch einstweilige Verfügung (§§ 935, 938 ZPO) können ihm aber Veräußerungsbeschränkungen auferlegt werden. Außerdem kann der Treugeber Ersatz eines entstandenen Schadens verlangen. Bei Zahlungsunfähigkeit des Treuhänders zeigt das Treuhandeigentum jedoch dingliche Wirkung, die über eine bloß schuldrechtliche Gebundenheit hinausgeht: Obwohl das Treuhandeigentum juristisch dem Treuhänder gehört, dürfen dessen Gläubiger nicht ohne weiteres in das Treugut vollstrecken. Inhaltlich und funktional sind uneigennützige und eigennützige Treuhand zu unterscheiden:

124 **1. Uneigennützige Treuhand (Verwaltungstreuhand).** Die uneigennützige Treuhand ist eine reine Verwaltungstreuhand: Der Treuhänder als juristischer Eigentümer darf das Treuhandeigentum nur zu Zwecken nutzen, die den Interessen des Treugebers als dem wirtschaftlichen Eigentümer dienen. Der Treugeber überlässt das Eigentum bei der uneigennützigen Treuhand dem Treuhänder zur Verwaltung, weil der Treugeber dazu nicht in der Lage ist oder nach außen nicht als Eigentümer auftreten möchte. Die Verwaltungstreuhand kann neben der Eigentumsübertragung auf den Treuhänder auch in der Weise vereinbart werden, dass der Treugeber juristisch Eigentümer bleibt, aber dem Treuhänder Verfügungsermächtigung (§ 185) erteilt.

125 **2. Eigennützige Treuhand.** Bei der eigennützigen Treuhand dient die Sache in begrenztem Umfang den Interessen des Treuhänders. So ist der Hauptanwendungsfall der eigennützigen Treuhand die Sicherungsübereignung: Um sein Kreditsicherungsbedürfnis zu decken, darf der Kreditgeber und Treuhänder („juristischer" Eigentümer) die Sache verwenden. Diese Befugnis bleibt aber auf diesen Zweck beschränkt. Im Übrigen dient die Sache den Interessen des Treugebers (der in diesem Fall auch Kreditnehmer wäre) als wirtschaftlichem Eigentümer.

**Literatur:** *Coester-Waltjen, Dagmar:* Die Eigentumsverhältnisse in der Ehe, JURA 2011, 341–344.

# 5. Einheit – Rechtsgeschäftlicher Erwerb von Eigentum

Nachdem in der vorangegangenen Einheit das Eigentum in seinen Rechten und Pflichten erläutert worden ist, sollen nun die konkreten juristischen Voraussetzungen für den Eigentumserwerb und den Schutz des Eigentums ins Auge gefasst werden. Dabei werden sich die beiden folgenden Kapitel mit dem Erwerb des Eigentums beschäftigen. Der Gesetzgeber hat drei Arten vorgesehen, wie Eigentum erworben werden kann: rechtsgeschäftlich, gesetzlich und hoheitlich. Diese Einheit wird den rechtsgeschäftlichen Erwerb von Eigentum zum Inhalt haben. 126

Dass Eigentum rechtsgeschäftlich übertragen werden kann, ist schon aus der Schuldrechtsvorlesung bekannt. Der Kaufvertrag verpflichtet beispielsweise zur „Übereignung". Beim Lernen ist hier Vorsicht geboten: Die Betonung liegt ganz klar auf dem Wort „verpflichtet". Der Kaufvertrag verpflichtet zur Eigentumsübertragung, er führt aber die Übereignung selbst nicht herbei! Der Grund dafür liegt im Abstraktionsprinzip (vgl. Rn. 13): Der Gesetzgeber hat streng zwischen dem schuldrechtlichen Geschäft, das den Anspruch auf die Rechtsstellung gewährt, und dem dinglichen Geschäft, das den Übergang des Eigentums auf einen anderen herbeiführt, unterschieden. Der schuldrechtliche Vertrag verpflichtet den Schuldner der Leistung, eine dingliche Rechtsänderung herbeizuführen, und wird deswegen auch Verpflichtungsgeschäft genannt. Das dingliche Rechtsgeschäft ist dagegen ein Verfügungsgeschäft. Durch eine Verfügung wird das Recht an einer Sache übertragen, belastet, inhaltlich verändert oder aufgehoben. Die Übereignung bewirkt beispielsweise den Übergang des Rechts „Eigentum" an einer Sache auf einen anderen. Die dingliche Berechtigung ändert sich durch die Verfügung also unmittelbar. 127

**Vertiefung:** Auch bei der Dereliktion gemäß § 959 handelt es sich um eine Verfügung. Das Gegenstück zur Dereliktion ist die Okkupation (auch Aneignung genannt). Diese findet sich in § 958. Während die Dereliktion ein einseitiges Rechtsgeschäft darstellt, ist die Okkupation ein Realakt, bei dem der Erfolg unabhängig vom Willen des Handelnden eintritt, vgl. später Rn. 264; Brade/Vogel, JA 2014, 412. 128

Bei den Bargeschäften des täglichen Lebens fallen schuldrechtliches und dingliches Geschäft häufig zusammen. Wer eine Sache verkauft, schließt den Kaufvertrag ab und leitet zugleich die Übereignung der Sache an den Erwerber in die Wege. Wichtig zu wissen ist jedoch, dass dabei in Wahrheit zwei Verträge abgewickelt werden: der schuldrechtliche Kaufvertrag, der zur Übereignung verpflichtet, und die dingliche Übereignung, die den Eigentumsübergang herbeiführt. 129

**Beispiel:** Jemand, der dem Bäcker ein Eurostück auf den Tisch legt und „zwei Brötchen" sagt, erklärt damit zum einen das Angebot auf den Kauf von zwei Brötchen, zum anderen das Angebot zur Einigung über den Eigentumsübergang an dem Eurostück, wobei die Übergabe zeitgleich erfolgt. Wenn der Bäcker umgekehrt die Brötchen in die Tüte steckt und dem Kunden reicht, ohne ein Wort zu sagen, liegt darin die Annahme des Kaufvertrags über zwei Brötchen, aber auch die Annahme des Angebots auf Übereignung von zwei Brötchen, deren Übergabe er zugleich vollzieht.

**Wiederholung und Vertiefung:** Bei rechtlichen Mängeln des Verpflichtungsgeschäfts (z. B. Unwirksamkeit wegen Geisteskrankheit) wird nicht automatisch auch die Übereignung unwirksam (Abstraktionsprinzip). Dies ist aber dann der Fall, wenn sich der Mangel der schuldrechtlichen Willenserklärung auch auf die dingliche Einigung erstreckt, sogenannte Fehleridentität (vgl. dazu Rn. 14 f.). Bleibt trotz Mangels des Verpflichtungsgeschäfts die Übereignung wirksam, steht dem Veräußerer möglicherweise ein Anspruch aus § 812 I S. 1 zu, da er „ohne rechtlichen Grund" geleistet hat bzw. dieser rechtliche Grund „später wegfällt" (bei der Anfechtung streitig im Bereicherungsrecht, für das Sachenrecht unerheblich). Diskutiert wird noch der richtige Umgang mit den Folgen des § 105a BGB für das dingliche Geschäft, vgl. dazu Casper, NJW 2002, 3425 (3427 f.). Durch den BGH wieder aktuell geworden ist die Frage nach den Eigentumsverhältnissen beim Kauf von Pfandflaschen. Eine ausführliche Erörterung dieser Frage findet sich bei Weber, NJW 2008, 948.

130 Der Gesetzgeber hat drei Arten vorgesehen, nach denen Eigentum rechtsgeschäftlich übertragen werden kann. Wegen des Typenzwangs sind diese drei Arten des rechtsgeschäftlichen Eigentumserwerbs in ihren jeweiligen Voraussetzungen verbindlich und können nicht durch abweichende Vereinbarungen umgangen werden.

**Hinweis:** Eine tabellarische Übersicht dieser Typen findet sich bei Mohamed, JA 2017, 419.

## A. Der Regelfall: Eigentumserwerb gemäß § 929 S. 1

131 Der Regelfall der rechtsgeschäftlichen Übereignung findet sich in § 929 S. 1, demzufolge „Einigung" und „Übergabe" vorliegen müssen.

### I. Die Einigung

132 Die Einigung ist ein dinglicher Vertrag. Es müssen zwei übereinstimmende Willenserklärungen vorliegen, die auf den Eigentumsübergang einer bestimmten Sache gerichtet sind. Erklärende sind Veräußerer und Erwerber. Der Eigentumserwerb erfordert also das Einverständnis des neuen Eigentümers. Die entsprechenden Erklärungen sind jeweils dem anderen gegenüber abzugeben. Auf die Einigung sind die Regeln des Allgemeinen Teils über Rechtsgeschäfte (§§ 104 bis 185) grundsätzlich anwendbar.

133 **1. Anwendbarkeit der Vorschriften über Willenserklärungen.** Da auch dem dinglichen Vertrag zwei übereinstimmende Willenserklärungen zugrunde liegen müssen, sind die §§ 145 bis 157 regelmäßig anwendbar. Dabei sind besonders die §§ 133, 157 von Interesse: Ob einer Einigung der erforderliche rechtsverbindliche Wille zur Übereignung zugrunde liegt, ist im Wege der Auslegung zu ermitteln (zum Problem der Übereignung im alltäglichen Rechtsverkehr vgl. Schall, NJW 2010, 1248 [1249 f.]). Ebenso anwendbar sind die §§ 104 bis 115, denen zufolge ein beschränkt geschäftsfähiger Minderjähriger eine auf Eigentumserwerb gerichtete Willenserklärung abgeben kann, solange sie rechtlich lediglich vorteilhaft ist, § 107. Dagegen ist eine Willenserklärung, die auf Übereignung eigener Sachen gerichtet ist, schwebend unwirksam und muss, soll sie Wirksamkeit erlangen, von

den gesetzlichen Vertretern genehmigt werden, vgl. §§ 107, 108. Das Ergebnis muss sich schon aus getreuer Anwendung des Minderjährigenrechts ergeben: Die Rechtsstellung des Eigentümers ist aus Sicht des Gesetzgebers eine durchweg positive, die Übertragung des Eigentums darum immer potentiell mit rechtlichen Nachteilen verbunden.

**Vertiefung:** Eine wichtige Ausnahme vom Grundsatz, dass der Erwerb von Eigentum als „lediglich rechtlich vorteilhaft" gilt, sind Fälle der Schenkung von Wohneigentum der Eltern an den Minderjährigen. Denn das Wohneigentum bringt Verpflichtungen eigener Art mit sich, die nach der Rechtsprechung das Erfüllungsgeschäft stets rechtlich nachteilig erscheinen lassen. Die Auflassung braucht daher die Genehmigung des gesetzlichen Vertreters, § 107, was zur Auseinandersetzung mit § 181 (2) führt: Da auch die Schenkung für sich betrachtet ein In-Sich-Geschäft wäre, ist die Gestattung des § 181 (2) mit Blick auf das Erfüllungsgeschäft teleologisch zu reduzieren. In der Folge ist die Auflassung nichtig, vgl. BGH NJW 2010, 3643; außerdem BGH NJW 2005, 415. **134**

Bei lediglich rechtlich vorteilhaften Rechtsgeschäften eines *beschränkt* Geschäftsfähigen stellt sich wegen § 107 die Frage des § 181 (2) dagegen nicht, vgl. NJW 1989, 2542. Soll jedoch ein Geschäftsunfähiger, etwa ein Fünfjähriger, etwas von den Eltern erwerben, ist § 181 (2) für die dingliche Einigung zu diskutieren und darf dann mit Verweis auf den Rechtsgedanken aus § 107 zugunsten des Minderjährigen teleologisch reduziert werden, weil eine Interessenkollision nicht zu befürchten ist.

Bei Willensmängeln während des Abschlusses des Verpflichtungsgeschäfts (§§ 116 bis 144) ist immer an das Abstraktionsprinzip und dessen Ausnahmen zu denken: Möglicherweise erstreckte sich der Willensmangel auch auf das Verfügungsgeschäft. Bei der Übereignung beweglicher Sachen zeigen sich hinsichtlich der Form (§ 125) keine Schwierigkeiten. Die Einigung auf Übereignung von Mobiliarsachen kann formlos und darum auch konkludent erfolgen (vgl. oben das Beispiel zum Erwerb der Brötchen: Der Bäcker reicht sie wortlos dem Kunden und nimmt umgekehrt das Geldstück wortlos an). Die Einigung kann auch bedingt oder befristet gemäß §§ 158 bis 163 erklärt werden. Dieser Umstand erlangt besonders beim Eigentumsvorbehalt Bedeutung, da dort die Übereignung unter der aufschiebenden Bedingung der späteren vollständigen Zahlung erfolgt. Auch die Sicherungsübereignung kann theoretisch unter der auflösenden Bedingung vollständiger Rückzahlung des Darlehens vereinbart werden (dazu dann mehr in den Kapiteln über die Sicherungsrechte an beweglichen Sachen). Bei der Einigung ist im Übrigen die Mitwirkung von Vertretern gestattet; auch hier gelten die allgemeinen Regeln der §§ 164 bis 181. **135**

**2. Der Inhalt der Einigung unter Berücksichtigung der sachenrechtlichen Prinzipien.** Infolge des Spezialitätsprinzips muss die Einigung immer eine einzelne Sache betreffen. Sachgesamtheiten können nur durch eine Summe entsprechender Einzelakte übertragen werden. Außerdem folgt aus dem Bestimmtheitsgrundsatz, dass sich die Einigung auf einen bestimmten Gegenstand beziehen muss, der von anderen klar unterschieden werden kann. Konkret bezeichnet sind z. B. „alle zum Inventar einer Schusterwerkstatt gehörenden Sachen", wenn damit beiden Vertragspartnern klar ist, welche Gegenstände gemeint sind. Dem Be- **136**

stimmtheitsgrundsatz nicht genügen würde dagegen die Übereignung „einer Waschmaschine dieses Typs", wenn der Händler davon zehn Stück im Lager hat und der Käufer nur eine erwerben möchte: Es gibt keine sachenrechtliche Entsprechung der Gattungsschuld. Erst wenn Einigung und Übergabe einer bestimmten Maschine erfolgt sind, hat der Käufer Eigentum erworben. Nicht ausreichend ist auch eine rein rechtliche Abgrenzung, wie etwa „alle *im Eigentum* des Handwerksmeisters stehenden Sachen", weil „Eigentum" eine rechtliche Größe ist, die für den Erwerber keinen sicheren Anhaltspunkt über die dazugehörenden Sachen bietet. Möglicherweise steht schon das gesamte Inventar im Sicherungseigentum einer Bank. Ungenügend ist auch die allgemein gefasste Formulierung „eine Vielzahl von Werkzeugen".

137 **Vertiefung:** Was können die Parteien tun, wenn sie z. B. Warenlager mit zukünftigen Beständen übereignen wollen? Die Einigung kann vor der Übergabe erklärt werden, vgl. unten, B. – Das antizipierte Besitzkonstitut. In einer sogenannten Raumsicherungsklausel müssen allerdings die erst noch anzuliefernden oder herzustellenden Waren genau bestimmt werden, Brehm/Berger, § 27, Rn. 3 f.

138 **3. Widerruflichkeit der Einigung.** Die Einigkeit über den Eigentumsübergang muss auch noch im Zeitpunkt der Übergabe bestehen, § 929 S. 1. Daraus folgert die herrschende Meinung, dass die Einigung bis zum Zeitpunkt der Übergabe widerrufen werden kann. Bis der Widerruf für den anderen Teil eindeutig erkennbar wird, ist der Fortbestand der Einigung allerdings zu vermuten.

139 **Vertiefung und Literatur:** Der Widerruf ist formfrei, aber empfangsbedürftig, § 130 I. Ein großer Teil der Literatur vertritt die Auffassung, die Einigung müsse im Zeitpunkt der Übergabe noch bestehen. Die vorweggenommene Einigung sei zwar – bei ausdrücklicher Erklärung – möglich; der Eigentumserwerb werde aber (wie stets) erst durch die Übergabe vollendet. Bis dahin sollen die Parteien, insbesondere der Veräußerer, nicht an die Einigung gebunden sein. Der Wegfall des Übereignungs*willens* sei daher – mit Ausnahme der Fälle, in denen der Erwerber ein Anwartschaftsrecht erworben habe – beachtlich und hindere somit die wirksame Übereignung (Prütting, Rn. 373; Baur/Stürner, § 51, Rn. 11 und § 5 Rn. 36 f.; Palandt/Herrler, § 929, Rn. 6). Entgegen dem Schrifttum liest Schellhammer § 929 S. 1 mit Bezug auf die Gerichtspraxis so, dass die Einigung nicht zwingend im Zeitpunkt der Übergabe bestehen müsse. Es genüge, wenn die Einigung irgendwann erklärt worden sei, solange es keinen Widerruf gebe. Das sei entscheidend für die Beweislast: Habe es irgendwann eine Einigung gegeben, sei deren Fortbestand zu vermuten. Der Gegner müsse dann den Widerruf beweisen (Schellhammer, Rn. 1108). Für die zuletzt genannte Ansicht spricht immerhin, dass die Einigung auch sonst als Willenserklärung behandelt wird und Willenserklärungen rechtsverbindlich sind.

Wer sich grundsätzlich mit der Idee des dinglichen Vertrags und seiner historischen Zusammenhänge beschäftigen möchte, dem sei Jakobs, ZRG 119 (2002), 269 empfohlen.

## II. Die Übergabe

140 An den Besitz einer (beweglichen) Sache knüpft sich die Rechtsvermutung, dass der Besitzer auch Eigentümer sei (§ 1006). Demzufolge ist die zu übereignende Sache dem Erwerber auch zu übergeben: Der „neue" Eigentümer erlangt Besitz, sodass

die Änderung der Eigentumslage nach außen hin publik wird. Das Übergabeerfordernis des § 929 S. 1 trägt somit dem Publizitätsprinzip Rechnung. Diesem Grundsatz kann aber nur entsprochen werden, wenn der bisherige Eigentümer den Sachbesitz komplett aufgibt und der neue Eigentümer Besitz an der Sache ergreift.

**Fall 16:** A will sein Auto an B für 3000 € verkaufen. Beide werden sich einig, dass B unter der Voraussetzung Eigentümer werden soll, dass A den Zweitschlüssel behält und jederzeit nach telefonischer Nachricht an B mit dem Auto fahren darf. – Diese Übereignung ist unwirksam, weil dem Übergabeerfordernis nicht Genüge getan ist: A gibt seinen Besitz gar nicht auf, im Gegenteil: Er behält sich vor, jederzeit die tatsächliche Sachherrschaft über den Wagen auszuüben, sodass B bestenfalls Mitbesitz neben A erwerben könnte. Das genügt aber nicht zur Begründung von Alleineigentum des B. Zur Begründung von Miteigentum fehlt es dagegen an einer entsprechenden Einigung, weil nur B nach dem Willen der Beteiligten Eigentümer werden soll. Vertiefend zum Besitzverlust BGHZ 36, 56 (56); zur Übergabe des Fahrzeugbriefes als Surrogat vgl. Frahm/Würdinger, JuS 2008, 14.

Die Übergabe i. S. d. § 929 S. 1 muss also drei Voraussetzungen erfüllen: 1. Der Veräußerer muss seinen Besitz völlig aufgeben. 2. Der Erwerber muss den Besitz auch ergreifen. Hier ist mittelbarer oder unmittelbarer Besitzerwerb möglich, auch das Einschalten einer Geheißperson ist gestattet (vgl. unten Rn. 150 ff.). Die Übergabe an den Besitzdiener gilt als Übergabe an den Erwerber, der dadurch unmittelbaren Besitz erlangt. 3. Der Veräußerer muss den Besitzerwerb veranlasst haben: Es genügt nicht, wenn sich der Erwerber die Sache ohne oder gar gegen den Willen des Veräußerers nimmt. 141

**Prüfungsreihenfolge der Übereignung gemäß § 929 S. 1:** In der Klausur können die Voraussetzungen der Übereignung gemäß § 929 S. 1 sinnvoll in der folgenden Reihenfolge geprüft werden: 1. Einigung über den Eigentumsübergang, 2. Übergabe, 3. Einigsein von Veräußerer und Erwerber im Zeitpunkt der Übergabe, 4. Berechtigung und Verfügungsbefugnis des Veräußernden. 142

**Merke:** Die Übereignung wird stets erst durch die Übergabe vollendet. Bis dahin behält der alte Eigentümer seine Position bei; das Recht wechselt erst mit der Übergabe auf den Erwerber. Dieser selbstverständliche Zusammenhang führt dennoch besonders in den Anfangssemestern oft zu Missverständnissen.

**1. Sonderfall der Übergabe: Mittelbarer Besitz auf Erwerberseite und Unterschied zum Kommissionsgeschäft.** Das Schema oben stellte klar, dass der Veräußerer für eine Übereignung nach § 929 S. 1 seinen Besitz vollständig aufgeben muss, um dem Übergabeerfordernis zu genügen. Er darf keinerlei Besitzrest zurückbehalten. Der Erwerber wiederum kann den Besitz auch in Form des mittelbaren Besitzes erlangen. Damit ist dem Übergabeerfordernis des § 929 S. 1 genüge getan, solange es nur nicht der Veräußerer ist, der ihm den Besitz mittelt. 143

**Hinweis und Abgrenzung zur Übereignung nach § 930:** Einen Ausweg für Situationen, in denen ausnahmsweise der Veräußerer den unmittelbaren Besitz behalten soll, bietet § 930 an (Rn. 154). Zwischen Erwerber und Veräußerer kann demnach ein Besitzmittlungsverhältnis gemäß § 868 vereinbart werden. Auf Grundlage dieses Besitzmittlungsverhältnisses, beispielsweise eines Leihvertrags, besitzt dann der veräußernde Alteigentümer nunmehr für den er- 144 werbenden Neueigentümer die Sache mit Fremdbesitzerwillen. § 930 lässt zu, dass dieses von den Parteien vereinbarte Besitzmittlungsverhältnis die Übergabe ersetzt. Der Gesetzgeber hat damit eine Möglichkeit geschaffen, auf eine rein symbolische Übergabe an den Erwerber in den Fällen zu verzichten, in denen sich beide Seiten ohnehin einig sind, dass der Veräußerer die Sache noch eine Zeitlang als Fremdbesitzer im Verhältnis zum neuen Eigentümer nutzen darf. Dies könnte etwa der Fall sein, wenn der vom neuen Eigentümer zu Geldanlagezwecken erworbene Oldtimer vom bisherigen Eigentümer am Wochenende zu einer letzten Ausflugsfahrt verwendet werden soll, vgl. Rn. 155 f. Mit § 930 kann so auf eine doppelte Übergabe – zunächst vom Veräußerer an den Erwerber (um die Übereignung zu vollziehen) und dann vom Erwerber zurück an den früheren Eigentümer (um ihm den Ausflug zu ermöglichen) – verzichtet werden: Der Alteigentümer darf nach § 930 auf Basis des Besitzmittlungsverhältnisses (zum Beispiel eines Leihvertrags) als unmittelbarer Fremdbesitzer für eine bestimmte Zeit im Besitz der Sache bleiben. Der Neueigentümer ist mittelbarer Eigenbesitzer.

Das Problem für Anfänger liegt in der Verwechslungsgefahr mit den Fällen, in denen der Erwerber nach § 929 S. 1 den Besitz durch ein Besitzmittlungsverhältnis erhält. Dabei hilft es, die Übereignung nach § 929 S. 1 strikt von der nach § 930 anhand des Besitzrests beim Veräußerer zu unterscheiden: Wenn der *Veräußerer* noch für einige Zeit Fremdbesitzer sein soll und somit Besitz behält, ohne dass zwischenzeitlich eine förmliche Übergabe erfolgt wäre, ist nur die Übereignung nach § 930 möglich. Denn § 929 S. 1 fordert vom Veräußerer immer die vollständige Aufgabe des Besitzes! Ergreift also in einer Grundsituation nach § 929 S. 1 der Erwerber Besitz in Form des mittelbaren Besitzes, muss der Besitzmittler zwingend ein anderer als der Veräußerer sein.

**145** Die Situation, in der ein Dritter dem Erwerber den Besitz mittelt, kann unterschiedlich gestaltet sein. Es genügt der Übergabe nach § 929 S. 1 jedenfalls, wenn der Besitzmittler des Erwerbers unmittelbaren und der Erwerber dadurch mittelbaren Besitz erlangt. Dafür müssen die Voraussetzungen eines Besitzmittlungsverhältnisses vorliegen. In Prüfungsfällen ist dann in der Regel auch auf die dingliche Einigung einzugehen:

**Fall 17:** S *beauftragt* seinen Freund F, für ihn bei Juwelier J eine bestimmte Perlenkette zu besorgen, da er selbst geschäftlich verhindert ist und seine Frau am nächsten Tag Geburtstag hat. F erscheint also bei J und sagt, er solle die Perlenkette für S besorgen. Wenn nun die Perlenkette von J an F übergeben wird, erlangt S mittelbaren Besitz. Denn F besitzt für ihn mit *Fremdbesitzerwillen* und S hat gegen seinen Freund einen *Herausgabeanspruch* aus dem Auftrag. Dass S im Augenblick der Übergabe an F mittelbaren Besitz erlangt, genügt dem Übergabeerfordernis gemäß § 929 S. 1.

Wie verhält es sich im Beispiel mit der dinglichen Einigung? Aus dem Auftrag folgt die Vollmacht des F, den S zu vertreten. Legt er dies, wie im Beispiel, auch offen – oder handelt es sich um ein Geschäft des täglichen Lebens, ein „Geschäft für den, den es angeht" –, ist den Erfordernissen der Stellvertretung genüge getan: J weiß, dass S der Erwerber sein soll; daher wirkt auch die dingliche Einigung für ihn.

Erlangt der Erwerber wie in Fall 17 mittelbaren Besitz und gilt die Übergabe an den Besitzmittler demnach als Übergabe an ihn selbst, gibt es keinen „Zwischenerwerb" oder „Durchgangserwerb" des Besitzmittlers. Voraussetzung ist, dass auch die dingliche Einigung für und gegen den Vertretenen (hier: S) wirkt.

**146** **Vertiefung:** Davon sind die Fälle zu unterscheiden, in denen die als Besitzmittler eingeschaltete Person *selbst* zunächst Vertragspartner des Veräußerers wird. Prüfungsrelevant ist vor allem die mittelbare Stellvertretung: Träte etwa in Fall 17 F gegenüber J in *eigenem* Namen auf, wäre aber auf *fremde* Rechnung – nämlich für S – tätig, käme dann, wenn es sich *nicht* um ein Bargeschäft des täglichen Lebens handelte (weil etwa ein seltenes und kostspieliges Sammlerstück erworben wird), nur eine dingliche Einigung zwischen J und F in Betracht. Der Erwerb von S kann sich dann nur über F vollziehen und zwar, da F die Sache zunächst von J in Besitz nimmt und ihm somit ein Besitzrest verbleibt, in Form des § 930, wenn der sofortige Eigentumserwerb des S angestrebt wird. Hier kommt es dann tatsächlich zu einem Durchgangserwerb des F.

**Abgrenzung zu § 931:** Nicht nur zu § 930 (Rn. 144), auch zu § 931 muss gedanklich abgegrenzt werden, wenn die Übergabe im Rahmen des § 929 S. 1 durch ein Besitzmittlungsverhältnis auf Erwerberseite erfolgt, der Erwerber also mittelbaren Besitz erlangt, während ein anderer den unmittelbaren Besitz ausübt. Ist es der Veräußerer, der den Besitz mittelt, liegt ein Fall des § 930 vor. Ist es eine dritte Person, die zuvor bereits dem Veräußerer den Besitz gemittelt hat und ihn nun dem Erwerber mitteln soll, muss zu § 931 abgegrenzt werden: Dabei hat der BGH das Übergabeerfordernis als gewahrt angesehen, wenn der unmittelbare Besitzer der Sache das bisher bestehende Besitzmittlungsverhältnis zum Eigentümer auf dessen Weisung hin aufgibt und künftig nur noch dem neuen Erwerber den Besitz an der Sache mittelt. Während bei einer Übereignung nach § 931 der Veräußerer, der beispielsweise als Verleiher zugleich mittelbarer Besitzer ist, seinen Herausgabeanspruch gegen den unmittelbaren Besitzer an den neuen Erwerber abtritt, ist es für eine Übereignung nach § 929 S. 1 ausreichend, wenn das zunächst bestehende Besitzmittlungsverhältnis zwischen Veräußerer und Besitzmittler auf dessen Weisung hin beendet und stattdessen ein neues Besitzmittlungsverhältnis zwischen dem unmittelbarem Besitzer und dem Erwerber begründet wird. 147

**Literatur:** Vertiefend auch zum Geheißerwerb und weiteren Sonderfällen Weber, JuS 1998, 577.

**2. Sonderfall: Die „brevi manu traditio", § 929 S. 2.** Ist der Erwerber bereits im Besitz der Sache, kann eine Übergabe an ihn gar nicht mehr vollzogen werden. Daher lässt § 929 S. 2 die Übereignung einer Sache „kurzer Hand" (lat. *brevi manu traditio)* allein aufgrund der Einigung zu. 148

**Beispiel:** Student S hat seinem Freund F schon vor einiger Zeit sein Fahrrad geliehen. Nachdem ihm F bei der Vorbereitung auf die Zwischenprüfung großzügig geholfen hat, beschließt S, dem F das Rad zu schenken. Als S dem F seinen dahingehenden Willen mitteilt, stimmt dieser begeistert zu. – F wird Eigentümer gemäß § 929 S. 2: Da F das Rad schon im Besitz hat, genügt hier die Einigung.

**Vertiefung: Die Übereignung „longa manu".** In Sonderfällen ist die Übergabe auch dann verzichtbar, wenn weder der Veräußerer noch der Erwerber die Sache „zur Hand" haben. Berühmte Beispiele dafür sind der „Pflug auf dem Felde" oder der „Stoß Holz im Wald". So lässt sich die Möglichkeit des Besitzerwerbs *„longa manu"* auch für die Übergabe bei der Eigentumsübertragung nutzen. Die Sonderform des Besitzerwerbs gemäß § 854 II „langer Hand" genügt grundsätzlich dem Übergabeerfordernis in § 929 S. 1, erfordert dann aber eine zweifache Einigung: Neben dem dinglichen Vertrag als Einigung hinsichtlich der Verfügung muss zusätzlich die Einigung über den Besitzübergang nach § 854 II hinzukommen. Wie auch sonst ist für § 854 II erforderlich, dass der Erwerber in der Lage ist, den Besitz zu ergreifen, vgl. oben Rn. 36 f. So kann selbst die Übereignung des „Holzstoßes im Wald" im Büro der Forstverwaltung oder der Holzfirma abgewickelt werden. 149

### III. Der Geheißerwerb als weiterer Sonderfall des § 929 S. 1: Übergabe an Dritte, Übergabe durch Dritte ohne Besitzrechtsverhältnis

150 Die Übergabe i. S. d. § 929 braucht sich nicht unmittelbar zwischen Veräußerer und Erwerber zu vollziehen. Oben (Rn. 143 ff.) wurden bereits Beispiele genannt, wie der mittelbare Besitz des Erwerbers für die Übergabe genügen kann. Der Geheißerwerb geht nun noch einen Schritt weiter: Die Übergabehandlung vollzieht sich überhaupt nicht zwischen Erwerber und Veräußerer, sondern erfolgt durch eine Geheißperson, die besitzrechtlich weder mit dem Veräußerer noch dem Erwerber verbunden zu sein braucht. Es genügt, wenn der (unmittelbare) Besitz von einem Dritten „auf Geheiß" des Veräußerers an den Erwerber übertragen wird (Übertragung *durch* eine Geheißperson) oder der Erwerber zur Inbesitznahme eine Geheißperson einsetzt.

**Beispiel für einen einfachen Geheißerwerb** (Grafik im Anhang S. 171)**:** Eigentümer E wurde im Freibad eine Uhr gestohlen. Sie taucht im Schaufenster des Händlers H wieder auf, der dachte, sie selbst zu Eigentum von einem Großhändler erworben zu haben. H besitzt demnach als Eigenbesitzer (nicht etwa als Fremdbesitzer für E), konnte aber die gestohlene Uhr wegen § 935 nicht gutgläubig erwerben (ausführlich dazu Rn. 188 f.; um das Beispiel zu verstehen, genügt der Gesetzeswortlaut). E ist also nach wie vor Eigentümer der Uhr. Da E aber von dem Diebstahl schwer traumatisiert ist, will er die Uhr nicht mehr haben und schenkt sie seinem Bekannten B, der gerne annimmt. E ruft bei H an, klärt ihn über den Sachverhalt auf und bittet ihn, die Uhr an B auszuhändigen. Kommt H dieser Aufforderung nach, handelt er als Geheißperson des E.

151 Auch eine Übergabe durch die Kombination beider Ausgestaltungen ist möglich, also eine Übergabe durch Besitzübertragung von einer Geheißperson an eine Geheißperson.

**Fall 18 a): Der doppelte Geheißerwerb** (Grafik im Anhang S. 172)**:** Großhändler G kauft bei H eine Maschine, die H direkt an den Kunden K des G liefern soll. H hat von den Verhältnissen zwischen K und G keine Kenntnis. – H muss die Maschine an G übereignen, um den Kaufvertrag zu erfüllen. Die Übergabe an G kann sich jedoch nur in der Übergabe an K vollziehen. Besteht zwischen K und G *kein* Besitzmittlungsverhältnis, genügt es für die Übergabe an G eigentlich nicht, wenn K Besitz erlangt. Für eine „Übergabe" an G könnte aber K als Geheißperson auf Erwerberseite eingesetzt werden. Mit Besitzerwerb „seiner" Geheißperson K wäre G dann auch Eigentümer geworden. Bei der nachfolgenden Übereignung von G an K fungiert dann H als Geheißperson auf Veräußererseite, das heißt, nach § 185 II S. 1 Alt. 2 erwirbt K sofort Eigentum von G durch die Übergabe seitens des H (vgl. zur Wirkung des § 185 am Ende dieser Einheit Rn. 172 ff.). G hat demnach dem K Eigentum an der Maschine verschafft, ohne sie selbst jemals in Besitz gehabt zu haben.

152 Dieser doppelte Geheißerwerb wird auch als Streckengeschäft bezeichnet. Der Unterschied im Beispiel der Maschinenlieferung zu der oben bei Fall 17 geschilderten Ausgangssituation liegt darin, dass zwischen der Geheißperson und den sie einsetzenden Parteien (Erwerber oder Veräußerer) gerade keine besitzrechtliche Beziehung besteht, sich aber über die Geheißperson dennoch ein Übereignungstatbestand begründen lässt.

**Vertiefung:** Im Detail ist umstritten, wie weit sich die Geheißperson dem Geheiß *bewusst* unterworfen haben muss. In den Fällen, in denen sich der Geheißerwerb wie erwartet vollzieht, bereitet diese Frage keine Schwierigkeiten: Wenn die Geheißperson tut, was sie soll, ist das Ergebnis regelmäßig eine erfolgreiche Übereignung. Problematischer stellt sich der sogenannte „Scheingeheißerwerb" dar: 153

**Fall 18b), Abwandlung von 18a):** H veräußert eine Maschine an G unter Eigentumsvorbehalt. G bittet H darum, die Maschine an seinen „Mieter" K zu liefern. Tatsächlich aber hat G dem K die Maschine „verkauft" und ihm die Lieferung durch H angekündigt. G selbst hat die Maschine zu keinem Zeitpunkt in Besitz genommen. Kann K Eigentümer werden? – Hätte alles seine Ordnung, wäre insbesondere eine unbedingte Übereignung zwischen H und G gewollt, könnte G mit Lieferung des H an K wie in Fall 18a) Eigentum erwerben und nach den Grundsätzen des Streckengeschäfts dem K verschaffen. In der Abwandlung kann G selbst aber nun allenfalls als Nichtberechtigter an K übereignen, weil er mangels Bedingungseintritt noch nicht Eigentümer geworden ist. Daher stellt sich die Frage, ob die Grundsätze des Erwerbs vom Nichtberechtigten (ausführlich dazu Einheit 6) auf das Streckengeschäft auszudehnen sind: Entscheidend ist, welche Anforderungen an den Rechtsscheintatbestand beim Geheißerwerb gestellt werden sollen. Die herrschende Meinung lässt die „Besitzverschaffungsmacht" genügen. Geriert sich also in Fall 18b) G als *Veräußerer* und gelingt es ihm, welcher Art auch immer, H davon zu überzeugen, an K zu liefern, muss sich dies aus Sicht des gutgläubigen K als Lieferung „auf Geheiß" (sogenannter „Scheingeheiß") des G darstellen. Das genügt, einen Rechtsscheintatbestand gemäß §§ 932 ff. zu begründen. Nur vereinzelte Stimmen in der Literatur fordern in ähnlich gelagerten Fällen die (bewusste) Unterwerfung des Handelnden unter das Geheiß. Damit entfiele allerdings für das Streckengeschäft de facto der Gutglaubensschutz.

**Literatur mit weiteren Beispielen:** vgl. Hager, ZIP 1993, 1446.

## B. Die Übereignung nach § 930: Besitzkonstitut statt Übergabe

Im Ausgangsfall des § 929 S. 1 musste für eine wirksame Übereignung zur Einigung noch die Übergabe hinzukommen. Nicht immer ist die Übergabe den Parteien möglich oder überhaupt von ihnen erwünscht. Um den Grundsatz der Publizität und den von § 1006 gesetzten Rechtsschein, der Besitzer sei auch der Eigentümer, zu wahren, kann auf die Übergabe nicht gänzlich verzichtet werden. Der Gesetzgeber hat durch § 930 aber ermöglicht, dass die Übertragung des unmittelbaren Besitzes in Form der Übergabe durch Verschaffung des mittelbaren Besitzes ersetzt werden kann. Damit ist dem Erfordernis der Besitzübertragung an den neuen Eigentümer Genüge getan, ohne dass der alte Eigentümer den unmittelbaren Besitz an der Sache sofort aufgeben müsste. Zur Veranschaulichung: 154

**Fall 19a):** Schüler S will dem F sein Fahrrad mit sofortiger Wirkung schenken (F hat am nächsten Tag Geburtstag). S erbittet sich aber von F, das Rad noch bis zum darauffolgenden Wochenende nutzen zu können, weil er dann mit seiner Freundin eine Radtour machen möchte. F stimmt zu: Beide sind sich also über den Eigentumsübergang einig. S übergibt zwar nicht sofort das Rad an F. Er kann aber gemäß § 930 an F übereignen, wenn er ihm die Rechtsstellung eines mittelbaren Besitzers verschafft.

155 Damit der neue Eigentümer mittelbarer Besitzer der Sache werden kann, ist die Begründung eines konkreten Besitzmittlungsverhältnisses gemäß § 868 erforderlich. Das Besitzmittlungsverhältnis muss – wie schon in Einheit 2 beim Besitz erläutert – konkrete Rechte und Pflichten begründen: Der alte Eigentümer als unmittelbarer Besitzer muss dem Erwerber den Besitz mitteln, d. h. er muss mit Fremdbesitzer- bzw. Besitzmittlungswillen besitzen. Außerdem muss der Erwerber einen Herausgabeanspruch gegen den unmittelbaren Besitzer (Veräußerer) haben. Oft sind Leihe oder Verwahrungsvertrag als Besitzmittlungsverhältnisse anzutreffen.

156 **So auch im Beispiel Fall 19a):** Die hier beabsichtigte Übereignung des Fahrrades geht Hand in Hand mit einem Leihvertrag. Nach § 930 kann an die Stelle der Übergabe die Begründung eines Besitzmittlungsverhältnisses treten, kraft dessen der unmittelbare Besitzer und bisherige Eigentümer S dem Erwerber F den mittelbaren Besitz verschafft. Da beide über den Eigentumsübergang einig sind, erwirbt F nach §§ 929, 930 das Eigentum am Fahrrad. Das Besitzmittlungsverhältnis Leihe ist auch wirksam begründet worden: S besitzt mit Fremdbesitzerwillen, die Leihfrist ist bestimmt und läuft nach dem Wochenende aus. F als Entleiher hat auch einen wirksamen Herausgabeanspruch gegen S. Rechtlich stellt sich die Situation also folgendermaßen dar: S ist unmittelbarer Besitzer und ehemaliger Eigentümer. F ist mittelbarer Besitzer aufgrund des wirksamen Besitzmittlungsverhältnisses Leihe und gemäß §§ 929, 930 neuer Eigentümer des Rades.

§ 930 bewirkt also in erster Linie eine Vereinfachung: Im Grundfall des § 929 S. 1 hätte S dem F das Rad zunächst übergeben und sich hinterher das Rad von ihm ausleihen müssen, wozu ihm F die Sache zurückgegeben hätte. Der Gesetzgeber verzichtet auf den Zwischenschritt der hin- und herwechselnden Übergaben: Sofern eine Einigung und ein wirksames Besitzmittlungsverhältnis vorliegen, wird die Übereignung gleich mit Vereinbarung des Besitzmittlungsverhältnisses und Begründung des mittelbaren Besitzes durch den Neueigentümer vollzogen.

157 Die Unwirksamkeit des schuldrechtlichen Vertrags, der das Besitzmittlungsverhältnis begründet, schadet der Anwendung der §§ 930, 868 nicht, wenn Besitzmittlungswille und Herausgabeanspruch (z. B. aus § 985, 1007 oder 812) gegeben sind (vgl. oben, Rn. 47 f.): Es liegt dann ein „vermeintliches Besitzmittlungsverhältnis" vor. Zu den Besitzmittlungsverhältnissen, die häufig bei Übereignungen nach § 930 eine Rolle spielen, gehört neben den oben erwähnten Verträgen Leihe und Verwahrung auch die Sicherungsabrede im Zuge der Sicherungsübereignung. In Prüfungsfällen ist die Sicherungsübereignung sogar der Hauptanwendungsfall des § 930. Das Besitzmittlungsverhältnis wird dann bereits in der Sicherungsabrede begründet: Der (frühere) Eigentümer und unmittelbare Besitzer wird berechtigt, im Besitz der Sache zu bleiben und daneben verpflichtet, für den ordnungsgemäßen Erhalt der Sache zu sorgen. Spätestens im Sicherungsfall hat der Kreditgeber als „neuer" Eigentümer und mittelbarer Besitzer auch einen Herausgabeanspruch gegen den „alten" Eigentümer, der gemäß der Sicherungsabrede die Sache in seinem unmittelbaren Besitz behalten durfte. Dies wird in Einheit 12 noch ausführlich erklärt.

158 Andere, häufig vorkommende Besitzmittlungsverhältnisse wie Miete oder Pacht spielen dagegen bei § 930 seltener eine Rolle: Sie haben häufig Immobilien zum Gegenstand, die nur gemäß §§ 873, 925 übereignet werden können.

**Klausurhinweis:** In der Klausur sollte nicht übersehen werden, dass Besitzmittlungsverhältnisse auch aus gesetzlichen Schuldverhältnissen wie beispielsweise der Geschäftsführung ohne Auftrag rühren können: Während die berechtigte GoA als Besitzmittlungsverhältnis weitgehend anerkannt ist, bleibt dies für die unberechtigte GoA umstritten. Hier wäre dann zu diskutieren. Wendet man die GoA als Besitzmittlungsverhältnis an, ist z. B. auch dann an einen Eigentumserwerb des Käufers zu denken, wenn der Verkäufer die Sache noch einen Tag behält, um sie – ohne die Verrichtung mit dem Käufer noch einmal abzusprechen – zu verschönern. Eine GoA als Besitzmittlungsverhältnis zu erkennen, bedeutet freilich nicht, eine Übereignung gemäß § 930 um jeden Preis bejahen zu müssen. Das Beispiel unten, Fall 19, warnt vor übertriebener Sachverhaltsinterpretation. 159

Nach herrschender Meinung genügt für § 930 auch ein gesetzliches Besitzmittlungsverhältnis wie z. B. die Ehe, § 1353 oder das Eltern-Kind-Verhältnis (BGH NJW 1989, 2542). 160

Nicht immer ist auf den ersten Blick zu erkennen, ob ein Besitzmittlungsverhältnis besteht. Darum noch ein Beispiel zur Auslegung von Vereinbarungen: 161

**Fall 19b):** Hausfrau H kauft bei einem Weinhändler (W) dessen letzte Kiste Bordeaux eines bestimmten Jahrgangs. Sie bittet den Verkäufer V, ihr die Kiste am nächsten Tag nach Hause zu bringen. Aus Versehen wird die Kiste am Abend desselben Tages an den Geschäftsmann G verkauft.

Kann Frau H als Eigentümerin von G Herausgabe verlangen?

Bei Arglist des G fiele das Problem unter „Verleitung zum Vertragsbruch". Dafür gibt es hier aber keine Anhaltspunkte. Wäre H Eigentümerin der Kiste Bordeaux geworden, könnte sie von G Herausgabe aus § 985 verlangen. Eine wirksame Einigung zwischen W (vertreten durch V) und H lag sicher vor. Eine Übereignung gemäß § 929 S. 1 muss aber an der fehlenden Übergabe scheitern. Diskutieren ließe sich nur, ob die Bitte der H an den V, ihr die Kiste am nächsten Tag nach Hause zu bringen, schon ein Besitzmittlungsverhältnis begründet und damit einen Eigentumserwerb der H gemäß §§ 929, 930 ermöglicht hätte. Hier muss davor gewarnt werden, den Anwendungsbereich des § 930 zu weit auszudehnen. Auch wenn es in diesem Fall ex post betrachtet für H rechtlich sinnvoll gewesen wäre, Eigentum an der Kiste zu erlangen, fehlen die Voraussetzungen dafür. Vereinbart haben die Vertragspartner lediglich eine besondere Modalität der Übergabe in Form der Lieferung am nächsten Tage, nicht jedoch ein spezielles Verwahrungsverhältnis mit allen damit gerade auch für den W verbundenen Pflichten und einem bereits erfolgten Eigentumsübergang. Es gilt also auch im Hinblick auf das Sachenrecht: Eine bloße Gefälligkeit ist von Erklärungen und Handlungen mit Rechtsbindungswillen zu unterscheiden. Da H noch kein Eigentum an der Kiste Wein erlangt hatte, kann sie auch keinen Anspruch aus § 985 gegen G geltend machen.

**Klausurhinweis:** Für die Auslegung von Vereinbarungen gerade im Hinblick auf die Klausuren gibt es keine festen Regeln und leider auch keine Sicherheiten! In der Praxis wäre im vorstehenden Fall recht eindeutig gegen einen Eigentumserwerb der H gemäß § 930 zu entscheiden gewesen, und sei es nur schon, um die Händler vor überzogenen Ansprüchen infolge der kleinsten Gefälligkeit zu schützen. 162

In der Klausur müssen die Kandidaten gelegentlich in Kauf nehmen, dass der Ersteller theoretischen Konstruktionen zuliebe eine Übereignung bejaht sehen möchte. Hätte die Fallfrage gelautet „Welche Ansprüche hat H?", wäre das ein Indiz dafür gewesen, dass H Eigentum erlangt haben könnte – sonst wäre die Klausur zu kurz. Regelmäßig wären dann zusätzliche Anhaltspunkte im Sachverhalt für ein Besitzmittlungsverhältnis oder einen entsprechenden Fremdbesitzerwillen zu finden. Erlangt H Eigentum, eröffnet das nämlich den Einstieg zu weiteren sachenrechtlichen Problemen: In der Folge wäre zu prüfen gewesen, ob sie das Eigentum nicht durch gutgläubigen Erwerb des G verloren hat. Dabei wäre zu erörtern gewesen, ob die Sache der H abhandengekommen ist oder nicht. Je nachdem hätte H dann Ansprüche gemäß § 816 I geltend machen können. Würde dagegen Abhandenkommen bejaht, bliebe H Eigentümerin und könnte Ansprüche aus § 823 I (Eigentumsverletzung) gegen G, V oder W geltend machen, etc. Kurz: die Eigentümerstellung der H würde zugleich den Einstieg in vertiefende Fragen und Folgeprobleme ermöglichen.

Willkür ist indes nicht zu befürchten: In einem so knapp formulierten Fall wie oben Fall 19b) wird jeder Ersteller die Verneinung des Eigentumserwerbs der H als vertretbar akzeptieren müssen. Wäre etwas anderes gewollt, müsste der Sachverhalt zumindest im Verkaufsgespräch „H – V" detailliertere Formulierungen enthalten, die je nach Argumentation auch als Verwahrungsvertrag mit den entsprechenden Rechten und Pflichten zu interpretieren wären.

163 **– Sonderfall: Das antizipierte Besitzkonstitut.** Wenn Einigung und Vereinbarung des Besitzmittlungsverhältnisses erfolgen, bevor der Veräußerer im Besitz der Sache ist, spricht man von einem antizipierten (= vorweggenommenen) Besitzkonstitut.

**Hinweis:** „Antezipiert" und „Antizipiert" werden in der Literatur synonym verwendet; gebräuchlicher ist mittlerweile „antizipiert", obwohl der Fachbegriff an das lateinische „ante" (nicht an das griechische „anti") angelehnt scheint. Aber schon „anticipare" („vorwegnehmen") enthält die entsprechende Lautverschiebung.

Dieser Fall kommt in der Praxis häufiger vor, wenn Waren übereignet werden sollen, die erst noch produziert werden müssen. Eine Übereignung dieser Sachen zu einem früheren Zeitpunkt kann aber vor allem mit Blick auf eine Kreditsicherung sinnvoll sein. Das antizipierte Besitzkonstitut ermöglicht dem Erwerber gemäß §§ 929 S. 1, 930 genau dann Eigentümer der Sache zu werden, wenn sie in den Besitz des Veräußerers gelangt.

**Beispiel:** Computerhändler C kauft von der Firma F dreihundert Monitore, die von F erst noch produziert werden müssen. C bezahlt die Ware und wird genau in dem Augenblick Eigentümer, in dem die Monitore in der Firma F zusammengebaut worden sind. Dann ist F unmittelbarer Besitzer der Monitore, der dem C den Besitz an der Sache mittelt. Damit sind die Voraussetzungen gemäß §§ 929, 930 erfüllt.

Voraussetzung dafür ist allerdings, dass Einigung, Besitzmittlungsverhältnis und Besitzmittlungswille noch fortbestehen, wenn der Veräußerer Besitz erlangt. Dieser erwirbt dann für eine logische Sekunde das Eigentum an der Sache, § 185 II, das dann aber sofort auf den Erwerber übergeht.

164 **Vertiefung:** Bedeutung erlangt der Zwischenerwerb des Herstellers für die berühmte „logische Sekunde" in einem Klassiker der Fallkonstruktionen: Muss der Hersteller etwa ein Vermieterpfandrecht gegen sich gelten lassen, erlangt der Käufer (im vorstehenden Beispiel wäre das C) die Sache nicht mehr unbelastet.

**Prüfungsreihenfolge der Übereignung gemäß §§ 929, 930:** In der Fallklausur sind die Voraussetzungen der Übereignung gemäß §§ 929, 930 am besten in der folgenden Reihenfolge zu prüfen: 1. Einigung über den Eigentumsübergang, 2. Besitzkonstitut: (Wirksames) Besitzmittlungsverhältnis, 3. Berechtigung und Verfügungsbefugnis des Veräußernden.

## C. Übereignung gemäß § 931: Abtretung des Herausgabeanspruchs statt Übergabe

Wie schon bei der Übereignung nach § 930 hilft auch § 931 bei Fällen, in denen die Übergabe der Sache nicht möglich oder nicht erwünscht ist. Während in den Fällen des § 930 die Übergabe der Sache an den neuen Eigentümer durch Verschaffung des mittelbaren Besitzes ersetzt werden musste, weil der alte Eigentümer selbst noch einige Zeit unmittelbaren Besitz ausüben wollte, hilft § 931 dort weiter, wo weder der alte noch der neue Eigentümer im unmittelbaren Besitz der Sache ist: In den Fällen des § 931 übt ein Dritter die tatsächliche Sachherrschaft über die zu veräußernde Sache aus. 165

**Fall 20:** S ist Student in Hamburg. Nach seinen Klausuren zum ersten juristischen Staatsexamen hat er seinem Zimmernachbarn Z bis zum Ende der Semesterferien seine größtenteils neuwertigen Kommentare ausgeliehen. Als S nach der mündlichen Prüfung ein Angebot für ein Jahrespraktikum in einer deutschen Botschaft erhält, beschließt er, „Ballast" los zu werden und alle gebrauchten Bücher zu verkaufen. Erstsemester E ist ein willkommener Kunde: Er bezahlt dem S 90 % des Neupreises pro Buch. Wie aber kann S nun auch die Kommentare an E veräußern, die sich im unmittelbaren Besitz des Z befinden?

Der Fall zeigt es: Eine Übereignung gemäß § 929 S. 1 muss am Übergabeerfordernis scheitern, wenn ein Dritter im Besitz der Sache ist. Auch § 930 hilft nicht weiter, weil S den unmittelbaren Besitz der Sache dem Z eingeräumt hat, der die Sache im Rahmen seines Leihvertrags bis zum Ende der Semesterferien behalten kann.

§ 931 eröffnet eine einfache Möglichkeit, dieses Problem zu lösen. S ist mittelbarer Besitzer der sich aufgrund des Leihvertrags bei Z befindlichen Kommentare. Die Wertung des Gesetzgebers in § 930 hat gezeigt, dass mittelbarer Besitz die Übergabe ersetzen kann. Das Problem wäre also hinfällig, wenn S den E als mittelbaren Besitzer stellen könnte. Das kann er ohne weiteres, wenn er seinen mittelbaren Besitz auf E überträgt. Nach § 870 wird der mittelbare Besitz durch die Abtretung des Herausgabeanspruchs gemäß §§ 398 ff. übertragen. S tritt seinen Herausgabeanspruch, den er gegen Z aus dem Leihvertrag hat, an E ab: S verliert den mittelbaren Besitz, E erwirbt mittelbaren Besitz und für Z ändert sich nur, dass er nach Ablauf der Leihfrist die Kommentare statt an S an E herausgeben muss. 166

Genau diese Problemabwicklung hat der Gesetzgeber in § 931 vorgesehen: Ist ein Dritter im Besitz der Sache, kann die Übergabe an den neuen Eigentümer dadurch ersetzt werden, dass der alte Eigentümer seinen Herausgabeanspruch gemäß §§ 398 ff. abtritt und damit seinen mittelbaren Besitz (§§ 868, 870) auf den Erwerber überträgt. Voraussetzung ist immer, dass der alte Eigentümer auch einen Herausgabeanspruch gegen den Dritten hat. Dieser kann aus vertraglichen Besitzmittlungs- 167 verhältnissen ebenso rühren wie aus gesetzlichen Schuldverhältnissen. Der alte Eigentümer kann also beispielsweise einen Herausgabeanspruch aus Leihe, Pacht oder Verwahrung an den neuen Eigentümer abtreten wie auch seinen Herausgabeanspruch aus § 985 (streitig), wenn der Dritte ihm gegenüber fehlerhaft besitzt.

**Beispiel zu oben Fall 20:** Z hat die Kommentare ohne Einwilligung des S aus dessen Zimmer mitgenommen. Als S das später bemerkt, beschließt er gleichwohl, die Sachen noch am selben Tag an E zu veräußern. Er klärt E über die Sachlage auf und tritt ihm seinen Herausgabeanspruch aus § 985 ab.

168 Allerdings ist die Zulässigkeit der Abtretung gesetzlicher Herausgabeansprüche gerade auch im Hinblick auf § 985 umstritten: Weil der Herausgabeanspruch des § 985 aus dem Eigentum folge, könne er nach noch immer herrschender Meinung kein „neues“ Eigentum des Erwerbers begründen. In Prüfungssituationen sollte daher die Abtretung eines Herausgabeanspruchs aus § 985 als Grundlage für einen Eigentumserwerb gemäß § 931 immer nur subsidiär zu allen vertraglichen und anderen gesetzlichen Herausgabeansprüchen herangezogen werden. Häufig kommen für die Fälle, in denen dem bisherigen Eigentümer die Sache abhandengekommen ist oder der besitzende Dritte ihm den Besitz gar nicht mittelt, weil er sich zum Eigenbesitzer aufgeschwungen hat, ohnehin Ansprüche aus §§ 812, 823 oder 861 in Betracht.

169 **Vertiefende Argumentation:** Die noch herrschende Meinung, die § 985 als abtretbaren Herausgabeanspruch ablehnt, verkennt, dass der bisherige Eigentümer mit seinem Eigentum verfahren kann, wie er möchte – er kann, um im Beispiel zu bleiben, seinen Herausgabeanspruch gegen Z geltend machen, er kann auf das Eigentum verzichten, er kann auch seine Rechte aus dem Eigentum an andere abtreten. Im Zeitpunkt der Einigung ist der Veräußerer noch Eigentümer, der sein Eigentum und alle daraus folgenden Rechte, zu denen auch der Herausgabeanspruch aus § 985 gehört, auf den neuen Eigentümer überträgt. Auch das Risiko des neuen Eigentümers möglicher Zwischenverfügungen des besitzenden Dritten ist eher gemindert als erschwert: Grundsätzlich stünde der Erwerber zwar am besten, wenn der alte Eigentümer seinen Herausgabeanspruch zunächst selbst durchsetzen und dann dem Erwerber die Sache übergeben würde. In diesem Fall wäre der neue Eigentümer sicher, den Besitz an der Sache zu erlangen. Das Risiko, dass der Dritte in der Zwischenzeit unbefugt weiterveräußert und dabei eine vierte Person gutgläubig Eigentum erwirbt, trifft aber denjenigen, an den ein Herausgabeanspruch aus vertraglichen Schuldverhältnissen abgetreten wurde, im gleichen Maße wie den aus § 985 Berechtigten. Hatte der alte Eigentümer aber bereits einen Anspruch aus § 985 gegen den Dritten, der seinerseits kein Recht zum Besitz geltend machen konnte, kann dieses Risiko sogar gemindert sein: Möglicherweise war die Sache dem Eigentümer wie im Beispiel oben abhandengekommen und ein gutgläubiger Erwerb anderer damit gehindert.

Gelegentlich wird die Nichtanwendbarkeit des § 985 für den Eigentumserwerb nach § 931 ohnehin schon umgangen. Die herrschende Meinung lässt in den Fällen, in denen dem Eigentümer kein schuldrechtlicher Herausgabeanspruch zusteht, die schlichte *Einigung* für den Eigentumsübergang genügen. Laut BGH sollte der Veräußerer den Erwerber allerdings aus § 185 I ermächtigen, den Herausgabeanspruch des § 985 im eigenen Namen geltend zu machen, BGH WM 1964, 426 (426). Wenn jedoch bloße Einigung und statt der Übergabe deren Ersatz durch Ermächtigung zur Geltendmachung des Herausgabeanspruchs genügen soll, stellt sich die Frage, ob den Voraussetzungen des § 931 die Abtretung des Anspruchs § 985 nicht näher kommt. In der Praxis ähneln sich beide Alternativen ohnehin. Zusammenfassend Brehm/Berger, § 27, Rn. 46; ähnlich wie hier Wieling, § 9 IV 4; dagegen Prütting, Rn. 382 und m. w. N. Weber, JuS 1998, 577 (582).

Als übrige gesetzliche Herausgabeansprüche kommen, beispielsweise bei Fehlen eines Vertrags, unproblematisch § 812 oder § 823 in Betracht. Ist die Sache in niemandes Besitz, kann Übereignung gemäß §§ 929, 931 auch durch bloße Einigung herbeigeführt werden: 170

**Beispiel:** Schüler S hat seine Armbanduhr verloren. Er sagt dem Freund F, wenn er sie finde, könne er sie behalten.

Wie bei allen Formen der Übereignung muss zur Abtretung des Herausgabeanspruchs, die hier die Übergabe ersetzt, eine Einigung des Inhalts vorliegen, dass der Erwerber Eigentümer werden soll.

**Prüfungsreihenfolge der Übereignung gemäß §§ 929, 931:** In der Fallklausur sind die Voraussetzungen der Übereignung gemäß §§ 929, 931 am besten in dieser Reihenfolge zu prüfen: 1. Einigung über den Eigentumsübergang, 2. Abtretung des Herausgabeanspruchs, 3. Berechtigung und Verfügungsbefugnis des Veräußernden.

## D. Übertragung von Miteigentum

Wie das Alleineigentum kann auch der einzelne Anteil eines bereits bestehenden Miteigentums nach Bruchteilen in den Formen der §§ 929 bis 931 übertragen werden. Anstelle der Übertragung des Alleinbesitzes tritt dann die Übertragung des mit dem Miteigentum verbundenen Mitbesitzes (§ 866). Wollen mehrere (z. B. Ehegatten) beim Erwerb vom Alleineigentümer erst Miteigentum nach Bruchteilen erwerben, muss die dingliche Einigung nach § 929 mit allen Erwerbern vollzogen werden und die Übergabe an alle zum Mitbesitz erfolgen. Durch die Einigung wird auch die Höhe der Miteigentumsanteile bestimmt, im Zweifelsfall ist gemäß §§ 1008, 742 von gleichen Anteilen auszugehen. 171

## E. Überleitung zum gutgläubigen Erwerb: Der Erwerb vom Nichtberechtigten i. V. m. § 185

Bis hierher ist der jeweilige Regelfall des rechtsgeschäftlichen Eigentumserwerbs angesprochen worden: Der Veräußerer ist Eigentümer der Sache und daher auch berechtigt, über sie zu verfügen, also beispielsweise das Eigentum auf einen anderen zu übertragen. Was geschieht aber, wenn derjenige, der die Sache veräußert, gar nicht der Eigentümer ist? Möglicherweise ist derjenige, der die Verfügung vornimmt, auch als Nichteigentümer berechtigt, die Sache zu veräußern. Eine solche Berechtigung zur Verfügung des Nichteigentümers könnte sich in erster Linie aus § 185 ergeben. Fehlt dagegen jegliche Befugnis, die Sache zu veräußern, ist der Fall über die Regeln des gutgläubigen Erwerbs, §§ 932 ff., zu lösen. 172

**Klausurhinweis:** Dabei handelt es sich zunächst um eine „gedankliche" Prüfung. Nur, wenn einer der folgenden Fälle nicht von vornherein auszuschließen ist, gehört die Prüfung auch in die Klausur.

In Frage kommen insbesondere folgende Fälle:

## I. Wirksamkeit gemäß § 185 I

173 Die Verfügung eines Nichtberechtigten ist wirksam, wenn der Berechtigte zuvor seine Einwilligung gemäß § 185 I erteilt hat. Die Einwilligung ist als vorherige Zustimmung zur Verfügung i. S. d. §§ 182, 183 zu verstehen. Diese Konstellationen werden oft im Zusammenhang mit der ordnungsgemäßen Weiterveräußerung im Geschäftsverkehr (häufig beim verlängerten Eigentumsvorbehalt und der Sicherungsübereignung) relevant.

## II. Wirksamkeit gemäß § 185 II S. 1, 1. Alt.

174 Der Eigentümer kann die Verfügung des Nichtberechtigten auch im Nachhinein (Rückwirkung gemäß § 184 I) genehmigen, § 185 II S. 1, 1. Alt. Mit dieser Genehmigungsmöglichkeit können die Rechtsfolgen des § 816 I herbeigeführt werden: Danach kann der Eigentümer, wenn die Verfügung des Nichtberechtigten ihm gegenüber wirksam war, Herausgabe des Erlöses verlangen. Die Wirksamkeit der Verfügung wird also durch die Genehmigung des Eigentümers überhaupt erst erreicht; diese Lösung kann je nach Fallkonstellation für den Eigentümer günstiger sein, als wenn er bei Unwirksamkeit der Verfügung auf seine Ansprüche aus EBV beschränkt bleibt. Nach herrschender Meinung kann die Genehmigung gemäß § 185 II S. 1, 1. Alt. auch stillschweigend dadurch erklärt werden, dass der Eigentümer statt Herausgabe der Sache die Herausgabe des Erlöses verlangt und diesen auch aus § 816 I (teilweise vertreten: analog) erhält, vgl. S. 70 f. Wichtig: Die Genehmigung gemäß § 185 II S. 1, 1. Alt. wirkt nach § 184 *ex tunc;* die *Verfügung* über den Gegenstand wird also rückwirkend wirksam.

**Klausurhinweis:** Das kann auch zum Verlust von Ansprüchen führen – wer die Voraussetzungen für den Rechtsfortwirkungsanspruch nach § 816 I durch Genehmigung herbeiführt, kann nicht später (!) die Sache „als Eigentümer" herausverlangen. Denn durch die Genehmigung wurde die Verfügung und damit der Eigentumserwerb des Dritten wirksam. – Im Übrigen bezieht sich die Genehmigung (nur!) auf die Verfügung, nicht aber auf die Berechtigung. Das ist gemeint, wenn es heißt, die Genehmigung führe nur *die Rechtsfolgen* des § 816 I S. 1 herbei; der Nichtberechtigte werde dadurch aber *nicht* zum Berechtigten.

## III. Wirksamkeit gemäß § 185 II S. 1, 2. Alt.

175 Wenn der Verfügende den Gegenstand erwirbt, wird die Verfügung gemäß § 185 II S. 1, 2. Alt. wirksam. Hier allerdings erst ex nunc, denn die Rückwirkung des § 184 bezieht sich ausdrücklich nur auf die Genehmigung. Daher ist im Grundfall der Alt. 2 des § 185 II S. 1 ein Durchgangserwerb anzunehmen:

**Beispiel:** Pächter P erwirbt einen Traktor unter Eigentumsvorbehalt bei A, den er kurz danach – vor Kaufpreiszahlung an A – zur Sicherung eines Darlehens an die B-Bank „übereignet". Diese zweite Übereignung kann mangels Berechtigung und Übergabe an B nicht wirksam sein, vgl. Einheit 6. Zahlt P nun aber mit dem von B ausgezahlten Kredit den Kaufpreis an A, tritt die Bedingung im Verhältnis A und P ein – er wird Eigentümer. In diesem Moment greift § 185 II S. 1, 2. Alt.: Die Verfügung über den Traktor gegenüber der B-Bank wird ex nunc wirksam. Für eine logische Sekunde ist demnach P Eigentümer des Traktors geworden. Auf dem Traktor kann daher ein Verpächterpfandrecht liegen.

**Hinweis:** Es empfiehlt sich, dieses Beispiel zum Abschluss des Mobiliarsachenrechts noch einmal in Ruhe zu durchdenken: Hier fließen Überlegungen aus den Einheiten 5, 6, 10 und 12 zusammen, wie sie auch später prüfungstypisch sind.

Nach herrschender Meinung kann dieser Rechtsgedanke auch auf Verfügungen über ein künftiges Recht angewandt werden. Dabei ist allerdings umstritten, ob ein Durchgangs- oder ein Direkterwerb stattfindet.

## IV. Wirksamkeit gemäß § 185 II S. 1, 3. Alt.

Wirksamkeit tritt außerdem ein, wenn der Berechtigte den Nichtberechtigten be- 176
erbt, also in den Genuss der Vorteile der Verfügung gelangt, aber auch für die daraus resultierenden Pflichten einzustehen hätte.

## V. Prioritätsgrundsatz gemäß § 185 II S. 2.

Wurden über einen Gegenstand mehrere Verfügungen getroffen, ordnet § 185 II 177
S. 2 für die beiden letzten Fälle des ersten Satzes an, dass die zuerst getroffene Verfügung gültig ist. Maßgeblich ist dabei die Sicht des ersten Erwerbers.

**Literatur:** *Brade, Alexander/Vogel, Jan Benjamin:* Die Dereliktion beweglicher Sachen (§ 959), JA 2014, 412–417; *Casper, Matthias:* Geschäfte des täglichen Lebens – kritische Anmerkungen zum neuen § 105a BGB, NJW 2002, 3425–3430; *Frahm, Karin/Würdinger, Markus:* Der Eigentumserwerb an Kraftfahrzeugen, JuS 2008, 14–17; *Hager, Johannes:* Streckengeschäft und redlicher Erwerb, ZIP, 1993, 1446–1452; *Jakobs, Horst Heinrich:* Gibt es den dinglichen Vertrag?, ZRG 119 (2002), 269–325; *Mohamed, Jean:* Der rechtsgeschäftliche Erwerb an beweglichen Sachen gemäß §§ 929ff. BGB im Überblick, JA 2017, 419–423; *Schall, Alexander:* Maultaschen im Sachenrecht, NJW 2010, 1248–1252; *Weber, Jörg Andreas:* Die Rechtsnatur des Flaschenpfands, NJW 2008, 948; *Weber, Ralph:* Der rechtsgeschäftliche Erwerb des Eigentums an beweglichen Sachen gemäß §§ 929 ff. BGB, JuS 1998, 577–582; *Schellhammer, Kurt:* Sachenrecht nach Anspruchsgrundlagen samt Wohnungseigentums- und Grundbuchrecht, 4. Auflage, München 2013.

**Falllösung:** JuS 2010, 412; JuS 2012, 1008; JA 2010, 578; JA 2012, 339; JURA 2013, 301.

# 6. Einheit – Der gutgläubige Erwerb

## A. Einführung: Der Gutglaubensschutz

178 In der vorherigen Einheit wurde als Voraussetzung für den rechtsgeschäftlichen Eigentumserwerb gemäß §§ 929 bis 931 stets die Berechtigung des Veräußernden verlangt. In den Fällen, in denen der Veräußernde auch Eigentümer war, erwies sich das regelmäßig als unproblematisch. War der Veräußerer nicht der Eigentümer, bestand immerhin die Möglichkeit, dass er aus § 185 zur Verfügung berechtigt war. Oft genug werden aber in der Praxis oder in der Klausur Fälle vorkommen, in denen der Veräußerer weder Eigentümer noch sonst wie berechtigt ist. Dann stellt sich die Frage, wem das Eigentum an der Sache zugestanden werden soll: dem eigentlichen Eigentümer, der von der Verfügung des Nichtberechtigten nichts weiß, oder dem Erwerber, der seinerseits glaubt, Eigentum erlangt zu haben?

Der Gesetzgeber hätte diesen Interessenkonflikt unter Schutzaspekten sowohl zugunsten des Eigentümers als auch zugunsten des Erwerbers lösen können. Für eine Lösung zugunsten des Eigentümers hätte gesprochen, dass der Rechtsinhaber davor geschützt sein muss, dass ein anderer, möglicherweise ein völlig Fremder, unbefugt über die Sache verfügen und den Eigentümer dadurch dauerhaft seiner Rechtsstellung berauben kann.

Für eine Lösung zugunsten des Erwerbers sprach jedoch, dass derjenige, der darauf vertraut, wirksam Eigentum erworben zu haben, auch geschützt sein muss. Der Erwerber, der sich im guten Glauben für den neuen Eigentümer hält, muss frei über die Sache verfügen können, ohne später Regressansprüchen des früheren Eigentümers oder anderer Beteiligter ausgesetzt zu sein. Ein solcher Schutz des guten Glaubens ist aber nur möglich, wenn der Erwerber tatsächlich Eigentum erlangt. Der vollwertige Eigentumserwerb des gutgläubigen Erwerbers liegt auch im Interesse des Rechtsverkehrs, weil mit der vom Gesetz festgelegten Wirkung auch Rechtssicherheit eintritt. Die Eigentumslage ist abschließend geklärt; spätere Verfügungen des Erwerbers (also des neuen Eigentümers) sind dementsprechend von seiner Dispositionsfreiheit gedeckt. Der Gesetzgeber hat sich daher für die Lösung zugunsten des Erwerbers entschieden: Wer darauf vertraut und auch vertrauen darf, dass derjenige, der eine Sache veräußert, der Eigentümer ist, erlangt das Eigentum an der Sache, wenn die übrigen Voraussetzungen des rechtsgeschäftlichen Erwerbs vorliegen.

Die damit verbundenen Härten für den vorherigen Eigentümer, der sein Eigentum auf diese Weise verliert, werden dadurch abgemildert, dass gutgläubiger Erwerb dann ausgeschlossen ist, wenn er den Besitz an der Sache gegen oder ohne seinen Willen verloren hat. Wird dem Eigentümer die Sache gestohlen, scheitert der gutgläubige Erwerb eines anderen (das ist der entscheidende Gesichtspunkt des Abhandenkommens, § 935). Hat der Eigentümer die Sache dagegen jemandem ausgeliehen, der sie später unbefugt an einen anderen weiterveräußert, ist gutgläubiger Erwerb möglich. Der Gesetzgeber hat somit eine Wertung nach der jeweiligen Schutzwürdigkeit der Beteiligten vorgenommen: Der Eigentümer trägt das Risiko für die Vertrauenswürdigkeit desjenigen, dem er die Sache anvertraut. Das Scheitern des gutgläubigen Erwerbs bei Abhandenkommen lässt dagegen den Erwerber die Folgen dafür tragen, dass der nichtberechtigt Verfügende aufgrund eines Diebstahls in den Besitz der Sache gelangt ist, also seinerseits nicht unbedingt vertrauenswürdig war. Dass der Erwerber bei festgestellter Bösgläubigkeit überhaupt keinen Schutz verdient, versteht sich dagegen von selbst. Diese Wertungen und Interessenabwägungen liegen allen Erwerbstatbeständen kraft guten Glaubens zugrunde. Was sie im Einzelnen beinhalten und wie sie zu prüfen sind, ist Gegenstand dieser 6. Einheit. Wichtig ist zunächst, dass jeder Erwerbstatbestand (§§ 929 ff.) mit einer eigenen Vorschrift für den gutgläubigen Erwerb ausgestattet ist (§§ 932 ff.). Die Unterschiede knüpfen an die im Grundtatbestand festgelegte Übergabemodalität an: Der gutgläubige Erwerb gemäß § 932 geht von einer Übereignung gemäß § 929 S. 1 aus, der gutgläubige Erwerb gemäß § 933 knüpft an ein Besitzkonstitut gemäß § 930 an und § 934 korrespondiert mit § 931.

**Vertiefung:** Weber, JuS 1999, 1; Wiegand, JuS 1974, 201. Eine ebenso ausführliche wie anspruchsvolle Auseinandersetzung mit dem Interessenausgleich und den Wertungen des Gesetzgebers bietet Hübner, 1955. Grundlegend zum redlichen Erwerb auch Hager, 1990; zu der verfassungsrechtlichen Komponente Leuschner, AcP 205 (2005), 205; zum gutgläubigen Erwerb im Erbrecht Schlinker/Zickgraf, JuS 2013, 876. 179

Schon aus der Systematik der Gutglaubenstatbestände ergibt sich, dass die Regeln des gutgläubigen Erwerbs nur für den rechtsgeschäftlichen, nicht aber für den gesetzlichen oder hoheitlichen Eigentumserwerb gelten. Den verschiedenen rechtsgeschäftlichen Erwerbstatbeständen sind jeweils verschiedene Normen für den gutgläubigen Erwerb zugeordnet (so setzt etwa der gutgläubige Erwerb nach § 932 einen rechtsgeschäftlichen Erwerb nach § 929 voraus, vgl. unten III. für die anderen Erwerbstatbestände). Es wäre daher verfehlt, die Regeln über den gutgläubigen Erwerb beispielsweise auf einen gesetzlichen Eigentumserwerb anzuwenden.

## I. Der Grundfall: Gutgläubiger Erwerb vom Nichtberechtigten, §§ 929, 932

Auch der gutgläubige Erwerb knüpft an die Grundprinzipien der Eigentumsübertragung an. Daher müssen auch beim gutgläubigen Erwerb gemäß §§ 929 S. 1, 932 stets alle Voraussetzungen der Übereignung nach § 929, insbesondere Einigung und Übergabe, vorliegen. Allein die Berechtigung des Veräußerers muss fehlen; es darf also auch kein Fall des § 185 gegeben sein. Der Erwerber muss sich ferner in „gutem Glauben" befinden. Außerdem darf kein Ausschlussgrund gemäß § 935 vorliegen. Ein ausführlicher Aufbauhinweis für die Klausur findet sich am Ende dieses Abschnitts. Zunächst einige Erläuterungen zu den wichtigsten Merkmalen: 180

**1. Das Übergabeerfordernis: Besitzerwerb vom Veräußerer.** Da die Voraussetzungen des § 929 S. 1 vorliegen müssen, hat der Veräußerer auch tatsächlich die Übergabe vorzunehmen. Das bedeutet, er muss wie bei jeder Eigentumsübertragung gemäß § 929 S. 1 seinen Besitz auf den Erwerber übertragen und seinen eige- 181 nen Besitz an der Sache gänzlich aufgeben (Besitzverlust des Veräußerers). Der Erwerber muss seinen Besitz vom Veräußerer erlangt haben (Besitzerwerb). Gerade der Umstand, dass der Veräußerer dem Erwerber die Sache übergeben kann, erweckt den Eindruck, er sei tatsächlich zur Verfügung über die Sache befugt, und ist somit ein wesentliches Element des Gutglaubensschutzes.

182 Diese Besitzverschaffungsmacht ist eine Ausprägung des Rechtsscheintatbestands, mit dem der gutgläubige Erwerb strukturell verbunden ist. Wenn sich bei der Übereignung gemäß § 929 S. 1 der berechtigte Veräußerer jeglichen Besitzrestes entäußern musste, damit der Übereignungstatbestand abgeschlossen wird, muss dies erst recht für den nichtberechtigten Veräußerer gelten: Nur dadurch, dass er sich im Besitz der Sache befindet und die Eigentumsvermutung des § 1006 I für ihn streitet oder wenigstens dadurch, dass er die Besitzübergabe veranlassen kann, entsteht bei dem Erwerber der schutzwürdige Eindruck, dass dieser (tatsächlich nichtberechtigte) Veräußerer über die Sache verfügen kann. Hinsichtlich des Rechtsscheintatbestands knüpft der gutgläubige Erwerb demnach direkt an die Anforderungen des Grundtatbestandes an: Die Regel bei § 929 S. 1 ist die Übergabe; Abweichungen von diesem Grundsatz sind nur im Rahmen der anerkannten Sonderfälle der Übergabe denkbar (Rn. 143 ff.): So kann der Besitz, wie in Einheit 5 beschrieben, auch *mittelbar* erworben (dort Rn. 145 ff.) oder eine Geheißperson eingeschaltet werden. Auch hier kann dann ein Nichtberechtigter als Verfügender auftreten: Wird die Geheißperson etwa durch eine Täuschung des Nichtberechtigten zur Übergabe an den gutgläubigen Erwerber veranlasst, stellt sich die Frage, ob auch dieser sogenannte „Scheingeheißerwerb“ vom Gutglaubensschutz erfasst werden soll (vgl. oben Rn. 150 ff.). Die herrschende Meinung bejaht dies jedenfalls für die Fälle, in denen die scheinbare Geheißperson der Aufforderung des Nichtberechtigten nachkommt und die Übergabe an den gutgläubigen Erwerber tatsächlich vollzieht, um dem Streckengeschäft den Verkehrsschutz nicht zu verweigern. Schließlich würde es beim *regulären* Geheißerwerb dem Übergabeerfordernis genügen, wenn der Lieferant der Aufforderung folgt. Als Ausdruck der Besitzverschaffungsmacht genügt es daher auch als Rechtsscheintatbestand beim gutgläubigen Scheingeheißerwerb, wenn die Geheißperson dem Geheiß nachkommt (wie oben in Fall 18b, Rn. 153).

183 **2. Der gute Glaube, § 932 II.** Der gute Glaube muss sich darauf beziehen, dass der Erwerber den Veräußerer für den Eigentümer hält: Er muss das *Eigentum* des Veräußerers zum Inhalt haben. Nur diese Eigenschaft ist durch den Rechtsschein des § 1006 auch schützenswert. Nicht geschützt wird dagegen der gute Glaube an die Geschäftsfähigkeit, die Vertretungsmacht oder die ehrlichen Absichten des Vertragspartners, weil diese Eigenschaften unabhängig von der Eigentumslage und dem Rechtsschein des § 1006 sind. Allein das Vertrauen auf diesen Rechtsschein „Eigentum“ ist im Rahmen der §§ 932 ff. schutzwürdig (Kindler/Paulus, JuS 2013, 393 [396]).

**Vertiefung: Erweiterung des guten Glaubens.** Eine Ausnahme von dem Grundsatz, dass sich der gute Glaube allein auf das Eigentum des Veräußerers beziehen darf, kann vor allem in zwei Fällen relevant werden: 184

Die *erste Ausnahme* folgt aus *der Anwendbarkeit des § 185* auf die dingliche Einigung. Demzufolge kann bei der Verfügung eines Nichtberechtigten der tatsächlich Berechtigte – also der Eigentümer – der Übereignung zustimmen und damit deren Wirksamkeit herbeiführen (vgl. Rn. 173 f.). Stimmt der Eigentümer zu, ist ein Rückgriff auf die Gutglaubensregeln überflüssig, denn die Verfügungsbefugnis des Veräußerers, die gemäß § 929 zu prüfen ist, kann bejaht werden. Was geschieht nun aber, wenn ein Nichtberechtigter verfügt, und der Erwerber den Zustimmenden für den Eigentümer hält? Auch in diesen Fällen soll der gute Glaube den Erwerber schützen, weil hier die maßgebliche Willenserklärung nicht von dem Verfügenden vorgenommen wird, sondern in der Zustimmung des – vermeintlichen – Eigentümers zu sehen ist. Bei genauer Betrachtung bezieht sich der gute Glaube des Erwerbers in diesen Fällen nämlich nicht auf die Verfügungsbefugnis der Veräußernden, sondern auf das *Eigentum* des Zustimmenden.

**Beispiel:** A bietet dem B die Uhr seines Freundes F zum Kauf an. A und B wissen beide, dass A nicht der Eigentümer ist. Allerdings ist insbesondere B fest davon überzeugt, F sei tatsächlich der Eigentümer. F stimmt dem Eigentumserwerb des B zu. In Wahrheit ist aber gar nicht F, sondern dessen Vater Eigentümer der Uhr. – Wenn der Erwerber wie in diesem Fall der B gutgläubig vom Eigentum des Zustimmenden ausgegangen ist, wird er gleichfalls über § 932 geschützt.

Die *zweite Ausnahme* basiert auf einer ähnlichen Wertung: Die *Sonderregel des § 366 HGB* trägt dem Umstand Rechnung, dass im Geschäftsalltag häufig Personen befugt sind, eine Sache zu veräußern, ohne selbst Eigentümer zu sein. § 366 HGB stellt daher für den Handelsverkehr klar, dass derjenige, der auf die ordnungsgemäße Verfügungsbefugnis eines Kaufmanns vertraut, ebenfalls nach § 932 geschützt sein soll. Dieser Schutz umfasst den guten Glauben an die Verfügungsbefugnis des Veräußerers, wenn der Kaufmann eine ihm nicht gehörende fremde Sache veräußert. Dort endet zugleich der Schutz des § 366 HGB: Die Vorschrift kann nicht über eine fehlende Geschäftsfähigkeit des Veräußerers oder über ein Abhandenkommen i. S. d. § 935 hinweghelfen (Kindler/Paulus, JuS 2013, 393 [396]; Staake, JURA 2016, 1352 [1353]).

**Beispiel:** Gebrauchtwagenhändler G veräußert auf seinem Gelände Autos, die allesamt im Eigentum Dritter stehen. Für jeden Verkauf erhält er eine Provision. Den Kunden ist bewusst, dass G nicht jedes einzelne Fahrzeug vor dem Weiterverkauf erworben hat. Er kann aber zu jedem Auto eine wirksame Ermächtigung nachweisen. – Sollten sich die entsprechenden Schriftstücke im Nachhinein als Fälschungen erweisen, profitieren die Kunden, da sie auf die wirksame Ermächtigung vertraut haben, wegen § 366 HGB ebenfalls vom Schutz des gutgläubigen Erwerbs nach § 932.

Umstritten ist, ob die Anwendung des § 366 I HGB auf die Fälle beschränkt sein soll, in denen der Kaufmann im eigenen Namen veräußert. Wer dies bejaht, kann im Rahmen der Vorschrift jedenfalls keinen Mangel der Vertretungsmacht bei Handeln in fremdem Namen überwinden. Aus Sicht des Erwerbers gibt es in der Praxis für eine solche Einschränkung keinen Grund, da es im Handelsverkehr häufig vom Zufall abhängen dürfte, welche Modalitäten dem Erwerber überhaupt kommuniziert werden. Daher plädieren einige Stimmen dafür, auch bei Handeln in fremdem Namen § 366 HGB zum Zuge kommen zu lassen, freilich mit der Einschränkung, dass nur das dingliche Erfüllungsgeschäft in den Geltungsbereich falle. Dies hat zur Folge, dass der Erwerber dem Bereicherungsanspruch des früheren Eigentümers ausgesetzt sein kann.

**Literatur:** Zu der weitergehenden Frage, ob § 366 HGB auch den guten Glauben an die Vertretungsmacht schützt, vgl. Vieweg/Werner, § 5, Rn. 27 m.w.N.; Medicus/Petersen, Rn. 567; Baumbach/Hopt, HGB, § 366, Rn. 5 f.

**185** Die Definition des „guten Glaubens" ergibt sich im Umkehrschluss aus § 932 II: Demnach ist bösgläubig, wer weiß oder infolge grober Fahrlässigkeit (§ 276) nicht weiß, dass der Veräußerer nicht der Eigentümer ist. Der maßgebliche Zeitpunkt für den guten Glauben ist die Vollendung des Rechtserwerbs, muss also bei der Übergabe noch vorliegen. Der Maßstab des § 932 II gilt auch für die Gutglaubenstatbestände der §§ 933, 934. Da der Gesetzeswortlaut des § 932 I den guten Glauben vermutet und das Fehlen des guten Glaubens als Ausnahme deklariert („es sei denn, dass er [...] nicht im guten Glauben ist"), trägt derjenige, der den guten Glauben bestreitet, die Beweislast für diese Tatsache.

Den gutgläubigen Erwerber trifft keine allgemeine Nachforschungspflicht (BGH NJW 1975, 735 [736]). Nur bei Vorliegen besonderer Umstände – beispielsweise bei sehr wertvollen Sachen, die zu einem auffällig niedrigen Preis angeboten werden – könnte der Erwerber grob fahrlässig handeln, wenn er weitere Nachforschungen unterlässt.

**186** **Vertiefung:** Besonders hohe Maßstäbe werden beim Kauf von Gebrauchtwagen aufgestellt. Grob fahrlässige Unkenntnis des fehlenden Eigentums ist anzunehmen, wenn sich der Käufer den Kfz-Brief beim Gebrauchtwagenkauf nicht vorlegen lässt (BGH NJW 1975, 735 [735 f.]), nicht jedoch beim Erwerb eines Neuwagens vom Vertragshändler. Umgekehrt kann der Erwerber, der sich den Kfz-Brief vom Veräußerer vorlegen lässt, mangels besonderer Anhaltspunkte grundsätzlich gutgläubig erwerben. Legt der Veräußerer den Kfz-Brief vor und ist erkennbar, dass der Veräußerer nicht der eingetragene Halter ist, ist der Erwerber grundsätzlich verpflichtet, Nachforschungen darüber anzustellen, ob der Veräußerer zur Verfügung berechtigt ist (vgl. oben, § 366 HGB). Versäumt er dies, handelt er in der Regel grob fahrlässig. Zu den Details gibt es eine umfangreiche Rechtsprechung: BGH NJW 1992, 2570 (2574); BGH NJW 1996, 2226 (2227 f.); Mittenzwei, NJW 1986, 2472 (2475), auch Weber, JuS 1999, 1 (6 f.). Zu den Nachforschungsobliegenheiten Bartels, AcP 205 (2005), 687.

**187** Zur Vermutung des guten Glaubens abschließend folgender Beispielsfall:

**Fall 21:** S erwirbt einen Computer von Händler H. Der Kaufpreis ist sehr günstig. Vorsichtshalber lässt sich S noch einmal den Garantieschein zeigen und bewahrt die Rechnung, auf der H als erfahrener Fachhändler ausgewiesen wird, gut auf. In Wahrheit war nicht H, sondern Fabrikant F der Eigentümer. Hat S gutgläubig Eigentum erworben?

Zunächst müssen die Voraussetzungen des § 929 S. 1, also Einigung und Übergabe, vorliegen. Beides scheint hier unproblematisch: S und H sind sich einig, und H hat die Sache dem S übergeben. Schwerer fällt die Beurteilung der Gutgläubigkeit des S. Bösgläubig wäre S, wenn er wüsste oder in Folge grober Fahrlässigkeit nicht wüsste, dass H nicht der Eigentümer ist. Darüber, ob er den H tatsächlich für den Eigentümer gehalten hat, schweigt sich der Sachverhalt aus. Wenig hilfreich ist auf jeden Fall die Angabe, dass sich S den Garantieschein zeigen lässt und die fachliche Qualifikation des Händlers überprüft, denn für den guten Glauben i. S. d. §§ 932 ff. kommt es allein auf die Eigentümereigenschaft an. Der gute Glaube muss den Inhalt haben, dass gerade H der Eigentümer ist. Ob er ein qualifizierter Händler ist oder nicht, tut nichts zur Sache. Helfen könnte allerdings der Wortlaut des § 932 „es sei denn, dass er nicht in gutem Glauben ist". Das Gesetz deklariert diesen Fall als Ausnahme, geht also zunächst vom guten Glauben aus. Anderes wäre nachzuweisen; der Sachverhalt müsste also zumindest Rückschlüsse darauf zulassen. Das ist gerade nicht der Fall. S zweifelt bestenfalls an der Qualität der Ware und der fachlichen Eignung des H; die Eigentümereigenschaft des H scheint dagegen für S selbstverständlich zu sein. Hier läge die Nachweispflicht im Prozess dann bei der Gegenseite (hier: beim ursprünglichen Eigentümer F); gelingt dieser Nachweis nicht, gilt die Vermutung des § 932 zugunsten des guten Glaubens des S fort. S hat gutgläubig Eigentum an dem PC erworben.

Der Vollständigkeit halber sei erwähnt, dass die Frage des Abhandenkommens bewusst offengelassen wurde. Lebensnah kann erst einmal davon ausgegangen werden, dass F dem H durch Lieferung den Besitz an der Sache willentlich überlassen hat, ein Fall des Abhandenkommens also nicht vorliegt.

**3. Kein gutgläubiger Erwerb abhandengekommener Sachen.** Das Gesetz will 188
den Rechtsverlust des bisherigen Eigentümers aber nur dann hinnehmen, wenn ihm die Sache nicht gegen seinen Willen abhandengekommen ist. § 935 schließt deshalb bei abhandengekommenen Sachen einen gutgläubigen Erwerb aus. Abhandengekommen ist eine Sache, wenn der unmittelbare Besitzer den Besitz ohne, aber nicht notwendig gegen seinen Willen verloren hat. Dabei kommt es nur auf den *Willen* des unmittelbaren Besitzers an, nicht darauf, ob der Besitzaufgabewille durch Irrtum oder Täuschung beeinflusst war. Unbeachtlich ist nur ein durch unwiderstehlichen Zwang gebildeter „Wille" (BGHZ 4, 10, [33 ff.]). Wie der Besitzwille ist auch der Besitzaufgabewille ein rein tatsächlicher Wille, der selbst beim nicht voll Geschäftsfähigen vorliegen kann. Nicht abhandengekommen sind also Sachen bei willentlicher Besitzaufgabe, z. B. dann, wenn sie verliehen, vermietet, zur Verwahrung gegeben wurden: Unterschlägt der Verwahrer oder der Mieter die Sache, liegt kein Abhandenkommen vor.

Zu den häufigsten Anwendungsfällen des § 935 zählen Diebstahl und Verlust; in 189
Betracht kommen aber auch alle anderen Fälle, die der Definition des § 935 entsprechen (Bartels/Nißing, JURA 2011, 252 [253]). Zur Verdeutlichung:

**Fortsetzung und Abwandlung von oben Fall 21 (Rn. 187):**

**a.) Fortsetzung:** Wie ist die Rechtslage, wenn die Sache in Wirklichkeit dem Fabrikanten F 190
gehört, weil er mit H einen Eigentumsvorbehalt über alle an ihn gelieferten Waren vereinbart hat? – H und S waren sich einig; die Sache war an den gutgläubigen S übergeben worden. Dessen gutgläubiger Erwerb könnte an § 935 scheitern. Dann müsste der PC dem F abhandengekommen sein. Nach der oben genannten Definition ist eine Sache dann abhandengekommen, wenn der vorherige Besitzer (hier: F) den Besitz ohne oder gegen seinen Willen verloren hat. F hat aber an H geliefert und damit seinen Besitz willentlich aufgegeben. Wie im Ausgangsfall vorausgesetzt, scheitert der gutgläubige Erwerb des S nicht am Abhandenkommen.

**b.) Abwandlung I:** Anders als im Ausgangsfall gehört der PC nicht dem F, sondern dem Rechtsanwalt R, aus dessen Kanzlei vor zwei Monaten die Computeranlage entwendet worden war. Ändert sich die Rechtslage, wenn sich bei den Ermittlungen der von R eingeschalteten Staatsanwaltschaft herausstellt, dass H seit Jahren mit der Diebesbande D zusammenarbeitet und seine Preise deswegen stets so rekordverdächtig niedrig waren? – In diesem Fall wäre die Sache unproblematisch abhandengekommen. Unabhängig davon, ob sich H selbst strafbar machte oder nicht, hat der vorherige unmittelbare Besitzer R den Besitz an der Sache ohne – und in diesem Fall auch gegen – seinen Willen verloren. Ein gutgläubiger Erwerb des S scheitert an § 935.

**c.) Abwandlung II:** Ändert sich die Rechtslage, wenn H seit Jahren mit D zusammenarbeitet, und S so etwas auch schon aufgrund eines abgeschabten Aufklebers auf dem PC („Advokat ist Anwalts Liebling") vermutet hat, da solche Aufkleber wohl kaum serienmäßig bei fabrikneuer Ware zum Design gehören? – Nein, die Beurteilung bleibt im Ergebnis dieselbe, die Fall-Lösung wäre nur kürzer: S wäre in diesem Fall nicht mehr gutgläubig; ein etwaiger gutgläubiger Erwerb scheitert aber ohnehin am Abhandenkommen der Sache gemäß § 935.

**191** Ähnlich wie bei der willentlichen Weitergabe an einen Besitzmittler (oben Rn. 188) scheint auf den ersten Blick die Problematik beim Besitzdiener angelegt zu sein: Hier nimmt die herrschende Meinung jedoch Abhandenkommen an, wenn der Besitzdiener die Sache ohne den Willen des Besitzherrn weggibt. Das erscheint auch folgerichtig angesichts der gesetzlichen Grundwertung, nach der ein Besitzdiener keinen (eigenen) Besitz hat (§ 855). Das Abhandenkommen kann sich demnach nur auf den Besitz des Besitzherrn beziehen, der dann wegen des eigenmächtigen Handelns des Besitzdieners (und somit unwillentlich aus Sicht des Besitzherrn) verloren geht.

**Hinweis:** Eine wichtige Ausnahme für Besitzdiener findet sich in § 56 HGB (dazu unten, Rn. 193). Daneben möchten vereinzelte Stimmen in der Literatur dann eine Ausnahme machen, wenn der Besitzdiener nicht als solcher nach außen nicht erkennbar war. Ausführlich mit allen Argumenten dazu Gursky, Probleme, S. 65 ff. (10. Problem).

**192** **Vertiefung: Sonderfälle des Abhandenkommens. Geschäftsunfähige:** Die Weggabe durch einen Geschäftsunfähigen wird regelmäßig als Abhandenkommen einzuordnen sein, da er im Geschäftsverkehr vollumfänglich vor den Folgen seines Handelns geschützt werden soll. Bei einem beschränkt Geschäftsfähigen nimmt die herrschende Meinung dagegen an, dass dessen grundsätzliche Fähigkeit, die tatsächliche Bedeutung der Weggabe einzuschätzen, ein Abhandenkommen ausschließt. In der Regel handelt der beschränkt Geschäftsfähige auch willentlich oder ist in seiner Willensbildung nur insofern eingeschränkt, wie es auch unbeschränkt Geschäftsfähige sein können (etwa bei einer Drohung unter Anwendung von absoluter Gewalt).

**193** **Ladenangestellte:** Eine wichtige Sonderregel findet sich noch in § 56 HGB für Ladenangestellte: Diese sind zwar Besitzdiener, haben aber gerade in der Regel den Auftrag, die Waren für den Besitzherrn zu veräußern. Bei der Weiterveräußerung durch den Ladenangestellten verdrängt § 56 HGB demnach die sonst für Besitzdiener geltenden Grundsätze. Ein Abhandenkommen ist abzulehnen.

**194** **Organbesitz:** Schwierigkeiten bei der Unterscheidung ergeben sich auch mit Blick auf den *Organbesitz*, vgl. Rn. 55, bei dem im Ergebnis umstritten ist, ob das Organ im Verhältnis wie ein mittelbarer Besitzer oder wie ein Besitzdiener behandelt werden soll. Denn das Organ übt auch hier den Besitz für die juristische Person aus, die ihrerseits rein tatsächlich die Sachherrschaft nicht ergreifen kann. Die juristische Person wird daher im Besitz durch das Organ vertreten, es komme daher auf den Willen des Organs an. Gibt das Organ nun die Sache willentlich – wenn auch im Innenverhältnis unbefugt – weg, soll kein Abhandenkommen vorliegen (Vieweg/Werner, § 5, Rn. 42; BGHZ 57, 166). Nicht abschließend geklärt ist dagegen die Frage, ob nicht zumindest dann, wenn mit einem Unterschlagungsakt des Organs zugleich der Organbesitz der juristischen Person endgültig und insofern unwillentlich beendet wird, als die Handlung von der Vertretungsmacht nicht gedeckt wurde, von einem Abhandenkommen auszugehen ist: Hierfür sprechen sich gewichtige Stimmen in der Literatur aus, da das Organ durch den Unterschlagungsakt auch nach außen erkennbar eigenen Besitz begründet hat (Petersen, JURA 2002, 255 [256 f.]; BeckOGK/Klinck, § 935, Rn. 15). Die zuletzt genannte Auffassung überzeugt jedenfalls insofern, als die juristische Person – anders als der Eigentümer, der die Sache einem mittelbaren Besitzer, etwa einem Mieter oder Entleiher, anvertraut – gerade keinen eigenen Besitzwillen bilden kann. Die *Vertretungsmacht des Organs* stellt insofern ein taugliches Abgrenzungskriterium für die Reichweite des Organbesitzes mit Blick auf die im Besitz vertretene juristische Person als Eigentümerin dar (vgl. Brand, 2015, S. 130).

**Hinweis für Fortgeschrittene:** Nur so ist im Übrigen die vielzitierte Entscheidung BGHZ 57, 195
166 (= NJW 1972, 43) nachzuvollziehen: Wenn von mehreren Geschäftsführern einer Verwaltungs-GmbH *zwei* vertretungsbefugt sind und in Abwesenheit eines dritten Geschäftsführers eine Maschine veräußern, ist diese Maschine der juristischen Person als Eigentümerin nicht abhandengekommen, denn die Veräußerung war von der Vertretungsmacht der beiden anwesenden Geschäftsführer gedeckt. Sie wurde somit richtigerweise als freiwillige Besitzaufgabe der GmbH, vertreten durch die beiden anwesenden Geschäftsführer, gewertet. Angesichts der Vertretungsberechtigung im Außenverhältnis konnten Abreden im Innenverhältnis nicht zu einer anderen Beurteilung des *Organbesitzes* führen. Nicht umsonst erwähnt der Tatbestand, der nur entscheidungserhebliches vorträgt, die Vertretungsberechtigung durch zwei Geschäftsführer. Der vertretenen GmbH war die Maschine somit nicht abhandengekommen. Doch auch dem dritten, bei Veräußerung abwesenden Gesellschafter, konnte die veräußerte Maschine nicht abhandengekommen sein, denn (auch) dieser Gesellschafter hatte niemals eigenen Besitz, sondern (wie die beiden anderen) allenfalls Organbesitz. Diese Entscheidung, die häufig für die Kurzformel des Nichtabhandenkommens bei Organbesitz angeführt wird, hat sich also ebenfalls bei der Frage der Freiwilligkeit des Besitzverlusts von der Vertretungsberechtigung für die juristische Person leiten lassen und nicht, wie häufig verkürzt dargestellt wird, allein vom Organbesitz als solchem (Brand, 2015, S. 130).

Offen ist dann noch die Frage, wie der zugrunde liegende Fall zu lösen gewesen wäre, wenn nur ein Geschäftsführer von dreien gehandelt hätte, aber zwei Geschäftsführer vertretungsberechtigt gewesen wären. Von der Vertretungsmacht wäre sein Verhalten demnach nicht gedeckt. Das BGB enthält auch für die Fälle, in denen eine juristische Person von mehreren Organmitgliedern vertreten wird, keine Regel. Hier nimmt die herrschende Meinung Abhandenkommen an und stützt dies durch die Grundsätze des *Mitbesitzes:* Dem Unternehmen als Eigentümerin wäre die Sache jedenfalls darum abhandengekommen, weil die Weggabe aus Sicht der beiden anderen Organmitgliedern unfreiwillig erfolgt ist (Palandt/Herrler, § 935, Rn. 9).

**Ausnahme: Gutgläubiger Erwerb trotz Abhandenkommens.** Der Ausschluss des gutgläubi- 196
gen Erwerbs kann zu einer Einschränkung des Wirtschaftsverkehrs führen. Um den Umlauf bestimmter Sachen, die für den wirtschaftlichen Fluss notwendig sind, nicht zu hindern, hat der Gesetzgeber in § 935 II ausnahmsweise einen gutgläubigen Erwerb trotz Abhandenkommens zugelassen: Neben Geldstücken und Geldscheinen gilt dies besonders für Inhaberpapiere wie Inhaberaktien, Investmentanteile und Inhaberschecks (Art. 5, 21 ScheckG).

**Klausurhinweis:** Es gibt zwei Möglichkeiten, den gutgläubigen Erwerb selbsterklärend in das 197
Gutachten einzubauen. Ist ein rechtsgeschäftlicher Eigentumserwerb nach § 929 grundsätzlich denkbar, empfiehlt es sich, mit dessen Voraussetzungen zu beginnen: Zu prüfen sind also Einigung, Übergabe und, sofern sich dort Probleme andeuten (aber auch nur dann!), das Einigsein im Zeitpunkt der Übergabe. Beim Prüfungspunkt „Berechtigung" des Veräuße-

rers ist anschließend zu erörtern, ob er als Berechtigter (Eigentümer) verfügt oder nach § 185 zur Übereignung befugt war (Schreiber, JURA 2010, 599 [602 f.]). Fehlen diese beiden Voraussetzungen, schließt die Prüfung mit dem Ergebnis, dass es an der erforderlichen Berechtigung mangelt. Die folgende Prüfung der §§ 929, 932 kann mit dem Obersatz eingeleitet werden, es komme jedoch der gutgläubige Erwerb vom Nichtberechtigten in Betracht. Der Bearbeiter subsumiert dann §§ 929, 932, wobei er die Voraussetzungen des § 929 mit Ausnahme der Berechtigung bereits zuvor bejaht hat; er kann daher direkt den guten Glauben des Erwerbers und das Abhandenkommen diskutieren.

Geht dagegen aus dem Sachverhalt deutlich hervor, dass der Veräußerer niemals der Berechtigte sein kann (der „Dieb D“, der „falsche Erbe F“) wirkt der Einstieg über die separate Prüfung des § 929 zu umständlich. In diesen Fällen dürfen die Bearbeiter mit der gemeinsamen Prüfung der §§ 929, 932 beginnen, wobei die Voraussetzungen des § 929 zwingend wenigstens in kurzer Form in die Prüfung aufgenommen werden müssen. („Dieb D und Erwerber E waren sich *einig*, dass E das Eigentum am Buch erwerben sollte. D hat dem E das Buch auch *übergeben*. D hatte die Sache dem Eigentümer jedoch gestohlen und handelte somit als *Nichtberechtigter*. E kann das Buch daher nur gemäß § 932 gutgläubig vom Nichtberechtigten erworben haben. Er müsste also gutgläubig i. S. d. § 932 gewesen sein. Fraglich ist, ob E in gutem Glauben war, obwohl vorne im Buch der Name und die Anschrift des X als Eigentümer vermerkt waren. Der Erwerber befindet sich in gutem Glauben, wenn [...]“). Die zuletzt genannte Vorgehensweise empfiehlt sich immer dann, wenn die einzelnen Voraussetzungen des § 929 offensichtlich vorliegen, während beim guten Glauben oder beim Abhandenkommen ausführlichere Erörterungen angebracht sind.

Gedanklich zu prüfen sind die zusätzlichen Prüfungspunkte „Rechtsgeschäft“ und „Verkehrsgeschäft“ (so etwa Vieweg/Werner, § 5, Rn. 9 f.; Kindler/Paulus, JuS 2013 393 [394 f.]). Bei einer sauberen Subsumtion ist der Gliederungspunkt „Rechtsgeschäft“ jedoch überflüssig: Da bei einer Prüfung der §§ 929, 932 die Voraussetzungen des § 929 stets angesprochen werden müssen, ergibt sich aus dem Gutachten selbst, dass hier ein rechtsgeschäftlicher Eigentumserwerb zugrunde gelegt wird (§ 929 kann nie etwas anderes sein). Der Prüfungspunkt „Verkehrsgeschäft“ hingegen soll in erster Linie vom – für den gutgläubigen Erwerb unbeachtlichen – „Insichgeschäft“ abgrenzen. Veräußerer und Erwerber dürfen rechtlich und wirtschaftlich nicht identisch sein (MüKo/Quack, 3. Aufl. (1981), § 932, Rn. 18 f.; gegen die Lehre vom Verkehrsgeschäft MüKo/Oechsler, 7. Aufl. (2017), § 932, Rn. 34 ff.). Diese Voraussetzung ist in der Regel auch gegeben. Ausführungen zu der Frage, ob ein Verkehrsgeschäft vorliegt, sollten daher überhaupt nur gemacht werden, wenn es ernst zu nehmende Anhaltspunkte für eine Identität der Beteiligten gibt. Sonst fehlt der Bezug zum konkreten Sachverhalt und nur der ist für den Korrektor interessant.

## II. Gutgläubiger Erwerb bei Übereignung kurzer Hand, § 929 S. 2, § 932 I S. 2

Haben der nichtberechtigte Veräußerer und der Erwerber die Übertragungsform des § 929 S. 2 gewählt, ist ein gutgläubiger Erwerb nur möglich, wenn der Erwerber den Besitz, den er bereits innehat, zuvor vom Veräußerer selbst erlangt hat (§ 932 I S. 2). Die Besitzerlangung von einem Dritten, der nicht auf Geheiß des Veräußerers gehandelt hat, genügt nicht (Kindler/Paulus, JuS 2013, 490 [491]). 198

## III. Gutgläubiger Erwerb bei Vereinbarung eines Besitzkonstituts, §§ 930, 933

Die Prinzipien des gutgläubigen Erwerbs – guter Glaube und Rechtsschein der Eigentümerschaft zugunsten des Veräußerers – finden sich auch bei den übrigen Arten gutgläubigen Erwerbs. Dabei ist die jeweilige Möglichkeit, Eigentum gutgläubig zu erwerben, abhängig von der Art der Übereignung, die Veräußerer und Erwerber gewählt haben: Wird eine Sache gemäß § 929 S. 1 veräußert, erfolgt der gutgläubige Erwerb nach § 932; haben sie dagegen die Übertragungsform des § 930 gewählt, ist für den gutgläubigen Erwerb § 933 entscheidend. 199

**Klausurhinweis:** Obwohl dem Gesetzestext eigentlich zu entnehmen, findet sich hier eine Hauptfehlerquelle: Wird eine Sache nach § 930 übereignet, kann sich der gutgläubige Erwerb nur gemäß § 933 vollziehen (Eichhorn/Lorenz, JuS 2017, 822 [823]). Genauso sind bei Übereignungen in der Form des § 931 die Voraussetzungen des § 934 für den gutgläubigen Erwerb maßgeblich. Die schlichte Zuordnung der Übereignungsform zum jeweiligen Gutglaubenstatbestand wird leider gerne übersehen, vielleicht, weil sie so selbstverständlich scheint, dass in der Literatur selten darauf hingewiesen wird. Hier einen Fehler zu machen, offenbart aus Sicht des Korrektors eine Unsicherheit im Umgang mit dem Gesetz, die selbst bei nachfolgend umfangreich ausgebreiteten (auswendig gelernten) Theorienstreitigkeiten nicht mehr verziehen wird.

§ 933 regelt also die Voraussetzungen für den gutgläubigen Erwerb beim Besitzkonstitut: Haben die Parteien die Form des § 930 für die Übereignung gewählt, wird der Erwerber erst dann gutgläubiger Eigentümer, wenn der Veräußerer seinen Besitz völlig aufgegeben hat. Grund dafür ist das Übergabeerfordernis: Erst, wenn der Veräußerer dem Erwerber die Sache tatsächlich übergibt, vollendet er den Rechtsscheintatbestand, an der Sache auch Eigentum zu haben. Denn da der Veräußerer nach § 930 im Besitz der Sache bleibt, zeigt sich erst in der vollzogenen Übergabe seine Besitzverschaffungsmacht. Schließlich handelt der Verfügende als Nichtberechtigter: Sein ursprünglich vorhandener (vermeintlicher) Eigenbesitz als angeblicher Eigentümer war häufig zunächst ein Fremdbesitz, weil ein anderer der wahre Eigentümer ist (etwa die Bank im Zuge einer vorausgegangenen Sicherungsübereignung, der Vorbehaltsverkäufer oder ein Verleiher, der dem Veräußernden die Sache verliehen hat). Erst durch die erfolgte vollständige Besitzaufgabe zeigt sich, dass der hier nichtberechtigt Veräußernde tatsächlich im Rechtsverkehr wie der berechtigt Verfügende auftritt und wie dieser auch die Übergabe nicht scheut. 200

**Beispiel:** Vermieter V vermietet ein Fahrrad an Mieter M. M behauptet nun gegenüber einem kaufwilligen Bekannten B, er sei der Eigentümer des Rades. Er könne es ihm veräußern, jedoch nur unter der Maßgabe des § 930, weil er das Rad noch über die Osterfeiertage für ein Radrennen nutzen möchte. B erklärt sich einverstanden und hält sich für den Eigentümer. – Wäre M Berechtigter, könnte sich der Eigentumsübergang bereits mit Vereinbarung des Besitzkonstituts vollziehen. Nun ist M aber Nichtberechtigter, der im Besitz der Sache bleibt – der Rechtsschein, über die Sache nach Belieben verfahren zu können, entsteht nach ratio legis des § 933 erst, wenn M das Fahrrad dem B tatsächlich übergibt. Nur dann hat er den Anschein erweckt, endgültig über die Sache verfügen zu können und auch erst dann hat er mit der Übergabe das Rad dem rechtlichen Einfluss des wahren bisherigen Eigentümers V entzogen. Damit hilft § 933 auch dem wahren Eigentümer, der seine Rechtsposition bis zur Übergabe an den gutgläubigen Erwerber behält: Bis dahin könnte V von M Herausgabe des Rades auch aus § 985 verlangen, sofern das Mietverhältnis beispielsweise beendet wäre (sonst stünde noch § 986 entgegen) oder unwirksam war.

201 Die für § 933 erforderliche Übergabe liegt auch vor, wenn der Erwerber die Sache mit Einverständnis des Veräußerers wegnimmt, das Einverständnis muss im Zeitpunkt der Wegnahme geäußert werden.

**Vertiefung:** Eine früher im Voraus erteilte Ermächtigung genügt im Gegensatz zur Übergabe nach § 929 nicht (BGHZ 67, 207 [207]), denn diese Ermächtigung ersetzt nicht die tatsächliche willentliche Mitwirkung des Veräußerers bei der Besitzübertragung, auf deren Grundlage sich allein der Schutz des guten Glaubens nach § 933 rechtfertigen lässt. Auch eine nachträgliche Genehmigung der Wegnahme erfüllt nicht das Erfordernis der Übergabe nach § 933. Daher ist allein die Übergabe der maßgebliche Zeitpunkt für das Vorliegen des guten Glaubens.

**Klausurhinweis:** Die Voraussetzungen des gutgläubigen Erwerbs gemäß §§ 929 S. 1, 930, 933 sind sinnvoll in dieser Reihenfolge zu prüfen: 1. Einigung auf Übereignung, 2. Besitzkonstitut gemäß § 930, 3. Keine Berechtigung und kein Fall des § 185, 4. Übergabe durch den Veräußerer, § 933, 5. Guter Glaube im Zeitpunkt der Übergabe, § 933. 6. Kein Abhandenkommen gemäß § 935 (Szerkus, ZJS 2016, 592).

## IV. Gutgläubiger Erwerb bei Abtretung des Herausgabeanspruchs, §§ 931, 934

202 Für den gutgläubigen Erwerb bei Abtretung des Herausgabeanspruchs kommt es darauf an, ob der Veräußerer tatsächlich mittelbarer Besitzer war oder nicht.

**Fall 22:** Denkbar wäre, dass ein Eigentümer E seinem Freund F ein Buch ausleiht, der es im Anschluss an den Bekannten B weiterverleiht. Wenn F dann das Buch durch Abtretung seines Herausgabeanspruchs an den Nachbarn N veräußern möchte, handelt F zwar als Nichtberechtigter – E möchte sicher auch weiterhin Eigentümer bleiben – er ist aber immerhin tatsächlich mittelbarer Besitzer und kann einen Herausgabeanspruch aus dem Leihvertrag wirksam an N abtreten.

**Fall 23:** Genauso gut möglich wäre aber, dass F zufällig beobachtet, wie E ein Buch an B verleiht. Um schnell zu Geld zu kommen, meint F, er könne N das Buch durch Abtretung des Herausgabeanspruchs „veräußern". In diesem Fall ist F an dem Besitzmittlungsverhältnis E – B völlig unbeteiligt; er selbst ist gar nicht mittelbarer Besitzer. Er ist nicht nur Nichtberechtigter im Hinblick auf das Eigentumsrecht; er kann auch gar keinen existenten Herausgabeanspruch abtreten.

**1. Mittelbarer Besitz des Veräußerers.** Ist der veräußernde Nicht-Eigentümer (wie in Fall 22 der F) mittelbarer Besitzer i. S. d. § 868, erlangt der Erwerber (hier: N) gutgläubig Eigentum, wenn der Veräußerer seinen Herausgabeanspruch gemäß § 870 an ihn abtritt. In diesem Zeitpunkt hat der Veräußerer jeden Besitz verloren und der Erwerber seinen Besitz vom mittelbaren Besitzer erlangt (§ 934, 1. Fall). Die Übertragung des mittelbaren Besitzes, § 870, begründet also schon den Rechtsscheintatbestand (Kindler/Paulus, JuS 2013, 490 [491]; Petersen, JURA 2015, 1177 [1178]). Maßgeblich für den guten Glauben ist daher der Zeitpunkt der „Abtretung". 203

Auf den ersten Blick scheint hier ein Wertungswiderspruch zum gutgläubigen Erwerb gemäß § 933 vorzuliegen. Dort muss der Erwerber tatsächlich die Sache in Besitz nehmen, hier genügt die Abtretung des Herausgabeanspruchs. Tatsächlich kommt es aber in beiden Fällen auf dieselben Bedingungen des Übergabeerfordernisses an: Der Veräußernde muss seinen Besitz gänzlich aufgeben. Da der Veräußerer beim Besitzkonstitut gemäß § 933 noch im Besitz der Sache ist, kann es also nur auf den Zeitpunkt ankommen, in dem der Erwerber die Sache tatsächlich erhält, der Veräußerer seinen Besitz also ganz aufgibt. Im Fall der Abtretung des Herausgabeanspruchs gibt der Veräußerer seinen mittelbaren Besitz und damit seine Rechte an der Sache bereits mit der Abtretung auf, vgl. § 870; folglich ist das Übergabeerfordernis dann schon erfüllt.

**Vertiefung:** Zum (vermeintlichen) Wertungswiderspruch zwischen § 933 und § 934 Lohsse, AcP 206 (2006), 527.

**2. Kein mittelbarer Besitz des Veräußerers.** Ist der Veräußerer dagegen wie in Fall 23 nicht mittelbarer Besitzer, weil ein Besitzmittlungsverhältnis mit dem unmittelbaren Besitzer gar nicht besteht, tritt der gutgläubige Erwerb erst ein, wenn der Erwerber den Besitz vom Dritten erlangt hat (§ 934, 2. Fall). Grund dafür ist, dass ein „Herausgabeanspruch" abgetreten wird, der mangels Besitzmittlungsverhältnis gar nicht existiert. Das genügt für die Begründung des Rechtsscheintatbestands nicht. Deswegen erlangt der Erwerber nur dann gutgläubig Eigentum, falls sein guter Glaube auch noch vorliegt, wenn er den Besitz tatsächlich erhält (Szerkus, ZJS 2016, 592 [593]). 204

**Klausurhinweis:** Es ist wichtig, die beiden Fälle des § 934 genau zu unterscheiden: Ist der Veräußerer mittelbarer Besitzer und tritt er den Herausgabeanspruch ab, erwirbt der Dritte sofort gutgläubig Eigentum, auch, wenn er später bösgläubig wird. Ist der Veräußernde aber nicht mittelbarer Besitzer und wird der Dritte nach Abtretung des gar nicht bestehenden Herausgabeanspruchs bösgläubig, kann er, da die Inbesitznahme noch nicht erfolgt ist, gar nicht gutgläubig erwerben. Je nachdem sind die folgenden Punkte zu prüfen: 205

| § 934 1. Alt.: | § 934 2. Alt.: |
|---|---|
| 1. Einigung, 2. Abtretung des Herausgabeanspruchs, 3. Keine Berechtigung des Veräußernden, kein Fall des § 185, 4. Guter Glaube im Zeitpunkt der Abtretung gemäß §§ 934, 932 II, 5. Kein Abhandenkommen, § 935. | 1. Einigung, 2. Abtretung des vermeintlichen Herausgabeanspruchs, 3. Keine Berechtigung des Veräußernden, kein Fall des § 185, 4. Guter Glaube im Zeitpunkt der Besitzerlangung gemäß §§ 934, 932 II, 5. Kein Abhandenkommen gemäß § 935. |

## B. Wirkung des gutgläubigen Erwerbs

206 Der gutgläubige Erwerber wird ohne jede Beschränkung Volleigentümer, genauso, als hätte er sein Eigentum vom Berechtigten erworben. Im Gegenzug verliert der frühere Eigentümer sein Eigentum.

**Vertiefung:** In manchen Fällen soll der gutgläubige Erwerb aber durch Auslegung eingeschränkt werden:

207 **1. Rückerwerb „vom" Nichtberechtigten oder Rückerwerb „des" Nichtberechtigten.** Die erste Fallgruppe beschäftigt sich mit der Reichweite des „gutgläubigen Erwerbs vom Nichtberechtigten". Grundsituation ist der Fall, dass ein Nichtberechtigter an einen gutgläubigen Dritten veräußert hat, der Dritte die Sache aber nun an den Nichtberechtigten zurückgibt. Nur, wenn sich diese Rückgabe als rein selbstständiges Rechtsgeschäft darstellt – was häufig angesichts der Vorgeschichte zu bezweifeln sein dürfte – wird der Eigentumserwerb des Nichtberechtigten angenommen.

**Beispiel:** A hat B sein iPad geliehen. B hat das iPad für 5 € an den gutgläubigen C übereignet. Nun schenkt C dieses iPad dem B zum Geburtstag. C hat durch den gutgläubigen Erwerb vollwertiges Eigentum erworben. Folglich könnte er es auch auf jeden Beliebigen übertragen. Das muss dogmatisch auch für eine Übertragung an den nichtberechtigten B gelten. Allerdings müssen sich B und C fragen lassen, ob sie diese Hin- und Herübereignung nicht von Anfang an geplant haben, um dem bösgläubigen B Eigentum am iPad des A zu verschaffen.

Erhält der zunächst als Nichtberechtigter Verfügende (im Beispiel B) die Sache vom gutgläubigen Erwerber (hier C) zurück, besteht häufig ein Zusammenhang mit dem ursprünglichen Übereignungsgeschäft. Dann stellt sich die Frage, ob der vormals Nichtberechtigte (hier B) aufgrund der Rückübereignung Eigentum erwerben (dann Erwerb *des* Nichtberechtigten) oder ob das Eigentum automatisch an den ursprünglich Berechtigten (hier A) zurückfallen soll (er erhielte sein Eigentum gewissermaßen durch die Rückabwicklung zurück, obwohl C und B Partner der Rückabwicklung wären). In drei Ausnahmesituationen wird – z. T. strittig – ein automatischer Rückerwerb des *früheren* Eigentümers angenommen: 1. Bei geplanter Hin- und Herübereignung, 2. Bei Rücktritt (früher Wandlung) oder Anfechtung („Rückabwicklung") des zugrunde liegenden Verpflichtungsgeschäfts („Rückerwerb vom Nichtberechtigten"), 3. Bei Übereignungen, die von vornherein nur vorläufiger Natur oder auflösend bedingt waren, wie es etwa bei einer Sicherungsübereignung der Fall sein kann. Ob eine solche Vorgehensweise mit Hinblick auf das Abstraktionsprinzip vertretbar ist, sollte in der Fallklausur sorgfältig abgewogen werden. Vor allem bei den unter 2. genannten Fällen war die Annahme eines automatischen Rückerwerbs lange Zeit herrschende Meinung, da durch Wandlung bzw. Rücktritt der ursprüngliche Zustand wiederhergestellt werden sollte. Andererseits unterläuft diese Ansicht den sachenrechtlichen Grundsatz, dass der gutgläubige Erwerber ein „volles" Eigentumsrecht erwirbt und dementsprechend – bei konsequenter Anwendung sachenrechtlicher Grundprinzipien – im Fall einer Rückabwicklung auch wirksam Eigentum an den ursprünglich Nichtberechtigten übertragen kann. Klar erscheint dagegen die dogmatische Einordnung bei geplanter Hin- und Herübereignung: Nur eine teleologische Reduktion des § 932 kann eine grob unbillige Umgehung der Gutglaubensvorschriften verhindern. Allerdings dürften sich bei dieser Variante regelmäßig Nachweisprobleme ergeben. Eine ausführliche Fallbesprechung zu dieser Problematik findet sich in Einheit 12, Fall 41. Eine vertiefende Darstellung findet sich bei Musielak, JuS 2010, 377; Wiegand, JuS 1971, 62.

**2. Verfügung eines Minderjährigen.** Ferner ist die Wirkung des gutgläubigen Erwerbs umstritten, wenn ein Minderjähriger (ohne Zustimmung seiner gesetzlichen Vertreter) nichtberechtigt verfügt hat. Unter dem Gesichtspunkt der Willenserklärung handelt es sich bei der Übereignung gerade einer *fremden* Sache um ein für den Minderjährigen neutrales Geschäft, das gemäß §§ 107, 108 I wirksam wäre (a. A. Staudinger/Wiegand, § 932, Rn. 10 f.). Dann ist in der Literatur umstritten, ob in der Folge § 932 zugunsten des Erwerbers durchgreift (so etwa MüKo/Schmitt, 7. Aufl. (2017), § 107, Rn. 48) oder ob der gutgläubige Erwerb teleologisch reduziert werden sollte (MüKo/Oechsler, 7. Aufl. (2017), § 932, Rn. 11). Für die zuletzt genannte Ansicht spricht, dass der Erwerber vom *berechtigten* Minderjährigen gleichfalls nicht wirksam Eigentum erwerben könnte, weil es sich dann wegen des Eigentumsverlusts des Minderjährigen nicht mehr um ein neutrales, sondern um ein nachteiliges Geschäft handele. Allerdings unterläuft diese Auffassung die Wertung des Gesetzgebers, der in §§ 107 ff. den Minderjährigen und in §§ 932 ff. den Rechtsverkehr schützen wollte, die teleologische Reduktion des § 932 indes den Alteigentümer privilegieren soll. Zumindest in den Fällen, in denen der Erwerber von der Minderjährigkeit des Verfügenden nicht wusste, muss ihm daher der unbeschränkte Verkehrsschutz des § 932 zukommen. Ausführlich zu der Fragestellung m.w.N. Gursky, Probleme, S. 43 (7. Problem); als anspruchsvolle Fallbearbeitung bei Neuner, S. 2 (Fall 1). 208

## C. Gutgläubiger Erwerb bei Übereignung unter aufschiebender Bedingung

Bei der Übereignung unter einer aufschiebenden Bedingung tritt der Eigentumserwerb erst mit dem Eintritt der Bedingung ein (§ 158 I). Dies ist z. B. beim Eigentumsvorbehalt (§ 449) der Fall, der in Einheit 11 behandelt wird. Zunächst genügt es zu wissen, dass die Sache meist schon bei Einigung übergeben wird, der Eigentumserwerb aber erst bei Eintritt der vollständigen Zahlung (Bedingung) eintritt. 209

Für den gutgläubigen Erwerb hat das zunächst keine Folgen. Es ist gerade Kennzeichen des gutgläubigen Erwerbs, dass ein anderer als der Veräußerer Eigentümer der Sache ist. Ob es sich dabei um einen „Eigentümer" oder einen „Vorbehaltseigentümer" handelt, tut erst einmal nichts zur Sache. So hatte sich auch schon oben in Fall 21 gezeigt, dass die Sache dem Vorbehaltseigentümer in aller Regel auch nicht abhandengekommen ist, weil er den Besitz an der Sache willentlich aufgegeben hat. Grundsätzlich kann also der Erwerber gutgläubig Eigentum erlangen. Für den guten Glauben des erwerbenden Dritten kommt es nur darauf an, ob er – wenn er beispielsweise gemäß § 929 S. 1 erwirbt – im Zeitpunkt der Übergabe von dem Eigentumsvorbehalt wusste oder hätte wissen können (so schon oben, Fall 21 in der Fortsetzung). 210

Im **Fall 21**, besonders in der **Fortsetzung**, wäre der gute Glaube des S dann in Frage zu stellen gewesen, wenn er von dem Eigentumsvorbehalt der Firma F gegenüber dem H wusste oder hätte wissen können. Dafür gab es im Ausgangsfall keine Anhaltspunkte. Es stellt sich nur die Frage, ob speziell beim Eigentumsvorbehalt eine höhere Überprüfungspflicht an die Erwerber herangetragen werden könnte. Entscheidend dafür ist also die Definition von Bösgläubigkeit. Bösgläubig ist auch, wer grob fahrlässig nicht wusste, dass der andere nicht Eigentümer ist. Grob fahrlässig kann danach auch derjenige handeln, der trotz verdächtiger Umstände Nachforschungen unterlässt oder unzulängliche Erkundigungen anstellt, sich absichtlich besserer Überzeugung verschließt oder geeignete Erkenntnisquellen unbeachtet lässt (vgl. oben genannte Beispiele zum Kfz-Brief). Rechtsunkenntnis (z. B. über die Konsequenzen des Eigentumsvorbehalts für die Eigentumslage) kann auf grober Fahrlässigkeit beruhen, wenn dem Erwerber Zweifel kamen und er nicht das Erforderliche getan hat, um zu richtigen Folgerungen zu gelangen.

In Fall 21 war für den gutgläubigen Erwerb des S somit entscheidend, ob ihm eine grob fahrlässige Unkenntnis der Eigentumslage anzulasten war: Möglicherweise hat er eine gebotene Nachforschung unterlassen. Doch trotz der Häufigkeit eines Eigentumsvorbehalts dürfte es zu weit gehen, eine grundsätzliche Vermutung *für* den Eigentumsvorbehalt eines anderen aufzustellen und daraus eine entsprechende Nachforschungspflicht abzuleiten, die regelmäßig zum Zuge kommen müsste. Solange keine Indizien für einen Eigentumsvorbehalt oder dafür vorliegen, dass der Veräußerer aus anderen Gründen (z. B. Sicherungsübereignung) nicht der Eigentümer ist, dürfen die Anforderungen an etwaige Nachforschungspflichten nicht überspannt werden. Da es an Indizien für einen Eigentumsvorbehalt Dritter an dem PC im Ausgangsfall fehlte, hätte S, wie von Anfang an auch anzunehmen war, gutgläubig gemäß §§ 929, 932 erworben.

211 Denkbar sind natürlich auch Fälle, in denen der gutgläubige Erwerb selbst unter aufschiebender Bedingung, also beispielsweise unter Eigentumsvorbehalt, erfolgen soll: Der nichtberechtigte Veräußerer handelt mit dem gutgläubigen Erwerber aus, dass erst mit dem Bedingungseintritt vollständiger Kaufpreiszahlung das Eigentum übergehen soll. Fraglich ist nur, was geschieht, wenn der Erwerber bei der Einigung gutgläubig, bis zum Zeitpunkt des Bedingungseintritts aber bösgläubig geworden ist. In diesen Fällen soll es darauf ankommen, ob der Erwerber im Zeitpunkt des Besitzerwerbs vom Veräußerer noch gutgläubig war (BGHZ 10, 69 [69]).

212 **Klausurhinweis:** Darauf wird beim Anwartschaftsrecht noch einmal zurückzukommen sein. Denn der pflichtgetreue Erwerber, der bei Kauf unter Eigentumsvorbehalt seine Raten begleicht, wird immer auch ein Anwartschaftsrecht erwerben. Der Grundgedanke bleibt daher der Gleiche: War er bei Besitzerwerb gutgläubig, soll dies der entscheidende Zeitpunkt (auch) für den Ersterwerb des Anwartschaftsrechts sein. Die Verknüpfung sicherungsweiser Übereignung oder vorbehaltenen Eigentums mit einem gutgläubigen Erwerb Dritter sind äußerst gängige Klausurvarianten. Grund dafür ist, dass gerade in diesen Fällen Eigentum und unmittelbarer Besitz auseinanderfallen: Der Händler besitzt und veräußert die Sache, ist aber möglicherweise selbst noch gar nicht Eigentümer geworden; der Geschäftsmann fährt einen Sportwagen, den er längst zur Sicherung einer Bank übereignet hat. Derjenige, der die Sache innehat und den Rechtsschein des § 1006 setzt, ist also gar nicht Eigentümer. Das schafft eine geradezu ideale Ausgangslage, den gutgläubigen Erwerb vom Nichtberechtigten zu prüfen.

Die Besprechung verschiedener „Klassiker“, in denen die Verknüpfung „Sicherungseigentum, Eigentumsvorbehalt und gutgläubiger Erwerb“ eine entscheidende Rolle spielt, findet sich am Ende von Einheit 12. Die Beispiele sollten allerdings erst durchgearbeitet werden, nachdem die Sicherungsrechte an beweglichen Sachen hinreichend bekannt sind.

## D. Verbindung zu Ansprüchen aus § 816 I

Abschließend soll noch auf eine Verbindung aufmerksam gemacht werden, die in Klausuren gelegentlich übersehen wird. Normalerweise hat der Eigentümer einen Herausgabeanspruch gegen den Besitzer aus §§ 985 ff. Verliert er aber sein Eigentum aufgrund gutgläubigen Erwerbs eines anderen, kann er sich nicht mehr auf diesen Herausgabeanspruch berufen. 213

**Fall 24:** Unternehmer U war Eigentümer einer Heimkinoausrüstung (Beamer, Leinwand, PC), die er an seinen Freund F verliehen hat. F veräußerte die Geräte allerdings aufgrund akuter Geldnot für 5000 € an seinen Nachbarn N. Das Herausgabeverlangen des U aus § 985 muss schon daran scheitern, dass er nicht mehr Eigentümer ist: N hat gutgläubig erworben und ist nun selbst alleiniger Eigentümer.

Erwirbt ein Dritter nach der Verfügung eines Nichtberechtigten gutgläubig, ist daher stets an § 816 I zu denken. Diese bereicherungsrechtliche Norm schafft einen Ausgleich für den Verlust eines Sachenrechts, ist also in einer Vielzahl sachenrechtlicher Klausuren relevant. § 816 I wird als Rechtsfortwirkungsanspruch zu § 985 betrachtet. Fall 24 erfüllt die Voraussetzungen des § 816 I S. 1 *optima forma.* Hier trifft ein Nichtberechtigter (F) eine Verfügung (die Veräußerung) die gegenüber dem Berechtigten wirksam ist (U verliert, N erlangt Eigentum). Allerdings gewährt § 816 I im Regelfall keine Herausgabe der Sache, sondern nur Herausgabe des Erlöses, den der nichtberechtigt Verfügende durch die Verfügung erlangt hat. Sonst würde der Gutglaubensschutz des Erwerbers unterlaufen. In diesem Fall kann also N die Sache als Eigentümer behalten; F muss aber die 5000 € Verkaufserlös an U herausgeben.

Eine Ausnahme gilt nur, wenn der Erwerber einmal unentgeltlich erwirbt: In 214
diesem Fall muss er die Sache an den ursprünglich Berechtigten herausgeben, § 816 I S. 2. Wenn F dem N die Heimkinoanlage schenkt, erlangt N durch die Verfügung einen unmittelbaren rechtlichen Vorteil und ist zur Herausgabe des Erlangten (in diesem Fall der Heimkinoanlage) verpflichtet. Diese Einschränkung des Gutglaubensschutzes erklärt sich aus dem Wesen der „Unentgeltlichkeit“. N hat nichts geopfert, um Eigentümer der Sache zu werden; dementsprechend ist ihm der Eigentumsverlust auch zuzumuten.

Das Merkmal der wirksamen „Verfügung eines Nichtberechtigten“ schafft zu- 215
dem eine Querverbindung der Ansprüche aus § 816 I zu den Fällen, in denen eine bis dahin unberechtigte Verfügung vom Eigentümer genehmigt wird. Dass eine solche Genehmigungsmöglichkeit grundsätzlich besteht, war am Ende von Einheit 5 (vgl. Rn. 173 f.) schon erläutert worden. Dadurch kann die Wirksamkeit der Verfügung herbeigeführt werden, ohne dass auf den gutgläubigen Erwerb überhaupt zurückgegriffen werden braucht. Dieser Zusammenhang ist vor allem in den Fällen von Bedeutung, in denen der gutgläubige Erwerb beispielsweise an § 935 scheitern müsste, der ursprüngliche Eigentümer von einem Anspruch aus § 816 I aber eher profitieren würde als von einer bloßen Herausgabe der Sache.

**Beispiel zu oben Fall 24:** Unternehmer U ist ein halbes Jahr auf Asienreise. F nutzt die Gelegenheit, um die Heimkinoausrüstung zu entwenden. Der Neupreis der Anlage hatte 7500 € betragen; durch den Gebrauch lag der gegenwärtige Wert nur noch bei 4000 €. F verkauft die Anlage für 5000 € an N. U möchte, dass ihm F das Geld auszahlt.

In diesem Fall hat U sein Eigentum nicht verloren, da ein gutgläubiger Erwerb des N von vornherein an § 935 scheitern musste. Als Eigentümer könnte U also von N Herausgabe der Anlage aus § 985 verlangen. U verlangt jedoch nicht Herausgabe der Sache, sondern des Erlöses in Höhe von 5000 €, weil er darin einen Vorteil für sich erkennt. Einen Anspruch auf Herausgabe des Erlöses gibt zwar § 816 I, setzt aber seinerseits voraus, dass die Verfügung gegenüber dem Berechtigten (also U) wirksam war. Gerade diese Wirksamkeit wurde zwar durch § 935 gehindert. U selbst kann aber die Wirksamkeit der Verfügung herbeiführen, indem er sie genehmigt: F hat dann als Nichtberechtigter verfügt, durch die nachträgliche Genehmigung ist die Verfügung dennoch wirksam. Eine solche Genehmigung kann auch konkludent erklärt werden und ist hier gerade im Verlangen des U, der F solle den Erlös herausgeben, zu erkennen. Die Voraussetzungen des § 816 I S. 1 sind erfüllt: U hat gegen F einen Anspruch auf Herausgabe der 5000 € aus § 816 I S. 1.

216 **Merke:** Durch nachträgliche, auch konkludent erklärte Genehmigung der Verfügung des Nichtberechtigten kann der Eigentümer die Rechtsfolgen des § 816 I herbeiführen, (so z. B. BGHZ 56, 131 [131]). Macht er von dieser Möglichkeit Gebrauch, kann er wegen der Rückwirkung der Genehmigung anschließend die Sache selbst nicht mehr als Eigentümer herausverlangen.

## E. Gutgläubiger lastenfreier Erwerb, § 936

217 Zum Abschluss des gutgläubigen Erwerbs noch ein kurzer Überblick zum gutgläubigen „lastenfreien" Erwerb, § 936. Durch § 936 kann der gutgläubige Erwerber eine Sache, auf der Rechte Dritter lasten, erwerben, ohne dass diese ihre Rechte noch geltend machen könnten. Einfacher ausgedrückt bedeutet das: Dritte, denen Rechte an einer Sache zustehen, verlieren diese mit dem gutgläubigen lastenfreien Erwerb durch den „neuen" Eigentümer gemäß § 936 (Petersen, JURA 2015, 1177 [1179 f.]). Rechte, die davon betroffen sein können, sind das Anwartschaftsrecht, die Pfandrechte (Vermieter- oder Werkunternehmerpfandrechte) und Pfändungsrechte nach der ZPO sowie der Nießbrauch.

**Klausurhinweis:** Zu prüfende Voraussetzungen des gutgläubigen lastenfreien Erwerbs gemäß § 936 sind 1. Erwerb des Eigentums, § 936 I S. 1, und zwar entweder vom Berechtigten gemäß §§ 929 ff. oder vom Nichtberechtigten gemäß §§ 932 ff. (Voraussetzungen sind zu prüfen!). Auch beim Erwerb vom Berechtigten muss aber der Rechtsscheintatbestand gemäß § 936 I S. 2 und 3 erfüllt sein, 2. Guter Glaube bezüglich der Lastenfreiheit, §§ 936 II, 932 II, 3. Kein Abhandenkommen i. S. d. § 935 beim Inhaber des Rechts.

218 Im Vergleich zum gutgläubigen Erwerb einer Sache selbst fällt als Besonderheit auf, dass sich hier der gute Glaube nicht auf das Eigentum des Veräußerers beziehen muss, sondern auf die Lastenfreiheit der Sache (Bartels/Nißing, JURA 2011, 252

[254]). Da aber erste Voraussetzung immer der Eigentumserwerb an der Sache ist, müssen also, wenn der Erwerber die Sache vom Nichtberechtigten erhält, zuerst die Voraussetzungen des guten Glaubens hinsichtlich §§ 932 ff. erfüllt sein! Erwirbt der Erwerber vom Nichtberechtigten, ist der gute Glaube zweimal zu prüfen – beim Eigentumserwerb gemäß §§ 932 ff. hinsichtlich des Eigentums des Veräußerers und beim lastenfreien Erwerb gemäß § 936 hinsichtlich der Lastenfreiheit der Sache. Beim Erwerb vom Berechtigten müssen hingegen einfach nur die Voraussetzungen der §§ 929 ff. (je nachdem, welche Übereignungsart gewählt wird) vorliegen. Für den gutgläubigen lastenfreien Erwerb kommt es dann natürlich nur auf den guten Glauben gemäß § 936 I an. Dafür muss beim Erwerb vom Berechtigten zusätzlich geprüft werden, ob der Rechtsscheintatbestand erfüllt ist, vgl. § 936 I S. 2 und 3. Das ist beim Erwerb vom Nichtberechtigten überflüssig, da dort der Rechtsschein schon Voraussetzung für den Eigentumserwerb ist, somit ohnehin vorliegen muss. Zu beachten ist noch, dass die Voraussetzungen des § 935 in § 936 „hineinzulesen" sind: Die Sache darf dem Inhaber des Rechts nicht abhandengekommen sein. Liegt schon ein Eigentumserwerb vom Nichtberechtigten vor, ist auch das „Abhandenkommen" zweimal zu prüfen – einmal im Rahmen der §§ 932 ff. und dann noch einmal bei § 936 (Röthel, JURA 2009, 241 [244 f.]).

Ferner ist die Ausnahmeregelung des § 936 III zu berücksichtigen: Steht das **219**
Recht dem Dritten zu, der bei einer Übereignung gemäß § 931 die Sache im Besitz hatte, erlischt es gegenüber dem gutgläubigen Erwerber nicht (Werner, JA 2009, 411 [413]). Diese Bestimmung ist vor allem bei Zwischenverfügungen des Vorbehaltsverkäufers von Interesse und wird in diesem Zusammenhang in Rn. 396 noch einmal ausführlich erläutert.

**Klausurhinweis:** In der Klausur ist stets daran zu denken, dass demjenigen, der seine ding- **220**
lichen Rechte durch den gutgläubigen lastenfreien Erwerb verliert, schuldrechtliche Ausgleichsansprüche, z. B. aus § 816 I oder § 823 I, zustehen können. Bei untergegangenen Pfandrechten sind auch Ansprüche aus §§ 989, 990 analog i. V. m. § 1204 (und § 1257 bei gesetzlichen Pfandrechten) aus einem sogenannten Pfandrechts-Besitzer-Verhältnis denkbar.

**Literatur:** *Bartels, Klaus:* Zur Frage der Ursächlichkeit bei den Nachforschungsobliegenheiten des § 932 BGB, AcP 205 (2005), 687–714; *Bartels, Florian/Nißing, Oliver:* Zum gutgläubigen lastenfreien Erwerb einer abhandengekommenen Sache, JURA 2011, 252–257; *Brand, Marco:* Der Organbesitz, Tübingen 2015; *Eichhorn, Veronika/Lorenz Stephan:* Grundwissen – Zivilrecht: Der gutgläubige Erwerb, JuS 2017, 822–825; *Kindler, Peter/Paulus, David:* Redlicher Erwerb – Grundlagen und Grundprinzipien, JuS 2013, 393–398, 490–495; *Lohsse, Sebastian:* Gutgläubiger Erwerb, mittelbarer Besitz und die Väter des BGB, AcP 206 (2006), 527–554; *Mittenzwei, Ingo:* Gutgläubiger Erwerb gebrauchter Kraftfahrzeuge bei Handeln unter fremdem Namen, NJW 1986, 2472–2475; *Musielak, Hans Joachim:* Der Rückerwerb des Eigentums durch den nichtberechtigten Veräußerer, JuS 2010, 377–382; *Petersen, Jens:* Der Dritte im Mobiliarsachenrecht, JURA 2015, 1177–1180; *Petersen, Jens:* Sonderfragen zum Recht des Besitzes, JURA 2002, 255–259; *Röthel, Anne:* Der lastenfreie Erwerb, JURA 2009, 241–249; *Schreiber, Klaus:* Die Verfügungsbefugnis, JURA 2010, 599–604; *Staake, Marco:* Zum sorglosen Umgang mit der „Gutgläubigkeit", JURA 2016, 1352–1357; *Szerkus, Oscar:* Die Lehre vom Nebenbesitz und gutgläubiger Erwerb nach § 934 Alt. 1 BGB,

ZJS 2016, 592–596; *Weber, Ralph:* Gutgläubiger Erwerb des Eigentums an beweglichen Sachen gemäß §§ 932 ff. BGB, JuS 1999, 1–10; *Wiegand, Wolfgang:* Der Rückerwerb vom Nichtberechtigten, JuS 1971, 62–67; *Wiegand, Wolfgang:* Der gutgläubige Erwerb beweglicher Sachen nach §§ 932 ff. BGB, JuS 1974, 201–212; *Werner, Jochen:* Der gutgläubige lastenfreie Erwerb beweglicher Sachen, JA 2009, 411–415.

**Für Weiterdenker:** *Hager, Johannes:* Verkehrsschutz durch redlichen Erwerb, München 1990; *Hübner, Heinz:* Der Rechtsverlust im Mobiliarsachenrecht, Erlangen 1955; *Leuschner, Lars:* Die Bedeutung von Allgemeinwohlinteressen bei der verfassungsrechtlichen Rechtfertigung privatrechtlicher Regelungen am Beispiel der §§ 932 BGB, AcP 205 (2005), 205–245; *Schlinker, Steffen/Zickgraf, Peter:* Gutgläubiger Erwerb im Erbrecht, JuS 2013, 876–879.

**Falllösung:** JuS 2008, 232; JuS 2014, 912; JuS 2016, 717; JuS 2017, 424; JURA 2010, 215; JURA 2014, 1153; JURA 2015, 78; JURA 2016, 1055; JA 2010, 14; JA 2010, 416; JA 2011, 254; JA 2018, 175; ZJS 2012, 634.

# 7. Einheit – Der gesetzliche Erwerb von Eigentum

Die letzten beiden Einheiten hatten den *rechtsgeschäftlichen* Erwerb von Eigentum zum Inhalt. Dabei zeigte sich schon beim gutgläubigen Erwerb, dass sich eine Übereignung manchmal nur mithilfe einer Grundsatzentscheidung des Gesetzgebers vollziehen lässt: Obwohl der gutgläubige Erwerb aus Sicht der Parteien eine rechtsgeschäftliche Übereignung darstellt (deren Voraussetzungen auch stets zu prüfen sind!), kann der Erwerber nur darum Eigentum kraft guten Glaubens erwerben, weil der Gesetzgeber in den §§ 932 ff. einen darauf beruhenden Eigentumsübergang festgelegt hat. Der Gesetzgeber ordnet also das Eigentum dem Erwerber zu, da es sonst wegen der fehlenden Berechtigung des Verfügenden allein durch Rechtsgeschäft nicht auf den Erwerber übergehen könnte. Dennoch zählt der gutgläubige Erwerb nicht zum gesetzlichen Eigentumserwerb im eigentlichen Sinn: Das Gesetz hat zwar eine Entscheidung zugunsten des Erwerbers getroffen. Initiiert wird der Erwerbsakt aber durch ein Rechtsgeschäft zwischen Veräußerer und Erwerber. **221**

Es gibt jedoch auch rein gesetzliche Erwerbstatbestände, für deren Wirksamkeit es keines Rechtsgeschäfts bedarf. In diesen Fällen wird Eigentum kraft Gesetzes erworben, unabhängig davon, ob sich Alt- und Neueigentümer einig waren oder sich überhaupt gekannt haben. Die Notwendigkeit, die sachenrechtliche Zuordnung neu zu regeln, ergibt sich vielmehr regelmäßig aus veränderten tatsächlichen Umständen. So kann es beispielsweise geschehen, dass eine Sache mit anderen ähnlicher Art vermischt wurde (beispielsweise Münzen), dass sie vielleicht mit anderen verbunden oder eine ganz neue Sache hergestellt wurde. Auch die Ausübung der tatsächlichen Sachherrschaft als (unbehelligter) Eigenbesitzer rechtfertigt eine endgültige Zuordnung des Eigentums. **222**

**Vertiefung:** Auch unter rechtshistorischen Gesichtspunkten ist die hier als letztes Beispiel genannte Ersitzung interessant, geht der Rechtsgedanke doch immerhin auf das Zwölf-Tafel-Gesetz zurück. Wer eine bewegliche Sache 10 Jahre gutgläubig im Eigenbesitz gehabt hat, erwirbt originär an ihr Eigentum. Lesenswert ist die berühmte Adolf-von-Menzel-Entscheidung des Reichsgerichts (RG 130, 69). Die Buchersitzung bei Grundstücken und ihre Voraussetzungen findet man in § 900. Erst kürzlich äußerte sich der BGH (NJW 2016, 3162) zur Ersitzung. Eine Aufbereitung der Thematik findet sich bei Wilhelm, NJW 2017, 193. **223**

## A. Verarbeitung, Verbindung, Vermischung

Die drei wichtigsten Arten gesetzlichen Eigentumserwerbs sind Verarbeitung, Verbindung und Vermischung und die daraus resultierenden Ausgleichsansprüche aus § 951. Allen dreien ist gemeinsam, dass sie die Eigentumslage in den Fällen klären müssen, in denen theoretisch mehrere Beteiligte Eigentümer einer Sache sein könnten. Das ist besonders oft der Fall, wenn im Wege industrieller oder handwerklicher Fertigung aus mehreren Rohstoffen und Einzelsachen neue Gegen- **224** stände hergestellt werden. Hier schafft der Gesetzgeber Rechtssicherheit, indem er das Eigentum einer Person zuweist.

## I. Die Verarbeitung, § 950

225 Gemäß § 950 wird derjenige, der aus mehreren beweglichen Sachen durch Verarbeitung oder Umbildung eine neue Sache herstellt, Eigentümer. Das gilt auch dann, wenn das für die Verarbeitung notwendige Material einem anderen gehörte, wenn also etwa Lieferanten Einzelteile zusenden, aus denen dann ein neues Produkt gefertigt wird. Der Gesetzgeber musste diesen Fall gerade vor dem Hintergrund neuer arbeitsteiliger Fertigungsprozesse zur Zeit der industriellen Verarbeitung neu regeln.

226 **Klausurhinweis:** Der Eigentumserwerb nach § 950 ist im Verhältnis zu den im Gesetz vorher geregelten §§ 947, 948 *lex specialis.* Nur, wenn die Voraussetzungen des § 950 *nicht* vorliegen, sind die §§ 947, 948 zu prüfen! Einzig der Anspruch gemäß § 946 ginge § 950 vor – dann allerdings muss auch eine Verbindung mit einem Grundstück Gegenstand der Prüfung sein!

Um zu entscheiden, ob ein Fall des § 950 vorliegt, muss bestimmt werden, was eine „neue Sache" ist und wer als ihr Hersteller gilt.

227 **1. Definition „neue Sache".** Eine neue Sache i. S. d. § 950 liegt vor, wenn das Produkt nach dem Verarbeitungsvorgang in einer neuen Form, einer geänderten wirtschaftlichen Funktion oder unter einer neuen Bezeichnung erscheint (Süß, JURA 2011, 81 [84]).

**Beispiele und Vertiefung:** Diese Definition ist von Belang, weil sie hilft, die Verarbeitung von der Vermischung abzugrenzen. Werden zwei Säcke Mehl miteinander vermischt, entsteht keine neue Sache, sondern einfach die doppelte Menge Mehl. Wird dagegen das Mehl in einer Großbäckerei zum Backen verwendet, entstehen durch den Verarbeitungsprozess „neue" Sachen, nämlich Brötchen, Kuchen oder Brot. Das Eigentum wird dem Verarbeiter, also dem Firmeninhaber (s. u.), zugewiesen, nicht etwa anteilig den Lieferanten des Mehls, der Eier oder der Margarine. Gleiches gilt, wenn durch Verarbeitung mit verschiedenen anderen Produkten aus Wolle Anzüge und Kleider, aus Leder und Synthetik Handtaschen und Schuhe oder aus Holz Möbel hergestellt werden, weil im Verhältnis zu den verwendeten Materialien dabei jeweils neue Sachen entstehen. Dies trifft auch für die Fertigung von Büchern aus Papier oder von Gemälden aus Leinwand und Farbe zu: Das Beschreiben, Bedrucken, Bemalen u. ä. von Papier und anderen Materialien lässt neue Sachen entstehen (BGH NJW 1991, 1480 [1481 ff.]). Von Interesse ist dabei das Verhältnis von Sachen- und Urheberrecht: Der Schriftsteller erwirbt durch seine schöpferische Tätigkeit das Urheberrecht an dem geistigen Werk und ebenso das Eigentumsrecht an der Sache – beispielsweise einem Schreibblock – auf der das Werk von ihm festgehalten wurde. Diese Unterscheidung kann bedeutsam werden, wenn ein Dritter Herausgabe der Sache verlangt (so in der vorgenannten Entscheidung).

Keine neue Sache entsteht dagegen bei einer bloßen Reparatur. Hier handelt es sich um dieselbe Sache, deren Wert durch die Reparatur zwar gesteigert sein könnte, die aber doch dieselbe Funktion erfüllt wie zuvor. Ein Klassiker in diesem Zusammenhang ist übrigens der sogenannte „Mastkalb-Fall". Hier wurde entschieden, dass durch eine biologische Entwicklung selbst dann keine „neue" Sache entsteht, wenn sie vom Menschen gesteuert wurde (BGH NJW 1978, 697). Grundlegend zur Verarbeitung Rothkegel, 1974.

**2. Definition „Hersteller".** Hersteller ist grundsätzlich derjenige, der eine neue Sache selbst herstellt, etwa der Schuster in einem Ein-Mann-Betrieb. Diese einfache Definition des Herstellers war allerdings wegen der industriellen Weiterentwicklung zu modifizieren. Im Zeitalter maschineller Fertigung kann als Verarbeiter nicht derjenige gelten, der auf Weisung seines Vorgesetzten einen Knopf an einer Anlage bedient, die lediglich einen Produktionsschritt vornimmt. Hersteller muss daher in solchen Fällen derjenige sein, der sich der Arbeitsleistung eines anderen bedient. Hier kommt es auf die Verkehrsauffassung an: Wer die Produktion beherrscht, beeinflusst und das Verwendungsrisiko für die Sache trägt, ist Hersteller i. S. d. § 950. Bei industriellen Produktionsverhältnissen ist dies in der Regel der Unternehmer als Organisator des Produktionsprozesses. 228

**Vertiefung und Literatur:** Prütting, Rn. 463; Wadle, JuS 1982, 477; Zeuner, JZ 1955, 195; Röthel, NJW 2005, 625; Säcker, JA 1966, 51.

**3. Ausschluss bei Geringwertigkeit.** Der Erwerb gemäß § 950 scheidet aus, wenn der Verarbeitungswert erheblich geringer als der Sachwert der Rohstoffe ist (§ 950 I S. 1 a. E.). Bei Gleichwertigkeit von Arbeitswert und Sachwert oder bei nur geringfügigem Unterschied von Arbeitswert und Sachwert tritt der Eigentumserwerb zugunsten des Verarbeiters ein. Der BGH hat bei einem Verhältnis von Sachwert zu Verarbeitungswert von 100:60 einen erheblich geringeren Arbeitswert angenommen und deshalb den Eigentumserwerb des Verarbeiters verneint (BGHZ 56, 88 [89 ff.]; BGH JZ 1972, 165 [165]). 229

**Beispiel:** Aus Leder im Wert von 100 € und aus Pelz im Wert von 175 € wird ein Mantel hergestellt, der im gehobenen Fachhandel verkauft wird und einen Verkehrswert von 450 € hat. Der Gesamtwert der Ausgangsstoffe liegt also bei 275 €, der Verarbeitungswert bei 175 € (berechnet als Differenz zwischen Materialwert der Ausgangsstoffe und dem Verkehrswert der hergestellten Sache). Hier ist der Wert der Verarbeitung mit 175 € wesentlich geringer als der Sachwert in Höhe von 275 €.

Ein höherer Verkehrswert des Endprodukts führt dagegen bei gleichbleibendem Sachwert regelmäßig zu einem höheren Wert der Verarbeitung. Hätte etwa der Verkehrswert des Pelzmantels 1025 € betragen, läge der Wert der Verarbeitung bei 750 €. Solange der Ausgangswert der Materialien 60 % des Verarbeitungswerts (das wären demnach 450 €) nicht überschreitet, ist auch der Wert der Verarbeitung nicht als geringwertig anzusehen. Der Wert der Ausgangsmaterialien läge hier bei 275 € deutlich unter diesen 60 % des Verarbeitungswerts.

**4. Wirkung der Verarbeitung und abweichende Vereinbarungen.** Der gesetzliche Eigentumserwerb gemäß § 950 ist, wenigstens nach Auffassung der Rechtsprechung und Teilen der Literatur, zwingend. Rechte Dritter an den verarbeiteten Stoffen erlöschen, § 950 II. Dabei ist gleichgültig, ob der bisherige Eigentümer mit der Verarbeitung einverstanden war. Auch die Bösgläubigkeit des Herstellers ist unerheblich. Ausnahmen werden durchgängig für sogenannte Herstellungs- oder Verarbeitungsklauseln zugelassen. 230

**Vertiefung:** Umstritten ist allein die dogmatische Grundlage, auf der ein Eigentumserwerb durch Verarbeitung vertraglich festgelegt oder ausgeschlossen werden könnte. Selbst die

Rechtsprechung hält Herstellervereinbarungen für wirksam, obschon sie sonst den Eigentumserwerb gemäß § 950 als zwingendes Recht betrachtet. Dabei stützt sich der BGH auf die Vertragsfreiheit (die Parteien können selbst vereinbaren, wer *Hersteller* der Sache sein soll). Das ist besonders für Rohstoffe entscheidend, auf denen der Eigentumsvorbehalt eines Lieferanten lastet. Um das vorbehaltene Eigentum durch die Verarbeitung nicht untergehen zu lassen, werden sogenannte Verarbeitungsklauseln vereinbart, in denen der Produzent verspricht, nicht für sich, sondern für den Lieferanten herzustellen. Das hat zur Folge, dass die Lieferanten als Hersteller gelten und das Eigentum an der neuen Sache erwerben. Die Vereinbarung kann auch dann fortwirken, wenn der Verarbeiter später wieder für sich selbst und nicht mehr für den Lieferanten herstellen will (BGHZ 20, 159 [163 f.]). Wird die Verarbeitungsklausel mit mehreren Lieferanten getroffen, deren verschiedene Stoffe zu einer neuen Sache verarbeitet werden, soll an der neuen Sache Miteigentum aller Lieferanten im Verhältnis zum Anteil des von ihnen gelieferten Werts am Endprodukt entstehen (BGHZ 46, 117 [117]). Die herrschende Meinung innerhalb der Literatur geht ohnehin vom dispositiven Charakter der Vorschrift aus.

## II. Verbindung und Vermischung, §§ 946, 947, 948

231 Sollten die Voraussetzungen des spezielleren § 950 nicht vorliegen, ist immer an die §§ 947, 948 zu denken. Sie regeln die Eigentumsverhältnisse für die Fälle, in denen *bewegliche* Sachen *miteinander* verbunden (§ 947) oder vermischt (§ 948) werden. § 946 trifft dagegen eine Regelung, wenn eine bewegliche Sache wesentlicher Bestandteil eines *Grundstücks* wird.

232 **1. Verbindung einer beweglichen Sache mit einem Grundstück, § 946.** Der gesetzliche Eigentumserwerb nach § 946 erfolgt, wenn eine bewegliche Sache dergestalt mit einem Grundstück verbunden wird, dass sie nicht mehr ohne weiteres von diesem zu trennen ist. Dieser Fall tritt ein, wenn sie wesentlicher Bestandteil i. S. d. §§ 93 bis 95 wird. Der Grundstückseigentümer erlangt dann das Eigentum an der eingefügten Sache, § 946. Im Gegenzug verlieren die Eigentümer der eingefügten Nebensachen ihr Eigentum. Sinn der Regelung ist auch hier Rechtssicherheit bezüglich der Eigentümerstellung. Darüber hinaus soll die Verkehrsfähigkeit des Grundstücks (einheitliche Nutzung und Verwertung) gewährleistet bleiben.

233 **a.) Wesentlicher Bestandteil, § 93.** Voraussetzung für den Eigentumserwerb gemäß § 946 ist, dass die eingefügte Sache „wesentlicher Bestandteil" wird. Der Begriff des wesentlichen Bestandteils ist in § 93 definiert und wird für Grundstücke in § 94 präzisiert: Die Sache muss demnach so mit einer anderen verbunden sein, dass die Teile nicht ohne Zerstörung oder Wesensveränderung voneinander getrennt werden können, § 93. Dabei kommt es auf die Zerstörung der Teile, nicht der Gesamtsache an. Ist die Sache wesentlicher Bestandteil der Hauptsache geworden, teilt sie bei allen Verfügungen deren Schicksal: Als wesentlicher Bestandteil ist sie nicht sonderrechtsfähig. Bei Grundstücken werden auch solche Sachen wesentliche Bestandteile, die fest mit Grund und Boden verbunden sind, § 94 I, oder die bei der Errichtung eines Gebäudes wesentlicher Bestandteil des Gebäudes werden, § 94 II. Eine feste Verbindung mit Grund und Boden ist nicht unbedingt erforderlich.

**Beispiele:** Die in das Gebäude eingefügten Mauersteine, Treppen, Fenster und Türen, aber auch Waschbecken, Badewannen in Wohngebäuden oder Heizungsanlagen können wesentliche Bestandteile des Gebäudes in diesem Sinne (§ 94 II) und damit auch des Grundstücks (§ 94 I) sein. Wird die eingebaute Sache nicht wesentlicher Bestandteil, so bleibt das ursprüngliche Eigentum an ihr bestehen; sie wird sogenannter „einfacher" Bestandteil. Je nach Bauweise kann das beispielsweise für Einbauküchen gelten, vgl. dazu MüKo/Stresemann, 7. Auflage (2015), § 94, Rn. 30 f. Im Gegensatz zum wesentlichen Bestandteil ist der einfache Bestandteil sonderrechtsfähig, der Eigentümer des einfachen Bestandteils könnte ihn also ausbauen.

**b.) Dauer der Verbindung und Scheinbestandteil.** Die Verbindung muss auf Dauer angelegt sein. Durch eine nur vorübergehende Verbindung wird auch die fest verbundene Sache nicht zum wesentlichen Bestandteil, sondern nur zum Scheinbestandteil, wie § 95 zu entnehmen ist (Becker, JA 2011, 650 [651]). Scheinbestandteile werden wie selbstständige Sachen behandelt und können gemäß §§ 929 ff. übereignet werden. Ob ein Scheinbestandteil vorliegt oder nicht, richtet sich danach, ob nach dem Willen des Einfügenden der spätere Wegfall von vornherein beabsichtigt war. Dies wird in der Regel bei einem zeitlich begrenzten Nutzungsrecht wie Miete oder Pacht angenommen, wenn der Nutzungsberechtigte die Sache für die eigene Nutzung eingefügt hat. 234

**Beispiele:** Die Errichtung eines Werkgebäudes auf einem gepachteten Grundstück oder das Aufstellen von Bauhütten, die nach Abschluss der Bauarbeiten wieder entfernt werden sollen, vom Energieversorgungsunternehmen angebrachte Stromzähler, Gas- und Wasseruhren, vom Mieter eingefügte Teppichböden.

**c.) Zubehör, § 97.** Ein Eigentumserwerb des Grundstücksinhabers ist auch beim Zubehör, § 97, ausgeschlossen. Der Begriff „Zubehör" meint Sachen, die in einem räumlichen Verhältnis zur Hauptsache stehen und dazu bestimmt sind, ihr zu einem wirtschaftlichen Zweck auf Dauer zu dienen (Becker, JA 2011, 650 [652]). 235

**Beispiele:** So gehört der Zuchthengst zum Reiterhof, die Stühle, Tische und Zapfanlage zur Gastwirtschaft, der Bagger zum Bauunternehmen oder die Photovoltaik-Aufdachanlage zum Privathaus.

**d.) Ein Sonderproblem: Der Überbau.** Geht es um die Eigentumszuordnung von in Grundstücken fest verankerten Sachen, stellt sich nicht nur in der Theorie die Frage, wie mit einer Sache zu verfahren ist, die mit zwei Grundstücken jeweils unterschiedlicher Eigentümer verbunden worden ist. Diese Problematik wird in aller Regel beim „Überbau" relevant, der eine Zeit lang ein beliebtes Klausurthema darstellte: 236

**Vertiefung und Literatur: Der Überbau.** Von Überbau spricht man, wenn ein Gebäude über die Grundstücksgrenzen von zwei Grundstücken hinweg gebaut wird. Hier stellt sich dann die Frage, wer nun Eigentümer des Hauses ist. Um zu einer sachgerechten Lösung zu gelangen, muss zwischen einem entschuldigten und einem unentschuldigten Überbau unterschieden werden. Unentschuldigt ist ein Überbau, wenn der Überbauende vorsätzlich oder grob fahrlässig über die Grenze baut oder einen Widerspruch des Nachbarn nicht beachtetet (Wieling, § 23 II 2b; BGHZ 59, 191). Liegt ein solcher Fall des unentschuldigten Überbaus vor, wird das Gebäude wesentlicher Bestandteil beider Grundstücke, das Eigentum fällt an den jeweiligen Grundstücksinhaber – die Eigentumsgrenze verläuft also mit der Grundstücksgrenze mitten durch das Gebäude hindurch (BGHZ 27, 204 [204]; Prütting, Rn. 346; Wieling, § 23 II 2b). Dementsprechend kann der Nachbar sogar Herausgabe dieses Gebäudeteils verlangen und ihn, sofern das möglich ist, nutzen. Dem Überbauenden steht kein Verwendungsersatzanspruch aus § 996 zu (vgl. Rn. 352); er kann allerdings von seinem Wegnahmerecht aus § 997 Gebrauch machen und den Überbau beseitigen (vgl. Rn. 375). Zugleich kann der Nachbar seinerseits Beseitigung der Überbauung aus § 1004 verlangen.

Ist der Überbau nicht auf Vorsatz oder grobe Fahrlässigkeit zurückzuführen und somit entschuldigt, gelangen die §§ 912 bis 916 zur Anwendung. Der „überstehende" Teil des Gebäudes wird dem Grundstückseigentümer zugerechnet, von dessen Grundstück ausgebaut wurde, also dem Bauherrn. Der andere Grundstückseigentümer muss den Überbau gemäß § 912 dulden; damit ist zugleich sein Abwehranspruch aus § 1004 ausgeschlossen. Vertiefend dazu Gursky, Probleme, S. 36. (6. Problem); Wieling, § 23 II 2; Brox, JA 1984, 182 (185 ff.). Lehrreich auch die Lektüre des Grindelhochhaus-Urteils in BGHZ 41, 157 (= NJW 1964, 1125); allerdings sollten vorher noch die Verwendungsersatzansprüche durchgearbeitet werden (Einheit 10).

237 **2. Verbindung gemäß § 947.** Werden bewegliche Sachen so miteinander verbunden, dass sie wesentliche Bestandteile einer neuen Sache, § 947 I, oder einer anderen Hauptsache werden, § 947 II, liegt ein Fall der Verbindung vor. Im ersten Fall erwerben die Eigentümer der verbundenen Sachen grundsätzlich Miteigentum nach Bruchteilen (§ 1008) an der neuen Sache entsprechend dem Wert ihrer Sachen im Zeitpunkt der Verbindung oder Vermischung (§ 947 I). Ist dagegen eine der verbundenen Sachen als Hauptsache anzusehen, erwirbt deren Eigentümer nach § 947 II auch das Eigentum an den verbundenen Sachen. Was dabei als wesentlicher Bestandteil anzusehen ist, bestimmt sich bei beweglichen Sachen nach § 93. Ob dabei eine Verbindung zu einer neuen Sache oder eine Verbindung mit einer Hauptsache vorliegt, ist nach der Verkehrsanschauung zu beurteilen.

**Beispiele:** Der Lack, mit dem ein Auto lackiert wird, ist wesentlicher Bestandteil des Autos als Hauptsache. Dagegen bleibt der leicht zu ersetzende Austauschmotor in einem Fahrzeug einfacher Bestandteil der Hauptsache „Auto". Mehrere Holzteile, die zu einem Stuhl zusammengefügt werden, werden wiederum wesentliche Bestandteile einer neuen Sache.

238 **3. Vermischung, § 948.** Eine Vermischung liegt vor, wenn bewegliche Sachen miteinander dergestalt vermengt werden, dass ihre Trennung entweder objektiv unmöglich (§ 948 I) oder mit unverhältnismäßigen Kosten verbunden ist (§ 948 II). § 948 I verweist auf § 947 und sieht dementsprechend dieselben Rechtsfolgen vor.

**Beispiel:** A und B gießen zwei Sorten Wein in einen Krug. Hier erwerben beide Miteigentum nach Bruchteilen an der entstandenen Weinmischung gemäß §§ 948 I, 947. Interessant ist ebenfalls die Vermengung von Bargeld. Dazu empfiehlt sich die Lektüre von Gehrlein, NJW 2010, 3543.

239 Zum Abschluss:

**Fall 25:** Der Bauunternehmer S soll auf dem Grundstück des E ein Gartenhäuschen aus Fertigteilen errichten. S entwendet das Material in etwa gleicher Menge von zwei nahe gelegenen Baustellen und setzt es auf seiner Baustelle zu einem großen Stapel zusammen. Er baut das Gartenhäuschen aus dem gestohlenen Material. – Hier sind die Baumaterialien so miteinander vermischt, dass der Eigentümer nicht mehr festgestellt werden kann. Darum werden die Bestohlenen an dem Baumaterialstapel Eigentümer nach Bruchteilen gemäß § 948, der auf § 947 diesbezüglich verweist. – Ist das Häuschen schon fertiggestellt worden, wäre in einer ordentlichen Fallbearbeitung übrigens zu prüfen gewesen, ob nicht der Verarbeiter S (ja, der Dieb!) Eigentümer des fertigen Häuschens geworden ist, da § 950 im Verhältnis zu den §§ 946 ff. speziell ist. Eigentumserwerb aus Verarbeitung würde aber dann ausscheiden, wenn das Häuschen fest mit dem Grundstück verbunden wäre, da § 950 nur auf bewegliche Sachen anwendbar ist! In diesem Fall hätte wiederum E als Grundstückseigentümer Eigentum an dem Häuschen gemäß § 946 erlangt.

## B. Ausgleichsansprüche für den Rechtsverlust

Durch Verarbeitung, Verbindung oder Vermischung verliert der bisherige Eigentümer sein Eigentum an der Sache. Zwar ist dieser Rechtsverlust schon mit Blick auf die Rechtssicherheit und Verkehrsfähigkeit der Güter im Wirtschaftsverkehr gerechtfertigt. Trotzdem wird dem bisherigen Eigentümer ein Rechtsverlust zugemutet, der zumindest durch den Ersatz des Vermögenswerts des verlorenen Eigentums ausgeglichen werden könnte. 240

### I. § 951 als Rechtsfortwirkungsanspruch: Voraussetzungen

Der Gesetzgeber hat in § 951 I S. 1 einen solchen Ausgleich für den aus den §§ 946 bis 950 resultierenden Eigentumsverlust vorgesehen. Nach herrschender Ansicht ist § 951 eine Rechtsgrundverweisung auf die §§ 812 ff., da das Sachenrecht nur die formelle Eigentümerstellung klärt, für die Frage, wem der hinter dem Eigentum stehende Wert eigentlich wirklich zusteht, aber keine Regelungen enthält. Das bedeutet, dass die Voraussetzungen der bereicherungsrechtlichen Anspruchsgrundlagen erfüllt sein müssen. 241

**1. Erwerb ohne rechtlichen Grund.** Darum muss der nach den §§ 946 bis 950 eingetretene Rechtsverlust ohne rechtlichen Grund erfolgt sein. Das könnte den Rechtsanwender vor die Frage stellen, ob denn nicht der gesetzliche Eigentumserwerb selbst als Rechtsgrund für diesen Rechtsverlust anzusehen ist. Aus der Tatsache, dass der Gesetzgeber in § 951 I einen Bereicherungsausgleich für die Folgen der §§ 946 bis 950 vorsieht, lässt sich jedoch schließen, dass die §§ 946 bis 950 nicht den rechtlichen Grund für den Rechtsverlust darstellen können – sonst wäre § 951 sinnlos. Vielmehr handelt es sich bei den §§ 946 bis 950 lediglich um Regeln für die eigentumsrechtliche Zuordnung. Ein rechtlicher Grund muss daher außerhalb dieser Bestimmungen gesucht werden und läge beispielsweise vor, wenn die Maßnahme, die zum Rechtserwerb oder -verlust führte, Gegenstand eines Vertrags und von beiden Teilen gewollt war. 242

**Beispiele:** Wird ein Bauunternehmer beauftragt, Fenster in ein Gebäude einzubauen, oder ein Schuster, mit seinen Materialien ein Paar Schuhe zu reparieren, liegt ein rechtlicher Grund in Form des jeweiligen Vertrags vor. Dem Unternehmer oder Handwerker bleibt nur der Vergütungsanspruch aus dem Vertrag (z. B. § 631 I), aber kein Anspruch aus § 951 I.

243 **2. Berechtigter und Verpflichteter.** § 951 I gewährt den Anspruch nur demjenigen, der als Berechtigter entreichert worden ist und einen Rechtsverlust erleidet. In aller Regel ist das der Eigentümer oder der sonstige dingliche Berechtigte an der Sache. Zur Zahlung verpflichtet ist, wer kraft Gesetz Eigentum erworben hat und so bereichert worden ist. Das ist der Eigentümer der Hauptsache in §§ 946, 947 II bzw. der Hersteller in § 950.

244 **3. Anspruchsinhalt.** Ein Ausgleich nach § 951 I ist nur dann notwendig und gerechtfertigt, wenn das Eigentum oder sonstige dingliche Rechte ersatzlos verloren gehen. Tritt dagegen an Stelle des Eigentums ein Miteigentumsanteil (§§ 947 I, 948) oder setzt sich die Belastung mit beschränkten dinglichen Rechten am Miteigentumsanteil fort (§ 949 S. 2), ist bereits ein Ersatz für das ursprüngliche Recht gegeben. Ein Anspruch aus § 951 I kommt dann nicht mehr in Betracht. Da der Anspruch aus § 951 I S. 1 auf Geld gerichtet ist, kann auch keine Wiederherstellung des früheren Zustands verlangt werden (§ 951 I S. 2). Es besteht jedoch ein Wegnahmerecht.

245 Die Höhe des Geldersatzes bemisst sich nach dem objektiven Wert der früheren Sache im Zeitpunkt des Rechtsverlusts. Allerdings kann § 951 I als *Rechtsgrundverweis* auch die Entlastungstatbestände des Bereicherungsrechts nach sich ziehen: Der Verpflichtete kann sich gemäß § 818 III auf den Wegfall der Bereicherung berufen, sofern keine verschärfte Haftung gegeben ist (§ 819). Auch wenn die Verpflichtung zum Ersatz des objektiven Werts für den Erwerber eine erhebliche Belastung mit sich bringen kann, ist sie letztlich dadurch gerechtfertigt, dass der Erwerber Eigentum an einer neuen Sache erlangt, über die er – als Eigentümer – frei verfügen und sie beispielsweise gewinnbringend veräußern kann.

246 **4. Aufgedrängte Bereicherung.** Abschließend ist beim bereicherungsrechtlichen Ausgleich stets zu überdenken, ob der Vermögenszuwachs dem Bereicherten nicht „aufgedrängt" worden sein könnte.

**Beispiel:** A hat dem B ein Auto vermietet. Im Mietvertrag steht ausdrücklich, dass über notwendige Erhaltungsmaßnahmen hinaus keine weiteren Veränderungen an dem Pkw vorgenommen werden dürfen. B lackiert dennoch das Auto rot, weil ihm die vorhandene Farbe nicht zusagt. Nach Ablauf des Mietvertrags stellt B dem A die Kosten für den Lack in Rechnung. – Ein Eigentumserwerb des B an dem Auto wegen Verarbeitung, § 950, scheidet aus, denn auch das rot lackierte Auto bleibt „ein Auto", es wurde also keine neue Sache hergestellt. B hat aber das Eigentum an dem Lack durch Verbindung mit dem Auto an den Eigentümer der Hauptsache (hier: A) verloren. Daher könnte er einen Ausgleichsanspruch gemäß § 951 gegen A geltend machen. A indes wollte kein rot lackiertes Auto; die rote Lackierung stellt auch keine notwendige Erhaltungsmaßnahme dar, war also vom Mietvertrag nicht gestattet.

Die Bereicherung ist aufgedrängt, wenn die objektive Wertsteigerung dem subjektiven Interesse des Bereicherten nicht entspricht (Palandt/Herrler, § 951, Rn. 18; Prütting, Rn. 472). Wurde die Bereicherung von einem nichtberechtigten Besitzer vorgenommen, lässt sich eine sachgerechte Lösung über das Eigentümer-Besitzer-Verhältnis finden (vgl. Rn. 349 ff.). Hat indes – wie im Beispiel – ein berechtigter

Besitzer dem Eigentümer die Bereicherung aufgedrängt, kann der Bereicherte Beseitigung verlangen (vgl. etwa BGH NJW 1957, 460). Im Übrigen ist zu fragen, ob dem Bereicherten überhaupt ein Wertzuwachs entstanden ist. Der Eigentümer erspart bei Maßnahmen, die er selbst nicht vorgenommen hätte, auch keine eigenen Aufwendungen. Im Zweifel erscheint es sachgerecht, beim Wertausgleich auf die subjektiven Interessen des Eigentümers abzustellen und allenfalls dann einen Ausgleichsanspruch zu bejahen, wenn der Eigentümer sich eine eventuell objektive Werterhöhung tatsächlich zunutze macht, wenn er also, um im Beispiel zu bleiben, das Auto, sofern es durch die Lackierung einen Wertzuwachs erfahren hätte, zu einem besseren Preis weiterveräußert.

**Literatur:** Ausführlich dazu Medicus/Petersen, Rn. 899; Baur/Stürner, § 53, Rn. 33; MüKo/Schwab, § 818, Rn. 217 ff.; Musielak, JA 2017, 1 [4]; Hähnchen, JuS 2014, 877; Halfmeier, JA 2007, 492 [495].

## II. Anwendungsbereich und Konkurrenzen zu anderen Ersatzansprüchen

In der (Klausur-)Praxis ist es natürlich möglich, dass neben einem etwaigen Anspruch aus § 951 I auch andere Ansprüche zum Tragen kommen. § 951 II lässt Schadensersatzansprüche aus unerlaubter Handlung ausdrücklich zu. Ebenso gelten die Schadensersatz- und Nutzungsherausgabeansprüche der §§ 987 bis 993 neben § 951 fort. 247

**Beispiel:** Wer vom überhängenden Ast des Apfelbaums seines Nachbarn Äpfel pflückt und sie zu einem Kuchen verarbeitet, muss neben den Ausgleichsansprüchen aus § 951 I auch Ansprüche aus § 823 I bzw. II sowie aus §§ 990, 989 gegen sich gelten lassen.

**Vertiefung:** Hat der frühere Eigentümer der Nebensache als nicht berechtigter Besitzer Verwendungen auf die Hauptsache gemacht, sind die §§ 994 ff. lex specialis zu § 951 I. Auch die vertraglich geregelten Verwendungsersatzansprüche (so etwa § 539) schließen § 951 I aus. 248

Ein gesetzlich vorgesehenes Wegnahmerecht (z. B. § 997) wird durch § 951 nicht ausgeschlossen. Dies stellt § 951 II S. 1 ausdrücklich klar. Eine solche Klarstellung ist erforderlich, weil nach § 951 I S. 2 die Wiederherstellung des früheren Zustands nicht verlangt werden kann, ein Wegnahmerecht aber zumindest teilweise den früheren Zustand wiederherstellt. Der Unterschied wird bei der Kostentragung deutlich: Wenn der verlierende Eigentümer die Wiederherstellung des früheren Zustands verlangen könnte, müsste der Erwerber die Kosten der Wiederherstellung tragen. Einen solchen Wiederherstellungsanspruch schließt § 951 I S. 2 aus. Bei dem in § 951 II S. 1 zugelassenen Wegnahmerecht trägt dagegen der wegnehmende frühere Eigentümer die Kosten der Wiederherstellung des früheren Zustands (§ 258). § 951 II S. 2 geht zudem über das Wegnahmerecht des § 997 hinaus: Während bei § 997 nur der Besitzer (schließlich ist es ein Anspruch aus dem EBV) von dem Wegnahmerecht Gebrauch machen kann, kommt es bei § 951 II S. 2 nicht auf den Besitz an. Allerdings kann der Nichtbesitzer das Wegnahmerecht nur anstelle seines Vergütungsanspruchs aus § 951 I ausüben. Es steht deshalb nur einem solchen Nichtbesitzer zu, der gemäß § 951 I anspruchsberechtigt ist. 249

Gelegentlich wird noch die Frage diskutiert, ob § 951 als Rechtsgrundverweis auf das Bereicherungsrecht gleichermaßen bei Fällen der Eingriffs- als auch der Leistungskondiktion anwendbar ist. Während die Literatur § 951 nur auf Fälle der Ein- 250 griffskondiktion anwenden möchte, da sich der Rechtserwerb bei einer Leistungskondiktion ja mit dem Willen des Leistenden vollzogen habe, hält der BGH an der Anwendung des § 951 auch bei Vorliegen einer Leistungskondiktion fest.

**Hinweis:** In der Praxis ist der Streit unerheblich, da bei Vorliegen einer Leistungskondiktion letztlich gleichgültig ist, ob das Ergebnis nun mittels des Rechtsgrundverweises aus § 951 auf das Bereicherungsrecht oder aus dem Bereicherungsrecht direkt erzielt wird. Selbst wenn ein Anspruch aus § 951 verneint wird, weil eine Leistungskondiktion vorliegt, bleibt dem Kläger der Anspruch aus der Leistungskondiktion selbst.

## C. Eigentumserwerb an Schuldurkunden, § 952

251 Schuldurkunden erfüllen in der Regel die Beweisfunktion für ein bestehendes Schuldverhältnis und daraus resultierende Zahlungspflichten oder Sicherheiten. Die in einer Schuldurkunde enthaltenen Rechte können abgetreten werden. Da an der Abtretung mehrere Personen (zumindest der frühere und der zukünftige Inhaber des Rechts) beteiligt sind, stellt sich auch hier die Frage, wer zu welchem Zeitpunkt Eigentum an der Schuldurkunde erlangt oder verliert. Ähnlich wie in den §§ 946 bis 951 muss der Gesetzgeber also hinsichtlich des Eigentums an der Schuldurkunde für Rechtssicherheit sorgen, indem er die Eigentumslage gesetzlich klarstellt.

### I. Unselbstständige Urkunden

252 § 952 gilt nur für unselbstständige Urkunden (zu den selbstständigen Urkunden vgl. unten II.). Unselbstständig sind Schuldurkunden, wenn sie nicht unabhängig von der in ihnen verkörperten Forderung übertragen werden können.

**Beispiel:** Ein Schuldschein ist eine bewegliche Sache. Trotzdem ist er nicht gemäß § 929 übertragbar, weil er stets dem Gläubiger als dem Inhaber der Forderungen zusteht: Der Schuldschein verkörpert die Pflicht des Schuldners, den geschuldeten Betrag an den Gläubiger (Inhaber des Schuldscheins) zu zahlen und macht das dem Gläubiger zustehende Recht dem Beweis zugänglich.

253 Geht die Forderung an einen Dritten über, erlangt der neue Rechtsinhaber auch das Eigentum an der Schuldurkunde, § 952 I. Der Gläubiger kann beispielsweise sein Recht (Zahlungsanspruch) an einen Dritten abtreten. In diesem Fall wird der Dritte gemäß § 952 ohne besonderen Übertragungsakt auch Eigentümer des Schuldscheins. Das ist nur konsequent, da der Schuldschein der Beweisfunktion für den geltend gemachten Anspruch dient. Der Inhaber der Forderung muss also auch Eigentümer des Schuldscheins werden. Als Merksatz gilt: Das Recht am Papier folgt dem Recht aus dem Papier. § 952 II dehnt diesen Grundsatz auf den Hypotheken- und Grundschuldbrief (§ 1116), aber auch auf die in § 808 genannten Legitimationspapiere aus. Zu den Legitimationspapieren des § 808 gehört insbesondere das Sparkassenbuch.

**Hinweis:** Auf den Kfz-Brief ist § 952 I analog anwendbar (BGHZ 34, 122 [124 ff.]; Palandt/Herrler, § 952, Rn. 7). Die Fahrzeugpapiere sind quasi als Schuldurkunden zu betrachten. Der Pkw tritt dann an die Stelle der Forderung! Das Eigentum am Kfz-Brief folgt dem Eigentum am Pkw. 254

## II. Inhaber- und Orderpapiere

Inhaberpapiere verkörpern einen in ihnen enthaltenen Wert, sie sind Wertpapiere. 255 Die Inhaberschaft dieser Papiere begründet die Vermutung, dass auch die materielle Berechtigung vorliegt.

**Beispiele:** Inhaberpapiere sind neben der Schuldverschreibung auf den Inhaber (§ 793) und neben den Inhaberzeichen des § 807 (Fahrscheine, Kinokarten) vor allem die Inhaberaktien (§ 10 I AktG). Hier spielt es für den Schuldner – im Gegensatz zu § 952 – keine Rolle, wer sein Gläubiger ist. Gerade Anbieter öffentlicher Verkehrsmittel oder Kinos kontrahieren ständig mit einer Vielzahl von Personen, ohne dass es ihnen auf deren Individualität ankäme. Dem Kinobesitzer ist gleichgültig, ob A statt B den Film ansieht, solange A eine gültige Eintrittskarte vorzeigen kann. Aktien werden am Markt gehandelt und wechseln daher oft ihren Inhaber.

Inhaberpapiere werden gemäß §§ 929 ff. wie bewegliche Sachen übertragen; § 952 256 ist auf sie nicht anwendbar. Es gilt der Grundsatz: Das Recht aus dem Papier folgt dem Recht am Papier.

**Vertiefung:** Bei Orderpapieren, wie insbesondere Wechsel und Scheck, kommt zu den Über- 257 tragungsvoraussetzungen der §§ 929 ff. zusätzlich das Erfordernis des Indossaments, der sogenannte Begebungsvermerk, oder die Abtretung des verbrieften Rechts hinzu. Grundsätzlich folgt auch hier das Recht aus dem Papier dem Recht am Papier. Allerdings sind Orderpapiere gemäß § 398 abtretbar. Hier wird zum Teil die Ansicht vertreten, dass in Fällen einer solchen Abtretung auch § 952 anwendbar ist (MüKo/Füller, 7. Aufl. (2017), § 952, Rn. 8).

# D. Der Erwerb von Erzeugnissen und Bestandteilen (§§ 953 bis 957)

Erzeugnisse und sonstige Bestandteile sind Sachen, die einst als wesentlicher Be- 258 standteil mit der Hauptsache verbunden waren (Bestandteile, § 93) oder die Produkte einer Sache (Erzeugnisse, § 99).

## I. Erwerb von Bestandteilen, §§ 953, 93 und 94

Die §§ 946, 947 haben die Eigentumszugehörigkeit bei wesentlichen Bestandteilen 259 für die Fälle geregelt, in denen sie mit einer Hauptsache verbunden wurden und somit als Einzelgegenstände nicht mehr verkehrsfähig waren. Die §§ 953 bis 957 helfen nun, das gegenteilige Problem zu lösen: Wem soll das Eigentum an einem Erzeugnis oder Bestandteil zustehen, das von seiner Muttersache getrennt wurde? Auch wesentliche Bestandteile werden nach einer Trennung von der Hauptsache selbstständige Sachen, deren Eigentumszuordnung in den §§ 953 bis 957 geregelt ist. Sofern nicht einer der besonderen Erwerbstatbestände der §§ 954 bis 957 eingreift, erwirbt nach § 953 der Eigentümer der Hauptsache auch das Eigentum an den abgetrennten Bestandteilen. Der Eigentumserwerb tritt von selbst kraft Gesetz mit der Trennung ein, gleichgültig, ob diese vom Eigentümer, von einem Dritten oder durch Natureinflüsse vorgenommen worden ist (Platschek, JA 2009, 846; Schultheiß, JuS 2013, 679).

260 **Fall 26:** E will in sein Haus eine Heizungsanlage einbauen lassen. Er beauftragt Installateur H, nachdem dieser ihm versichert hatte, die von ihm gelieferte Heizungsanlage habe einen ausgesprochen niedrigen Energieverbrauch, der Heizkostenanteil werde sich garantiert auf die Hälfte reduzieren und schon sei E „alle Sorgen mit der Ökosteuer los". H war die Unwahrheit dieser Aussage bekannt. Nachdem E ein Jahr später 5.000 € mehr Energieverbrauch zahlen muss als zuvor mit der veralteten Heizungsanlage, ficht E den Vertrag mit H nach § 123 an und lässt die Anlage wieder herausbrechen. Da die Anlage von E noch nicht bezahlt war, verlangt H von E nach § 985 Herausgabe, weil er meint, deren Eigentümer zu sein. Trifft seine Einschätzung der Rechtslage zu?

In diesem Fall war die Heizungsanlage gemäß § 94 wesentlicher Bestandteil des Gebäudes geworden. E erwarb gemäß § 946 Eigentum an der Anlage, unabhängig davon, dass sich H das Eigentum daran vorbehalten hatte. Mit der Trennung erwirbt E das Eigentum gemäß § 953, da er Eigentümer der Hauptsache ist. H ist nicht Eigentümer, er hat auch kein Aneignungsrecht gemäß §§ 954 bis 957. H könnte aber einen Anspruch gegen E aus einer Leistungskondiktion direkt aus § 812 I, § 818 haben oder auch, wenngleich nicht unstreitig, ein Wegnahmerecht aus § 951, falls man den Verweis auf das Bereicherungsrecht auf die Leistungskondiktion ausdehnt.

**Hinweis:** In der konkreten Fallbearbeitung zeigt sich übrigens, warum der Streit, ob § 951 nur auf die Eingriffs- oder auch auf die Leistungskondiktion verweist, in der Praxis eher belanglos ist: In der Praxis ist es gleichgültig, ob dem Kläger (hier: H) das Recht im Fall einer Leistungskondiktion nun über § 951 als Rechtsgrundverweis zum Bereicherungsrecht oder aus dem Bereicherungsrecht direkt (§§ 812 I, 818) zugesprochen wird.

## II. Erwerb von Erzeugnissen, §§ 953, 99

261 Erzeugnisse als natürliche Produkte einer Sache, § 99, sind beispielsweise Obst von Bäumen oder das Getreide auf dem Feld. Auch Erzeugnisse sind nicht Gegenstand selbstständiger Rechte, solange sie mit der Hauptsache verbunden sind. Hier ist ebenfalls § 953 anzuwenden, demzufolge bei Abtrennung der Früchte der Eigentümer der Hauptsache (= Muttersache) Eigentum an den Erzeugnissen erwirbt (Schultheiß, JuS 2013, 679).

## III. Das Schachtelprinzip in den §§ 953 ff.

262 Allerdings ist beim Erwerb von Erzeugnissen und Bestandteilen das „Schachtelprinzip" des Fruchterwerbs zu beachten. In den §§ 954 bis 956 II sind unterschiedliche Ausnahmen zu dieser Grundsatzregel normiert, die auch in der jeweiligen Reihenfolge zu berücksichtigen sind:

**Klausurhinweis:** Es genügt, den Grundsatz zu kennen, sich der Ausnahmen bewusst zu sein und diese im Gesetz zu finden: *Grundsätzlich* erwirbt der Eigentümer der Muttersache das

Eigentum an den Bestandteilen (§ 953), *es sei denn*, ein anderer ist dinglich nutzungsberechtigt (§ 954) *oder* Eigenbesitzer (§ 955) *oder* kann sich auf eine obligatorische (§ 956 I) *oder* abgeleitete Aneignungsgestattung (§ 956 II) berufen.

**Vertiefung und Verbindung zu § 987:** Bezüge gibt es auch zu den Ansprüchen des Eigentümers auf Nutzungsersatz. Denn die gezogenen Nutzungen können unmittelbare Sachfrüchte (etwa die Früchte eines Baumes) sein. Nach der Trennung entsteht an den Sachfrüchten ein Eigentumsrecht des Grundstückseigentümers (§ 953), sofern nicht der Anspruchsgegner Eigentum gemäß §§ 955 ff. erworben hat. Da der Grundstückseigentümer bei eigenem rechtlichen Fruchterwerb die unmittelbaren Sachfrüchte schon aus § 985 herausverlangen kann, möchte ein Teil der Literatur den Nutzungsersatz gemäß § 987, 990 bei Sachfrüchten auf die Fälle des (gutgläubigen) Erwerbs des Anspruchsgegners beschränken (Wieling, § 12 II a). Andere sehen hier eine Anspruchskonkurrenz (Vieweg/Werner, § 8, Rn. 26; auch MüKo/Raff, 7. Aufl. (2017), § 987, Rn. 19 ff.). Vor allem bei § 991 I (Dreipersonenverhältnis) darf daher der möglicherweise als Folge des § 953 daneben bestehende Eigentümerherausgabeanspruch aus § 985 nicht übersehen werden (Einheit 9). 263

## E. Aneignung herrenloser Sachen, §§ 958 bis 964

Jemand, der eine herrenlose bewegliche Sache in Eigenbesitz nimmt, erwirbt gemäß § 958 I das Eigentum an ihr, falls nicht die Aneignung gesetzlich verboten ist oder das Aneignungsrecht eines anderen verletzt wird, § 958 II. Die Aneignung ist ein Realakt; eine Willenserklärung ist dafür nicht erforderlich. Der Wille zur Besitzbegründung und die tatsächliche Inbesitznahme sind ausreichend. 264

### I. Herrenlosigkeit

Herrenlos ist eine Sache, wenn sie keinen Eigentümer hat. Dabei kann die Sache ursprünglich („von Natur aus") oder durch die Aufgabe von bisher bestehendem Eigentum herrenlos sein. Ursprünglich herrenlos sind wilde Tiere, solange sie sich in Freiheit befinden (§§ 960 ff.). Die Fälle der Eigentumsaufgabe werden „Dereliktion" genannt, § 959. Voraussetzung dafür ist, dass der bisherige Eigentümer das Eigentum an der Sache mit der Absicht aufgegeben hat, zukünftig auf das Eigentum ganz zu verzichten, die tatsächliche Aufgabe muss demnach von einem Aufgabewillen getragen sein. Die Dereliktion ist eine einseitig empfangsbedürftige Willenserklärung und erfordert daher Geschäftsfähigkeit. Die Willenserklärung ist nicht an eine bestimmte Person gerichtet – sonst wäre sie ein Übereignungsangebot –, sondern vielmehr eine Erklärung *ad incertas personas*, an alle, die sich die aufgegebene Sache aneignen wollen (BeckOGK/Schermaier, 1.8.2017, BGB § 959 Rn. 7–8.1). Dieser potentielle Erwerber muss die Willenserklärung auslegen, wobei gefragt werden muss, ob er davon ausgehen darf, dass die Sache aufgegeben wurde und nunmehr herrenlos ist. Kommt er zu diesem Ergebnis, kann er sich die Sache aneignen. 265

**Beispiele und Besonderheiten:** Die Voraussetzungen der Dereliktion sind regelmäßig bei Sperrmüll erfüllt. Dadurch, dass der Alteigentümer sein Mobiliar zur Müllentsorgung auf 266 die Straße stellt, verzichtet er auf sein Eigentum. Wenn Dritte sich dieses aneignen, liegt kein Diebstahl vor. Ein Grundstück, das der Eigentümer aufgegeben hat, kann sich nur der Staat (genauer: das jeweilige Bundesland) aneignen (§ 928).

Ob eine Willenserklärung zur Dereliktion angefochten werden kann, ist umstritten, wenn Besitzaufgabe und Willenserklärung zusammenfallen, die Willenserklärung also durch die Besitzaufgabe selbst kundgetan wird, vgl. BeckOGK/Schermaier, § 959 Rn. 21–23.

### II. Ausschlussgründe gemäß § 958 II

267 Eine Aneignung kann sowohl durch Aneignungsrechte anderer als auch gesetzlich ausgeschlossen sein. Aneignungsrechte anderer können sich z. B. aus den §§ 1, 3 BJagdG ergeben. Bei gesetzlichen Verboten ist insbesondere an das BNatSchG für geschützte Tiere und Pflanzen zu denken.

## F. Fund, §§ 965 bis 984

268 Ausgangsfall des Fundes ist der „einfache" Fund. Wer eine verlorene Sache findet und an sich nimmt, erwirbt nach Ablauf von sechs Monaten Eigentum, wenn er den Fund ohne Verzug bei den zuständigen Behörden anzeigt, §§ 965, 973. Dabei gelten solche Sachen als verloren, an denen kein Besitz mehr besteht, die aber auch nicht herrenlos sind. Das bedeutet, dass sich die Sache zwar nicht mehr im Bereich der Sachherrschaft des Eigentümers befindet (beispielsweise durch Diebstahl oder Verlust), aber noch immer in dessen Eigentum steht. In Fällen der Besitzlosigkeit scheitert der gutgläubige Erwerb Dritter in der Regel an § 935 (Abhandenkommen). Unter den Voraussetzungen der §§ 965, 973 kann der Finder Eigentum erwerben. Finder ist derjenige, der die Sache tatsächlich in Besitz nimmt. Kommt er seiner Anzeigepflicht nach, kann er Finderlohn begehren. Voraussetzung dafür ist jedoch, dass sich kein Besitz eines anderen über die tatsächliche Sachherrschaft an Herrschaftsbereichen in Verbindung mit einem generellen Besitzwillen herleiten lässt (vgl. Rn. 26). Wer die Sache lediglich sieht, aber liegen lässt, mag zwar „Entdecker" sein. Finder i. S. d. §§ 965, 973 ist er nicht (BGHZ 8, 130 [130]).

269 – **Sonderfall: Der Schatzfund, § 984.** Einen Sonderfall des Fundes regelt § 984 beim Schatzfund. Für den Laien möglicherweise überraschend ist dabei die Definition des Schatzes in § 984, die nicht etwa an archäologische oder wirtschaftliche Merkmale, sondern vielmehr an dingliche Rechte anknüpft: Demnach gilt eine Sache als Schatz, wenn sie so lange verborgen lag, dass der Eigentümer nicht mehr zu ermitteln ist. Wird der Schatz gefunden, erwirbt zur Hälfte der Entdecker Eigentum, wenn er die Sache in Besitz nimmt (Entdeckeranteil) und zur anderen Hälfte der Eigentümer, in dessen Sache der Schatz verborgen war (Eigentümeranteil) (Süß, JURA 2011, 81 [86]). Entdecker ist, wer den Schatz als erster wahrgenommen hat, gleichgültig, ob auf Grund erlaubter oder unerlaubter Handlung. Entdecker ist grundsätzlich auch der Arbeitnehmer. Eine Ausnahme gilt, wenn die Arbeitnehmer zu einer geplanten und gezielten Schatzsuche angestellt werden und dabei den Weisungen des Arbeitgebers gerade hinsichtlich der Schatzsuche unterliegen. In diesen Fällen ist der Arbeitgeber Entdecker (BGH NJW 1988, 1204 [1206 f.]). Der Eigentumserwerb nach § 984 ist verfassungsrechtlich nicht geschützt (BVerfG NJW 1988, 2593 [2593 f.]). In der Praxis sind Schatzfunde gemäß § 984 selten, weil archäologische Ausgrabungen einer behördlichen Genehmi-

gung bedürfen und viele Schätze unter Denkmalschutz stehen. In den meisten Bundesländern gehen gefundene Schätze in das Eigentum des Landes über, sodass entgegen § 984 ein Eigentümer zu ermitteln ist, folglich auch dessen Rechtsfolgen in diesen Fällen bedeutungslos sind.

**Literatur:** *Becker, Peter/Löhnig, Martin:* Das Akzessionsprinzip, JA 2011, 650–652; *Brox, Hans:* Zur Lösung nachbarrechtlicher Interessenkollisionen, JA 1984, 182–188; *Gehrlein, Markus:* Eigentumsrechte nach einer Geldvermengung, NJW 2010, 3543–3545; *Hähnchen, Susanne:* Notwendige und nützliche Verwendungen im EBV, JuS 2014, 877–882; *Petersen, Jens:* Der Dritte im Mobiliarsachenrecht, JURA 2015, 1177–1180; *Platschek, Johannes:* Eigentum – Früchte – Nutzungen: Das unverbrüchliche Substantialprinzip des BGB, JA 2009, 846–849; *Röthel, Anne:* Herstellungsverträge und Eigentumsordnung, NJW 2005, 625–629; *Säcker, Franz-Jürgen:* Zum Begriff des Herstellers in § 950 BGB, JR 1966, 51–53; *Schultheiß, Tilman:* Grundfälle zum Erwerb nach den §§ 953 ff BGB, JuS 2013, 679–683; *Süß, Thorsten:* Der gesetzliche Erwerb des Eigentums an Mobilien, JURA 2011, 81–87; *Wadle, Elmar:* Das Problem der fremdwirkenden Verarbeitung, JuS 1982, 477–483; *Zeuner, Albrecht:* Die fremdwirkende Verarbeitung als Zurechnungsproblem, JZ 1955, 195–197.

**Für Weiterdenker:** *Halfmeier, Axel:* Inhalt des Kondiktionsanspruchs und Wegfall der Bereicherung, JA 2007, 492–497; *Hübner, Heinz:* Der Rechtsverlust im Mobiliarsachenrecht, Erlangen 1955; *Musielak, Hans-Joachim:* Zum Inhalt und Umfang des Bereicherungsanspruches, JA 2017, 1–10; *Rothkegel, Ralf:* Der Eigentumserwerb bei Verarbeitung, Köln (u. a.) 1974; *Wilhelm, Jan:* Ersitzung als Rechtsgrund?, NJW 2017, 193–197.

**Falllösung:** JuS 2009, 934; JuS 2008, 613; JuS 2018, 360; JA 2014, 741; JURA 2010, 215; JURA 2015, 1222; ZJS 2012, 778.

# 8. Einheit – Das Eigentümer-Besitzer-Verhältnis: Der Herausgabeanspruch des Eigentümers

270 Wer Eigentum an einer Sache erlangt hat, möchte über diese Sache auch nach Belieben verfügen können. Nicht immer hat der Eigentümer die Möglichkeit dazu: Ein anderer kann – mit oder ohne Willen des Eigentümers – den Besitz an der Sache ausüben. Der Eigentümer braucht also einen Anspruch, mit dessen Hilfe er die Sache von dem unmittelbaren Besitzer herausverlangen kann. Diese Funktion erfüllt § 985.

271 Dieser Herausgabeanspruch des Eigentümers ist jedoch auf die Fälle beschränkt, in denen der Besitzer gegenüber dem Eigentümer kein Recht zum Besitz hat. Wer dagegen ein Recht zum Besitz hat, kann dies dem Eigentümer entgegenhalten, § 986. In diesen Fällen scheitert der Herausgabeanspruch des Eigentümers aus § 985.

272 § 985 ist in aller Regel schon aus den ersten Semestern des Studiums bekannt. Nach Kenntnis der Grundzüge des Sachenrechts lässt er sich im Hinblick auf den Anspruch und dessen Einschränkung leicht erklären: Die Konstruktion des Herausgabeanspruchs mit seinen Begrenzungen spiegelt die Wertung des Gesetzgebers aus § 903 unmittelbar wider. Dem Eigentümer steht das Recht zu, über die Sache nach Belieben zu verfügen und andere von jeder Einwirkung auszuschließen, also muss er die Sache herausverlangen können. Die Ausübung des Eigentumsrechts war vom Gesetzgeber aber von vornherein dahingehend eingeschränkt worden, dass keine Rechte Dritter entgegenstehen durften. Folglich muss auch der Herausgabeanspruch des Eigentümers auf die Fälle beschränkt bleiben, in denen der Besitzer kein Recht zum Besitz hat.

273 **Hinweis:** § 903 umreißt die Rechtsstellung des Eigentümers und stellt die Wertung des Gesetzgebers klar, ist aber keine Anspruchsgrundlage! Sachenrechtliche Ansprüche, die den Interessen des Eigentümers dienen, finden sich in den §§ 985 bis 993 und §§ 1004 ff.; die §§ 994 ff. sichern Gegenansprüche des Besitzers für gemachte Verwendungen auf die Sache. Zu erinnern ist noch an Duldungspflichten des Eigentümers und an Entschädigungsansprüche, wie sie sich aus den §§ 904 ff. ergeben können.

Zur Systematik des Eigentümer-Besitzer-Verhältnisses kann zusätzlich gelesen werden: Roth, JuS 1997, 518; ders., JuS 2003, 937.

274 Solange der Besitzer die tatsächliche Sachherrschaft über die Sache ausüben konnte, hat er möglicherweise noch weitergehende Vorteile wie den Gebrauch oder die Nutzungen der Sache genossen. Möglicherweise hat er die Sache sogar zerstört. War sein Besitz unrechtmäßig, kann der Eigentümer auch dafür einen Ausgleich verlangen. In all diesen Fällen geht es regelmäßig um eine Interessenabwägung zwischen den Rechten des Eigentümers und möglichen Rechten des Besitzers. Wegen der beiden Protagonisten hat sich dafür die Bezeichnung „Eigentümer-Besitzer-Verhältnis“, oder abgekürzt „EBV“ eingebürgert. Dabei stellt § 985 die Grundlage der Beurteilung dar: Dessen Voraussetzungen – Eigentum des Anspruchstellers, un-

rechtmäßiger Besitz des Anspruchsgegners – müssen für alle weiteren Neben- und Folgeansprüche des EBV wie Nutzungs-, Verwendungs- oder Schadensersatz (§§ 987 bis 994) vorliegen.

## A. Der Herausgabeanspruch des Eigentümers aus § 985

Der Eigentümerherausgabeanspruch des § 985 setzt die sogenannte Vindikationslage voraus.

### I. Die Vindikationslage

Eine Vindikationslage liegt vor, wenn Eigentum auf der einen Seite und unrecht- 275
mäßiger Besitz auf der anderen Seite gegeben ist. Sie muss nicht nur bei § 985, sondern auch bei allen anderen Ansprüchen aus dem Eigentümer-Besitzer-Verhältnis bestehen.

**Fall 27:** Bewohner B eines Studentenwohnheims ist Eigentümer eines Smartphones. Mitbewohner M nimmt es – ohne vorher B zu fragen – zu einer Verabredung mit. Als M zurückkommt, fordert B ihn auf, das Telefon zurückzugeben. – B ist Eigentümer, M ist Besitzer und hat auch kein Recht zum Besitz. Die Vindikationslage ist gegeben.

**1. Eigentum und Eigentumsvermutung.** Was das Eigentum kennzeichnet und 276
wie es erworben wird, war Gegenstand der letzten Einheiten. Sowohl im Leben als auch in der Klausur kann aber der Fall vorkommen, dass nicht bekannt ist oder wenigstens nicht ausdrücklich gesagt wird, wem das Eigentum an einer Sache zusteht. Hier hilft die Vermutung des § 1006 weiter: Im ersten Absatz wird das Eigentum zugunsten des Besitzers vermutet, im zweiten Absatz zugunsten des früheren Besitzers und der dritte Absatz dehnt die Vermutung auf den mittelbaren Besitzer aus.

**Hinweis:** Zu Recht stellen Studierende zu diesem Punkt die Frage, was die Eigentumsvermutung des § 1006 I im Eigentümer-Besitzer-Verhältnis helfen kann, wenn der Besitz doch regelmäßig beim Nichteigentümer liegt. Natürlich ist in diesen Fällen in erster Linie die Vermutung des § 1006 II von Interesse.

Da Eigentum und Besitz bei der Vindikationslage zwangsläufig auseinanderfallen, 277
dient dem Eigentümer allein § 1006 II und, je nach den Gegebenheiten, § 1006 III. Um sich auf diese Eigentumsvermutung berufen zu können, muss allerdings erst die Eigentumsvermutung des § 1006 I zugunsten des gegenwärtigen Besitzers widerlegt sein.

**Fall 28 (Abwandlung zu oben Fall 27):** M kommt spät abends von einer Verabredung zurück in das Studentenwohnheim. Vor den Aufzügen wird er von B angerempelt, der auf dem Weg zur Polizei ist, um den Diebstahl seines Smartphones zu melden. Dabei fällt das Mobiltelefon aus der Jackentasche des M; das Display wird schwer beschädigt. M, der keine Hemmungen kennt, verlangt von B Ersatz für den Schaden. B verweigert jegliche Ersatzleistung, da es sich gerade um das Gerät handele, das ihm gestohlen worden sei. M wiederum behauptet, er habe immer schon ein Smartphone gleichen Typs besessen.

In Frage käme ein Anspruch des M gegen den unachtsamen B aus § 823 I wegen einer Verletzung seines Eigentums. Dann müsste M nachweisen, dass er Eigentümer des Mobiltelefons war. Dabei könnte ihm § 1006 I helfen: M ist gegenwärtig im Besitz der Sache und gilt somit bis zum Nachweis des Gegenteils als Eigentümer. Diese Vermutung träfe aber gemäß § 1006 I S. 2 nicht ein, wenn B nachweisen könnte, dass ihm selbst das Mobiltelefon abhandengekommen war. Damit erbrächte B übrigens zugleich den Nachweis, dass auch niemand sonst das Mobiltelefon rechtsgeschäftlich erworben haben könnte, da der gutgläubige Erwerb Dritter durch § 935 gehindert wäre, vgl. Rn. 188.

Was aber würde geschehen, wenn B geltend machte, M habe das Mobiltelefon von ihm geliehen? § 1006 schützt nur den *Eigen-*, nicht den Fremdbesitz. Mit einer solchen Behauptung kann B den Eigenbesitz des M in Abrede stellen, sodass sich dieser nicht mehr auf § 1006 berufen könnte.

278 **Hinweis:** Wie lohnenswert wäre ein solches Vorgehen des B in der Praxis? Solange die Eigentumslage nicht geklärt werden kann, muss eine Verletzung seiner prozessualen Wahrheitspflichten dahinstehen. Neben dem rechtlichen Vorzug, dass sich M nicht mehr auf § 1006 berufen kann, bringt die Behauptung dem B auch einen psychologischen Vorteil: Es wird dem M im Zweifelsfall leichter fallen, eine – wenn auch fiktive – Leihe zuzugeben, als etwa den mit einer Strafandrohung belegten Diebstahl.

279 **Fortsetzung Fall 28:** Angenommen, M würde die Leihe zugeben, aber behaupten, das Mobiltelefon inzwischen von B gemäß § 929 S. 2 (Übereignung kurzer Hand) erworben zu haben. Kann er sich dann wieder auf die Eigentumsvermutung des § 1006 I berufen?

Diese Frage zielt auf die Funktion und die Wertung des § 1006 insgesamt ab. Die Eigentumsvermutung ergibt sich nicht allein aus dem Besitz, sondern gerade aus der Publizitätsfunktion des Besitzes beim Eigentumserwerb. Weil die Übergabe bei der Übereignung im Regelfall des § 929 S. 1 zugleich den Rechtserwerb signalisiert, wird aus dem bestehenden Besitz auf das Eigentum des Besitzers geschlossen. Ist nun aber – wie oben in der Fortsetzung von Fall 28 – klargestellt, dass Besitzerwerb und Rechtserwerb zeitlich nicht zusammenfallen, kann aus dem Besitz nicht mehr auf das Eigentum geschlossen werden, wie sich schon anhand des Beispielsfalls zeigt: M räumt ja gerade ein, dass er den Besitz „nur" durch Leihe erlangt hat; Eigentum wurde also in Verbindung mit dem Besitz nicht erworben. In diesem Fall indiziert der Besitz also gerade keinen Erwerb von Eigentum. Der von M behauptete Rechtserwerb „Eigentum" vollzieht sich wiederum ohne Übergabe, lässt sich also, da M schon vorher im Besitz der Sache war, durch den Besitz nicht nachweisen. Daraus ist der Satz abzuleiten, dass die Eigentumsvermutung des § 1006 auch dann als widerlegt gelten kann, wenn feststeht, dass im Zeitpunkt des Besitzerwerbs kein Rechtserwerb stattgefunden hat.

280 **Hinweis:** Übrigens ist an § 1006 I nicht nur die Vermutung geknüpft, dass mit dem Besitzerwerb der Rechtserwerb „Eigentum" einhergegangen ist. Lässt sich die erste Vermutung aufrechterhalten, so ist aus der Fortdauer des Besitzes auch auf das Fortbestehen des Rechts zu schließen. Wollte B oben in Fall 27 nachweisen, dass M gar nicht „mehr" der Eigentümer des Mobiltelefons sei, weil er es längst nach Maßgabe des § 930 an den Studenten S weiterver-

äußert habe und es nun nur vorübergehend als von S geliehen nutze, muss B auch diese Behauptung beweisen. Solange ihm das nicht gelingt, wird aus dem Fortbestand des Besitzes des M auch auf dessen Eigentum geschlossen. – Die beweisrechtliche Seite des § 1006 darf nicht vernachlässigt werden und sollte auch zur zweiten juristischen Staatsprüfung noch präsent sein.

**2. Die Unrechtmäßigkeit des Besitzes.** Der Besitzer muss die Sache dem Eigentümer herausgeben, wenn er kein Recht zum Besitz hat. Ein Besitzrecht, das der Herausgabe entgegenstehen mag, kann dinglicher Natur sein. Dies ist der Fall, wenn der Besitzer die Sache aufgrund eines Pfandrechts, §§ 1205, 1253 I, aufgrund von Nießbrauch gemäß § 1036 oder aufgrund einer Dienstbarkeit gemäß § 1018 innehat. Ebenfalls als dingliches Recht weitgehend anerkannt ist das Anwartschaftsrecht des Vorbehaltsverkäufers (vgl. zum Anwartschaftsrecht ausführlich Rn. 389 ff.). Da dingliche Rechte gegenüber jedermann gelten, spielt es in diesen Fällen keine Rolle, ob der Besitzer die Sache vom Eigentümer erhalten hat oder nicht. Der Eigentümer muss das dingliche Besitzrecht beachten. 281

**Hinweis:** Das Anwartschaftsrecht als dingliches Besitzrecht ist umstritten und wird sowohl vom BGH als auch von Teilen der Literatur nach wie vor verneint (BGHZ 10, 69 [71]; Medicus/Petersen, Rn. 465; Brox, JuS 1984, 657 [659]; Mülbert, AcP 202 (2002), 912; Harke, JuS 2006, 385; Armgardt, JuS 2010, 486; Hoffmann, JuS 2016, 289 [293]). Begründet wird die Ablehnung damit, dass der Anwartschaftsberechtigte bis zum Bedingungseintritt gerade nicht Eigentümer ist, also noch keine Rechtsposition erlangt hat, die der Gesetzgeber im Katalog der dinglichen Rechte vorgesehen hatte. Ist der Eigentümer aber zugleich Verkäufer, kann sich der Vorbehaltskäufer wenigstens auf ein obligatorisches Recht zum Besitz aus dem zur Übergabe der Sache verpflichtenden Kaufvertrag berufen. Insofern ermöglicht auch diese Ansicht noch ein Besitzrecht des Vorbehaltskäufers und führt daher selten zu abweichenden Ergebnissen. Die Gegenauffassung, nach der das Anwartschaftsrecht ein dingliches Recht zum Besitz gibt (vertreten unter anderem von OLG Karlsruhe NJW 1966, 885; OLG Schleswig NJW-RR 1988, 1459 [1460]; Prütting, Rn. 398; Palandt/Herrler, § 929, Rn. 41; Wolf/Wellenhofer, § 14 Rn. 20; Heyers, JURA 2016, 961), hebt richtigerweise hervor, dass die bereits weitgehend dingliche Ausgestaltung des Anwartschaftsrechts in Literatur und Rechtsprechung etwa durch Zulassung der Pfändung und Verpfändung sowie der Sicherung vor Zwischenverfügungen konsequenterweise auch zu einem dinglichen Besitzrecht führen sollte. Ausführlich zu der Problematik mit allen vertretenen Ansichten Gursky, Probleme EBV, S. 39 ff. (7. Problem); Engelhardt, JA 2013, 330; Kindl, ZJS 2008, 477; grundsätzlich zum Anwartschaftsrecht vgl. Rn. 389 ff. 282

Häufiger sind jedoch die Fälle, in denen der Besitzer kein dingliches, sondern ein obligatorisches Recht zum Besitz hat. Schuldrechtliche Geschäfte, die ein solches Recht begründen können, sind vor allem Miete, Pacht und Leihe. Allerdings lässt sich ein Besitzrecht aus dem Leihvertrag nur herleiten, wenn die leihweise Überlassung zeitlich beschränkt ist, vgl. § 604 I, II. Zeitlich unbeschränkte Besitzüberlassung im Rahmen einer Leihe (§ 604 III) kann kein Besitzrecht begründen, weil der Verleiher die Sache jederzeit herausverlangen kann. Gleiches gilt für den Verwahrungsvertrag gemäß § 695. Ein Recht zum Besitz begründet auch der Kaufvertrag, wenn die Sache bereits übergeben, aber noch nicht übereignet wurde. Im Gegensatz zum dinglichen Besitzrecht kann ein obligatorisches Recht zum Besitz nur gegen- 283 über dem jeweiligen Vertragspartner (Vermieter, Verkäufer, Verleiher, etc.) geltend gemacht werden.

284 Ein aus Vertrag abgeleitetes Recht zum Besitz endet mit dem Vertrag. Nach dessen Ablauf kann der Eigentümer, sofern er auch Vertragspartner war, nicht nur den Herausgabeanspruch aus § 985, sondern auch die vertraglich gewährten Herausgabeansprüche geltend machen. Ferner lässt sich ein Recht zum Besitz auch aus gesetzlichen Schuldverhältnissen herleiten. Dazu gehört vor allem die Geschäftsführung ohne Auftrag, sofern sie i. S. d. §§ 667, 683 berechtigt ist. Aber auch das Ehegattenbesitzrecht, das Besitzrecht der Eltern am Kindsvermögen und die Verwaltungsbefugnisse des Insolvenzverwalters sind als Recht zum Besitz anzuerkennen.

**Hinweis:** Beachtenswert sind die Ausführungen von Zeuner zum Verhältnis von Vindikation und Besitzrecht: FS Felgenträger, 423 ff.

## II. Die Herausgabepflicht des unmittelbaren Besitzers

285 Ist die Vindikationslage gegeben, muss der Besitzer die Sache herausgeben. Diese Pflicht trifft ihn freilich nur, solange er noch im Besitz der Sache ist und kann nicht mehr geltend gemacht werden, wenn er den Besitz auf einen anderen übertragen oder verloren hat. Möglicherweise muss er aber die Ansprüche aus §§ 987 ff. und – je nach Sachlage – aus §§ 812, 816 I, 823, 951 gegen sich gelten lassen. Die Pflicht zur Herausgabe des Besitzes ist nach § 985 eine Holschuld. Der Besitzer muss die Sache zur Abholung bereitstellen und die dafür erforderlichen Kosten tragen (BGH NJW 1988, 3264 [3264]).

286 **1. Herausgabepflicht und Besitzrecht des unmittelbaren Besitzers bei gestuftem mittelbarem Besitz.** Denkbar sind natürlich auch Fälle, in denen zwischen den Eigentümer und den unmittelbaren Besitzer noch ein mittelbarer Besitzer tritt. Der Gesetzgeber hat für diesen Fall sowohl im Hinblick auf das Besitzrecht als auch auf die Herausgabepflicht einige Besonderheiten in § 986 S. 2 vorgesehen.

**Fall 29:** Referendar R hat seinem Freund F seinen Palandt neuester Auflage für die Vorbereitung auf die mündliche Prüfung geliehen. Beide sind sich darüber einig, dass die Leihfrist am 30.09., einen Tag nach der Prüfung, enden soll. F ist vom Ausgang der mündlichen Prüfung positiv überrascht und feiert das Ergebnis mehrere Tage. Als ihn sein jüngerer Bruder B bittet, ihm den Palandt für vier Wochen auszuleihen, erklärt er sich kurzer Hand dazu bereit. Mitte Oktober verliert R die Geduld und erinnert F an die abgelaufene Leihfrist. Der klärt ihn darüber auf, dass B nun im Besitz des Palandts ist. Als R von B Herausgabe verlangt, beruft der sich auf seine Rechte aus dem Leihvertrag mit F.

R ist Eigentümer des Palandts; B ist gegenwärtig unmittelbarer Besitzer. Allerdings könnte sich B hier auf ein Recht zum Besitz aus dem Leihvertrag mit F berufen. Es stellt sich aber die Frage, ob ein von F abgeleitetes Besitzrecht gegenüber dem Herausgabeverlangen des Eigentümers R überhaupt beachtlich ist. Oben war der Fall erläutert worden, dass ein Besitzrecht unmittelbar vom Eigentümer abgeleitet ist und diesem dementsprechend gemäß § 986 I S. 1 entgegengehalten werden kann.

Darauf könnte sich B berufen, wenn er die Sache direkt von R entliehen hätte. So liegt der Fall hier aber gerade nicht.

Daneben will § 986 I S. 1 in einer zweiten Alternative jedoch dem unmittelbaren Besitzer auch dann ein vom Eigentümer zu beachtendes Besitzrecht zugestehen, wenn ein mittelbarer Besitzer zwischengeschaltet ist. Voraussetzung ist aber, dass der mittelbare Besitzer seinerseits dem Eigentümer gegenüber zum Besitz und zu dessen Überlassung berechtigt war (zweigliedriges Besitzverhältnis). § 986 I S. 2 stellt klar, dass sich der unmittelbare Besitzer nur dann auf ein solches Recht zum Besitz gegenüber dem Eigentümer berufen kann, wenn sich der mittelbare Besitzer seinerseits bei der Besitzüberlassung an ihn innerhalb seiner vom Eigentümer abgeleiteten Rechtsposition gehalten hat, kurz: wenn er zur Besitzüberlassung an den unmittelbaren Besitzer überhaupt befugt war.

Für den Fall bedeutet das: B kann sich als unmittelbarer Besitzer gegenüber dem Eigentümer R dann auf ein Recht zum Besitz berufen, wenn sein Vertragspartner F seinerseits seine Rechtsposition von R abgeleitet hat und diesem gegenüber zum Besitz berechtigt war. Sollte F allerdings nicht zur Unterleihe an B befugt gewesen sein, braucht R die Besitzüberlassung nicht zu dulden; er kann jedoch, solange das Besitzrecht des F noch besteht, nur Herausgabe an diesen verlangen, vgl. § 986 I S. 2.

Ob F den Palandt an den B weiterverleihen durfte, ist zwar wegen § 603 zumindest zweifelhaft, kann aber in diesem Fall dahinstehen: Da seine Leihfrist am 30.09. endete, war sein Recht zum Besitz ohnehin abgelaufen. F kann den Eigentümer R nicht dadurch zu einer verlängerten Besitzüberlassung zwingen, dass er ein Schuldverhältnis mit Dritten (hier: B) eingeht. Weil das Besitzrecht des F bereits erloschen war, kann sich B nicht mehr gegenüber R auf ein von F abgeleitetes Besitzrecht berufen. Da hier ein Besitzrecht des F nicht mehr zu beachten war, kann R auch direkt Herausgabe an sich verlangen.

**Hinweis:** § 986 I S. 2 stellt klar, dass das Recht des mittelbaren Besitzers zum Besitz nicht dadurch unterlaufen werden darf, dass der Eigentümer Herausgabe vom unmittelbaren Besitzer an sich selbst verlangt. In Fall 29 konnte R darum Herausgabe an sich selbst fordern, weil F als mittelbarer Besitzer mit Ablauf der Leihfrist kein Recht mehr zum Besitz hatte, sodass durch die Herausgabe des Palandts an R auch keine Besitzrechte des F mehr verletzt werden konnten. Anders läge der Fall, wenn die Leihfrist des F noch fortgedauert hätte und er nur zur Unterleihe an Dritte nicht befugt gewesen wäre. In diesem Fall hätte R nur Herausgabe der Sache von B an F verlangen dürfen. **287**

Übrigens hätte B vor Ablauf der vierwöchigen Leihfrist einem Herausgabeverlangen des F ohne weiteres sein Recht zum Besitz aus dem Leihvertrag entgegenhalten können. Dass dies aber nur gegenüber dem jeweiligen Vertragspartner galt, und er dem dinglichen Herausgabeanspruch des Eigentümers und Nicht-Vertragspartners R nachkommen musste, offenbart einmal mehr die viel zitierte Relativität der Schuldverhältnisse. Auch deswegen bleibt nach herrschender Meinung (z. B. BGHZ 34, 122 [122]) der Anspruch aus § 985 neben vertraglichen Herausgabeansprüchen anwendbar.

288 **2. Zusammenfassung.** Hinsichtlich der Herausgabepflichten ist stets daran zu denken, dass in Fällen mehrgliedriger Besitzverhältnisse Herausgabe vom unmittelbaren Besitzer nur unter den Einschränkungen des § 986I S. 2 zu verlangen ist, solange der mittelbare Besitzer seinerseits dem Eigentümer gegenüber zum Besitz berechtigt und zur Besitzüberlassung an Dritte befugt war.

## III. Die Herausgabepflicht des mittelbaren Besitzers

289 Die Herausgabepflicht trifft nach herrschender Meinung nicht nur den unmittelbaren, sondern auch den mittelbaren Besitzer. Vom mittelbaren Besitzer kann der Eigentümer Herausgabe sowohl des mittelbaren Besitzes durch Abtretung des Herausgabeanspruchs (§ 870; Vollstreckung erfolgt gemäß § 894 ZPO) als auch Herausgabe des unmittelbaren Besitzes (Vollstreckung nach §§ 886, 836 ZPO; bei Beendigung des Besitzmittlungsverhältnisses nach §§ 883, 885 ZPO) verlangen.

**Literatur:** Für diese Auffassung unter anderem Brehm/Berger, § 7, Rn. 45 f.; Kühne, JZ 1970, 189; MüKo/Baldus, 7. Aufl. (2017), § 985, Rn. 32 f.; Prütting, Rn. 521; M. Wolf/Wellenhofer, § 21 Rn. 18; Wieling, § 12 I 2c; Lorenz, JuS 2013, 495.

Für diese Ansicht spricht, dass es dem Eigentümer kaum zugemutet werden kann, nachforschen zu müssen, wo sich die Sache nun befindet. In der Praxis ist dies oft auch gar nicht möglich. Daher muss er seinen Herausgabeanspruch auch gegenüber dem mittelbaren Besitzer geltend machen können.

**Beispiel:** A hat der B ein Abendkleid für eine Hochzeitsfeier geliehen. Kurz nach dem festlichen Anlass geraten A und B in Streit; A verlangt ihr Abendkleid zurück. B behauptet, dies nicht mehr zu besitzen, sondern der C weiterverliehen zu haben. A hält das nur für eine Schutzbehauptung der B. – Wenn A nun auf Herausgabe klagt, weiß sie letztlich nicht, ob jetzt B oder C im Besitz der Sache ist. Daher muss sie ihren Anspruch selbst dann gegenüber B geltend machen können, wenn sich das Kleid tatsächlich bei C befinden sollte.

290 Manche Vertreter in der Literatur wollen die Herausgabepflicht des mittelbaren Besitzers auf die Fälle beschränken, in denen er sich den unmittelbaren Besitz „ohne weiteres" wiederverschaffen könnte oder in denen er ohnehin schon aufgrund von Bösgläubigkeit oder Rechtshängigkeit (vgl. Rn. 305 ff.) verschärft haftet (Heck, § 66, 3; BGHZ 53, 29). Allerdings basierte diese Einschränkung auf § 283 a. F., demzufolge auch ein gutgläubiger, unverklagter Besitzer im Fall der Unmöglichkeit der Herausgabe schadensersatzpflichtig geworden wäre. Dies hätte die Privilegierung des redlichen Besitzers aus dem Eigentümer-Besitzer-Verhältnis (EBV) unterlaufen, nach der nur der unredliche Besitzer haften soll. Mit der Schuldrechtsmodernisierung hat diese Einschränkung jedoch an Bedeutung verloren, denn nun haftet der Anspruchsgegner auch nach Unmöglichkeitsrecht lediglich bei Verschulden:

**Fall 30 und Vertiefung:** Hauseigentümer und Vermieter V hat dem Mieter M eine Wohnung vermietet, der sie – unerlaubt – an den U untervermietet hat. Als der Mietvertrag des M endet, bemerkt V den Vorgang. Er kann entweder Abtretung des mittelbaren Besitzes gemäß § 870 von M verlangen oder Herausgabe des unmittelbaren Besitzes. **291**

Der Fall ist unproblematisch, solange sich nach Rechtshängigkeit die Besitzlage nicht ändert: Verlangt V im Fallbeispiel allerdings Abtretung des mittelbaren Besitzes, gibt dann aber U die Sache an den M zurück, geht der Anspruch auf Vollstreckung der Abtretung gemäß § 870 ins Leere.

Verlangt V jedoch von M Herausgabe des unmittelbaren Besitzes, kann der Fall eintreten, dass dies dem M unmöglich ist, beispielsweise, weil sich U ihm gegenüber auf ein Recht zum Besitz aus dem Untermietvertrag berufen könnte (vgl. auch oben, der Hinweis im Anschluss an Fall 29). Für so gelagerte Fälle hatte der BGH nach altem Recht entschieden, dass der Mieter M (nur dann) dem V analog aus § 283 a. F. haften müsse, wenn er diese Unmöglichkeit schuldhaft i. S. d. §§ 989, 990 I herbeigeführt hätte (BGHZ 53, 29 [31]). Sonst könnte dem V selbst im Fall der Redlichkeit hinsichtlich seines Besitzrechts eine Schadensersatzhaftung auferlegt werden, was der Gesetzgeber aber gerade verhindern wollte. Nach der Schuldrechtsmodernisierung ist die Regelung des § 283 a. F. in § 281 I S. 1 bzw. § 283 n. F. aufgegangen und setzt nun Verschulden voraus. Damit ist die Problematik im Wesentlichen entschärft, weil nun der Wertungswiderspruch zur Haftung aus §§ 989, 990 aufgehoben ist (so auch Prütting, Rn. 521). Im Übrigen wird die Anwendbarkeit des Unmöglichkeitsrechts auf einen bestehenden Anspruch aus § 985 weitgehend abgelehnt (vgl. Rn. 294), was die herrschende Meinung darin bestärkte, den Anspruch gegen den mittelbaren Besitzer schon nach alter Rechtslage ohne Einschränkung zuzulassen (so etwa Kühne, JZ 1970, 189; MüKo/Baldus, 7. Aufl. (2017), § 985, Rn. 32).

In der Praxis gilt es inzwischen als unproblematisch, schlicht auf „Herausgabe" (wahlweise des mittelbaren oder des unmittelbaren Besitzes) zu klagen. Am wenigsten Probleme bereitet die Fallkonstellation dann, wenn der Eigentümer wie oben in Fall 30 zunächst Herausgabe vom unmittelbaren Besitzer verlangt und dann in den Fällen, in denen der unmittelbare Besitzer die Sache nur an den mittelbaren Besitzer herausgeben muss, anschließend vom mittelbaren Besitzer vindiziert (vgl. zu der Problematik ausführlich Gursky, Probleme EBV, S. 12 ff. (3. Problem).

## VI. Zurückbehaltungsrecht, unzulässige Rechtsausübung

In einigen Fällen kann der Besitzer dem Herausgabeanspruch ein Zurückbehaltungsrecht entgegenhalten, das nach herrschender Meinung nicht mit einem Recht zum Besitz identisch ist. Ein solches Zurückbehaltungsrecht kann aus § 273 oder § 1000 folgen und hindert nicht den Herausgabeanspruch, sondern allein die Vollstreckung. Wird ein Zurückbehaltungsrecht im Prozess geltend gemacht, ergeht das Urteil auf Herausgabe Zug um Zug. Der Sinn des Zurückbehaltungsrechts besteht gerade darin, die Herausgabe an den klagenden Eigentümer solange verweigern zu können, bis auch die durch Zug-um-Zug-Leistung gesicherten Gegenansprüche des Besitzers erfüllt sind. Ein Recht zum Besitz wirkt dagegen mit Blick auf den Herausgabeanspruch in prozessualer Hinsicht klageabweisend; der Herausgabeanspruch dringt nicht durch. Wollte man also ein Zurückbehaltungsrecht dem Recht zum Besitz gleichstellen, würde zugleich dessen prozessualer Zweck überflüssig. Denn ein durchdringender Anspruch, gegen den sich der herausgabepflichtige Besitzer durch ein seine Interessen sicherndes Zurückbehaltungsrecht verteidigen **292** müsste, stünde bei einem *Recht zum Besitz* nicht mehr im Raum. (MüKo/Baldus, 7. Auflage (2017), § 986, Rn. 45 f.). Das Ergebnis wäre ein Teufelskreis (vgl. auch Rn. 362).

293 **Hinweis:** Gegenüber dem Anspruch aus § 985 kann ausnahmsweise auch der Einwand der unzulässigen Rechtsausübung nach § 242 erhoben werden. Geht es allerdings um die Herausgabe von Grundstücken, ist die Anwendung von § 242 eingeschränkt, wenn dadurch der im Grundbuch eingetragene Eigentümer an der Ausübung seiner Rechte gehindert würde.

## B. Konkurrenzverhältnisse

### I. Anwendbarkeit neben den allgemeinen Regeln des Schuldrechts

294 **1. Speziell neben §§ 285, 275.** Nach inzwischen ganz herrschender Meinung ist das Unmöglichkeitsrecht mit der Rechtsfolge des Schadensersatzes ebenso wenig neben § 985 anwendbar wie § 285 als Anspruch für Ersatzherausgabe des Erlöses. Für beides streitet die Systematik: Für Unvermögen des Besitzers zur Herausgabe hat der Gesetzgeber mit den §§ 989, 990 eine interessengemäße Lösung gefunden, die den Besitzer jeweils in den Fällen trifft, in denen er nicht mehr besonders schutzwürdig erscheint. Auch die Problematik der wirksamen Verfügung durch den dazu nicht berechtigten Besitzer lässt sich durch § 816 I S. 1 sachgerecht lösen. Als besondere, ausdrücklich auf die „Verfügung“ reduzierte Anspruchsgrundlage, scheint ein Rückgriff auf § 285 nicht nur überflüssig, sondern auch systematisch widersprüchlich, handelt es sich doch bei § 816 I S. 1 eindeutig um die speziellere Anspruchsgrundlage.

**Vertiefungshinweis:** MüKo/Baldus, 7. Aufl. (2017), § 985, Rn. 153 f. m.w.N. und für die Gegenauffassung Ranieri, JuS 2004, 53 (54); Eckert, Rn. 217.

295 **2. Der Herausgabeanspruch als gesetzliches Schuldverhältnis? Anwendbarkeit neben § 280 I u. III, § 281 I u. II (Schadensersatz statt der Leistung).** In einer aktuellen Entscheidung (BGH, Urteil vom 18. März 2016 – V ZR 89/15 = NJW 2016, 3235) hat der BGH klargestellt, dass die Verletzung der Herausgabepflicht gemäß § 985 eine Pflichtverletzung aus einem (gesetzlichen) Schuldverhältnis darstellt und daher auch einen Anspruch auf Schadensersatz statt der Leistung (§ 280 I und III, § 281 I und III) nach sich ziehen kann. Dies entspricht der herrschenden Meinung in der Literatur (Vieweg/Werner, § 7, Rn. 36; Brehm/Berger, § 7 Rn. 70 a. E.; dagegen MüKo/Baldus, 7. Aufl. (2017) § 985, Rn. 83 ff.), der zufolge die Verzögerung der Herausgabe eine Schadensersatzpflicht nach dem allgemeinen Schuldrecht begründen konnte. Der Anspruch wurde jedoch mehrheitlich unter Verweis auf § 990 II auf die Haftung des bösgläubigen Besitzers beschränkt, um die Wertung des EBV nicht zu unterlaufen (u. a. Palandt/Herrler, § 985, Rn. 14; Baur/Stürner, Sachenrecht, § 11 Rn. 45). Der BGH bestätigt nun die Anwendbarkeit ausdrücklich unter dieser Beschränkung, um die Wertungen des Gesetzgebers und die damit verbundene Privilegierung des redlichen, unverklagten Besitzers im EBV nicht zu unterlaufen.

**Hinweis:** Im Übrigen spricht für die Anwendbarkeit neben dem EBV, dass die §§ 989, 990 zwar auf die Sachbeschädigung, das Herausgabeunvermögen und den Sachuntergang passen, aber keinen Anspruch für die unterbliebene Herausgabe ohne Sachschaden enthalten, die in der Praxis ebenfalls vorkommt. Dabei ist zu beachten, dass sich mit Fristsetzung und Umwandlung in einen Schadensersatzanspruch auf Schadensersatz statt der Leistung wegen der unterbliebenen Herausgabe der Schuldner anschließend auch nicht mehr durch Herausgabe befreien kann. Dieses Ergebnis ist ihm wegen der vorangegangenen Fristsetzung zuzumuten. Die Vorteile für den Gläubiger sind marginal und zeigen sich am deutlichsten in der Praxis: Wer Herausgabe einer Sache begehrt und diese nicht erhält, muss nicht erst das Schicksal der sich in fremden Besitz befindlichen Sache erforschen (Wurde sie beschädigt? Ist sie zerstört worden?), sondern kann die Verzögerung der Herausgabe selbst zur Grundlage seines Klagebegehrens machen, vgl. die Entscheidungsanmerkung Kaiser, NJW 2016, 3235 (3239).

## II. Anwendung neben vertraglichen Ansprüchen

Ergab sich ein Besitzrecht aus einem Vertrag, stellt sich die Frage, ob nach Beendi- 296
gung des Vertragsverhältnisses Herausgabe nur aus Vertrag, nur aus § 985 oder möglicherweise aus beiden Anspruchsgrundlagen verlangt werden kann. Während früher z. T. die Auffassung vertreten wurde, dass der Herausgabeanspruch aus § 985 subsidiär im Verhältnis zu den vertraglichen (z. B. §§ 346, 546, 581 II, 604, 667, 695) Herausgabeansprüchen ist, hat sich inzwischen die Ansicht durchgesetzt, dass hier eine echte Anspruchskonkurrenz bestehe, dass also vertraglicher und dinglicher Anspruch nebeneinander geltend gemacht werden können.

**Hinweis:** § 985 soll sicherstellen, dass der Eigentümer auf jeden Fall wieder den Besitz erhält. Daher gebietet schon eine teleologische Auslegung, diesen Herausgabeanspruch neben den vertraglichen Herausgabeansprüchen zur Anwendung kommen zu lassen. Bei der Geltendmachung des Anspruchs kann sich der Eigentümer auf die Vermutungen der §§ 891, 1006 berufen. Für vertragliche Ansprüche gelten diese gerade nicht. Ferner kann er den Besitz von Dritten herausverlangen. Das ist bei vertraglichen Herausgabeansprüchen grundsätzlich nicht möglich (Ausnahme: § 546 II).

## III. Anwendung neben anderen gesetzlichen Schuldverhältnissen

Der Anspruch aus § 985 kann aber auch neben den gesetzlichen Ansprüchen, z. B. 297
aus §§ 812, 823 mit § 249 und §§ 861, 1007 zur Anwendung kommen. § 817 S. 2 steht dem Anspruch aus § 985 nicht entgegen. Im Falle einer unwirksamen Verfügung des Nichtberechtigten (z. B. in Fällen des § 935) kann der Eigentümer wählen, ob er nach § 985 Herausgabe vom unmittelbaren Besitzer verlangen oder nach Genehmigung (§ 185 II) der unwirksamen Verfügung gemäß § 816 I S. 1 vom Nichtberechtigten den Erlös herausverlangen will, vgl. Rn. 173. Ansprüche aus §§ 989, 990 sind neben § 816 I S. 1 möglich.

**Hinweis:** Eine bildliche Übersicht zu den EBV Ansprüchen und Konkurrenzen finden Sie bei Raue, JURA 2008, 501–505.

**Literatur:** *Armgardt, Matthias:* Das Anwartschaftsrecht – dogmatisch unbrauchbar, aber examensrelevant, JuS 2010, 486–490; *Brox, Hans:* Das Anwartschaftsrecht des Vorbehaltskäufers, JuS 1984, 657–668; *Engelhardt, Michael:* Schicksal des Anwartschaftsrechts bei der Veräußerung einer unter Eigentumsvorbehalt verkauften Sache, JA 2013, 269–273, 330–335; *Kindl, Johann:* Eigentumsvorbehalt und Anwartschaftsrecht, ZJS 2008, 477–487; *Mülbert, Peter O.:* Das inexistente Anwartschaftsrecht und seine Alternativen, AcP 202 (2002), 912–950; *Harke, Dirk:* Anwartschaftsrecht als Pfandrecht, JuS 2006, 385–389; *Heyers, Johannes:* Grundstrukturen des Eigentumsvorbehalts, JURA 2016, 961–968; *Hoffmann, Jan Felix:* Das mobiliarsachenrechtliche Anwartschaftsrecht in der juristischen Ausbildung, JuS 2016, 289–294; *Kaiser, Jan:* Anmerkung zu BGH, Urteil v. 18.3.2016 – V ZR 89/15, NJW 2016, 3235–3239; *Kühne, Gunther:* Anmerkung zu BGH, Urteil v. 17.12.1969 – VIII ZR 35/68 (KG Berlin), JZ 1970, 189–191; *Lorenz, Stephan:* Grundwissen Zivilrecht: Das Eigentümer-Besitzer-Verhältnis, JuS 2013, 495–499; *Ranieri, Filippo:* Original-Referendarexamensklausur – Bürgerliches Recht: Probleme des Eigentümer-Besitzer-Verhältnisses, JuS 2004, 53–56; *Raue, Benjamin:* Grundriss EBV: Struktur, Anspruchsgrundlagen und Konkurrenzen, JURA 2008, 501–505; *Roth, Herbert:* Grundfälle zum Eigentümer-Besitzer-Verhältnis, JuS 1997, 518–522; *ders.:* Das Eigentümer-Besitzer-Verhältnis, JuS 2003, 937–943.

**Für Weiterdenker:** *Kensy, Steven:* Die Herausgabeklage aus abgeleitetem Recht: Zession oder Ermächtigung, JuS 2015, 501–505; *Zeuner, Albrecht:* Zum Verhältnis zwischen Vindikation und Besitzrecht, in: Festschrift für Wilhelm Felgenträger zum 70. Geburtstag, Göttingen 1969, S.423–431.

**Falllösung:** JuS 2015, 818; JuS 2016, 717; ZJS2008, 382.

# 9. Einheit – Ansprüche auf Nutzungsherausgabe und Schadensersatz

In der letzten Einheit ging es darum, den Eigentümer wieder in den Besitz der Sache zu bringen. Häufig ist es aber damit noch nicht getan. In der Zeit, in der dem Eigentümer der Besitz der Sache vorenthalten war, kann die Sache beschädigt oder zerstört worden sein; möglicherweise hat der unrechtmäßige Besitzer auch Nutzungen gezogen, die dem Eigentümer zugestanden hätten. Daher folgen im Gesetz dem Herausgabeanspruch des Eigentümers weitere Anspruchsgrundlagen auf Nutzungs- und Schadensersatz. Anspruchsvoraussetzung ist auch hier stets die Vindikationslage. 298

## A. Haftung bei Bösgläubigkeit oder nach Rechtshängigkeit

Der Besitzer soll dem Eigentümer aber nur dann für eventuell entstandene Schäden 299
oder im Unmaß gezogene Nutzungen haften, wenn er wusste oder damit rechnen durfte, dass ihm der Besitz an der Sache nicht zustand. Dagegen soll den gutgläubigen Besitzer keine Ersatzpflicht treffen. Auch hier zeigt sich wieder die vom Gesetzgeber vorzunehmende Interessenabwägung zwischen Eigentümer und Besitzer, die er in diesen Fällen so gelöst hat, dass der Besitzer die Haftungsansprüche dann gegen sich gelten lassen muss, wenn er bösgläubig oder verklagt war.

**Vertiefung:** Die Rechtshängigkeit tritt neben die Bösgläubigkeit, weil mit Zustellung der Klageschrift auch der Besitzer erfährt, dass er möglicherweise kein Recht zum Besitz hat und die Sache herausgeben muss. Spätestens von da an muss der Besitzer damit rechnen, dass er dem Eigentümer gegenüber haftet; daher ist er verpflichtet, die Sache entsprechend sorgfältig zu behandeln.

Bösgläubigkeit und Rechtshängigkeit führen zu einer sogenannten „verschärften Haftung“ auf Nutzungs- oder Schadensersatz.

### I. Rechtshängigkeit

Rechtshängigkeit tritt ein, sobald der Eigentümer vor Gericht Klage gegen den Be- 300
sitzer erhoben hat (§§ 261 I, 253 ZPO). Die Klage muss auf Herausgabe der Sache aus § 985 gerichtet sein. Ab diesem Zeitpunkt ist der Besitzer gewarnt und haftet auf Nutzungsherausgabe (§ 987 I) und auf Schadensersatz (§ 989).

**Hinweis:** Prozessual setzt sich die Klageerhebung aus mehreren praktischen Schritten zusammen. Zunächst einmal schickt der Kläger die Klageschrift an das Gericht. Damit wird die Klage „anhängig“, aber die Sache noch nicht rechtshängig! Weist die Klageschrift keine wesentlichen Mängel auf (Beispiel dafür: fehlende Unterschrift), stellt das Gericht (ausnahmsweise auch der Kläger mit entsprechendem Hinweis) an die Gegenseite zu. Für die Rechtshängigkeit kommt es nur auf diese Zustellung an den/die Beklagten an! Vorsicht also in Klausuren, in denen der Sachverhalt beispielsweise lautet: „Eigentümer E wirft am 10.09.

die Klageschrift im Postfach des Amtsgerichtes ein. Am 11.09. zerstört Besitzer B das Auto bei einem von ihm verschuldeten Unfall. Am 14.09. wird dem B die Klage zugestellt." Das ist eine klassische, wenn auch leicht zu durchschauende Klausurfalle, denn Rechtshängigkeit ist gerade nicht eingetreten. B haftet nicht verschärft.

## II. Bösgläubigkeit

301 War der Besitzer nicht in gutem Glauben, haftet er dem Eigentümer auch schon vor Eintritt der Rechtshängigkeit auf Nutzungsherausgabe und Schadensersatz, § 990 I. Die Bösgläubigkeit i. S. d. § 990 I bestimmt sich nach dem Maßstab des § 932 II. Demnach ist der Besitzer bösgläubig, wenn er bei Erwerb des Besitzes sein fehlendes Besitzrecht kannte oder in Folge grober Fahrlässigkeit nicht kannte. Bösgläubig ist er auch, wenn er zunächst gutgläubig Besitz erworben hat, später aber positive Kenntnis von seinem fehlenden Besitzrecht erlangt hat, § 990 I S. 2.

In besonderen Fällen lässt der Gesetzgeber trotz Redlichkeit des Besitzers eine sogenannte „beschränkte Haftung" zu. Dies ist etwa der Fall, wenn der Besitzer unentgeltlich besitzt (§ 988) oder Früchte im Übermaß (§ 993) gezogen hat.

302 **Vertiefung:** Besondere Aufmerksamkeit erfordert der Maßstab der Bösgläubigkeit, wenn Minderjährige oder Besitzdiener ins Spiel kommen.

Bei beschränkt Geschäftsfähigen könnte entweder § 166 I oder § 828 (jeweils analog) zur Anwendung gelangen. Entsprechend § 166 I käme es dann bei Minderjährigen auf die Kenntnis der Eltern an (dafür etwa Pinger, MDR 1974, 184 [187]; Metzler, NJW 1971, 690). Überzeugender ist die mehrheitlich vertretene Auffassung, § 828 III analog heranzuziehen und auf die natürliche Einsichtsfähigkeit des Minderjährigen abzustellen, wenn die Besitzerlangung deliktsähnlich erfolgte. Gründet die Besitzerlangung auf einer unwirksamen Leistungsbeziehung, kommt es dagegen – wie im Vertragsrecht – auf die Kenntnis der Eltern an (Palandt/Herrler, § 990, Rn. 8; MüKo/Raff, 7. Aufl. (2017), § 990, Rn. 27; Prütting, Rn. 425).

Bei Besitzdienern wäre eine Lösung über § 166 I analog oder über § 831 analog denkbar. Hier soll die Bösgläubigkeit jedenfalls dann gemäß § 166 I analog zu bestimmen sein, wenn der Besitzdiener bei Besitzvertretung wie ein Vertreter auftritt und selbstständig und eigenverantwortlich darüber entscheidet, ob der Geschäftsherr Besitz erwirbt.

**Beispiel:** Der Angestellte A erwirbt von Hehler H drei Fahrräder zur Weiterveräußerung. Sein Chef C ist ahnungslos. A veräußert später die Fahrräder weiter. Deren Verbleib ist nicht mehr zu klären, als sich Eigentümer E meldet und Schadensersatz für den Verlust der Fahrräder verlangt.

Hier wäre C die Bösgläubigkeit des A über § 166 I analog zuzurechnen (so etwa die wohl herrschende Meinung im Schrifttum: Palandt/Herrler, § 990, Rn. 6; Kiefner, JA 1984, 189; BGHZ 32, 53). Das erscheint auch stimmig. Denn § 990 beschreibt einen Fall des Besitzerwerbs. Auf diese Konstellationen ist § 166 perfekt zugeschnitten. Zudem kennen § 166 und § 990 jeweils eine subjektive Seite.

Einige andere Stimmen in der Literatur wollen hiervon wenigstens dann eine Ausnahme machen, wenn die Besitzergreifung rein mechanisch erfolgte und plädieren in diesen Fällen für eine Anwendung des § 831 analog mit der Möglichkeit der Exkulpation des Geschäftsherrn (so etwa Hönn, JA 1988, 529 [537]; Baur/Stürner § 5 Rn. 4; Medicus/Petersen Rn. 581 hielt die Lösung über § 831 analog grundsätzlich für vorzugswürdig). Könnte sich C im oben skizzierten Beispiel exkulpieren, hätte E keinen Anspruch aus §§ 989, 990 gegen C, da sich C nicht die Bösgläubigkeit des A zurechnen lassen müsste.

Entscheidend ist der Diskurs um die Zurechnung also dann, wenn die Exkulpation nach § 831 analog gelänge. In diesem Fall wäre die Zurechnung der Bösgläubigkeit in § 990 I über § 166 analog als vorzugswürdige Lösung damit zu begründen, dass der Geschäftsherr grundsätzlich auch über die Person des Vertreters gemäß § 166 I gutgläubig Eigentum erlangen könnte. Wird dem Vertretenen dieser Vorteil gewährt, muss auch die Bösgläubigkeit zu seinen Lasten gehen.

**Hinweis:** Dogmatisch präzise ist es, § 166 I beim Eigentumserwerb gemäß §§ 929 S. 1, 932 direkt, bei § 990 I aber analog anzuwenden. Denn im ersten Fall handelt es sich bei der Einigung um ein Rechtsgeschäft, im zweiten Fall geht es um den guten Glauben hinsichtlich des Besitzrechts. **303**

## III. Sperrwirkung

Die §§ 987 ff. sind vom Gesetzgeber grundsätzlich als abschließende Regelung gedacht. Wenn die Vindikationslage vorliegt, der Besitzer aber aufgrund seiner Redlichkeit nicht haftet, soll diese Haftungsprivilegierung nicht durch die Anwendung anderer Ansprüche unterlaufen werden. Klargestellt wird dies von § 993 I a. E. „(...) im Übrigen ist er weder zur Herausgabe noch zum Schadensersatz verpflichtet“. Dennoch wird diese sogenannte Sperrwirkung des EBV in Ausnahmefällen durchbrochen. Diese werden unten ab Rn. 322 und Rn. 365 ff. im Rahmen der Konkurrenzen noch erläutert. **304**

# B. Die Ansprüche auf Nutzungsherausgabe im Einzelnen

## I. Verschärfte Haftung auf Nutzungsherausgabe: § 987 I und § 990 I i. V. m. § 987 I

Nach Rechtshängigkeit, § 987 I, oder bei Bösgläubigkeit, § 990 I i. V. m. § 987 I, haftet der Besitzer auf Herausgabe der Nutzungen. Nutzungen sind gemäß § 100 die Früchte einer Sache (vgl. § 99) sowie die Gebrauchsvorteile. Soweit es sich um selbstständige Gegenstände (das sind dann die unmittelbaren Sachfrüchte) handelt, sind die Nutzungen in natura herauszugeben. **305**

**Beispiele:** Die Jungen eines Tieres, das Obst von Bäumen oder Steine aus einem Steinbruch.

Eine Nutzung liegt jedoch nur dann vor, wenn die Muttersache erhalten bleibt: Der Verbrauch, die Veräußerung und die Verarbeitung (gesetzlicher Eigentumserwerb) stellen keine Nutzung dar; sie sind jedoch schadensersatzfähig nach §§ 989, 990.

Fordert der Eigentümer der Muttersache Nutzungsersatz, ist zu beachten, dass sein Anspruch aus §§ 987, 990 auch dann gegenüber dem Besitzer fortbesteht, wenn dieser gemäß §§ 955 ff. Eigentum an den Früchten erworben hat. Die §§ 987, 990 korrigieren also den Eigentumserwerb nach §§ 955 ff., indem sie den Besitzer verpflichten, das an den Früchten erworbene Eigentum auf den Eigentümer der Muttersache zu übertragen. Hat der Eigentümer der Muttersache allerdings schon gemäß § 953 Eigentum an den Früchten erlangt, könnte er diese nach § 985 herausverlangen und benötigte dafür nicht den Anspruch aus §§ 987, 990. Nach den beim

Fruchterwerb in Rn. 261 dargelegten Grundsätzen empfiehlt es sich schon aus rechtspraktischen Gründen, den Anspruch aus § 987 f. mit dem Anspruch aus § 985 konkurrieren zu lassen.

306 **Vertiefung:** In der Literatur werden dazu verschiedene Auffassungen vertreten: Ein Teil möchte bei unmittelbaren Sachfrüchten, an denen der Grundstückseigentümer ohnehin nach § 953 berechtigt ist und Herausgabe aus § 985 verlangen kann, den Anspruch auf Nutzungsersatz gemäß § 987 f. versagen (u. a. Wieling, § 12 II a; Soergel/Stadler § 987 Rn. 3). Andere sehen hier eine echte Anspruchskonkurrenz, die Ansprüche seien nebeneinander anwendbar (Vieweg/Werner, § 8, Rn. 25; MüKo/Baldus, 6. Aufl. (2013), § 987 Rn. 19 ff.; bestätigend MüKo/Raff, 7. Aufl. (2017), § 987 Rn. 24 ff.). Diese letztgenannte Auffassung hat zur Folge, dass der Anspruch auf Herausgabe geht, wenn der unredliche Besitzer der Hauptsache auch die Früchte nicht redlich als Eigentum erwerben konnte, und auf „Übereignung" in den Fällen, in denen ein redlicher Fruchterwerb stattfand.

307 **Klausurhinweis für Fortgeschrittene:** Tatsächlich lassen sich für beide Ansichten Argumente finden. Geht es um unmittelbare Sachfrüchte, ist daher zunächst eine genaue Prüfung der §§ 953 ff. geboten. Scheitert der Erwerb des Besitzers an der fehlenden Redlichkeit, ist § 985 für die unmittelbaren Sachfrüchte jedenfalls vorrangig zu prüfen, da die Voraussetzungen geringer sind. Bei Herausgabeunvermögen gelten die §§ 275 ff.; die Haftung ist also wegen §§ 280 I, III, 283 BGB verschuldensabhängig, bis sich der Besitzer im Verzug befindet. Dann gilt über §§ 990 II, 287 S. 2 die verschärfte Haftung.

Können im Zwei-Personen-Verhältnis die Sachfrüchte noch herausgegeben werden, würde eine zusätzliche Prüfung des § 987 keine Privilegierung unterlaufen, weil Bösgläubigkeit oder Rechtshängigkeit hinzutreten müssen; sie wäre aber mit Blick auf das Ergebnis nicht weiterführend.

Regelmäßig kommt es erst im Drei-Personen-Verhältnis auf diese Frage an: Haftet gemäß § 991 I der redliche Oberbesitzer nicht, soll auch der unmittelbare Besitzer nicht nach § 987 haften, um die Privilegierung des gutgläubigen Oberbesitzers nicht durch einen Regress zu unterlaufen. In diesem Fall kommt der Herausgabe der unmittelbaren Sachfrüchte aus § 985 größere Bedeutung zu: Tritt die Trennung nämlich erst *nach Kenntnis* des Besitzmittlers ein, wird er auch die Sachfrüchte nicht gutgläubig gemäß §§ 957, 956 über die Aneignungsgestattung erwerben können (str., weil ein Teil der Literatur, z.B. PWW/Prütting, § 957, Rn. 3, die Vorschrift so liest, dass es für redlichen Fruchterwerb bei der Aneignungsgestattung nur auf den guten Glauben bei Überlassung der Muttersache ankommt). In diesem Fall gewährt § 953 dem Eigentümer der Muttersache das Eigentum an den unmittelbaren Sachfrüchten: Er kann die unmittelbaren Sachfrüchte gemäß § 985 herausverlangen, ohne die Wertung des gescheiterten § 987 zu unterlaufen. Dies ist Folge der dinglichen Zuordnung in den §§ 953 ff.

308 Gebrauchsvorteile, die nicht in natura herausgegeben werden können, sind entsprechend ihres objektiven Werts zu ersetzen. Der Eigentümer kann aber nur dann Nutzungsersatz verlangen, wenn ihm die Nutzungen gerade aufgrund seines Eigentums rechtlich zugewiesen sind.

**Fall 31:** E ist Eigentümer eines Gartengrundstücks, das er an Pächter P verpachtet hat. Nach Ablauf des Pachtvertrags weigert sich P, das Gartengrundstück zu räumen, und beruft sich dabei auf seine Kopie des Pachtvertrags, auf der eine längere Pachtzeit von ihm selbst im Wege einer Fälschung eingetragen wurde. E verklagt den P auf Herausgabe. Nach Zustellung der Klageschrift veranstaltet P weiterhin wöchentliche Verkaufsveranstaltungen auf dem Grundstück, bei denen er „Hausmannskost" verkauft. – Hier scheitert der Anspruch des Eigentümers E auf Nutzungsherausgabe nach Rechtshängigkeit, § 987 I, weil der Warenverkauf keine Nutzung ist, die dem Eigentum als solchem rechtlich zugewiesen ist, oder anders gesagt: Die Nutzungen des P ergeben sich nicht aus dem Grundstückseigentum, sondern aus dem Verkauf seiner Ware.

Anders verhielte es sich freilich, wenn das Gartengrundstück mit Apfelbäumen bepflanzt wäre und P regelmäßig sonntags Apfelkuchen mit den „frisch vom Baum gepflückten Bio-Äpfeln“ anbieten würde: Diese Früchte stehen grundsätzlich dem Grundstückseigentümer zu und müssten nach Ende des Besitzrechts des P und nach Rechtshängigkeit ersetzt werden.

Nur tatsächlich vom Besitzer gezogene Nutzungen werden von § 987 I erfasst. Nicht 309
gezogene Nutzungen können nicht herausgegeben werden. Allerdings darf der Besitzer die Sache auch nicht einfach brachliegen lassen: Hat der Besitzer es vorsätzlich oder fahrlässig unterlassen, die Nutzungen zu ziehen, ist er nach § 987 II ebenfalls ersatzpflichtig.

**Hinweis:** Mit der Herausgabepflicht des Besitzers nach § 987 II befasst sich auch Gursky, JZ 2005, 385 (387).

## II. Beschränkte Haftung auf Nutzungsherausgabe gemäß § 991 I

Grundsätzlich darf der gutgläubige, unverklagte Besitzer darauf vertrauen, dass er 310
den Besitz behalten und selbst die Nutzungen ziehen darf. Das Gesetz schützt ihn in seinem Vertrauen und macht ihn nicht für die Zeit vor Rechtshängigkeit oder Bösgläubigkeit haftbar, vgl. § 993 I, 2. Hs. Bei einer Besitzmittlungskette wird dieser Schutz nach § 991 I dem unmittelbaren Besitzer selbst dann noch gewährt, wenn er selbst bösgläubig, der Oberbesitzer aber gutgläubig ist.

**Beispiel und Vertiefung:** A hat ein vermeintlich ihm gehörendes Motorrad an B vermietet. In Wirklichkeit war aber noch immer E der Eigentümer. Dieser Umstand war A nicht bekannt. E teilt B, aber nicht dem A, mit, dass er Eigentümer sei. Damit ist zwar B, aber nicht A gemäß § 990 bösgläubig. Gleichwohl kann E nach § 991 I von B nicht die Herausgabe der aus dem Gebrauch des Motorrades gezogenen Nutzungen in Form des Mietzinses verlangen, solange A gutgläubig ist. Der Gesetzgeber wollte verhindern, dass A von B gemäß §§ 541, 537 regresspflichtig gemacht werden kann und dann trotz seiner Gutgläubigkeit haften müsste.

Bei unmittelbaren Sachfrüchten muss allerdings überlegt werden, ob sie der Eigentümer nicht gemäß § 985 herausverlangen könnte, falls der gutgläubige Fruchterwerb des Besitzers nach §§ 955 ff. gescheitert ist. Häufig wird dabei auch anzusprechen sein, welche Rolle die Kenntnis vor der Trennung in den Fällen des § 957 spielt, denn diese Konstellation liegt häufig dem Dreiecksverhältnis in § 991 I zugrunde.

Trotz Gutgläubigkeit haftet der Besitzer in zwei Fällen auch schon vor Rechtshän- 311
gigkeit:

**1. Wenn der gutgläubige Besitzer den Besitz unentgeltlich erlangt hat,** 312
**§ 988,** muss er schon vor Rechtshängigkeit die tatsächlich gezogenen Nutzungen nach den Vorschriften des Bereicherungsrechts herausgeben (§ 988). Diese Haftung wird durch das generell niedrigere Schutzinteresse des unentgeltlichen Erwerbs begründet, das sich auch schon in den Fällen des § 816 I S. 2 manifestiert hatte. Als Folge dieses Verweises in das Bereicherungsrecht kann sich der Besitzer auf Entreicherung gemäß § 818 III berufen.

313 **Vertiefung:** Der BGH wendet § 988 nicht nur auf den unentgeltlichen Besitzer an, sondern auch auf die Fälle, in denen der Besitz rechtsgrundlos war; diskutiert wird auch eine Anwendbarkeit von § 988 auf unwirksame Geschäfte. Der BGH bejaht etwa eine analoge Anwendung von § 988, wenn die Gegenleistung des unwirksamen Vertrags noch nicht erbracht wurde, denn dann ergebe sich eine vergleichbare Situation mit den Fällen, in denen der Besitzer die Sache unentgeltlich erlangt habe, vgl. MüKo/Raff, 7. Aufl. (2017), § 988, Rn. 6–10.

314 **2. Wenn der gutgläubige Besitzer Früchte im Übermaß zieht, § 993,** muss er diese herausgeben. Im „Übermaß" bedeutet dabei „über die Grenzen einer ordnungsgemäßen Wirtschaft hinaus", § 993 I: Auch der gutgläubige Besitzer darf den Besitz nicht über das gewöhnliche Maß hinaus ausnutzen. Wie schon im Fall des § 988 ist die Haftung durch den Verweis auf das Bereicherungsrecht durch § 818 III begrenzt.

## C. Die Ansprüche auf Schadensersatz

### I. Haftung nach §§ 989, 990

315 Die Haftung auf Schadensersatz unterliegt denselben Wertungen wie die Haftung auf Nutzungsersatz: Zum Schadensersatz soll der Besitzer nur verpflichtet sein, wenn er vom Eigentümer verklagt worden ist (§ 989) oder bösgläubig war (§ 990 I mit § 989). Die Vindikationslage muss im Zeitpunkt der *schädigenden Handlung* noch vorgelegen haben. Der Schaden kann in einer Verschlechterung der Sache, subjektiver Unmöglichkeit der Herausgabe durch den Besitzer oder der Zerstörung der Sachsubstanz bestehen. Das Verschulden (Vorsatz und Fahrlässigkeit, § 276) muss sich auf die Verschlechterung oder die Unmöglichkeit der Herausgabe beziehen.

316 **Vertiefung:** Die Belastung des Eigentums mit einem Recht steht der „Verschlechterung" der Sache gleich. Unter den Begriff „Sachuntergang" fällt neben dem Verbrauch der Sache auch, dass die Sache aufgrund gesetzlichen Eigentumserwerbs gemäß §§ 946 ff. ihre Eigenschaft als selbstständiges Rechtsobjekt verliert.

Die Formulierung des Gesetzgebers, dass die Sache „aus einem anderen Grund von ihm nicht herausgegeben werden kann", meint nur die subjektive Unmöglichkeit (Unvermögen) des Besitzers. Es spielt keine Rolle, ob ein Dritter in der Lage wäre, dem Eigentümer wieder den Besitz an der Sache zu verschaffen. Insofern können die Voraussetzungen gemäß § 990 auch in den Fällen vorliegen, in denen der Besitzer die Sache längerfristig an einen anderen verpachtet hat, vgl. MüKo/Raff, 7. Aufl. (2017), § 989, Rn. 4–6.

317 Für die Art und Weise der Schadensersatzleistung gelten die §§ 249 ff. Ersatzfähig sind nur solche Schäden, die mit der Verschlechterung oder mit der Unmöglichkeit der Herausgabe in einem inneren Zusammenhang stehen und daher unter den Schutzbereich der §§ 989, 990 fallen. Schäden, die nur entfernt an die Verschlechterung der Sache anknüpfen, sind dagegen nicht mehr nach den §§ 989, 990 ersatzfähig. Das gilt beispielsweise für Rechtsverfolgungskosten gegen Dritte (BGH NJW 1990, 909 [909 f.]).

**Hinweis:** Bei § 990 I kommt es in der Klausur auf die genaue Umsetzung des Wortlauts an. Für den Zeitpunkt des Besitzerwerbs gilt der Maßstab des § 932, sodass also auch grob fahrlässige Unkenntnis der Nichtberechtigung genügt. Hat der Besitzer seinen Besitz aber erst einmal gutgläubig erworben, schadet ihm *ausschließlich* positive Kenntnis (MüKo/Raff, 7. Aufl. 2017, § 990, Rn. 5 ff.). Nur ausnahmsweise, wenn er sich trotz deutlich vorhandener Hinweise absichtlich dem Wissen um die fehlende Berechtigung verschließt, soll dieser Mangel der positiven Kenntnis gleichgestellt werden (Palandt/Herrler, § 990, Rn. 5). 318

– **Haftungsmaßstab bei Besitzmittlungsverhältnis, § 991.** Der gutgläubige unmittelbare Besitzer haftet dem Eigentümer schon vor Rechtshängigkeit auf Schadensersatz, wenn er auch dem zwischengeschalteten mittelbaren Besitzer haften würde, § 991 II. 319

Diese Regelung ist besonders dann von Bedeutung, wenn in Mehrpersonenverhältnissen der unmittelbare Besitzer bezogen auf sein Besitzrecht gutgläubig ist, er sich aber trotzdem etwas zu Schulden kommen lässt. Sie steht in engem Zusammenhang mit der Einschränkung des § 990 I S. 2: Hatte der Besitzer zunächst einmal gutgläubig den Besitz erworben, schadet später nur noch positive Kenntnis. Daher könnte der Eigentümer selbst dann ohne Ansprüche gegen den unmittelbaren Besitzer bleiben, wenn der Besitzer schuldhaft die Sache zerstört. § 991 korrigiert diesen Mangel für die Fälle des abgeleiteten Besitzrechts: Wusste der unmittelbare Besitzer, dass er einem anderen gegenüber besondere Sorgfalt schuldet, kommt es letztlich nicht darauf, ob dieser andere der Eigentümer oder (bloß) der mittelbare Besitzer ist. Da der unmittelbare Besitzer gehalten war, sorgsam mit der Sache umzugehen, rechtfertigt sich auch hier die verschärfte Haftung.

**Beispiel:** Eigentümer E erhält einen Auftrag im Ausland und vermietet daher Student S die Erdgeschosswohnung seines Hauses. Im Obergeschoss befindet sich eine zweite, abgeschlossene Wohnung, die S laut Mietvertrag weder betreten noch sonst irgendwie nutzen darf. Nach zwei Monaten bricht S die obere Wohnung auf und vermietet sie an Kumpel K, dem er unter Vorlage eines per Scanner „korrigierten" Mietvertrags vorspiegelt, zur Untervermietung berechtigt zu sein. Kurz darauf verursacht K schuldhaft einen Brandfleck auf dem Teppichboden der oberen Wohnung. Als E zurückkehrt, muss der Teppich neu verlegt werden. – Wenn sich E hier an K halten möchte, scheitert zunächst ein Anspruch aus §§ 989, 990. Denn K war bei Erwerb des Besitzes in gutem Glauben, sodass später selbst fahrlässige Unkenntnis seines fehlenden Besitzrechts unschädlich wäre. K leitet jedoch sein Besitzrecht von S ab: Er wusste, dass er wenigstens gegenüber seinem Vermieter zum Schadensersatz verpflichtet war und musste daher mit der Sache sorgfältig umgehen. Hier kann E Schadensersatz gemäß § 991 II von K verlangen, weil K auch dem S gegenüber haften würde.

Der Anspruch des § 991 II steht stets dem Eigentümer zu (Palandt/Herrler, § 991, Rn. 3). Allerdings muss der Eigentümer die Haftungsbeschränkungen aus dem Grundverhältnis gegen sich gelten lassen: Haftet der „Mieter" nicht mehr gegenüber dem „Vermieter", weil die kurze Verjährung des § 548 greift, muss in Anwendung des Gesetzes der Anspruch des Eigentümers aus § 991 II scheitern. Allenfalls wäre zu diskutieren, ob sich dies auf den dinglichen Anspruch auswirken soll. Dagegen streitet auf den ersten Blick die Relativität der Schuldverhältnisse (im Beispielsfall ist Eigentümer E gerade nicht der Vermieter). Das wäre aber mit Blick auf 320

§ 991 II zu kurz gegriffen: Denn immerhin regelt diese Vorschrift die Haftung des gutgläubigen Fremdbesitzers. Sie verzichtet also auf die Privilegierung des redlichen Besitzers, wie sie sonst dinglichen Ansprüchen zugrunde liegt, zugunsten eines anderen Haftungsmaßstabs, nämlich dem Verhältnis, das den Fremdbesitz begründet hat. Daher darf dieser Maßstab aus dem Verhältnis zwischen Besitzmittler und Oberbesitzer nicht zugunsten des Eigentümers ausgeblendet werden.

**Vertiefung:** Zum redlichen Besitzmittler bei § 991 II Moebus/Schulz, JURA 2013, 189–198.

## II. Verschärfte Haftung des deliktischen Besitzers, § 992

321 Hat der Besitzer die Sache durch verbotene Eigenmacht (§ 858) oder durch eine Straftat (z. B. § 242 StGB) in seinen Besitz gebracht, sieht § 992 eine verschärfte Haftung vor. In diesem Fall verdient der Besitzer keinen Schutz und haftet in vollem Umfang nach §§ 823, 249 ff. Daneben tritt noch die Haftung nach § 848 für den zufälligen Untergang oder eine zufällige Verschlechterung der Sache. Die §§ 987 ff. bleiben daneben anwendbar. Als Rechtsgrundverweis stellt § 992 klar, dass die tatbestandlichen Voraussetzungen des § 823 hinsichtlich Vorsatz oder Fahrlässigkeit bei Begehen der verbotenen Eigenmacht oder der strafbaren Handlung vorgelegen haben müssen. Für die Verjährung gelten die §§ 195, 199, I, III, 852 (Palandt/Herrler, § 992, Rn. 4 m.w.N.).

**Hinweis:** Ist die verbotene Eigenmacht unverschuldet, tritt die verschärfte Haftung aus § 823 erst ein, wenn der Besitzer nach § 990 I S. 2 bösgläubig war oder verklagt worden ist. Die schuldlos begangene Eigenmacht reicht nicht aus, den ansonsten nach § 987 ff. geschützten gutgläubigen Eigenbesitzer während der Zeit seiner Gutgläubigkeit aus Delikt (§§ 823 ff.) haften zu lassen.

**Vertiefung:** Kempny, JuS 2008, 858–862.

# D. Besonderheiten des Besitzrechts und der Fremdbesitzerexzess

322 Auch wenn es sich hier schon um weiterführende Fragen handelt, soll zumindest kurz auf einige Spezialprobleme im Zusammenhang mit den §§ 987 ff. aufmerksam gemacht werden.

Grundsätzlich gilt, dass für alle Ansprüche des EBV die Vindikationslage, also Eigentum auf der einen und unberechtigter Besitz auf der anderen Seite, gegeben sein muss. Dennoch werden in der Literatur vor allem bei den Ansprüchen auf Nutzungs- und Schadensersatz mit Blick auf die Berechtigung des Besitzers weitere Anwendungsfälle erwogen, in denen entweder die Vindikationslage nicht vorliegt *oder* trotz bestehender Vindikationslage die Sperrwirkung des § 993 I a. E. (vgl. Rn. 304) durchbrochen werden soll.

## I. Besonderheiten des Besitzrechts

**1. Nicht-so-berechtigter Besitzer.** Denkbar ist zunächst der Fall, dass der Besitzer zwar ein Recht zum Besitz hat, grundsätzlich also die §§ 985 ff. wegen der fehlenden Vindikationslage nicht anwendbar wären, aber die „Grenzen" seines bestehenden Besitzrechts überschreitet, bzw. seine Befugnisse verkennt. Als Beispiel: 323

**Abwandlung von oben Fall 30:** Hauseigentümer und Vermieter V hat dem Mieter M eine Wohnung vermietet, der – unerlaubt – einen neuen Fußboden in der Wohnung verlegen lässt. V ist darüber nicht erfreut, weil der neue Fußboden im Vergleich zum alten leichter zu beschädigen ist und schon nach kurzer Zeit Abnutzungserscheinungen zeigt.

Hier liegt keine Vindikationslage vor, denn M ist als Mieter zum Besitz berechtigt. Er überschreitet aber sein Besitzrecht, indem er handwerkliche Maßnahmen mit dauerhafter Wirkung vornehmen lässt. Eine Mindermeinung (Zeuner, FS Felgenträger, 423 [430 f.]) möchte auch hier die §§ 987 ff. anwenden, weil der Fall, dass der Besitzer nicht in diesem Maße berechtigt ist, dem Fall, dass er gar nicht berechtigt ist, gleichstünde. Dann könnte V beispielsweise Ansprüche aus §§ 989, 990 gegenüber M geltend machen. Die herrschende Meinung vertritt hier allerdings die Auffassung, dass ein solcher Fall durch die vertraglichen und gesetzlichen Haftungsansprüche – etwa dem naheliegenden Anspruch aus Pflichtverletzung des Mietvertrags – hinreichend abgedeckt sei, und lehnt eine Anwendung der §§ 987 ff. zu Recht als überflüssig ab.

**Literatur und Klausurhinweis:** Für die herrschende Meinung u. a. BGH NJW 2002, 60 (61); MüKo/Raff, 7. Aufl. (2017), Vor §§ 987, Rn. 21 ff.; Bauer/Stürner, § 11, Rn. 27; der Streit ist im Wesentlichen zu ihren Gunsten entschieden, eine Erörterung in der Klausur sollte daher nicht zu lang ausfallen.

**2. Nicht-mehr-berechtigter Besitzer.** Hier sind zwei Konstellationen zu unterscheiden. Zum einen kann der Fall vorliegen, dass ein berechtigter Besitzer die Sache einem Dritten (beispielsweise zur Reparatur) überlässt, in der Zwischenzeit sein Besitzrecht gegenüber dem Eigentümer verliert und der Eigentümer die Herausgabe vom Dritten verlangt. Der BGH musste sich mit der Frage auseinandersetzen, ob der Dritte dann die Reparaturkosten gemäß der §§ 994 ff. als Verwendungsersatz auch vom Eigentümer verlangen kann. Das wurde im Ergebnis bejaht, um ein unbilliges Ergebnis zulasten des Dritten zu vermeiden, stieß jedoch als Billigkeitsrechtsprechung auch auf Kritik. Eine ausführliche Darstellung findet sich im Zusammenhang mit dem Verwendungsersatz und dem Pfandrecht bei Rn. 433 und 343. 324

Außerdem kann die Problematik des beendeten Besitzrechts im Zwei-Personen-Verhältnis – und zwar typischerweise mit Blick auf Schadensersatzansprüche – eine Rolle spielen. Das ist beispielsweise der Fall, wenn der Mieter nach Kündigung durch den Eigentümer/Vermieter, die Wohnung beschädigt. Das zunächst bestehende Besitzrecht des Mieters endet mit der Kündigung. Daher stellte sich die Frage, ob der nun nicht mehr berechtigte Besitzer wenigstens für Schäden, die er nach dem Ende des Besitzrechts verursacht hat, dem Eigentümer aus dem EBV haften sollte. 325

**Beispiel zu oben Fall 30:** Eigentümer und Vermieter V kündigt M den Mietvertrag zum 30. April. M benötigt für die Räumung der Wohnung länger, weil er seinerseits noch seinen Untermieter U zum Umzug bewegen muss. Mitte Mai verursacht M schuldhaft einen Wasserschaden in der Küche.

Wie beim Herausgabeanspruch des Eigentümers, der neben die schuldrechtlichen Herausgabeansprüche treten kann, ließe sich auch hier annehmen, dass die dinglichen Schadensersatzansprüche neben die vertraglichen treten könnten. Nach der noch herrschenden Meinung besteht für die Anwendung der dinglichen Schadensersatzansprüche aber zumindest dort kein Bedürfnis, wo das Vertragsrecht die Ansprüche abschließend regelt; der Eigentümer/Vertragspartner wird auf diese sowie die deliktischen Ansprüche verwiesen.

326 **Vertiefung und Literatur:** Diese Frage kann sich überhaupt nur in den Fällen stellen, in denen das Vertragsverhältnis, aus dem das Besitzrecht folgt, *ex nunc* endet, also regelmäßig nur in den Fällen des Rücktritts oder der Kündigung. Wäre der Vertrag mit Wirkung *ex tunc* etwa im Rahmen einer Anfechtung hinfällig geworden, hätte *von Beginn an* nie ein Besitzrecht bestanden!

Die noch herrschende Meinung variiert in der Begründung: Vertreter, die sich schon gegen eine Anwendung des Herausgabeanspruchs aus § 985 neben vertraglichen Ansprüchen wenden, verweigern erst recht die Anwendbarkeit dinglicher Haftungsansprüche neben bestehenden vertraglichen oder deliktischen Ansprüchen (Ranieri, JuS 2004, 53 [54]; Eckert, Rn. 217). Mit Blick auf den *Herausgabeanspruch* stellt diese Auffassung freilich eine Mindermeinung dar (vgl. Rn. 294 ff.).

Im Übrigen wird der Anspruch überall dort verneint, wo das Vertragsrecht die Haftung abschließend regelt und der Eigentümer verglichen mit seinen Rechten aus dem EBV keinen Nachteil erleidet. Für die Anwendung des EBV neben den vertraglichen und deliktischen Ansprüchen auf den Nicht-mehr-berechtigten Besitzer bestehe dann keine Notwendigkeit. (Roth, JuS 1997, 518, [522]; BGHZ 44, 241). Im Vordringen ist die Ansicht, dass sich jedenfalls dort, wo dies ausnahmsweise doch der Fall sei, die §§ 987 ff. zur Anwendung gelangen sollen (Palandt/Herrler, Vorb. § 987, Rn. 11 m. w. N.). Noch weiter gehen diejenigen, die anhand der Risikolage die Auffassung vertreten, dass es für den Eigentümer keinen Unterschied machen dürfe, ob das Besitzrecht nie bestanden habe oder beendet worden sei. Immerhin läge im Zeitpunkt des schädigenden Ereignisses kein Besitzrecht mehr vor und der Eigentümer habe daher das Recht, gegenüber jedermann vor Schäden geschützt zu werden (Heinrich, S. 169 f., dort schon als „herrschende Meinung" bezeichnet).

327 In der Klausur muss entsprechend bei der Vindikationslage das Besitzrecht geprüft, die Problematik des „Nicht-mehr-berechtigten-Besitzers" angesprochen und nach einer – kurz zu haltenden – Stellungnahme entweder mit der Minderheit ein Anspruch aus §§ 989, 990 (oder § 987) zusätzlich zu den vertraglichen Ansprüchen geprüft oder mit der anderen, früher vorherrschenden Meinung nach Verweis auf das zunächst bestehende Besitzrecht abgelehnt werden.

328 **3. Der Aufschwung-Exzess.** Dieser Fall stellt einen Sonderfall des „Nicht-so-berechtigten Besitzers" dar und liegt vor, wenn sich ein zunächst berechtigter Fremdbesitzer, etwa ein Entleiher, durch Änderung des Besitzwillens zum unrechtmäßi-

gen Fremdbesitzer aufschwingt, indem er zukünftig für sich selbst und nicht mehr für den anderen (in aller Regel den Eigentümer) besitzen möchte.

**Fall 32:** B hat von dem inzwischen im Ausland lebenden Eigentümer E einen Pkw gemietet und nutzt diesen als „Taxi". Für die Fahrten berechnet er ein lohnendes Entgelt. Der Mietvertrag ist wirksam, B ist rechtmäßiger Fremdbesitzer. Mit der Zeit ändert B freilich seine Meinung und beschließt, den Wagen zu behalten. Er zahlt auch keinen Mietzins mehr, woraufhin E den Vertrag kündigt. Bei einem von B verschuldeten Unfall wird der Pkw zerstört. Ansprüche des E?

Nach der Änderung des Besitzwillens ist B Eigenbesitzer. Stellt man diesen Fall dem unrechtmäßigen Besitz gleich, läge hier eine Vindikationslage vor, sodass E auch Ansprüche aus §§ 987 ff. geltend machen könnte. Allerdings lehnt die herrschende Lehre (Baur/Stürner, § 11, Rn. 27; Palandt/Herrler, Vorb. § 987, Rn. 13; Raiser, JZ 1961, 125–126) ebenso wie in den anderen Fällen des formal rechtmäßigen Besitzes eine Anwendung der §§ 987 ff. ab und verweist auf die Ansprüche aus § 823 I, die sich auch oben in Fall 32 als völlig ausreichend erweisen würden.

**Vertiefung:** Der BGH indes hat beim Aufschwung vom Fremd- zum Eigenbesitzer einen 329
Anspruch des Eigentümers aus §§ 987 ff. bejaht (BGHZ 31, 129–135), was mit Blick auf die übrigen Entscheidungen zum Nicht-so-berechtigten Besitzer wenig konsequent erscheint. Das Urteil war freilich stark vom damaligen Verjährungsrecht geprägt, nach dem wegen der kurzen Verjährung des § 852 die deliktischen Ansprüche bereits verjährt waren, die dinglichen aber noch nicht. Nach der Schuldrechtsmodernisierung bedarf es der Konstruktion einer Vindikationslage in ähnlich gelagerten Fällen nicht mehr, da der Eigentümer nach der Neufassung des Verjährungsrechts in §§ 195, 199 nun auch über seinen Anspruch aus § 823 zum Zuge käme.

**Erbenbesitz und Aufschwung-Exzess:** Ein weiteres Beispiel für den Aufschwung-Exzess stellt 330
der Aufschwung vom „ererbten" berechtigten Fremdbesitz zum unberechtigten Eigenbesitz dar. Da der Erbe kraft Fiktion in den Besitzstand des Erblassers eintritt, kommt es auf seinen Besitzbegründungswillen – zunächst – nicht an. Hat also der Erblasser zu Lebzeiten beispielsweise einen Computer aus dem brennenden Haus des Nachbarn gerettet und bei sich untergestellt, übernimmt der Erbe zunächst genau diesen für ihn fingierten Besitz: Er wird – aus der Geschäftsführung ohne Auftrag berechtigter – Fremdbesitzer. Veräußert er aber nun den PC an einen Dritten, handelt er als (unberechtigter) Eigenbesitzer. Hierin lässt sich durchaus auch ein Aufschwung-Exzess sehen, vgl. Gursky, Probleme EBV, 13. Problem.

## II. Der Fremdbesitzerexzess

Anders als beim Nicht-so-berechtigten Besitzer, bei dem ein Besitzrecht vorliegt, 331
das überschritten wird, ist für den echten Fremdbesitzerexzess gerade kennzeichnend, dass ein Besitzrecht *nicht* gegeben ist, der Besitzer aber glaubt, ein Recht zum Besitz zu haben. Der Besitzer ist daher regelmäßig gutgläubig.

**Fall 33:** B hat von E einen Pkw gemietet. Der Mietvertrag erweist sich jedoch als unwirksam, was B allerdings nicht weiß. Bei einem von B verschuldeten Unfall wird der Wagen völlig zerstört.

Unproblematisch wären zwar – wegen des objektiv fehlenden Rechts zum Besitz – die Anspruchsvoraussetzungen der §§ 987 ff. (Eigentum des E und unrechtmäßiger Besitz des B) gegeben. Ansprüche aus den §§ 989, 990 scheitern hier aber schon daran, dass B, wenn er auf den Vertrag vertraut hat, im guten Glauben und von E nicht verklagt war. Wegen der Sperrwirkung des § 993 I Hs. 2 käme daneben auch *keine* Haftung auf Schadensersatz aus anderen Gründen, etwa aus Delikt, zur Anwendung. E bliebe also ohne Ansprüche. Es stellt sich daher die Frage, ob nicht ausnahmsweise doch § 823 I anwendbar sein könnte. Das wird mit überzeugenden Argumenten in den Fällen des Fremdbesitzerexzesses ausnahmsweise anerkannt, weil kein Grund ersichtlich ist, warum der unberechtigte Besitzer (der Vertrag war unwirksam) besser stehen sollte als der berechtigte, der unzweifelhaft aus § 823 I haften würde: Bei Wirksamkeit des Mietvertrags hätte bereits die Vindikationslage gefehlt. Der Mieter haftet also ohne weiteres aus Pflichtverletzung oder aus Delikt auf Schadensersatz. Es ist kein Grund erkennbar, warum er ausgerechnet von der Unwirksamkeit des Vertrags profitieren sollte. Denn auch bei bestehendem Vertrag wäre er zum sorgsamen Umgang mit der fremden Sache angehalten gewesen.

332 **Vertiefung und Literatur:** Obwohl der Fremdbesitzerexzess den mit Abstand häufigsten klausurrelevanten Ausnahmefall zum Besitzrecht darstellt, ist seine Behandlung am einfachsten. Denn die Argumente der herrschenden Meinung, an die sich auch die obige Darstellung anlehnt, sind so schlagend, dass sich lange Ausführungen in der Regel erübrigen. In Hausarbeiten wird vom Bearbeiter freilich eine umfassendere Darstellung der Problematik erwartet. Umstritten ist dabei besonders die Frage, ob der Anspruch auf §§ 989, 990, auf §§ 991 II, 823 I (jeweils analog) oder auf § 823 direkt zu stützen ist. Diese Frage war einst für die Verjährung bedeutsam, hat aber nach der Schuldrechtsmodernisierung ihre Relevanz eingebüßt (vgl. Rn. 329). Für die analoge Anwendung der §§ 990 I, 989 mit dem Hinweis, der Besitzer sei einem bösgläubigen Besitzer gleichzustellen: Heck, § 69, 2; Schneider, MDR 1955, 718. Für eine entsprechende Anwendung des § 991 II: Baur/Stürner, § 11, Rn. 32, die daneben eine Anwendung des § 823 für möglich halten; Wieling § 12 III 4b. Für die letztlich herrschende Meinung, nach der sich die Haftung des unrechtmäßigen Fremdbesitzers aus § 823 ergibt: BGH NJW 1951, 643; BGHZ 24, 188, 196; MüKo/Raff, 7. Aufl. (2017), § 993, Rn. 15 f.; Prütting, Rn. 540 m. w. N. Eine umfassende Darstellung aller Ansichten bei Gursky, Probleme EBV, S. 64 ff. (11. Problem); ders., JZ 2005, 385; summarisch auch Roth, JuS 2003, 937. Insgesamt kritisch zur Rechtsfigur des Fremdbesitzerexzesses Wilhelm, JZ 2004, 650 (650).

333 Vorsicht ist geboten, wenn ein Dritter ein Besitzrecht von einem anderen als dem Eigentümer ableitet. Was unter den Studierenden häufig ebenfalls als „Fremdbesitzerexzess“ bezeichnet wird, ist in der Regel ein Drei-Personen-Verhältnis gemäß § 991 II. Der gute Glaube an das Besitzrecht wird dann bedeutungslos, wenn der unmittelbare Besitzer sich selbst jedenfalls ohnehin als Fremdbesitzer begreift und weiß, dass er daher zu besonderer Sorgfalt im Umgang mit der fremden Sache verpflichtet ist. Im Drei-Personen-Verhältnis ist daher stets und vorrangig an § 991 II zu denken, bevor der „Lückenschluss“ über die Theorien zum Fremdbesitzerexzess gesucht wird.

## E. Ergänzung durch Vorschriften des allgemeinen Schuldrechts

334 Das Eigentümer-Besitzer-Verhältnis ist ein gesetzliches Schuldverhältnis. Daher sind grundsätzlich die allgemeinen Vorschriften über Schuldverhältnisse auch auf die Schadensersatzansprüche des EBV anwendbar. So ist etwa bei den Ansprüchen gemäß § 989 f., soweit passend, an die §§ 276, 249 ff., 254, aber auch an die Verzugsregeln zu denken, sollte der Anspruchsgegner seiner Verpflichtung nicht nachkom-

men. Auf diesem Weg können dann auch Verzugs- und Rechtsverfolgungskosten berücksichtigt werden. Wichtig ist jedoch, erst zu klären, ob der Anspruch nach §§ 989, 990 wegen eines Schadens an der Sache entstanden ist (vgl. Rn. 315 f.). Wird dies bejaht, können die allgemeinen Vorschriften über Schuldverhältnisse flankieren.

**Hinweis:** Lässt sich ein Schaden an der Sache oder ein Herausgabeunvermögen nicht geltend machen, greifen zwar die §§ 989, 990 nicht. Liegt aber ein Fall der verzögerten Herausgabe vor, kann der Eigentümer unter den übrigen Voraussetzungen gemäß § 280 I, III und § 281 Schadensersatz statt der Leistung bezogen auf den Herausgabeanspruch aus § 985 verlangen, solange dadurch die Wertungen des Eigentümer-Besitzer-Verhältnisses nicht unterlaufen werden, vgl. Rn. 295.

## F. Weitere Ansprüche zugunsten des Eigentümers

Neben den Ansprüchen aus dem Eigentümer-Besitzer-Verhältnis ist der Eigentümer durch § 1004 geschützt. Da dieser Anspruch insbesondere beim Grundstückseigentum zum Tragen kommt, wird er in seiner Anwendung und vor allem in der strittigen Definition der Störung dort noch einmal aufgegriffen. Hier sollen in einem kurzen Überblick die Anwendungsmöglichkeiten des § 1004 nur so weit umrissen werden, dass sie in der mobiliarsachenrechtlichen Klausur nicht übersehen werden. 335

Anders als bei den Ansprüchen aus dem EBV muss der Anspruchsgegner nicht der (unrechtmäßige) Besitzer sein. Jeder andere, der das Eigentum beeinträchtigt, taugt als Anspruchsgegner des § 1004. Denn anders als etwa beim Herausgabeanspruch des Eigentümers richtet sich § 1004 nicht gegen die Vorenthaltung des Besitzes, sondern gegen eine Störung im Allgemeinen. Um zu stören, muss man aber nicht unbedingt Besitzer sein. Der Anspruch aus § 1004 I ist auf Beseitigung bzw. Unterlassung der Störung gerichtet. In analoger Anwendung kommt § 1004 auch bei Verletzung der von § 823 I und II geschützten Rechtsgüter und Rechte zum Tragen. 336

Bekannte **Beispiele** sind hier die Verletzung des allgemeinen Persönlichkeitsrechts durch die Medien und der Einwurf von Werbematerial in Briefkästen, aber auch der Schutz vor behördlichen Nachforschungen aufgrund falscher Anschuldigungen.

Die Abwehrrechte des § 1004 I in der sachenrechtlichen Anwendung setzen voraus, dass Eigentum durch die Störung eines anderen beeinträchtigt wird und diese Störung vom Eigentümer auch nicht zu dulden ist, § 1004 II.

**Hinweis:** Anspruchsberechtigter ist gemeinhin der Eigentümer, aber auch der Nießbraucher, 337
der Inhaber von Grunddienstbarkeiten, der Erbbauberechtigte und der Pfandrechtsgläubiger können durch § 1004 geschützt sein. Anspruchsgegner ist der Störer. Die wichtigste Voraussetzung ist natürlich, dass auch eine Störung vorliegt, die nach herrschender Ansicht in einer *positiven Einwirkung* bestehen muss (für die Unterscheidung zwischen „positiver", „negativer" und „ideeller" Einwirkung vgl. Rn. 499). Auch die Duldungspflichten des Eigentümers sind eng an das Grundstückseigentum geknüpft und können sich sowohl aus Ver-

trägen als auch aus gesetzlichen Vorschriften ergeben. Besonders bekannt ist hier § 14 BImSchG, dessen Anwendungsfelder in Einheit 15 noch besprochen werden.

Dringt der Anspruch durch, sind die Störungen zu unterlassen und störende Elemente zu beseitigen.

**Literatur:** *Armbrüster, Christina:* Eigentumsschutz durch den Beseitigungsanspruch nach § 1004 I S. 1 BGB und durch Deliktsrecht, NJW 2003, 3087–3090; *Bezzenberger, Tilman:* Der negatorische Beseitigungsanspruch und die Kosten der Ersatzvornahme, JZ 2005, 373–377; *Gurksy, Karl-Heinz:* Die neue höchstrichterliche Rechtsprechung zum Mobiliarsachenrecht – Teil 2, JZ 2005, 385–399; *Hönn, Günther:* Nutzungsherausgabe und Verwendungsersatz im Eigentümer-Besitzer-Verhältnis; JA 1988, 529–537; *Kempny, Simon:* Zum Verständnis und zur Prüfung des § 992 BGB, JuS 2008, 858–862; *Kiefner, Hans:* Der bösgläubige Besitzer, JA 1984, 189–195; *Metzler, Ewald:* Zwei Rechtsfragen bei Autovermietung an Minderjährige, NJW 1971, 690–691; *Moebus, Christine/Schulz, Patrick:* Die Haftung des redlichen Besitzmittlers nach § 991 II BGB, JURA 2013, 189–198; *Pinger, Winfried:* Die Rechtsnatur der §§ 987–1003 BGB, MDR 1974, 184–187; *Platschek, Johannes:* Eigentum – Früchte – Nutzungen: Das unverbrüchliche Substantialprinzip des BGB, JA 2009, 846–849; *Ranieri, Filippo:* Original-Referendarsexamensklausur – Bürgerliches Recht: Probleme des Eigentümer-Besitzer-Verhältnisses, JuS 2004, 53–56; *Raiser, Ludwig:* Anmerkung zu BGH JZ 1961, 124–125, JZ 1961, 125–126; *Roth, Herbert:* Das Eigentümer-Besitzer-Verhältnis, JuS 2003, 937–943; *Roth, Herbert:* Grundfälle zum Eigentümer-Besitzer-Verhältnis, JuS 1997, 518–522; *Schneider, Egon:* Ist § 989 BGB auf den gutgläubigen Fremdbesitzer vor Rechtshängigkeit anwendbar?, MDR 1955, 718–719; *Wilhelm, Jan:* Die Lehre vom Fremdbesitzerexzess, JZ 2004, 650–653; *Zeuner, Albrecht:* Zum Verhältnis zwischen Vindikation und Besitzrecht, in: Festschrift für Wilhelm Felgenträger zum 70. Geburtstag, Göttingen 1969, S. 423–431.

**Falllösung:** JuS 2004, 53; JuS 2010, 332; JuS 2011, 160; JuS 2011, 515; JuS 2011, 1100; JuS 2014, 1090; JuS 2016, 324; JuS 2016, 1002; JA 2011, 254; JA 2012, 575; JA 2012, 823; JA 2013, 425; JURA 2010, 450; JURA 2010, 852; JURA 2011, 871; JURA 2011, 943; JURA 2015, 276; ZJS 2008, 382; ZJS 2010, 357; ZJS 2012, 778; ZJS 2015, 75; ZJS 2015, 385; ZJS 2015, 587; ZJS 2017, 197.

# 10. Einheit – Verwendungsersatzansprüche des Besitzers. Konkurrenzen aus dem EBV

## A. Ersatz von Verwendungen

In der vorherigen Einheit wurde erklärt, welche Ansprüche der Eigentümer gegen den Besitzer aus dem EBV haben kann, wenn sich die Sache verschlechtert oder untergeht. Umgekehrt kann aber auch der Fall eintreten, dass der Besitzer die Sache unter Aufwendung eigener Kosten pflegt und verbessert. Dem tragen die §§ 994 ff. Rechnung, indem sie dem Besitzer Verwendungsersatz gewähren. 338

**Hinweis:** Das gilt wieder besonders für die Fälle, in denen der Besitzer aufgrund seiner Redlichkeit auch schützenswert ist. Ist der Besitzer bösgläubig oder verklagt, bestimmen sich seine Ersatzansprüche nur nach den Regeln der Geschäftsführung ohne Auftrag, § 994 II.

### I. Der Begriff der Verwendungen und Grundprinzipien des Ersatzes

Verwendungen sind „Aufwendungen" auf eine Sache. Der weiter gefasste Begriff der „Aufwendung" meint ein freiwilliges Vermögensopfer zur Erreichung eines bestimmten Zwecks (Wieling, § 12 V 2a). Verwendungen müssen der Sache unmittelbar zugutekommen und dem Eigentümer Vorteile durch Ersparung *eigener* Aufwendungen oder spätere Nutzungsmöglichkeiten bringen. Der vom Besitzer gezahlte Kaufpreis oder Miet- und Pachtzinsen scheiden als Verwendungen dagegen von vornherein aus, weil diese Leistungen nicht der Sache zugutekommen (BGH NJW 1980, 2245 [2247]; Vieweg/Werner, § 8, Rn. 33). 339

**Beispiele für Verwendungen** sind etwa das Anstreichen der Sache, Reparaturen, Einbauten von neuen Geräten wie z. B. einem Kettenschutz an einem Fahrrad, An- und Ausbauten an Gebäuden.

**Vertiefung und Literatur:** Nach dem weitgefassten Begriff der herrschenden Lehre sind Verwendungen *willentliche Vermögensaufwendungen*, die – zumindest auch – der Sache zugutekommen sollen und diese in ihrem Bestand erhalten, ihren Zustand verbessern (Palandt/Herrler, § 994, Rn. 2) oder ihre Zweckbestimmung ändern (Prütting, Rn. 555; str.). Allerdings ist zu beachten, dass die vollständige Umgestaltung einer beweglichen Sache, wenn sie danach etwa unter einer neuen Bezeichnung erscheint, keine Verwendung, sondern eine Verarbeitung darstellt (Wieling, § 12 V 2b). Gleichwohl herrscht in der Literatur die Auffassung vor, dass bei Grundstücken eine solche gänzliche Umgestaltung nicht möglich sei: Das Grundstück bleibe selbst dann dasselbe, wenn beispielsweise ein Haus darauf errichtet werde (Wieling, § 12 V 2b; MüKo/Raff, 7. Aufl. (2017), § 994, Rn. 10; Roth, JuS 2003, 937 [942]). Nach der enger gefassten Definition der Rechtsprechung fällt dagegen auch bei Grundstücken die „Umgestaltungsaufwendung" nicht mehr unter den Begriff der „Verwendungen" i. S. d. § 994 (BGHZ 41, 157 [160]). 340

Einigkeit herrscht auch darüber, dass Verwendungsersatzansprüche nach den §§ 994 ff. entfallen, wenn die aufgewendeten Gegenstände nicht wesentliche Bestandteile der Hauptsache werden und darum im Eigentum des Besitzers verblei 341 ben, der sie seinerseits bei Rückgabe der Hauptsache nach § 985 zurückverlangen kann. Zu beachten ist, dass bei Umarbeitung beweglicher Sachen eventuell der Verarbeiter nach § 950 Eigentum erwirbt. Dann entfällt eine Verwendung. Der Besitzer erwirbt Eigentum, muss aber nach § 951 Ersatz für die Bereicherung leisten.

342 Die Verwendungen müssen vom Besitzer vorgenommen werden. Das bedeutet aber nicht, dass er sie selbst durchführen muss. Beauftragt der Besitzer z. B. einen Handwerker und kommt am Ende auch für die Kosten auf, ist ihm, da er die finanzielle Last der Verbesserung der Sache getragen hat, die Leistung des Handwerkers als eigene Verwendung zuzurechnen.

**Hinweis:** Aufgrund derselben Wertung wird die Leistung eines anderen dem Besitzer ebenfalls zugerechnet, wenn der Besitzer Ansprüche aus § 812 (Leistungskondiktion) auf Herausgabe oder Wertersatz (§ 818 II) gegen ihn geltend machen kann. Ist beispielsweise der Vertrag mit einem Handwerker unwirksam gewesen, hat der Besitzer dennoch in die Verwendungen auf die Sache investiert und ist dafür ausgleichsberechtigt, vgl. Giesen, ZJS 2014, 505.

343 Für den Verwendungsersatzanspruch muss ein EBV im Zeitpunkt der Vornahme der Verwendung vorliegen. Daher sind auch für den Verwendungsersatz Problemfälle des Besitzrechts zu klären.

**Hinweis:** Erinnert sei an den Nicht-mehr-berechtigten-Besitzer im Drei-Personen-Verhältnis. Hier lässt die Rechtsprechung ein EBV im Zeitpunkt des Herausgabeverlangens genügen und löst damit das Problem, das zunächst ein abgeleitetes Besitzrecht vorlag:

**Beispiel und Vertiefung:** Mieter M bringt sein von E gemietetes Motorrad in die Werkstatt des W. Dies sah der Mietvertrag auch so vor. W nimmt die erforderliche Reparatur vor. Da M den Mietzins nicht mehr entrichtet, kündigt E den Mietvertrag. Wenn nun E das Motorrad nach § 985 herausverlangt, kann sich W nicht mehr auf ein von M abgeleitetes Besitzrecht berufen. Möchte er nun den Verwendungsersatz von E verlangen, läge eigentlich im Zeitpunkt der Verwendung (noch) kein EBV vor. Hier korrigiert der BGH das für den Unternehmer ungünstige – und letztlich unbillige – Ergebnis (BGHZ 34, 122; BGHZ 131, 220). Weite Teile der Literatur haben diese „Billigkeitsrechtsprechung" unter anderem mit der Begründung abgelehnt, dass keine Gründe dafür ersichtlich seien, warum der besitzende Werkunternehmer bessergestellt sein sollte als der nicht besitzende Werkunternehmer, vgl. MüKo/Raff, 7. Aufl. (2017), Vor §§ 987, Rn. 18; beachtenswert auch BGH NJW 1969, 606 (606 f.).

Da diese Konstellation auch unter der Problematik „gutgläubiger Erwerb eines gesetzlichen Pfandrechts" (hier: Werkunternehmerpfandrecht) diskutiert wird, ist darauf im Zusammenhang mit den Sicherungsrechten noch einmal zurückzukommen: Ab Rn. 428 ff. wird dann im Vertiefungshinweis die Entscheidung detailliert besprochen (Rn. 432).

344 Wie weit Verwendungsersatz dann in Folge des EBV zugestanden wird, hängt wieder von der Redlichkeit des Besitzers ab. So beschränkt § 994 II den Ersatzumfang für die Fälle, in denen der Besitzer bösgläubig oder verklagt war.

## II. Die zu unterscheidenden Arten von Verwendungen

345 Das Gesetz unterscheidet notwendige (§ 994) und nützliche (§ 996) Verwendungen. Beide sind von den sogenannten „Luxusaufwendungen" abzugrenzen.

**1. Notwendige Verwendungen, § 994,** sind solche, die bei vernünftiger wirtschaftlicher Betrachtungsweise objektiv zur Erhaltung oder ordnungsgemäßen Bewirtschaftung der Sache erforderlich sind. Davon ist in der Regel dann auszugehen, wenn auch der Eigentümer selbst die Verwendung hätte vornehmen müssen. 346

**Beispiele:** Notwendige Verwendungen sind Reparaturen, das Zahlen von Versicherungsprämien, Fütterungskosten für ein Tier oder die Zahlung von Gebühren und Abgaben, die auf der Sache lasten (§ 995).

**Hinweis:** Wie die Beispiele zeigen, fallen auch die notwendigen Erhaltungskosten („Fütterung eines Tieres") unter die notwendigen Verwendungen (Prütting, Rn. 551). Zu beachten ist in diesem Zusammenhang jedoch, dass sie gemäß § 994 I S. 2 nur beschränkt ersatzfähig sind, wenn sie „gewöhnliche Erhaltungskosten" darstellen (vgl. Rn. 350).

**2. Nützliche Verwendungen, § 996,** sind solche, die zwar nicht notwendig sind, aber den Wert der Sache erhöhen und ihre Gebrauchsfähigkeit steigern. 347

**Beispiele:** Bereitstellung von Single-Küchen in einer Mietwohnung, Einbau eines Autoradios, etc.

**Hinweis:** Eine Übersicht der verschiedenen Meinungen zu notwendigen und nützlichen Verwendungen finden Sie bei Hähnchen, JuS 2014, 877–882.

**3. Luxusaufwendungen** sind solche, die weder den Wert einer Sache objektiv erhöhen noch dem Eigentümer von Nutzen sind. 348

## B. Verwendungsersatzansprüche des redlichen oder unverklagten Besitzers

Für die Anwendung der Verwendungsersatzansprüche ist sowohl nach der Art der Verwendung als auch der Redlichkeit des Besitzers bzw. der Rechtshängigkeit der Streitsache zu unterscheiden. Für alle Verwendungsersatzansprüche ist das Vorliegen einer Vindikationslage im Zeitpunkt der Verwendungsvornahme notwendig. Die Rechtsprechung hat in bestimmten Fällen auf den Zeitpunkt der Geltendmachung abgestellt (vgl. Rn. 343 und ausführlich Rn. 435). 349

### I. Ersatz der notwendigen Verwendungen, § 994

Gemäß § 994 I S. 1 kann der redliche Besitzer (§ 990 I) Ersatz für alle notwendigen Verwendungen verlangen. Eine Begrenzung auf eine mögliche Werterhöhung sieht das Gesetz für *notwendige* Verwendungen des redlichen Besitzers nicht vor. Ersetzt werden indes nicht die gewöhnlichen Erhaltungskosten i. S. d. § 994 I S. 2 wie Fütterungs- oder Inspektionskosten, wenn der Besitzer auch die Nutzungen aus dieser Zeit behalten darf, vgl. §§ 987 ff. Nur wenn der Besitzer auf die Nutzungen verzichten muss, kann er gemäß § 994 I S. 2 Ersatz für die gewöhnlichen Erhaltungskosten verlangen. Diese Einschränkung wird vor allem in den Fällen des unentgeltlichen Besitzes relevant, da hier der Besitzer gemäß § 988 die Nutzungen herausgeben muss. 350

351 **Beispiel:** Der gutgläubige Besitzer eines Pkws kann nicht Ersatz der normalen Inspektionskosten verlangen, weil er seinerseits die Gebrauchsvorteile behalten darf, es sei denn, er besäße den Pkw unentgeltlich. Anders läge der Fall, wenn stattdessen der Motor defekt geworden wäre und zu befürchten stünde, dass der Schaden auch die restliche Substanz des Wagens unbrauchbar macht. Dann stellt der Einbau eines neuen Motors eine notwendige Verwendung dar, die eben nicht mehr zu den gewöhnlichen Erhaltungskosten gehört. Hier könnte der redliche Besitzer Ersatz für den Einbau des neuen Motors gemäß § 994 I S. 1 verlangen.

## II. Ersatz der nützlichen Verwendungen, § 996

352 Gemäß § 996 kann der redliche und unverklagte Besitzer außerdem Ersatz der nützlichen Verwendungen verlangen. Ersatz ist aber nur in der Höhe zu leisten, in der die Wertsteigerung bei Wiedererlangung durch den Eigentümer noch gegeben ist (so auch Prütting, Rn. 554).

## III. Das Wegnahmerecht gemäß § 997

353 Eng verbunden mit dem unten erläuterten Ersatz von Luxusverwendungen, aber nicht allein auf diesen Fall beschränkt, ist das Wegnahmerecht des § 997. Da sachändernde Maßnahmen zumindest nach Ansicht des BGH keine Verwendung darstellen, und je nach vertretener Ansicht selbst der redliche Besitzer keinen Wertersatz erhält, wenn die objektive werterhöhende Maßnahme dem Eigentümer nicht nützlich ist, kann § 997 auch in diesen Fällen weiterhelfen.

354 Das Wegnahmerecht umfasst dabei ein Abtrennungs- und Aneignungsrecht von Sachen, die der Besitzer als wesentlichen Bestandteil mit einer bestimmten Sache verbunden hatte. Wird die vom Besitzer eingebrachte Sache allerdings nicht wesentlicher Bestandteil der Hauptsache, passt § 997 nicht. Als einfacher Bestandteil ist die Sache Gegenstand selbstständiger Rechte und damit im Eigentum des Besitzers geblieben: Er kann sie also einfach behalten. Ist die Verwendung wesentlicher Bestandteil der Hauptsache geworden, kann der Besitzer die Sache nur dann abtrennen und sich aneignen, wenn kein Ausschlussgrund gemäß § 997 II dagegen spricht. Das wäre etwa der Fall, wenn die Abtrennung keinen Nutzen für ihn hat, der Eigentümer die Abtrennung durch Wertersatz verhindert oder die Voraussetzungen des § 994 I S. 2 vorliegen. In § 997 II zwar nicht ausdrücklich genannt, aber allgemein anerkannt ist der Ausschluss des Wegnahmerechts in den Fällen, in denen die Hauptsache bei der Abtrennung zerstört oder irreparabel beschädigt würde.

## IV. Ersatz von Luxusaufwendungen

355 Bei Luxusverwendungen ist zu unterscheiden: Ist die Luxusaufwendung gar nicht erst wesentlicher Bestandteil der Hauptsache geworden, bleibt sie im Eigentum des Besitzers und muss von ihm nicht herausgegeben werden. Wurde die Luxusaufwendung dagegen wesentlicher Bestandteil der Sache, bleibt auch der redliche oder unverklagte Besitzer auf sein Wegnahmerecht gemäß § 997 I beschränkt. Er muss aber das Risiko in Kauf nehmen, dass ihn die Ausschlussgründe des § 997 II an der An-

eignung hindern. Hier kann allerdings das Recht des gesetzlichen Eigentumserwerbs weiterhelfen: Erwirbt der Eigentümer der Hauptsache die vom Besitzer eingebrachte Verwendung gemäß §§ 946, 947 II, sollen dem Besitzer zudem die Ausgleichsansprüche aus § 951 S. 1 zugutekommen. Dann kann der Besitzer auch Wertersatz für Luxusaufwendungen verlangen.

**Hinweis:** Bei Luxusverwendungen des redlichen/unverklagten Besitzers, die wesentlicher Bestandteil der Sache werden, muss der Eigentümer möglicherweise gemäß § 951 Ersatz leisten, obwohl er selbst solche Verwendungen nicht vorgenommen hätte. Dieser Gesichtspunkt wird dann noch einmal für die Einschränkungen des § 1001 relevant (vgl. Rn. 359).

Auch neben den anderen Ansprüchen auf Verwendungsersatz sollen die §§ 946, 947 II mit der Folge der §§ 951, 812 fortgelten. Dem Besitzer steht dann ein Wahlrecht zwischen beiden Ersatzwegen zu.

## C. Ansprüche des unredlichen/verklagten Besitzers

Auch hier muss im Zeitpunkt der Verwendung eine Vindikationslage gegeben sein.

### I. Notwendige Verwendungen

Der verklagte oder unredliche Besitzer kann gemäß § 994 II für notwendige Ver- 356
wendungen nur unter den Voraussetzungen der Geschäftsführung ohne Auftrag (GoA) Ersatz verlangen. Demzufolge hat der unredliche oder verklagte Besitzer lediglich dann einen Anspruch auf Verwendungsersatz, wenn die Verwendungen dem Interesse und dem wirklichen oder mutmaßlichen Willen des Eigentümers entsprechen, §§ 994 II, 683, 670. Für die anderen Fälle wird auf die Rechtsfolgen des Bereicherungsrechts verwiesen, §§ 994 II 2, 684, 818.

### II. Nützliche Verwendungen und Luxusverwendungen

Nimmt der unredliche/verklagte Besitzer nützliche Verwendungen oder Luxusver- 357
wendungen vor, bleibt er auf sein Wegnahmerecht gemäß § 997 beschränkt.

## D. Die Geltendmachung der Verwendungsersatzansprüche

Möglicherweise hat der Besitzer umfangreiche Verwendungen auf die Sache ge- 358
macht, die der Eigentümer zu ersetzen hätte, ohne dass er zuvor Einfluss auf die Vornahme der Verwendung hatte. Das Gesetz hat daher die Ersatzpflichten des Eigentümers in § 1001 beschränkt:

## I. Die Geltendmachung des Anspruchs nach Genehmigung durch den Eigentümer oder dessen Besitzerlangung, § 1001

359 Grundsätzlich kann der Eigentümer die Verwendungen genehmigen. Bei der Genehmigung erklärt sich der Eigentümer willentlich mit der vom Besitzer vorgenommenen Verwendung einverstanden und muss daher nicht mehr geschützt werden. In diesem Fall kann der Besitzer die ihm zustehenden Ersatzansprüche regelmäßig geltend machen, vgl. § 1001 S. 1. Schon vor Genehmigung kann der Besitzer seine Ansprüche geltend machen, wenn der Eigentümer den unmittelbaren Besitz erlangt hat. In diesem Fall kommt der Eigentümer mit dem Besitz unmittelbar in den Genuss der Verwendungen, sodass eine Haftung gerechtfertigt erscheint.

**Hinweis:** Zu der Wertung dieser Bestimmung ließen sich auch andere Auffassungen vertreten. Hat der Besitzer eine aus Sicht des Eigentümers sinnlose Luxusverwendung vorgenommen, mutet es zumindest fragwürdig an, dass den Eigentümer Pflichten zum Verwendungsersatz schon treffen, wenn er die Sache herausverlangt. Denn es kann dem Eigentümer ja nicht grundsätzlich empfohlen werden, die Sache so lange wie möglich in den Händen des unrechtmäßigen Besitzers zu lassen, nur um nicht in den Genuss von dessen Luxusverwendungen kommen zu müssen.

Im Fall eines (unfreiwilligen) gesetzlichen Eigentumserwerbs der Luxusaufwendung durch den Eigentümer der Hauptsache greift auf der Rechtsfolgenseite des § 951 immerhin der Grundsatz der aufgedrängten Bereicherung korrigierend ein.

360 Er kann sich jedoch, solange er nicht genehmigt hat, von der Ersatzverpflichtung durch Rückgabe der Sache an den Besitzer befreien (§ 1001 S. 2). Um den Eigentümer nicht für unabsehbare Zeit im Ungewissen darüber zu lassen, ob und in welcher Höhe Verwendungsersatzansprüche auf ihn zukommen, sieht § 1002 I einen Monat nach Herausgabe beweglicher Sachen und sechs Monate nach Herausgabe von Grundstücken den Ausschluss der Verwendungsersatzansprüche vor.

**Hinweis:** Zur Rechtsnatur des Verwendungsanspruchs Gies, ZJS 2016, 436 ff.

## II. Ansprüche bei Besitzer- oder Eigentümerwechsel

361 Wechselt der Besitzer, geht der Verwendungsanspruch nach § 999 I auf den neuen Besitzer über, soweit der neue Besitzer den Besitz durch Gesamtrechtsnachfolge (z. B. Erbschaft) oder durch ein rechtsgeschäftliches Veräußerungsgeschäft erlangt hat. Die Höhe des Verwendungsersatzanspruchs ist unabhängig davon, welches Entgelt der neue Besitzer an den alten Besitzer für den Besitzerwerb gezahlt hat.

Wechselt dagegen der Eigentümer, tritt nach § 999 II der neue Eigentümer in die Haftung des alten Eigentümers ein. Das gilt auch dann, wenn die Verwendungen auf die Sache vor seinem Eigentumserwerb gemacht worden sind. Die nach § 999 I und II übergegangenen Ansprüche bestehen jedoch nur in demselben Umfang, wie sie zugunsten des Vorbesitzers bzw. gegen den alten Eigentümer bestanden haben.

### III. Zurückbehaltungs- und Befriedigungsrecht des Besitzers

Als Ausgleich für diese Beschränkungen bei Geltendmachung seiner Ansprüche hat der Gesetzgeber Rechtsbehelfe zugunsten des Besitzers in § 1000 und § 1003 vorgesehen: 362

**1. Das Zurückbehaltungsrecht gemäß § 1000** ermöglicht dem Besitzer noch vor Fälligkeit des Verwendungsersatzanspruchs eine Zurückbehaltung der Sache bis er im Hinblick auf seinen Verwendungsersatz befriedigt ist.

**Hinweis:** Hier zeigt sich in aller Deutlichkeit, warum Zurückbehaltungsrechte nicht einem „Recht zum Besitz“ gleichzustellen sind: Wollte man nämlich § 1000 als „Recht zum Besitz“ lesen, gäbe es mit Vornahme der ersten Verwendung keine Vindikationslage mehr. Denn dafür ist gerade das *fehlende* Besitzrecht Voraussetzung. Die Folge wäre, dass der besitzende Verwender keinen Ersatzanspruch gemäß §§ 994, 996 mehr gegen den Eigentümer geltend machen könnte. Die Rechtsanwendung würde sich gewissermaßen im Kreise drehen. Daher kann mit Blick auf die gesetzliche Systematik das Zurückbehaltungsrecht des § 1000 nicht als „Recht zum Besitz“ verstanden werden (vgl. Rn. 292).

**2. Das Verwertungsrecht gemäß § 1003** ermöglicht es dem Besitzer, unter Einhaltung der Voraussetzungen des ersten Absatzes Befriedigung durch Verwertung in Form des erzielten Erlöses zu erhalten.

**Abschließender Fall zur Einübung und Vertiefung:**

**Fall 34:** Das Tierheim vermittelt der Rentnerin B eine Angorakatze, die der Vorbesitzer angeblich ausgesetzt hat. In Wahrheit hatte aber die kleine Tochter des Tierheimleiters die Katze in einem Vorgarten gesehen und mit einem Schälchen Sahne angelockt, weil sie diese „so süß“ fand. Der Tierheimleiter hatte sich nicht die Mühe gemacht, den wahren Sachverhalt zu ermitteln. 363

Gegen die Entrichtung einer Gebühr nimmt B die Katze mit. Nach kurzer Zeit ist die Katze bei ihr heimisch und ihr „ein und alles“. Sie füttert und pflegt sie. Durch die gute Behandlung wird die Katze zusehends vitaler; B nimmt mit ihr sogar erfolgreich an Katzenschönheitswettbewerben teil. Nach einiger Zeit erkrankt die Katze an einer Infektion, die vom Tierarzt 1 behandelt werden muss. Um die Gesundheit der Katze zu fördern, bestellt B außerdem ein teures Vitaminpräparat, das die Immunabwehr der Katze stärken soll. Zu Weihnachten schenkt sie ihrem kleinen Liebling noch ein Perlenhalsband.

Als die Katze erneut erkrankt, ist Tierarzt 1 im Urlaub. B sucht daher dessen Urlaubsvertretung, Tierarzt 2, auf. Dieser erkennt aufgrund seiner Unterlagen und alter Röntgenbilder in der Katze die „Dolores“ der Familie F wieder, die ihr vor einem Jahr abhandengekommen war. Welche Rechte hat B, wenn F die Katze herausverlangt (B verlangt Ersatz für die Tierarztkosten, das Futter, das Vitaminpräparat und das Perlenhalsband)?

**Hinweis zum Einstieg:** Gemäß § 90a werden Tiere wie Sachen behandelt, sofern nichts anderes bestimmt ist. F kann als Eigentümerin also einen Anspruch aus § 985 gegen B geltend machen, wenn sie das Eigentum nicht zuvor ihrerseits an das Tierheim oder an B verloren hat. In beiden Fällen scheitert aber ein gutgläubiger Erwerb am Abhandenkommen. B wiederum kann kein von F abgeleitetes Besitzrecht geltend machen und muss die Sache herausgeben.

Wenn B die Katze herausgeben muss, ist ein Ausgleich zwischen ihrem Interesse auf Wertersatz und der Dispositionsfreiheit der Eigentümerin F zu suchen. F hätte der Katze kein teures Vitaminpräparat zukommen lassen, auch auf das Perlenhalsband hätte sie dankend verzichten können. Nun möchte sie nicht auch noch dafür bezahlen. Für B wiederum ist es schmerzlich genug, sich von ihrem „kleinen Liebling“ zu trennen. Sie möchte wenigstens Ersatz für all das Gute, dass sie der Katze – und damit indirekt der Familie F, die ja nun ein gepflegtes Tier zurückerhält – hat zukommen lassen.

Der Gesetzgeber löst das Problem, indem er zwischen den verschiedenen Arten der Verwendungen differenziert. Die Kosten der Tierarztbehandlung aufgrund der akuten Erkrankung (nicht etwa eine Routineuntersuchung) stellen eine notwendige Aufwendung i. S. d. § 994 I S. 1 dar, die zum Erhalt der „Sache“ erforderlich war. Dafür kann B Verwendungsersatz gemäß § 994 I S. 1 verlangen, weil sie bei Vornahme der Handlung im guten Glauben war. Das Futter fällt dagegen unter „gewöhnliche Erhaltungskosten“, § 994 I S. 2, die der B nur erstattet werden könnten, wenn sie unentgeltlich besäße, § 988, oder ihr ohnehin keine Nutzungen verblieben wären. Hier hatte die B aber eine Gebühr entrichtet und außerdem mit der Katze an Wettbewerben erfolgreich teilgenommen, sodass sie für die Zeit, in der ihr die Nutzungen verblieben sind, keinen Ersatz für das Futter verlangen kann. Das Vitaminpräparat ist eine nützliche Aufwendung i. S. d. § 996. Eine gestärkte Immunabwehr des Tieres nutzt auch der F, selbst wenn diese Maßnahme medizinisch nicht notwendig war. Hier steht der B, da sie gutgläubig war, ebenfalls Verwendungsersatz zu.

Fraglich wäre allerdings, ob der „erhöhte Wert der Sache“ noch zu dem Zeitpunkt gegeben war, als F die Katze wiedererlangte. Immerhin könnte dem entgegengehalten werden, dass die Katze erneut erkrankt war. Hier wird sich jedoch kaum ein Kausalzusammenhang zwischen einer mangelnden Wirksamkeit des Vitaminpräparats und der Erkrankung herstellen lassen. B könnte, unterstützt durch den Hersteller des Präparats, argumentieren, dass die Katze ohne die Vitamine vielleicht noch schneller krank geworden wäre, auch wenn ein dahingehender Beweis nur mit Mühe zu führen sein dürfte. Finden sich Argumente für eine noch vorhandene Werterhöhung (gesteigerte Abwehrkräfte), müsste F auch diese Kosten ersetzen. Ohne festzustellende Werterhöhung scheitert der Anspruch der F dagegen. Hierin zeigt sich ein wichtiger Unterschied zwischen dem Ersatz für notwendige Verwendungen (die nämlich die tatsächlich angefallenen Kosten, § 994 I S. 1 umfassen) und dem Ersatz für rein nützliche Verwendungen (§ 996): Nur, wenn der Wert der Sache für den Eigentümer erhöht ist, dringt der Anspruch überhaupt durch.

Im Übrigen ist die von B an das Tierheim entrichtete Gebühr von vornherein nicht als Verwendung ersatzfähig, da sie nicht der Sache zugutekommt.

Wie verhält es sich mit dem Perlenhalsband? Wenn überhaupt, könnte darin bloß eine Luxusaufwendung zu sehen sein, die F nicht vorgenommen hätte. Von einem Wegnahmerecht gemäß § 997 I könnte B nur dann Gebrauch machen, wenn die aufgewendete Sache wesentlicher Bestandteil der Hauptsache geworden wäre. Das ist hier aber nicht der Fall, der Rückgriff auf § 997 I ist daher überflüssig: Das Halsband ist natürlich ohne weiteres von der Katze zu trennen. Daher ist B stets Eigentümerin des Halsbandes geblieben. Der Anspruch der F aus § 985 auf Herausgabe der Katze erstreckt sich also gar nicht erst auf das Perlenhalsband. Die B kann es behalten.

**Abwandlung zu oben Fall 34:** B hatte schon im Tierheim erkannt, dass die Katze F gehörte. 364

In der Abwandlung ist B bösgläubig. Für die notwendige Verwendung in Form der Tierarztkosten kann sie darum nur Ersatz nach Maßgabe der GoA verlangen, §§ 994 II, 683, 670. Es ist daher zu fragen, ob die Tierarztbehandlung dem Interesse und dem mutmaßlichen oder wirklichen Willen der Eigentümerin F entsprach. Davon ist wohl auszugehen, sodass B diese Kosten selbst im Fall der Bösgläubigkeit ersetzt bekommt.

Bei der nützlichen Verwendung in Form des Vitaminpräparats bleibt die B im Fall der Bösgläubigkeit dagegen auf ihr Wegnahmerecht beschränkt. Dabei zeigen sich die Grenzen des Anspruchs aus § 997 I: In dem Verzehr der Vitamine ist ein klassischer Fall des Verbrauchs zu sehen; die verwendete Sache ist nicht mehr vorhanden. B könnte daher nur Ansprüche aus ungerechtfertigter Bereicherung geltend machen (Konkurrenzen siehe unten). Dann wäre allerdings zu berücksichtigen, dass es sich hier um eine der F von B aufgedrängte Bereicherung handeln könnte.

**Hinweis:** Im Fall der Gutgläubigkeit von B war dieses Problem gar nicht aufgetreten: Ihr Anspruch aus § 996 auf Verwendungsersatz der nützlichen Aufwendung (Vitaminpräparat für gestärkte Immunabwehr) war unabhängig von der Beschaffenheit der verwendeten Sache. Es ging ja nicht um die Wiederbeschaffung der verwendeten Sache, sondern von vornherein nur um den Wertersatz. Wichtig war allein, dass der „Wert" der Katze aufgrund des gepflegten Zustands noch im Zeitpunkt der Herausgabe erhöht war. Vereinfacht könnte man sagen: Das Wegnahmerecht knüpft an die verwendete Sache und deren Wiederbeschaffung, der Verwendungsersatz an den positiven Effekt der verwendeten Sache und ihren Wertersatz an.

Bezüglich des Perlenhalsbandes ändert sich durch die Bösgläubigkeit der B nichts: Da es nicht mit der Katze als wesentlicher Bestandteil verbunden war, bleibt die B Eigentümerin und kann es behalten.

## E. Konkurrenzen des Eigentümer-Besitzer-Verhältnisses

Da nun alle Ansprüche aus dem EBV bekannt sind, sollen abschließend die wichtigsten Konkurrenzen aufgezeigt werden. Grundsätzlich stellen die §§ 987 ff. eine abschließende Regelung dar, sofern es um Schadensersatz, Nutzungen und Verwendungen geht. Die herrschende Meinung lässt aber folgende Ausnahmen zu: 365

### I. Grundsatz: Ausschluss des Deliktsrecht, §§ 823 ff. durch § 993 I Hs. 2

Eine Anwendung der §§ 823 ff. scheitert wegen der Sperrwirkung des § 993 I Hs. 2 immer dann, wenn die Voraussetzungen des EBV vorliegen. Nur, wenn sich der Besitzer durch verbotene Eigenmacht oder strafbare Handlung in den Besitz der Sache gebracht hat und somit die Voraussetzungen des § 992 vorliegen, ist der Anwendungsbereich des § 823 eröffnet. 366

**Hinweis:** Die grundsätzliche Sperrung der §§ 823 ff. wird im Übrigen schon durch diesen Verweis des § 992 auf das Deliktsrecht indiziert, da gesetzessystematisch nur dann verwiesen werden muss, wenn sich die Anwendbarkeit nicht von selbst versteht.

Eine Ausnahme bildet allein der Anspruch aus § 826, der wegen seines besonderen Unrechtsgehalts als Schutznorm vor sittenwidrigem Handeln unbeeinträchtigt bleiben soll. Die herrschende Meinung lässt außerdem in den Fällen des Fremdbesitzerexzesses weitere Ausnahmen zu, vgl. oben, Einheit 9, D. II.

### II. Ersatzansprüche bei Veräußerung oder Verbrauch neben den §§ 989, 990

367 Anwendbar sind Ansprüche aus dem Bereicherungsrecht wegen Veräußerung (§ 816) und Verbrauchs (§ 812 I S. 1 2. Alt.) auf Erlösauskehr; das folgt schon daraus, dass es dafür keine Anspruchsgrundlage aus dem EBV gibt. Die bereicherungsrechtlichen Ansprüche fungieren dann als Rechtsfortwirkungsansprüche aus dem ursprünglichen Eigentum. Auch die Ansprüche aus § 687 II (unechte GoA; angemaßte Eigengeschäftsführung) und § 826 (rechtsethischer Durchbruch) bleiben unberührt.

### III. Ansprüche aus ungerechtfertigter Bereicherung, §§ 812 ff. für Nutzung und Verwendungsersatz

368 Hier ist zwischen Nutzungs- und Verwendungsersatz zu unterscheiden. Bei *Nutzungsersatzansprüchen* wird einhellig die Ansicht vertreten, dass die §§ 987 ff. als abschließende Regelung die §§ 812 ff. verdrängen. Auch die *Verwendungsersatzansprüche* der §§ 994 ff. stellen nach wohl herrschender Meinung eine abschließende Regelung dar, neben der das Bereicherungsrecht nicht mehr anwendbar ist.

369 **Vertiefung:** Das ist mit Blick auf die Verwendungsersatzansprüche umstritten. Denn der Vorrang der §§ 994 ff. soll selbst dann gelten, wenn Verwendungsersatzansprüche aufgrund des engen Verwendungsbegriffs der Rechtsprechung nicht mehr durchgreifen. Ein Teil der Literatur (MüKo/Raff, 7. Aufl. (2017), § 996, Rn. 13; Medicus/Petersen, Rn. 895 ff.) hält eine Lösung über die §§ 812 ff. indes für möglich, der Eigentümer könne schließlich über die Grundsätze der aufgedrängten Bereicherung geschützt werden. Der zuletzt genannten Ansicht sollte zumindest in den Fällen gefolgt werden, in denen die Verwendung verbraucht wurde. Insgesamt erhellend zu der Problematik: Verse, Verwendungen im Eigentümer-Besitzer-Verhältnis, 1999.

### IV. GoA

370 Auch die GoA tritt hinter den Sonderregeln der §§ 987 ff. zurück. Möglich ist deren Anwendung nur, wenn die Inbesitznahme einer Sache im Rahmen einer berechtigten GoA erfolgte. Diese gibt dem Eigentümer dann ein Recht zum Besitz, sodass ein EBV gar nicht erst vorliegt. Die Konkurrenzen berühren nicht die gesetzlichen Verweise auf die GoA, z. B. in § 994 II.

Allerdings bleibt die angemaßte Eigengeschäftsführung (unechte GoA) nach § 687 II stets unberührt, da der unredliche Geschäftsführer keine Privilegierung verdient.

**Vertiefung:** Zu der Reichweite der Sperrwirkung des EBV in Bezug auf Besitzdiener: Magnus, NJW 2017, 1201.

**Literatur:** *Giesen, Lennart:* Überblick über die Streitstände beim Verwendungsersatz im EBV, ZJS 2014, 505–513; *Giesen, Lennart:* Die Durchsetzbarkeit der Verwendungsansprüche im EBV, ZJS 2016, 436–442; *Hähnchen, Susanne:* Notwendige und nützliche Verwendungen im EBV, JuS 2014, 877–882; *Magnus, Robert:* Subjektive Grenzen der Sperrwirkung des Eigentümer-Besitzer-Verhältnisses, NJW 2017, 1201–1206; *Roth, Herbert:* Das Eigentümer-Besitzer-Verhältnis, JuS 2003, 937–943.

**Für Weiterdenker:** *Verse, Dirk:* Verwendungen im Eigentümer-Besitzer-Verhältnis, Tübingen 1999.

**Falllösung:** JuS 2012, 815; JA 2013, 747; JA 2015, 581; JA 2016, 494; ZJS 2016, 329; ZJS 2017, 52.

# 11. Einheit – Eigentumsvorbehalt und Anwartschaftsrecht

## A. Einführung: Sicherungsrechte an beweglichen Sachen

371 Im heutigen Wirtschaftsverkehr wird die Kaufsache häufig schon vor vollständiger Zahlung des Kaufpreises an den Erwerber übergeben. Dies gilt gerade auch für den Versandhandel oder bei Ratenzahlungsvereinbarungen. Damit geht der Verkäufer allerdings das Risiko ein, dass er den Besitz an der Sache zwar aufgegeben hat, der Kaufpreis aber vielleicht niemals vollständig gezahlt wird. Er braucht also eine Sicherheit für den Fall, dass der Käufer seiner Pflicht zur Kaufpreiszahlung nicht nachkommt. Diese Sicherheit gewährt ihm der Eigentumsvorbehalt, der dem Verkäufer das Eigentum an der Sache „erhält", bis der Kaufpreis vollständig bezahlt ist. Beim Eigentumsvorbehalt handelt es sich um ein sogenanntes Kreditsicherungsrecht. Der Verkäufer gewährt insofern einen „Kredit", als er die Sache bereits vor Empfang der Gegenleistung (Kaufpreiszahlung) an den Käufer übergibt, er leistet also vor.

**Hinweis und Literatur:** Es handelt sich um einen sogenannten Warenkredit (Bülow, Rn. 722): Die Vorleistung des Käufers besteht in der Übergabe der Ware. Davon zu unterscheiden sind Geldkredite, bei denen die Vorleistung des Darlehensgebers im Auszahlen des Geldes besteht (Bülow, Rn. 7 f., vgl. auch zur Darlehenssicherung durch Sicherungsübereignung unten, Fall 35).

372 Der Eigentumsvorbehalt kann jedoch nur die konkrete Kaufpreisforderung zu der bereits übergebenen Sache sichern:

**Beispiel:** Verkäufer V verkauft Kunde K ein Motorrad gegen Ratenzahlung und übergibt es sofort. Erfolgt der Kauf unter Eigentumsvorbehalt, kann V Eigentümer des Motorrads bis zur vollständigen Kaufpreiszahlung bleiben, § 449. Gesichert wird dadurch nur die mit der Kaufsache verbundene Kaufpreisforderung.

373 Der Eigentumsvorbehalt passt nicht für andere zu sichernde Kreditgeschäfte. Der Wirtschaftsverkehr erfordert aber Kreditsicherheiten nicht nur an gestundeten Kaufpreiszahlungen oder bei Ratenvereinbarungen, sondern gerade auch für Geldkredite wie das Darlehen:

**Fall 35:** Kunde K will ein Darlehen über 10 000 € bei der B-Bank aufnehmen. Damit ist freilich weder ein Kauf noch eine Kaufpreisforderung oder eine Kaufsache verbunden. Der Eigentumsvorbehalt passt also nicht, wenn es darum geht, die B-Bank als Gläubigerin zu sichern. Eine Sicherheit für die B-Bank muss daher auf andere Art und Weise bestellt werden. In Betracht zu ziehen wäre die Bestellung einer Personalsicherheit (etwa einer Bürgschaft) oder einer Realsicherheit (beispielsweise einer Hypothek) an einer im Eigentum des K stehenden Sache.

374 Auch ein Gläubiger (wie in Fall 35 die B-Bank), der einem Schuldner einen Geldkredit einräumt, hat ein Interesse daran, die Forderung für den Fall der Zahlungsunfähigkeit des Schuldners abzusichern. Denn wird der Schuldner insolvent, bleibt den nicht abgesicherten Gläubigern nur die Quote an der nach Befriedigung der

gesicherten Gläubiger verbliebenen Insolvenzmasse. Geldkredite können grundsätzlich durch Real- oder Personalsicherheiten abgesichert werden. Bei Personalsicherheiten haftet eine dritte Person (beispielsweise ein Bürge oder ein Gesamtschuldner) für die Erfüllung der Forderung. Wird der Schuldner insolvent, muss der Dritte in die Haftung eintreten und die Forderung in Höhe der geleisteten Sicherheit begleichen. Personalsicherheiten sind jedoch mit Nachteilen verbunden: Der Schuldner ist bei der Einwerbung eines Darlehens abhängig von einem Dritten, der sich zur Übernahme der mit finanziellen Risiken verbundenen Haftung bereit erklären muss. Auch auf Gläubigerseite beinhaltet eine Personalsicherheit wie die Bürgschaft Gefahren: Tritt bei dem Bürgen ebenfalls Zahlungsunfähigkeit ein, ist der Gläubiger in der letzten Konsequenz ungeschützt. Realsicherheiten können eine Forderung stattdessen dadurch sichern, dass dem Gläubiger vorteilhafte Sachenrechte an einer Sache gewährt werden. Das können Eigentumsrechte, aber auch „reine" Verwertungsrechte wie die Hypothek oder die Grundschuld sein.

**Hinweis:** Das Eigentum als Sicherungsrecht sichert den Gläubiger der Darlehensforderung zwar in erster Linie dadurch, dass er die Sache als Eigentümer durch Veräußerung verwerten kann, erschöpft sich aber nicht darin. Bleibt die Forderung unbeglichen, kann der mittels Eigentum gesicherte Gläubiger entscheiden, ob er die Sache veräußert, vermietet oder einfach selbst behält. Verwertungsrechte wie die Hypothek oder die Grundschuld ermöglichen dagegen nur die Veräußerung gegen Geld zum Zweck der Tilgung der finanziellen Forderung. 375

Realsicherheiten haben den Vorteil, dass es der Schuldner in vielen Fällen selbst in der Hand hat, bewegliche Sachen von bestimmtem Wert zur Sicherheit zu übereignen oder unbewegliche Sachen mit Verwertungsrechten zu belasten. Da eine Sache in ihrem Bestand zudem unabhängig von der Insolvenz des Schuldners und durch die Sicherungsrechte des Gläubigers aus der Insolvenzmasse ausgesondert ist, bietet die Realsicherheit auch dem Gläubiger Vorteile. Dafür birgt die Realsicherheit andere Risiken. Bleibt die Sache im Besitz des Schuldners, ist ihr Untergang ebenso zu befürchten wie ein möglicher gutgläubiger Erwerb Dritter. Während diese Problematik bei den einzelnen Sicherungsrechten noch zu erörtern bleibt, kann hier zunächst festgehalten werden, dass Sachenrechte als Kreditsicherheiten im Wirtschaftsverkehr häufig gegenüber der personengebundenen Haftung bevorzugt werden. 376

Da der Eigentumsvorbehalt nur die jeweilige Kaufpreisforderung sichern kann, war für die Sicherung von Darlehen ein weiteres Rechtsinstitut erforderlich, das es ermöglichte, einen vom Kaufvertrag unabhängigen Kredit mit einer vom Wert her geeigneten Sache zu sichern. Der Gesetzgeber hat Realsicherheiten für Darlehensforderungen unter anderem in Form der Grundstückshypothek vorgesehen. 377

Doch auch bewegliche Sachen können Darlehensforderungen sichern: In den §§ 1204 ff. ist das Pfandrecht an beweglichen Sachen geregelt. Der Kreditgeber zahlt das Darlehen aus; der Kreditnehmer hinterlässt eine bewegliche Sache als Pfand (sogenanntes „Faustpfand" oder Vertragspfandrecht, vgl. Rn. 428). Die wirtschaftliche und rechtliche Entwicklung hat dieses vom Gesetzgeber geschaffene Institut gleichwohl überholt. Das Erfordernis, den unmittelbaren Besitz an der Sache dem Kreditgeber zu überlassen, enthob den Kreditnehmer der Möglichkeit, weiter mit 378 der Sache zu wirtschaften und erhöhte damit die Wahrscheinlichkeit, dass die Forderung gerade nicht beglichen werden konnte.

**Fall 36:** Fabrikant F benötigt dringend einen Kredit über 150 000 €. Als Sicherheit bietet er der B-Bank seine neu erworbene Computeranlage an. Gemäß dem vom Gesetzgeber vorgesehenen Pfandrecht müsste er die Anlage nun der B-Bank übergeben. Weder kann die B-Bank alle Sicherungsgegenstände der Kunden horten noch wäre es für den F von Vorteil, die Datenverarbeitung wieder manuell zu betreiben.

In der Praxis hat die Sicherungsübereignung das Pfandrecht daher abgelöst. Dem Kreditgeber wird das Eigentum an der Sache in Form des § 930 übertragen. So kann der Kreditnehmer weiterhin im Besitz der Sache bleiben, während der Kreditgeber Eigentum erwirbt (ausführlicher zum Pfandrecht und zur Sicherungsübereignung Rn. 428 und Rn. 436).

**Fortsetzung von Fall 35:** K hätte also seinen Kredit bei der B-Bank sichern können, indem er ihr eine Hypothek auf sein Grundstück oder eine Sicherungsübereignung seiner Computeranlage anbietet. Lässt sich die B-Bank auf eine Sicherungsübereignung ein, kann K ihr die Anlage gemäß § 930 übereignen. Die Bank wird Eigentümerin der Anlage. K kann sie aber weiterhin nutzen, weil die B-Bank für die Übereignung gemäß § 930 nur den mittelbaren Besitz an der Sache erlangen muss; K kann unmittelbarer Besitzer bleiben.

## B. Der Eigentumsvorbehalt

379 Die Interessenlage beim Eigentumsvorbehalt ist eingangs schon umrissen worden: Der Verkäufer, der die Kaufsache bereits vor vollständiger Kaufpreiszahlung an den Käufer übergibt, braucht eine Sicherheit für den Fall, dass der Käufer später zur Begleichung der Kaufpreisforderung nicht willens oder nicht in der Lage ist. Der Eigentumsvorbehalt als Sicherung einer Kaufpreisforderung hat eine schuldrechtliche und eine sachenrechtliche Seite.

### I. Die schuldrechtliche Seite: Der Vorbehaltskauf

380 Dem vorbehaltenen Eigentum liegt ein sogenannter Vorbehaltskauf zugrunde. Erfolgt der Kauf unter Stundung der Kaufpreiszahlung, kann sich der Verkäufer das Eigentum vorbehalten, § 449 I. Die Gegebenheiten sind zunächst dieselben wie beim einfachen Kaufvertrag: Der Verkäufer verpflichtet sich zur Übergabe und zur Übereignung der Sache; der Käufer ist verpflichtet, den Kaufpreis zu zahlen. Der Vorbehaltskauf ist aber dadurch gekennzeichnet, dass die Kaufpreisforderung nicht sogleich bezahlt wird, sondern bis zu einem bestimmten Termin gestundet oder stattdessen eine Ratenzahlung vereinbart wird. Wie beim einfachen Kauf bleibt der Verkäufer zur Übereignung *verpflichtet;* sie wird aber an die Bedingung vollständiger Kaufpreiszahlung geknüpft, §§ 449, 158 I.

381 Gemäß § 449 II kann der Verkäufer vom Kaufvertrag zurücktreten. Von diesem Rücktrittsrecht kann er besonders dann Gebrauch machen, wenn der Käufer seiner Zahlungspflicht dauerhaft nicht nachkommt. Bei Zahlungsverzug muss er zunächst eine Nachfrist setzen.

**Hinweis:** Ist der Kaufpreis wenigstens teilweise gezahlt, kann der Verkäufer nur vom Vertrag zurücktreten, wenn er an der Teilleistung kein Interesse hat, § 323 V S. 1. Das ist jedenfalls dann anzunehmen, wenn die Kaufsache nicht teilbar ist und der gezahlte Betrag den Wert der Sache nicht annähernd deckt. Steht nur noch ein unerheblicher Rest der Kaufpreisforderung aus, ist der Rücktritt grundsätzlich ausgeschlossen, § 323 V S. 2. Die Rückgriffsmöglichkeiten des Eigentümers auf die Kaufsache sind dementsprechend gering, denn ein Interesse an der Teilleistung wird regelmäßig anzunehmen sein. Besonders eingeschränkt sind die Rücktrittsmöglichkeiten des Verkäufers, wenn er den Abzahlungskauf mit einem Verbraucher vereinbart hat (sogenannter Konsumentenkredit). Hier gelten wegen § 508 S. 1 für den Rücktritt die besonderen Voraussetzungen des § 498. In der Fallbearbeitung kann zudem § 508 S. 5 von Bedeutung sein: Die Wegnahme der Sache „gilt" als Rücktritt (unwiderlegliche Vermutung). Zu den weiterführenden Fragen in dem Zusammenhang gehört die Diskussion, ob im Anwendungsbereich von § 508 S. 5 ein Rücktrittsgrund entbehrlich sei. Hier wird man jedoch mit der herrschenden Lehre annehmen dürfen, dass die Vermutung allenfalls die Erklärung ersetzt. Prüfungsrelevant ist auch, wann die Vorschrift analog auf Zwangsvollstreckungsmaßnahmen angewandt werden darf: Bereits bei Pfändung oder erst bei Wegnahme durch den Gerichtsvollzieher? Rechtsfolge des Rücktritts (auch in Form des § 508 S. 5) ist jedenfalls, dass der Verbraucher den Kaufpreis nicht mehr schuldet und Anspruch auf Rückzahlung der geleisteten Raten hat. Im Gegenzug muss er dem Unternehmer (hier als Begriff des Verbraucherrechts) möglicherweise Nutzungsersatz leisten. Mit weiteren Nachweisen Palandt/Weidenkaff, § 508, Rn. 6 ff.; Schultheiß, JuS 2017, 628; Janal/Marschner, JURA 2017, 367. 382

Der Eigentumsvorbehalt stellt eine empfangsbedürftige Willenserklärung dar: Er muss vom Verkäufer erklärt werden und dem Vorbehaltskäufer zugehen. Nur unter Kaufleuten kann bei Branchenüblichkeit die Erklärung auch stillschweigend erfolgen. Üblich ist die Erklärung des Eigentumsvorbehalts in den AGB des Verkäufers. Für die Verwendung von AGB gilt, wie auch sonst, dass sie dem Vertragspartner auf zumutbare Weise zugehen müssen, vgl. §§ 130, 305. Klauseln über den Eigentumsvorbehalt unterliegen der allgemeinen Inhaltskontrolle gemäß § 307. Angesichts der Häufigkeit von Vorbehaltseigentum im Warenverkehr sind sie dagegen nicht als überraschende Klausel i. S. d. § 305c anzusehen. 383

**Vertiefung:** Denkbar wäre auch der Ausschluss des Eigentumsvorbehalts durch AGB des Käufers, der zumindest dann nicht gegen § 307 verstoßen soll, wenn der Käufer von einer Vielzahl von Lieferanten Waren bezieht, die nicht ohne erheblichen Aufwand gesondert gelagert werden könnten und der Eigentumsvorbehalt die Lieferanten ohnehin nur unzureichend absichern würde, weil die Ware zügig an Barzahler weiterveräußert würde (so etwa für die Einkaufsbedingungen eines Supermarkts BGHZ 78, 305 = NJW 1981, 280). In anderen Fällen dürfte der Ausschluss nach § 307 unwirksam sein, da er mit der gesetzlichen Bestimmung insofern nicht in Einklang steht, als dort die unbedingte Übereignung nur Zug-um-Zug mit der Barzahlung vorgesehen ist, nicht aber bei Stundung des Kaufpreises oder bei Ratenzahlung.

## II. Die sachenrechtliche Seite: Die aufschiebend bedingte Übereignung

Auf der sachenrechtlichen Seite steht eine Übereignung der Kaufsache unter der aufschiebenden Bedingung vollständiger Kaufpreiszahlung. Für die Voraussetzungen der Übereignung gemäß § 929 bedeutet das: Die Übergabe erfolgt sogleich mit dem Kauf; der Käufer erlangt unmittelbaren Besitz an der Sache. 384

Die Einigung über den Eigentumsübergang auf den Käufer – der dingliche Vertrag – wird, wie schon angedeutet, unter aufschiebender Bedingung gemäß § 158 I erklärt. Solange die Bedingung der vollständigen Kaufpreiszahlung nicht erfüllt ist, bleibt der Verkäufer Eigentümer der Sache. Erst wenn der Kaufpreis vollständig bezahlt und die Bedingung erfüllt ist, wird die Übereignung wirksam.

**385** Auch in der dinglichen Einigung muss der Eigentumsvorbehalt erklärt werden. Die Anforderungen an diese Erklärung sind indes höher, wenn der Eigentumsvorbehalt nicht bereits im Verpflichtungsgeschäft vorgeplant war: Der Vorbehaltskäufer soll davor geschützt werden, dass sich der Verkäufer überraschend erst bei der Übereignung überlegt, dass er sich das Eigentum eigentlich vorbehalten möchte. Ist der Eigentumsvorbehalt im Kaufvertrag schon vereinbart worden, genügt bei der dinglichen Einigung eine konkludente Erklärung beispielsweise durch stillschweigende Annahme der Sache durch den Käufer.

**386** Sieht der Kaufvertrag dagegen keinen Eigentumsvorbehalt vor, ist grundsätzlich die Lieferung als unbedingte Übereignung zu würdigen. Dies folgt aus der zuvor ebenfalls unbedingten Verpflichtung zur Übereignung aus dem Kaufvertrag. Allerdings gibt das Abstraktionsprinzip dem Verkäufer die Möglichkeit, seine Erklärung zur dinglichen Einigung doch noch mit der Bedingung vollständiger Kaufpreiszahlung zu verknüpfen, solange die Übergabe noch nicht vollzogen wurde. Erklärt der Vorbehaltsverkäufer spätestens bei Übergabe den Eigentumsvorbehalt, bleibt dem Erwerber nur die Möglichkeit, die Sache anzunehmen und damit konkludent der bedingten Einigung zuzustimmen oder die Annahme unter dieser Bedingung zu verweigern. Dazu wäre der Käufer wegen der Abweichung zum abgeschlossenen Kaufvertrag zwar berechtigt; er hätte dann aber weder die Sache noch ein Anwartschaftsrecht erlangt. Daher wird die Auslegung (§§ 133, 157) regelmäßig ergeben, dass der Käufer wenigstens bedingtes Eigentum erwerben möchte. Voraussetzung ist allerdings, dass die Erklärung des Verkäufers über den Eigentumsvorbehalt dem Erwerber auch spätestens bei Übergabe zugeht. Dies ist auch durch Aufnahme des Eigentumsvorbehalts in AGB möglich. Doch auch diese müssen dem Erwerber in zumutbarer Weise zugehen!

**Hinweis:** Ob diesem Erfordernis bei der Erklärung eines Eigentumsvorbehalts auf der Rückseite eines Lieferscheins Genüge getan wurde, ist fraglich, kann aber angenommen werden, wenn Käufer und Verkäufer nicht das erste Mal zueinander in Geschäftsverbindungen getreten sind und die Lieferung unter Eigentumsvorbehalt zuvor bereits üblich war. Ein allgemeiner Handelsbrauch oder eine allgemeine Verkehrssitte, dass der Kauf ohne Bezahlung stets unter Eigentumsvorbehalt erfolge, besteht dagegen ebenso wenig wie eine allgemeine Prüfpflicht des Lieferscheins auf neue Vertragsbedingungen. Dagegen wird es zumutbar sein, die Verkaufsbedingungen durchzugehen.

**387** Durch den Eigentumsvorbehalt entsteht zwischen Vorbehaltskäufer und Verkäufer ein Besitzmittlungsverhältnis gem § 868: Der Vorbehaltskäufer ist bis zum Bedingungseintritt unmittelbarer Fremdbesitzer, der dem Vorbehaltsverkäufer den Besitz an der Sache mittelt.

**Vertiefung:** Was geschieht, wenn der Vorbehaltsverkäufer nach bereits erfolgter Übergabe und damit abgeschlossener unbedingter Übereignung doch noch einen Eigentumsvorbehalt erklären möchte? Rein sachenrechtlich betrachtet ist das Verfügungsgeschäft mit der Übereignung vollzogen, der Erwerber hat (unbedingtes) „Volleigentum" erworben. Daher kann der Verkäufer einen solchen – eigentlich zu spät erklärten – Eigentumsvorbehalt nur noch mithilfe des Erwerbers verwirklichen. Die Rechtsprechung nimmt in diesem Fall an, dass der Erwerber die Sache zunächst wieder an den Verkäufer gemäß §§ 929 S. 1, 930 zurückübereignet. Es muss also eine entsprechende dingliche Einigung des Erwerbers vorliegen! Danach könne der Verkäufer sie erneut, diesmal nach Maßgabe der §§ 929 S. 2, 158 I – und somit bedingt – an den Käufer übereignen. Die herrschende Lehre möchte stattdessen einen einzigen Übereignungsakt annehmen, in dem der Erwerber das um das Anwartschaftsrecht gekürzte und somit auflösend bedingte Eigentum an den Veräußerer zurückübertrage (§§ 929 S. 1, 930, 158 II BGB). Das auf den ersten Blick praktisch erscheinende Modell der Literatur hat allerdings den Nachteil, dass die durch den Vorbehaltsverkäufer auf diese Weise erlangte Rechtsposition als Sicherungseigentum verstanden werden könnte: Er hätte dann im Fall der Insolvenz nur ein Absonderungsrecht, kein Aussonderungsrecht, wie es das Vorbehaltseigentum gewährt. Daraus erklärt sich auch der scheinbar umständlichere Weg der Rechtsprechung, der es so immerhin gelingt, den Vorbehaltseigentümer rechtlich ebenso stark zu sichern wie im Fall des anfänglich vereinbarten Eigentumsvorbehalts. 388

## C. Das Anwartschaftsrecht: Problem und Inhalt

Wenn der Eigentumsübergang unter der Bedingung vollständiger Kaufpreiszahlung erfolgen soll, sind in der Praxis zwei Fälle denkbar: Der Erwerber bezahlt einige Zeit später den Kaufpreis komplett und wird dann sofort Eigentümer. Oder der Erwerber „nähert" sich der Eigentümerschaft durch nach und nach erfolgten Abtrag der Kaufpreisschuld an, indem er Rate um Rate bezahlt. Das ist der Regelfall. Dann dauert es natürlich eine Weile, bis die Bedingung erfüllt ist – der Erwerber kommt seinem Ziel, Eigentümer zu werden aber beständig näher. Er leistet ja auch etwas dafür. 389

In diesem Zusammenhang drängt sich natürlich die Frage auf, wie weit der Vorbehaltsverkäufer, der ja noch das Eigentum an der Sache hat, nach dem Vorbehaltskauf über die Sache verfügen darf. Als Eigentümer könnte ihm einerseits das Recht zustehen, nach Belieben mit der Sache zu verfahren. Andererseits hat der Erwerber, wenn er schon Raten gezahlt hat, einiges dafür getan, dass er tatsächlich Eigentümer wird. Der Eigentumserwerb des Käufers ist – wenn auch aufschiebend bedingt – außerdem bereits beschlossen. Gerade wenn der Erwerber schon Leistungen auf den Bedingungseintritt hin erbracht hat, scheint er schutzwürdig. Sein geschäftliches Vertrauen wäre verletzt, wenn der Verkäufer die Sache nach einiger Zeit an einen Dritten verkaufen oder aus anderen Gründen zurückverlangen wollte. Wenn diese Schutzwürdigkeit des Vorbehaltskäufers das Eigentum des Verkäufers einschränken soll, muss sie sich als dingliches Recht klassifizieren lassen. Um dieses Problem zu lösen, hat sich durch Rechtsprechung und Literatur das (gesetzlich so nicht vorgesehene) Anwartschaftsrecht entwickelt. 390

**Hinweis:** Der Vorbehaltskäufer wird vor Zwischenverfügungen durch den Vorbehaltskäufer bereits durch das Gesetz geschützt: § 161 I S. 1 stellt klar, dass Zwischenverfügungen des Vorbehaltsverkäufers bei Bedingungseintritt unwirksam werden. Das Anwartschaftsrecht hat aber weitere Schutzfunktionen zu bieten, die jedoch teilweise umstritten sind, soweit sie an die „Dinglichkeit" des Anwartschaftsrechts anknüpfen. Dazu ausführlicher Rn. 405.

## I. Definition und Voraussetzungen des Anwartschaftsrechts

391 Ein Anwartschaftsrecht entsteht, wenn von einem mehrstufigen Entstehungstatbestand eines Rechts schon so viele Erfordernisse erfüllt sind, dass von einer gesicherten (und einer vom Recht zu sichernden) Rechtsposition des Erwerbers gesprochen werden kann. Grundlage des Anwartschaftsrechts ist stets, dass der Erwerb des Vollrechts (hier: Eigentum) schon eingeleitet sein muss. Unter anderem muss wenigstens eine Rate gezahlt sein, sonst ist der Erwerber noch nicht schützenswert. Das Anwartschaftsrecht als dingliches Recht ist mehr als eine bloße Erwerbsaussicht, aber auch weniger als das Vollrecht „Eigentum". Es stellt eine Vorstufe zum Vollrecht dar. In der Ausbildungsliteratur hat sich der Begriff vom „wesensgleichen Minus" zum Vollrecht „Eigentum" durchgesetzt und kann zumindest mit Blick auf die Übertragungsarten (analog §§ 929 ff.) und Verpfändungsmöglichkeiten (analog § 1205 ff.) als gedankliche Stütze dienen.

392 **Klausurhinweis und Literatur:** Die Bezeichnung des Anwartschaftsrechts als „wesensgleiches Minus" zum Eigentum ist spätestens mit BGHZ 28, 16 (21) allgemein anerkannt und wird auch in der Literatur verwendet, vgl. Wieling, § 17 II mit Verweis auf Schwister, JW 1933, 1762 (1764); Brox, JuS 1984, 657 (658). Diese Metapher hilft, die Parallelen zum Vollrecht „Eigentum" nachzuvollziehen und das Anwartschaftsrecht in Erwerb und Übertragung nicht wie eine Forderung zu behandeln. Damit einhergehen müsste die Einordnung als dingliches Recht, was allerdings wegen des *numerus clausus* der Sachenrechte Schwierigkeiten bereitet: Daher wird häufiger von einem subjektiven Recht mit dinglicher Wirkung gesprochen. Genau diese dingliche Wirkung rücken gewichtige Literaturstimmen in den Mittelpunkt (etwa Bülow, Rn. 773; Prütting, Rn. 392; Müller-Laube, JuS 1993, 529 f.; Wieling, § 17 II). Die Rechtsprechung stellt die dingliche Natur des Anwartschaftsrechts zwar in Frage, behandelt es aber in BGHZ 34, 122 (124) entsprechend. Dennoch bleiben in der Fallbearbeitung Details umstritten, wie etwa die Frage, ob das Anwartschaftsrecht auch ein „dingliches Recht" zum Besitz begründet. Das erklärt sich aus der Abhängigkeit des Anwartschaftsrechts vom möglichen Bedingungseintritt in Form der vollständigen Kaufpreiszahlung. Wer das Anwartschaftsrecht deswegen mit Blick auf die dingliche Wirkung einschränken möchte, könnte allerdings auf die Figur des Anwartschaftsrechts auch ganz verzichten. Ein rein „obligatorisches" Anwartschaftsrecht entfaltet keine wesentlich über den Vorbehaltskauf und die damit einhergehenden Verfügungsbeschränkungen hinausgehende Wirkung. Ansichten, die das Anwartschaftsrecht in Abkehr von der Rechtspraxis gänzlich anders definieren (so etwa Harke, JuS 2006, 385, der das Anwartschaftsrecht als Pfandrecht versteht, Mülbert, AcP 202 (2002), 912–950, oder Armgardt, JuS 2010, 486–490) sollten in der Klausur nicht zu breit dargestellt werden. Statt der Begrifflichkeiten („wesensgleiches Minus") muss vielmehr die dahinterstehende Problematik (dingliche Rechtsnatur) an der Stelle diskutiert werden, an der sie für die Fallbearbeitung relevant wird (Gibt das Anwartschaftsrecht ein dingliches Recht zum Besitz? Vgl. Rn. 282. und Rn. 397).

Durch nach und nach erfolgte Erfüllung der Bedingung (beim Eigentumsvorbehalt fortschreitende Bezahlung des Kaufpreises) erstarkt das Anwartschaftsrecht schließlich mit Leistung der letzten Rate und somit Erfüllung der Bedingung zum Vollrecht „Eigentum". Mit Bedingungseintritt erlangt somit der bisher anwartschaftsberechtigte Vorbehaltskäufer Eigentum; der Vorbehaltsverkäufer verliert es. Das Vorbehaltseigentum hat mit Bedingungseintritt seinen Zweck – die Sicherung der Kaufpreisforderung – erfüllt. Voraussetzung sowohl für die Entstehung als auch für den Fortbestand des Anwartschaftsrechts ist immer das Bestehen einer Schuld, da sonst der Bedingungseintritt (Erfüllung der Schuld) unmöglich ist. Scheitert demnach der Bedingungseintritt an einem Rücktritt des Vorbehaltsverkäufers, erlischt auch das Anwartschaftsrecht. 393

## II. Rechtsfolgen des Anwartschaftsrechts

Das Anwartschaftsrecht dient dazu, die gesicherte Position des Vorbehaltskäufers zu schützen. Die folgende Aufzählung nennt dabei die wichtigsten Schutzwirkungen, die es zugunsten des Anwartschaftsberechtigten entfaltet. 394

**Klausurhinweis:** Beim Schutz des Anwartschaftsberechtigten greifen Prinzipien aus verschiedenen Büchern des BGB ineinander. Schon die nachfolgende Auswahl zeigt, dass im Einzelfall stets die gesamten Kenntnisse im Privatrecht zu Rate gezogen werden müssen.

**1. Schutz vor Zwischenverfügungen gemäß § 161.** Der Vorbehaltskäufer ist vor Zwischenverfügungen des Vorbehaltsverkäufers schon aus § 161 I geschützt: Im Fall des Bedingungseintritts werden alle in der Schwebezeit getätigten Zwischenverfügungen des Vorbehaltsverkäufers nach § 161 I S. 1 absolut (nicht schwebend) unwirksam, wenn sie die von der Bedingung abhängige Wirkung (Eigentumserwerb) vereiteln oder beeinträchtigen würden. Ist die Bedingung vollständiger Kaufpreiszahlung eingetreten, erlangt der Erwerber das Eigentum an der Sache. Mit Bedingungseintritt genügt schon § 161 I S. 1, um den Erwerber, der nun Eigentümer geworden ist, zu schützen. Ein Hinweis auf das Anwartschaftsrecht ist im Zweifelsfall entbehrlich. 395

Der Schutz des § 161 I könnte allein durch § 161 III eingeschränkt sein. Demnach finden Vorschriften zugunsten derjenigen, die Rechte von einem *Nichtberechtigten* herleiten, entsprechende Anwendung. Damit stellt sich die Frage, ob eine Verfügung des Vorbehaltsverkäufers in der Schwebezeit einen gutgläubigen Erwerb Dritter zur Folge haben könnte. 396

**Hinweis:** Zunächst müsste sich allerdings noch eine andere Frage aufdrängen: Kann der Vorbehaltsverkäufer, der kraft des Eigentumsvorbehalts Eigentümer geblieben ist, als *Nichtberechtigter* in diesem Sinne gelten? Nein: Der Vorbehaltseigentümer kann als Eigentümer die Sache wirksam gemäß §§ 929, 931 (der unmittelbare Besitz liegt ja beim Vorbehaltskäufer) an einen Dritten veräußern.

Der Vorbehaltsverkäufer kann zwar zunächst wirksam an einen Dritten übereignen; die Verfügung wird dann aber mit Bedingungseintritt unwirksam. Der Vorbehaltskäufer erlangt Eigentum. Damit wird der Vorbehaltsverkäufer zugleich

Nichtberechtigter. Ein gutgläubiger Erwerb des Dritten muss dann schon nach § 163 III, § 936 III ausgeschlossen bleiben. Das Recht steht dem Vorbehaltskäufer als „drittem Besitzer“ zu und erlischt auch gegenüber einem gutgläubigen Erwerber nicht. Denn ein gutgläubiger, von Rechten des Vorbehaltskäufers unbelasteter Erwerb des Dritten könnte sich – da der Vorbehaltskäufer im unmittelbaren Besitz der Sache ist – nur nach Maßgabe der §§ 929, 931, 934 1. Fall durch Abtretung des Herausgabeanspruchs vollziehen. Genau auf diesen Fall ist § 936 III zugeschnitten und hindert den lastenfreien (= anwartschaftsfreien) Erwerb eines Dritten (so auch Wieling, § 17 II 2b; Bülow, Rn. 804).

**Fall 37:** Fahrradhändler F hat dem Kunden K ein modernes Rennrad gegen Ratenzahlung unter Eigentumsvorbehalt veräußert. F, der seinerseits in Zahlungsschwierigkeiten steckt, erzählt seinem Gläubiger G, er habe das Rad an K vermietet und veräußert das Rad gemäß §§ 929, 931 an G. Als G von K Herausgabe des Rades verlangt, kann K nachweisen, dass er die letzte Rate bereits bezahlt hat. Ein gutgläubiger lastenfreier Erwerb des G scheitert an § 936 III.

Darüber hinaus kann dem Vorbehaltskäufer ein Schadensersatzanspruch aus § 160 I zustehen.

397 **2. Schutz des Vorbehaltskäufers bei Herausgabeverlangen.** Vor Bedingungseintritt ist der Vorbehaltsverkäufer Eigentümer und kann Ansprüche aus dem EBV gegen den Käufer geltend machen. Verlangt der Vorbehaltsverkäufer z. B. die Herausgabe der Sache gemäß § 985, hat der Vorbehaltskäufer aufgrund des Kaufvertrags ein obligatorisches Recht zum Besitz, das er dem Herausgabeanspruch des Vorbehaltsverkäufers gemäß § 986 I S. 1 entgegenhalten kann. Veräußert der Vorbehaltsverkäufer die Sache dann etwa gemäß §§ 929, 931 an einen Dritten, ist der Vorbehaltskäufer auch über § 986 II vor einem Herausgabeverlangen geschützt. Erfolgt die Veräußerung nach Entstehung des Anwartschaftsrechts gemäß §§ 929, 930, soll § 986 II zudem entsprechend anwendbar sein.

398 **Vertiefung:** Umstritten ist, ob das Anwartschaftsrecht selbst ein dingliches Recht zum Besitz begründen kann. Darauf kommt es an, wenn der Vorbehaltskäufer keine rechtliche Beziehung zum herausverlangenden Eigentümer hat. Denn in diesem Fall kann den Vorbehaltskäufer auch kein seinerseits vom Eigentümer abgeleitetes obligatorisches Besitzrecht mehr schützen, sondern allenfalls ein etwaiges dingliches Besitzrecht aus der Anwartschaft.

399 **Beispiel:** Verkäufer V hat im Mai seine antike Dampfmaschine an Darlehensgeber D zur Sicherung eines Darlehens nach §§ 929, 930 übereignet. D ist daher Eigentümer; V durfte im unmittelbaren Besitz der Sache bleiben. Nun veräußert V im Juni dieselbe Dampfmaschine an Käufer K unter „Eigentumsvorbehalt“ und übergibt sie an K. K zahlt fünf von zehn Raten. Hier kann K das Anwartschaftsrecht allenfalls gutgläubig vom nichtberechtigten V erworben haben. Liegen indes die Voraussetzungen des gutgläubigen Erwerbs vor, steht K ein Anwartschaftsrecht zu. In der Zwischenzeit wird V insolvent. D verlangt von K die Maschine heraus. – Hier ist D Eigentümer; K könnte aus seinem Vorbehaltskauf mit V jedoch keine Besitzrechte ableiten, die gegenüber dem wahren Eigentümer beachtlich wären; das Schuldverhältnis zwischen ihm und V entfaltet allenfalls relative Wirkung. Von dem pflichtwidrig handelnden V kann K auch kein Besitzrecht gemäß § 986 II ableiten. Daher ist in einer solchen Konstellation entscheidend, ob der K als Inhaber eines Anwartschaftsrechts vor dem

Zugriff des Eigentümers D geschützt ist. – Dies sollte zumindest bei bevorstehendem Bedingungseintritt bejaht werden: Ist der gutgläubige Ersterwerb des Anwartschaftsrecht vom Verkehrsschutz der §§ 932 ff. umfasst, muss sich dies auch auf die besitzrechtliche Position auswirken: Denn bei Bedingungseintritt erhält auch der gutgläubige Ersterwerber des Anwartschaftsrechts die Sache zu Eigentum – mit der Folge, dass der herausverlangende Eigentümer seine Rechtsposition verliert.

Der BGH verweist den Vorbehaltskäufer zumeist auf sein *obligatorisches* Recht zum Besitz. 400
Dem stimmen Teile der Literatur zu (etwa MüKo/Baldus, § 986, Rn. 15–19 m.w.N.). Um dann aber nicht zu unbilligen Ergebnissen zu gelangen, korrigiert die Rechtsprechung die Rechtsfolge über § 242 (NJW 1953, 1099): Wird der Vorbehaltskäufer den Bedingungseintritt alsbald herbeiführen, wirkt das Herausgabeverlangen des „Noch-Eigentümers" rechtsmissbräuchlich *(dolo facit, qui petit, quod statim redditurus est).* Als „wesensgleiches Minus" zum Vollrecht „Eigentum" scheint es jedoch konsequenter, das Anwartschaftsrecht (wie gewichtige Stimmen in der Literatur, z. B. Baur/Stürner, § 59 Rn. 47) als *dingliches* Besitzrecht anzuerkennen. Es begründet – wenn es vom Wesen her dem Eigentum gleichgestellt sein soll – eben mehr als bloße Erwerbsaussichten und sollte in seiner Natur dem Eigentum möglichst entsprechen, vgl. Rn. 282. Zum einen lässt die Rechtsordnung, wie im Beispiel erwähnt, den gutgläubigen Erwerb zu: Bei unbedingter Übereignung wäre K sofort allein Berechtigter; diese Wirkung würde unterlaufen, wenn er – nur, weil ein Vorbehaltskauf vereinbart worden ist – die Sache unmittelbar vor Bedingungseintritt herausgeben müsste. Dem Vorbehaltsverkäufer gegenüber könnte er dieses Verlangen verweigern. Zum anderen streitet für die dingliche Natur die völlige Gleichstellung von Anwartschaftsrecht und Sacheigentum in Haftungsfragen, etwa im Haftungsverband der Hypothek: Das Pfandrecht entsteht bereits am Anwartschaftsrecht und setzt sich am Sacheigentum fort. Damit wird deutlich, wie weit das Anwartschaftsrecht zumindest in Haftungsfragen dinglich reicht; daher scheint auch die Behandlung als dingliches Besitzrecht stimmig.

**3. Besitzschutz.** Der Anwartschaftsberechtigte ist in den Fällen des Eigentums- 401
vorbehalts regelmäßig Besitzer. Dementsprechend stehen ihm die Besitzschutzansprüche aus §§ 861, 862 und 1007 und sein Selbsthilferecht aus § 859 zu.

**4. Herausgabeanspruch aus § 985 (analog).** In der Fallbearbeitung kann sich 402
die Frage stellen, ob dem Anwartschaftsberechtigten der Herausgabeanspruch gemäß § 985 (analog) gewährt werden soll. Wer – wie die herrschende Lehre – eine dingliche Wirkung des Anwartschaftsrechts betont, wird diesen Anspruch zugestehen. Problematisch könnte es allerdings sein, wenn auch der Eigentümer den Anspruch aus § 985 – zudem in direkter Anwendung – einem Dritten gegenüber geltend machen möchte.

**Beispiel:** Vorbehaltsverkäufer V hat K ein Motorrad unter Eigentumsvorbehalt verkauft. K hat bereits die Hälfte der Raten beglichen, als dessen Nachbar N das Motorrad ausleiht. Der gibt das Motorrad nicht nach Ablauf der Leihfrist zurück, sondern gibt es an seinen Sohn S weiter. Sowohl V als auch K begehren von S Herausgabe des Motorrads.

Tatsächlich bereitet das Aufeinandertreffen beider Ansprüche jedoch nur dann Pro- 403
bleme, wenn der Anwartschaftsberechtigte aus § 985 (analog) gegen den Eigentümer selbst vorgehen möchte. Geht es dagegen, wie im Beispiel, um die Herausgabe von einem nicht zum Besitz berechtigten Dritten, ist eine Konkurrenz zwischen

dem Herausgabeanspruch des Anwartschaftsberechtigten in analoger und dem des Eigentümers in direkter Anwendung nicht zu befürchten. Denn der Eigentümer kann ohnehin nur Herausgabe an den besitzberechtigten Anwartschaftsinhaber verlangen (§ 986 I S. 2).

404 **Hinweis:** Die praktische Relevanz ist deutlich geringer, als die Häufigkeit dieser Frage in Klausuren vermuten lässt. Hat der Anwartschaftsberechtigte die Sache selbst weiterverliehen oder vermietet und begehrt er dann Herausgabe von seinem Vertragspartner, stehen ihm dafür bereits vertragliche Ansprüche zur Verfügung. Hat sich ein Dritter dagegen unbefugt in den Besitz der Sache gebracht, versprechen die Besitzschutzansprüche (§§ 859 ff.) ohnehin schnellere Abhilfe. Und wäre die Sache von einem ursprünglich Besitzberechtigten (etwa N im obigen Beispiel) unter der Vorspiegelung der Veräußerung eines angeblich ihm selbst zustehenden Anwartschaftsrechts an den S weiterveräußert worden, hätte dieser das Anwartschaftsrecht nach §§ 929, 932 gutgläubig erwerben können, sodass es in der Hand des S läge, den Bedingungseintritt herbeizuführen (vgl. Rn. 418).

405 **5. Schutz bei unerlaubter Handlung.** Was geschieht bei Beschädigung einer Sache, die unter Eigentumsvorbehalt erworben wird? § 823 I hat die geschützten Rechte und Rechtsgüter abschließend normiert. Geschützt ist darum nur das Eigentum, ein reiner Vermögensschaden fällt nicht darunter. Auf den ersten Blick könnte ein Anspruch aus § 823 I also nur dem Vorbehaltsverkäufer (Eigentümer), aber nicht dem Vorbehaltskäufer zustehen. Um auch dem Vorbehaltskäufer einen Schadensersatzanspruch aus § 823 I zuzusprechen, bietet es sich an, das Anwartschaftsrecht als „ein sonstiges Recht" zu qualifizieren. Genauso geht die herrschende Meinung vor und begründet dies mit der Wesensgleichheit von Eigentum und Anwartschaftsrecht.

**Klausurhinweis und Literatur:** So etwa Palandt/Sprau, § 823, Rn. 12; BGHZ 55, 20. Dieser Weg ist notwendig, um dem Käufer auch den Substanzschaden der Sache zu ersetzen. Zwar ist auch der Besitz ein „sonstiges Recht" i. S. d. § 823 I. Bei Verletzung des Besitzes wird aber regelmäßig nur die Entziehung des Besitzes und der Nutzungen reguliert, bei einem Substanzschaden der Sache hilft das nicht weiter. Als wesensgleiches Minus zum Eigentum begründet aber die Verletzung des Anwartschaftsrechts als sonstigem Recht auch den Ersatz des Substanzschadens zugunsten des Vorbehaltskäufers.

406 Grundsätzlich stellt sich in solchen Fallkonstellationen die Frage, an wen der Schädiger leisten muss. Schließlich kann auch der Vorbehaltsverkäufer als Eigentümer einen Anspruch aus § 823 I geltend machen. Hier erscheint die Anwendung der §§ 432, 1281 analog geeignet, um den Interessen beider Parteien gerecht zu werden. Der Schädiger muss also an den Vorbehaltskäufer und den Vorbehaltsverkäufer gemeinschaftlich leisten. Diese müssen sich untereinander über die Aufteilung des Schadensersatzes einigen, wobei freilich die schon gezahlten Raten und die damit verbundene Nähe zum Bedingungseintritt einen Anhaltspunkt bieten können.

**Vertiefung:** Für die oben vorgeschlagene Lösung Baur/Stürner, § 59, Rn. 45; Serick, Bd. I, S. 272. Prütting bevorzugt den Weg über § 428 (Prütting, Rn. 398, mit Verweis auf OLG Karlsruhe NJW 1966, 885), freilich mit der Folge, dass sich der Schuldner seinen Gläubiger aussuchen könnte; Flume, AcP 161 (1962), 385–408 (400) hält nur einen Anspruch des Eigentümers für gegeben, wenn auch mit Zustimmung des Käufers oder auf Leistung an beide. Für eine Übersicht zum Anwartschaftsrecht bei Veräußerung einer unter Eigentumsvorbehalt stehenden Sache: Engelhardt, JA 2013, 269–273, 330–335.

## D. Zur Übertragbarkeit des Anwartschaftsrechts

Bisher wurde gezeigt, wie ein Anwartschaftsrecht beim Eigentumsvorbehalt zustande kommt. Diese Entstehung des Anwartschaftsrechts wird als „Ersterwerb“ bezeichnet: Mit der Annäherung an den Bedingungseintritt erwirbt der Vorbehaltskäufer eine Anwartschaft auf das Vollrecht „Eigentum“. Dass dieser Ersterwerb auch vom Nichtberechtigten möglich ist, hat bereits das Beispiel unter Rn. 399 gezeigt, wird aber auch noch einmal ausführlicher unter Rn. 413 f. dargestellt. 407

Als eigenständige Rechtsposition ist das Anwartschaftsrecht indes auch übertragbar. Die Übertragung des Anwartschaftsrechts vom Vorbehaltskäufer auf einen Dritten nennt man „Zweiterwerb“. Als „wesensgleiches Minus“ zum Vollrecht „Eigentum“ wird das Anwartschaftsrecht gemäß §§ 929 ff. analog übertragen (vgl. Rn. 392). 408

**Fall 38:** Kunde K hat von Händler H eine Heimkinoausrüstung zum Preis von 8700 € erworben. Sie vereinbaren Zahlung der Summe in zehn Raten und einen Eigentumsvorbehalt. Als K acht Raten abgezahlt hat, fragt ihn sein Freund F, ob er nicht die Anlage für 6000 € erwerben könne. K, der mittlerweile schon den Spaß am abendlichen Kino verloren hatte, stimmt begeistert zu und übergibt ihm die Anlage. Welche Rechte kann F an der Anlage erworben haben?

F könnte Eigentum erworben haben: Einigung und Übergabe liegen vor. Es fehlt aber an einer Berechtigung des K, da nach wie vor Händler H Eigentümer der Anlage war: Die Bedingung vollständiger Kaufpreiszahlung war noch nicht eingetreten. F könnte also nur gutgläubig Eigentum gemäß §§ 929 S. 1, 932 erlangt haben. Der gute Glaube des F ist schon aufgrund fehlender anderslautender Hinweise anzunehmen. Da Händler H die Sache dem K freiwillig beim Vorbehaltskauf übergeben hatte, scheitert ein gutgläubiger Erwerb auch nicht an § 935. Während für F dieses Ergebnis günstig ist, bietet es für K den Nachteil, dass H Ansprüche gegen ihn aus § 816 I geltend machen könnte. K müsste die von F erlangten 6000 € an H herausgeben.

**Hinweis:** K hätte den H auch bitten können, die Veräußerung an F gemäß § 185 I zu genehmigen. Für die Wirksamkeit der Verfügung i. S. d. § 816 I spielt es allerdings keine Rolle, ob sie durch gutgläubigen Erwerb oder durch Genehmigung herbeigeführt wird: Den nichtberechtigt verfügenden K treffen auf jeden Fall die nachteiligen Folgen, vgl. Rn. 173.

Ein für sich günstigeres Ergebnis könnte K erzielen, wenn er dem F gar nicht erst vorspiegelt, Eigentümer zu sein, sondern von vornherein sein Anwartschaftsrecht an F veräußert. Am Anwartschaftsrecht ist K Berechtigter. Er kann es gemäß § 929 S. 1 analog an F veräußern, indem sich beide über den Übergang des Anwartschaftsrechts einigen und K die Sache übergibt. Bei Bedingungseintritt wird F dann Eigentümer der Heimkinoausrüstung. Voraussetzung ist jedoch, dass er die letzten Raten begleicht. 409

410 **Hinweis:** Eine fehlgeschlagene Übereignung kann gemäß § 140 in eine Übertragung des Anwartschaftsrechts umgedeutet werden, falls nicht bereits die Auslegung (§§ 133, 157) ergibt, dass die Parteien wenigstens das Anwartschaftsrecht übertragen wollten.

## I. Probleme beim Erwerb des Anwartschaftsrechts vom Berechtigten

411 Schwierigkeiten bereitet die Übertragung des Anwartschaftsrechts durch den Anwartschaftsberechtigten regelmäßig nur in den Fällen der Übereignung nach §§ 929, 930, weil dadurch sowohl der Vorbehaltsverkäufer als auch derjenige, an den das Anwartschaftsrecht übertragen worden ist, jeweils mittelbaren Besitz an der Sache erlangt.

**Beispiel zu oben Fall 38:** K möchte die Anlage noch vier Tage nutzen, weil er am Wochenende Besuch von einer von ihm heimlich bewunderten Dame erhält, die er unter dem Vorwand, einen Film zu schauen, dazu verleiten möchte, neben ihm auf dem Sofa Platz zu nehmen. Er veräußert dem F das Anwartschaftsrecht an der Anlage daher gemäß §§ 929, 930. Damit erlangt F mittelbaren Besitz an der Sache. Der steht aber ebenso dem Händler H als Vorbehaltseigentümer zu.

Entsteht in diesem Fall „mittelbarer Nebenbesitz" oder eine Besitzstufung gemäß § 871? Mittelbarer Nebenbesitz ist nicht allgemein anerkannt und wird in einer solchen Konstellation einhellig abgelehnt. Bei ausdrücklicher Übereignung nur des Anwartschaftsrechts wird der Erwerber der Anwartschaft (hier: F) nur mittelbarer Fremdbesitzer, während der Vorbehaltsverkäufer mittelbarer Eigenbesitzer 2. Stufe wird. Allerdings bleibt offen, auf welche Art und Weise der Erwerber der Anwartschaft in das Besitzmittlungsverhältnis zwischen Vorbehaltsverkäufer und Vorbehaltskäufer geschaltet wird.

412 Bei Bedingungseintritt entsteht aus dem Anwartschaftsrecht das Vollrecht Eigentum. Das bedeutet zugleich, dass sich der Eigentumserwerb desjenigen, der das Anwartschaftsrecht als Dritter erworben hat, nicht erst auf dem Umweg über das Vermögen des Vorbehaltskäufers, sogenannter Durchgangserwerb, vollzieht. Stattdessen erstarkt das Anwartschaftsrecht unmittelbar in der Hand des Berechtigten zum Volleigentum (sogenannter Direkterwerb).

## II. Gutgläubiger Ersterwerb des Anwartschaftsrechts

413 In den Fällen, in denen der Veräußerer der Vorbehaltskaufsache nicht der Eigentümer ist, kann der Erwerber sein dingliches Recht nur vom Nichtberechtigten erwerben. Bei Bedingungseintritt, etwa der vollständigen Kaufpreiszahlung, läge der Fall unproblematisch: Der gutgläubige Erwerber würde Eigentum gemäß §§ 929, 932 vom Nichtberechtigten erwerben können, wenn die Sache nicht abhandengekommen ist.

Schwieriger stellen sich die Fälle dar, in denen es auf die Zeit *vor* dem Bedingungseintritt ankommt. Hier könnte sich der Erwerber nämlich nur auf sein Anwartschaftsrecht berufen, das er dann gutgläubig erworben haben müsste.

**Beispiel:** Händler H verkauft an Kunden K unter Eigentumsvorbehalt einen Flachbildfernseher zum Preis von 1000 €. Vereinbart wird die Zahlung in zehn Raten à 100 €. In Wahrheit war aber nicht H, sondern Großhändler G Eigentümer des Fernsehgerätes. Der ahnungslose K zahlt getreulich seine Raten an H. Nach drei Monaten verlangt G die Sache heraus. – Hier kann K nur dann im Besitz des Fernsehers bleiben, wenn er erstens das Anwartschaftsrecht gutgläubig vom Nichtberechtigten erwerben konnte und zweitens das Anwartschaftsrecht ein dingliches Recht zum Besitz gibt (vgl. dazu bereits oben Rn. 5.). Ein obligatorisches Recht zum Besitz könnte K dem Anspruch des G aus § 985 nicht entgegenhalten, da G nicht sein Vertragspartner ist.

Ein solcher gutgläubiger Ersterwerb des Anwartschaftsrechts nach den Regeln der §§ 932 bis 935 ist jedoch allgemein anerkannt (Brehm/Berger, § 31, Rn. 11; Wieling, § 17 III 1b und Bülow, Rn. 793 leiten die Anwendbarkeit der §§ 932–935 aus § 1007 III S. 1 ab). 414

Voraussetzung ist dann neben den sonstigen Merkmalen der dinglichen Übereignung unter Eigentumsvorbehalt, dass der Erwerber hinsichtlich der Eigentümereigenschaft (oder der Verfügungsbefugnis nach § 366 HGB) des Veräußerers in gutem Glauben war und die Sache nicht abhandengekommen ist (Hofmann, JA 2014, 178 [181]). Maßgeblicher Zeitpunkt für den guten Glauben ist der Zeitpunkt des Besitzerwerbs, nicht der des Bedingungseintritts, vgl. Rn. 212. 415

## III. Gutgläubiger Zweiterwerb des Anwartschaftsrechts

Wie oben unter D. festgestellt, kann auch der *Anwartschaftsberechtigte* seine Rechtsposition gemäß §§ 929 ff. auf andere übertragen (Zweiterwerb des Anwartschaftsrechts). Was geschieht nun aber, wenn derjenige, der angeblich ein Anwartschaftsrecht veräußert, gar nicht der Berechtigte ist? Da die Übertragung entsprechend §§ 929 ff. möglich ist, scheint es naheliegend, auch den gutgläubigen Zweiterwerb nach §§ 932 ff. (analog) zuzulassen. Problematisch dabei ist, dass derjenige, der ein Anwartschaftsrecht erwirbt, weiß, dass der Veräußernde nicht der Eigentümer ist: Der gute Glaube kann sich also nicht auf den Rechtsschein des § 1006 beziehen. Für das Anwartschaftsrecht gibt es keinen entsprechenden Rechtsscheintatbestand. Insofern bleibt die Anwendbarkeit der Gutglaubensregeln auf den Zweiterwerb eines Anwartschaftsrechts umstritten. 416

**1. Gutgläubiger Erwerb bei Nichtbestehen des Anwartschaftsrechts.** Hier scheidet die Anwendung der §§ 932 ff. nach herrschender Meinung (Medicus/Petersen, Rn. 475; Bauer/Stürner, § 59, Rn. 40) jedenfalls aus. Das Anwartschaftsrecht setzt eine bestehende Schuld voraus, bei deren Erfüllung die Bedingung und somit der Eigentumserwerb eintritt. Ist ein Anwartschaftsrecht gar nicht vorhanden, ist ein Bedingungseintritt unmöglich: Es gibt nichts, was gutgläubig erworben werden könnte. 417

**Beispiel:** A hat von B ein Tourenrad entliehen. Unter der Behauptung, ihm stehe ein Anwartschaftsrecht daran zu, tritt er seine „Rechtsposition" an C ab. A ist weder Eigentümer noch Anwartschaftsberechtigter: Er ist Nichtberechtigter. Da der Leihvertrag kein Anwartschaftsrecht begründet, existiert das von A behauptete Recht gar nicht. Etwas, das nicht vorhanden ist, kann C auch nicht gutgläubig erwerben.

418 **2. Gutgläubiger Erwerb bei Bestehen des Anwartschaftsrechts.** Steht ein Anwartschaftsrecht einem Dritten, aber nicht dem Veräußerer zu, wendet die herrschende Meinung die §§ 932 ff. analog an.

**Beispiel:** A kauft von B ein Rad unter Eigentumsvorbehalt, das er an C verleiht. C veräußert „sein" Anwartschaftsrecht an D. C handelt als Nichtberechtigter, da das Anwartschaftsrecht zwar existiert, aber dem A zusteht. D kann dieses Recht nur nach den Gutglaubensregeln analog erwerben.

Voraussetzung ist, dass der Erwerber hinsichtlich der Anwartschaftsberechtigung des Veräußerers im guten Glauben ist. In diesem Fall verliert der anwartschaftsberechtigte Dritte seine Rechte aus der Anwartschaft an den gutgläubigen Erwerber. Allerdings wird das Anwartschaftsrecht nur in der Höhe erworben, in der es tatsächlich besteht.

**Literatur:** Für diese Auffassung etwa Prütting, Rn. 393; Baur/Stürner, § 59, Rn. 39; Hager, 315 ff.; Bülow, Rn. 796 ff. Dagegen sprechen sich u. a. Medicus/Petersen, Rn. 475, Latta/Rademacher, JuS 2008, 1052 und Wiegand, JuS 1974, 201 (211), aus.

419 **Klausurhinweis:** Der gutgläubige Erwerb der Anwartschaft gemäß §§ 932 ff. analog ist umstritten. Hier wird der herrschenden Meinung mit der Begründung gefolgt, dass die Anwartschaft dinglichen Charakter hat. Andere Ansichten lehnen dagegen die analoge Anwendung der Gutglaubensregeln nach wie vor ab. Dem Argument, dass der Rechtsschein des Besitzes „aufgeweicht" werde, ist nur schwer zu widersprechen. Ohnehin knüpft der gute Glaube beim Erwerb einer Anwartschaft nicht an das Eigentum an; insofern ist dieser Erwerb gerade unabhängig vom Rechtsschein des Besitzes zugunsten des Eigentümers. Es stellt sich dann nur die Frage, wie weit man grundsätzlich einen Gutglaubensschutz unabhängig von einem Rechtsscheintatbestand zulassen möchte. In der Klausur kann der herrschenden Meinung jedenfalls dann gefolgt werden, wenn es aus Sicht des Erwerbers Indizien gab, die für eine dem Veräußerer zustehende Anwartschaft sprachen. Ansonsten ist die Problematik eher von akademischem Interesse: Der Nichtberechtigte kann sich unproblematisch statt als Anwartschaftsberechtigter gleich als Eigentümer ausgeben, was im Zweifelsfall auch zu weniger Nachfragen seitens des Erwerbers führen wird.

## E. Überblick über besondere Formen des Eigentumsvorbehalts

420 Zum Abschluss sollen nun noch einige Besonderheiten und Weiterführungen des Eigentumsvorbehalts erläutert werden.

### I. Nachträglicher Eigentumsvorbehalt

421 Der sogenannte „nachträgliche Eigentumsvorbehalt" betrifft die Fälle, in denen das Vorbehaltseigentum im Kaufvertrag nicht vorgeplant war (näher Rn. 386, 388). Erfolgt die Erklärung des Eigentumsvorbehalts vor oder spätestens mit der Übereignung, soll die Annahme durch den Käufer jedenfalls dann als Einigung unter auf-

schiebender Bedingung vollständiger Kaufpreiszahlung auszulegen sein, wenn ihm die Erklärung vorher in zumutbarer Weise zugegangen ist (Rn. 386).

Davon zu unterscheiden sind die Fälle, in denen die Übereignung zunächst – unbedingt! – vollzogen wurde, Rn. 398. Hier muss der Erwerber dann seinerseits eine entsprechende Willenserklärung zur Rückübertragung des Eigentums abgeben, damit ein wirksamer Erwerb des Verkäufers als Vorbehalts- oder Sicherungseigentümer überhaupt möglich werden kann.

## II. Erweiterter Eigentumsvorbehalt

Nicht immer genügt im Geschäftsverkehr der „einfache" Eigentumsvorbehalt. Oft treffen die Vertragspartner zusätzliche Vereinbarungen, um sich gegen besondere Risiken des Rechtsverlusts abzusichern. Von Bedeutung ist vor allem der sogenannte „verlängerte Eigentumsvorbehalt". Daneben gibt es aber noch eine Vielzahl weiterer Modifikationen des einfachen Eigentumsvorbehalts, über die abschließend wenigstens ein kurzer Überblick gegeben werden soll. 422

**1. Verlängerter Eigentumsvorbehalt.** In Einheit 7 wurde der gesetzliche Eigentumserwerb durch Verarbeitung, Verbindung und Vermischung dargestellt. Unter Berücksichtigung, dass der Eigentumsvorbehalt häufig vom Warenlieferanten erklärt wird, der sich sein Eigentum bis zur Bezahlung sichern möchte, stellt sich die Frage, wie eigentlich zu entscheiden ist, wenn die eigentumsvorbehaltenen Waren in der industriellen Produktion verarbeitet werden. Kann sich der Warenlieferant davor schützen, dass er durch den gesetzlichen Eigentumserwerb des Verarbeiters (vgl. Rn. 225 ff.) sein vorbehaltenes Eigentum verliert? 423

Der einfache Eigentumsvorbehalt sichert nur das Eigentum an der verkauften Sache selbst. Aufgrund der aufgezeigten Problemlage hat sich das Institut des „verlängerten Eigentumsvorbehalts" entwickelt, der auch im Fall der Verbindung, Vermischung, Verarbeitung oder Weiterveräußerung der Sache fortbestehen soll. Damit dieser verlängerte Eigentumsvorbehalt um- und durchgesetzt werden kann, ist es üblich, dass sich der Vorbehaltskäufer in einer sogenannten „Verarbeitungsklausel" verpflichtet, die Herstellung der neuen Sache für den Verkäufer vorzunehmen. Dadurch bleibt dessen Eigentumsvorbehalt an der neuen Sache erhalten.

**Hinweis:** Möchte der Käufer die Sache weiterverkaufen, bedienen sich die Vertragspartner bei Abschluss des Vorbehaltskaufvertrags einer sogenannten „Vorausabtretungsklausel". Bei der diesbezüglichen Vereinbarung gibt es zwei Möglichkeiten: Entweder, der Vorbehaltskäufer wird vom Verkäufer gemäß § 185 I ermächtigt, die Sache im eigenen Namen im Rahmen des ordnungsgemäßen Geschäftsverkehrs weiterzuveräußern. Oder der Vorbehaltskäufer tritt zur Sicherheit seine künftige Kaufpreisforderung gegen den Abnehmer der Ware an den Vorbehaltskäufer gemäß § 398 S. 2 ab.

**Literatur:** Flume, NJW 1950, 841; ders., NJW 1959, 913; Göbel, Übersicherung und Freigabeklauseln in vorformulierten Kreditsicherungsverträgen, 1993; Säcker, JR 1966, 51; Wadle, JuS 1982, 477; Heyers, JURA 2016, 961 (967 f.); Kindl, ZJS 2008, 477 f.

Für den Endverbraucher spielen die rechtlichen Gestaltungsmöglichkeiten im Produktionsprozess übrigens keine Rolle, weil er in der Regel von § 366 HGB geschützt ist.

## 2. Überblick über weitere Formen des Eigentumsvorbehalts

424 **a.) Weitergeleiteter Eigentumsvorbehalt.** Dabei wird der Vorbehaltskäufer verpflichtet, die Sache nur so an Dritte zu übereignen, dass der Vorbehaltsverkäufer bis zum Bedingungseintritt Eigentümer der Sache bleibt. Eine solche Vereinbarung ist in der Praxis allerdings ungewöhnlich und verstößt regelmäßig gegen § 307 I und II.

425 **b.) Nachgeschalteter Eigentumsvorbehalt.** Ein nachgeschalteter Eigentumsvorbehalt liegt vor, wenn der Vorbehaltskäufer seinerseits die Sache unter Eigentumsvorbehalt weiterverkauft. In aller Regel wird dabei der schon bestehende Eigentumsvorbehalt verschwiegen. Der Vorbehaltsverkäufer verliert sein Eigentum dann, wenn entweder der Vorbehaltskäufer oder der Dritte (der „Endabnehmer") zahlt.

426 **c.) Kontokorrentvorbehalt.** Hier soll der Vorbehaltskäufer nur dann Eigentümer der Vorbehaltskaufsache werden, wenn nicht nur die konkrete Kaufpreisforderung, sondern alle Forderungen des Verkäufers gegen ihn beglichen sind. Diese Möglichkeit wird zumindest bei Kaufleuten von der Rechtsprechung bejaht. Hier ist trotzdem zu überlegen, ob das nicht Sinn und Zweck des Eigentumsvorbehalts zuwiderläuft, schließlich ist der Eigentumsvorbehalt auf die Bezahlung der konkreten Kaufsache zugeschnitten: § 449 steht im Kaufrecht, nicht etwa bei allgemeinen Sicherungsrechten. Im Zweifelsfall hätten die Vertragspartner eine andere Art der Sicherung wählen können, wenn sie alle bestehenden Forderungen oder Kredite für den Gläubiger sichern möchten. Ebenfalls ist zu erwägen, ob ein Verstoß gegen § 307 I und II vorliegt.

427 **d.) Konzernvorbehalt.** Mit der Änderung des Insolvenzrechts und der Schuldrechtsreform wurde der Konzernvorbehalt vom Gesetzgeber abgeschafft. Der Konzernvorbehalt war ein Kontokorrentvorbehalt, bei dem Bedingung für den Eigentumserwerb war, dass alle Forderungen getilgt sein mussten, die dem Konzern des Vorbehaltsverkäufers gegen den Vorbehaltskäufer zustanden. Dies beinhaltet nichts anderes als den Grundgedanken des Kontokorrentvorbehalts und war demzufolge nach Ansicht der Rechtsprechung bei hinreichender Freigabeklausel möglich. Der Gesetzgeber hat versucht, diese Art des Eigentumsvorbehalts zu unterbinden: 1999 wurde im Zuge der Änderung des Insolvenzrechts eine Neufassung des § 455 II (Eigentumsvorbehalt alter Fassung) eingefügt, die sich nach der Schuldrechtsreform in § 449 III wiederfindet. Das Bemühen des Gesetzgebers, die Praxis des Konzernvorbehalts zu unterbinden, lässt aufgrund der inhaltlichen Nähe auch den Kontokorrentvorbehalt zweifelhaft erscheinen.

**Vertiefung:** Berger, ZIP 2004, 1073; Flume, NJW 1950, 841; Hoffmann, JURA 1995, 457; Tiedtke, in: 50 Jahre BGH: Festgabe der Wissenschaft, 2000, 829.

**Literatur:** *Berger, Peter:* Erweiterter Eigentumsvorbehalt und Freigabe von Sicherheiten, ZIP 2004, 1073–1081; *Brox, Hans:* Das Anwartschaftsrecht des Vorbehaltskäufers, JuS 1984, 657–668; *Engelhardt, Michael:* Schicksal des Anwartschaftsrechts bei der Veräußerung einer unter Eigentumsvorbehalt verkauften Sache, JA 2013, 269–273, 330–335; *Flume, Werner:* Der verlängerte und erweiterte Eigentumsvorbehalt, NJW 1950, 841–850; *ders.:* Zur Problematik des verlängerten Eigentumsvorbehalts, NJW 1959, 913–922; *ders.:* Die Rechtsstellung des Vorbehaltskäufers, AcP 161 (1962), 385–408; *Heyers, Johannes:* Grundstrukturen des Eigentumsvorbehalts, JURA 2016, 961–968; *Hoffmann, Uwe:* Die Formen des Eigentumsvorbehalts, JURA 1995, 457–460; *Hoffmann, Jan Felix:* Das mobiliarsachenrechtliche Anwartschaftsrecht in der juristischen Ausbildung, JuS 2016, 289–294; *Hofmann, Florian:* Der Zeitpunkt der Übergabe beim Eigentumsvorbehalt, JA 2014, 178–183; *Kindl, Johann:* Eigentumsvorbehalt und Anwartschaftsrecht, ZJS 2008, 477–487; *Latta, Daniel/Rademacher, Lukas:* Der gutgläubige Zweiterwerb, JuS 2008, 1052–1056; *Mülbert, Peter O.:* Das inexistente Anwartschaftsrecht und seine Alternativen, AcP 202 (2002), 912–950; *Müller-Laube, Hans-Martin:* Die Konkurrenz zwischen Eigentümer und Anwartschaftsberechtigtem um die Drittschutzansprüche, JuS 1993, 529–536; *Runge-Rannow, Maria-Viktoria:* Grundfälle zum Anwartschaftsrecht, JA 2016, 487–493, 568–575, 648–653; *Säcker, Franz-Jürgen:* Zum Begriff des Herstellers in § 950 BGB, JR 1966, 51–53; *Schwister, Wilhelm:* Rechtsprechungsanmerkung, JW 1933, 1762–1765; *Wadle, Elmar:* Das Problem der fremdwirkenden Verarbeitung, JuS 1982, 477–483; *Wiegand, Wolfgang:* Der gutgläubige Erwerb beweglicher Sachen nach §§ 932 ff. BGB, JuS 1974, 201–212.

**Für Weiterdenker:** *Armgardt, Matthias:* Das Anwartschaftsrecht – dogmatisch unbrauchbar, aber examensrelevant, JuS 2010, 486–490; *Harke, Jan-Dirk:* Anwartschaftsrecht als Pfandrecht, JuS 2006, 385–389; *Göbel, Jürgen:* Übersicherung und Freigabeklauseln in vorformulierten Kreditsicherungsverträgen, Berlin 1993; *Janal, Ruth/Marschner, Corinna:* Fälle zum Verbraucherdarlehensrecht, JURA 2017, 367–379; *Schultheiß, Tilman:* Grundfälle zum Darlehensrecht, JuS 2017, 628–634; *Tiedtke, Klaus:* Der erweiterte Eigentumsvorbehalt, in: 50 Jahre BGH: Festgabe der Wissenschaft, Band I, München 2000, S. 829–848.

**Falllösung:** JuS 2008, 898; JuS 2009, 434; JuS 2011, 56; JuS 2011, 515; JuS 2012, 728; JuS 2013, 1097; JuS 2016, 921; JURA 2015, 729; ZJS 2009, 399; ZJS 2014, 165; ZJS 2015, 75.

# 12. Einheit – Die Sicherungsübereignung. Typische Fallkonstellationen bei Sicherungsrechten an beweglichen Sachen

## A. Das Faustpfandrecht als vom Gesetzgeber bevorzugtes Mittel der Kreditsicherung

428 Ausführungen zur Sicherungsübereignung müssen mit der Überlegung beginnen, warum ausgerechnet sie Gegenstand der abschließenden Einheit des Mobiliarsachenrechts ist und nicht etwa das ausführlich im Gesetz geregelte Faustpfand, dem der Gesetzgeber den Vorzug vor „besitzlosen Pfandrechten" gegeben hatte. So bieten die §§ 1204 ff. eine Vielzahl von Bestimmungen, um eine bewegliche Sache durch Vertrag zwischen Eigentümer und Kreditgeber dergestalt zu verpfänden, dass der Gläubiger der Forderung sie in Besitz nehmen (§ 1205 I) und ein dingliches Verwertungsrecht daran erlangen sollte, bis die Schuld getilgt war. Das Pfandrecht ist akzessorisch und erlischt, wenn eine zu sichernde Forderung nicht besteht (§ 1252). Die detailliert ausgestalteten Vorschriften beinhalteten dabei auch Regelungen für den Fall, dass der verpfändende Eigentümer nur mittelbarer Besitzer der Sache ist (§ 1205 II ähnelt der Regelung des § 931, stellt jedoch klar, dass die Verpfändung dem unmittelbaren Besitzer angezeigt werden muss). Eine dem § 930 ähnliche Regel für Besitzkonstitute kennt das Pfandrecht hingegen nicht. Das hat seinen Grund, denn das Vertragspfandrecht sollte den Gläubiger der Geldforderung dadurch sichern, dass er an der verpfändeten Sache besitzrechtlich in eine gegenüber dem verpfändenden Eigentümer gefestigte und für den Rechtsverkehr erkennbare Hoheitsfunktion einrücken sollte. Die Detailfreude der Bestimmungen zeigt die Präferenz der Legislative für das Vertragspfandrecht. Dennoch war dem Gesetzgeber der praktische Nachteil bewusst, dass gerade wirtschaftlich schlechter gestellte Kreditnehmer, etwa Handwerksmeister ohne nennenswertes Kapital im Hintergrund, das Pfandrecht nicht nutzen konnten, ohne zugleich den Besitz an den einzigen Sachen von Wert aufzugeben, die sie besaßen, nämlich ihren Maschinen oder ihrem Arbeitswerkzeug. Daher entschied sich die zweite Kommission mehrheitlich gegen ein in den Beratungen beantragtes Verbot der Sicherungsübereignung und hatte dabei ausdrücklich „die kleinen Leute" (Mugdan III, Protokolle, S. 626) vor Augen. Diese Weichenstellung war entscheidend, denn sie ermöglichte bewusst ein Nebeneinander von sicherungsweisen Eigentumsübertragungen und dem gesetzlich ausführlich geregelten Faustpfand.

429 Im Rechts- und Wirtschaftsverkehr etablierte sich dann tatsächlich die Sicherungsübereignung als häufiger gewähltes Mittel der Kreditsicherung: Die Vorteile überwogen für beide Seiten. Zum einen konnte der Kreditnehmer mit den Gegenständen weiterhin wirtschaften, da die Sicherungsübereignung die Übergabe des Gegenstands als unmittelbaren Besitz an den Gläubiger der Geldforderung gerade

nicht vorsah, zum anderen verschaffte die fehlende Akzessorietät in der Praxis dem Gläubiger mehr Flexibilität.

**Hinweis:** Was bedeutet Akzessorietät? Der Begriff bezeichnet die Abhängigkeit eines Sicherungsrechtes von einer Forderung. Besteht die Forderung nicht, muss das Sicherungsrecht erlöschen. Möchte der Kreditgeber dann das Sicherungsrecht für andere Forderungen nutzen, kann das zu Problemen führen. Dies gilt beispielsweise für die Bürgschaft; im Sachenrecht erlangt die Akzessorietät insbesondere bei der Hypothek Bedeutung und wird dort ausführlicher behandelt. 430

Außerdem war das Interesse der Kreditwirtschaft am unmittelbaren Besitz der sicherheitsleistenden Sachen gering, die dann bei unterschiedlichster Beschaffenheit hätten verwahrt werden müssen. Wirtschaftlich ist das Pfandrecht daher nahezu bedeutungslos geworden. Das schlägt sich auch in der Rechtspraxis nieder. 431

**Vertiefung:** In der fortgeschrittenen juristischen Ausbildung kommt einigen Vorschriften des Pfandrechts dagegen durchaus noch Bedeutung zu (Wagner, JA 2015, 412 ff.), wenn auch nicht wegen der ursprünglich vorgesehenen Funktion als Faustpfandrecht, sondern wegen der Anwendbarkeit einzelner Vorschriften auf gesetzliche Pfandrechte und Pfändungspfandrechte (über § 1257). Folgende Themenbereiche müssen daher zum Examen hin für die Fallbearbeitung bekannt sein: 432

**1. Gutgläubiger Erwerb gesetzlicher Pfandrechte.** So wird etwa diskutiert, ob insbesondere Werkunternehmerpfandrechte (§ 647) – sie sichern die Werklohnforderung durch Verwertungsrechte an den Sachen des Bestellers (Eigentum), die für das Werk in den Besitz des Unternehmers gelangt sind – gutgläubig nach Maßgabe des §§ 1257, 1207, 932 erworben werden können. Auslöser dieser Diskussion sind häufig Fälle, in denen ein Werkunternehmerpfandrecht darum nicht entstehen würde, weil die reparierte oder bearbeitete Sache nicht im Eigentum des Bestellers steht. 433

**Beispiel (BGHZ 34, 122):** Unternehmer U repariert ein Auto, das von Besteller B auf eigene Rechnung zur Reparatur gebracht wurde. Tatsächlich hat B das Auto von V erst kürzlich unter Eigentumsvorbehalt gekauft. Bevor das Auto aus der Werkstatt abgeholt wird, meldet B Insolvenz an. Aufgrund der Zahlungsunfähigkeit kündigt V den Eigentumsvorbehalt auf. U begehrt von Vorbehaltseigentümer V Herausgabe des Kfz-Briefes, um sich mit Blick auf seine ausstehende Werklohnforderung durch Verwertung des Autos befriedigen zu können. V dagegen verlangt „als Eigentümer“ von U das Auto heraus.

Am einfachsten wäre es für U, wenn er sich in diesem Fall auf ein gesetzliches Pfandrecht – sein Werkunternehmerpfandrecht – berufen dürfte und das Auto verwerten könnte. Aus § 647 lässt sich das Pfandrecht jedoch nicht ableiten, weil es sich im Beispielsfall bei dem im Eigentum des V stehenden Fahrzeugs nicht um eine „Sache des Bestellers“ handelt. Gerade wenn die Entstehung eines Werkunterpfandrechts am fehlenden Eigentum des Bestellers scheitern würde, passt auch die Gutglaubensvorschrift des § 1207 wegen des Wortlauts von § 1257 nicht: Voraussetzung für eine Anwendung der Vorschriften über das Vertragspfandrecht auf gesetzliche Pfandrechte ist, dass diese „entstanden“ sind. Sie lassen sich also nicht heranziehen, um ein gesetzliches Pfandrecht überhaupt erst *entstehen zu lassen.* Während die Literatur dann die analoge Anwendung des § 1207 diskutiert (und überwiegend ablehnt, weil sich die rechtsgeschäftliche Einigung als Voraussetzung für §§ 1205, 1207 nicht für gesetzliche Pfandrechte fingieren lässt), wählt die Rechtsprechung einen anderen Weg: Sie nimmt nicht das Pfandrecht aus § 647 als Anknüpfungspunkt, sondern entscheidet den Fall über das Eigentümer-Besitzer-Verhältnis, um dem U Verwendungsersatz – und ein daraus resultierendes Zurückbehaltungsrecht – zusprechen zu können. Hier schließt sich der Kreis zum oben behandelten Fall des „nicht-mehr-berechtigten" Besitzers im Dreiecksverhältnis, denn in der bekannten Entscheidung BGHZ 34, 122 (Kleinbusreparatur) hat der BGH gerade darum auf das Zurückbehaltungsrecht des Verwenders abgestellt (§§ 994, 1000 ff.), um über das am fehlenden Eigentum des Bestellers scheiternde Pfandrecht hinwegzuhelfen. Das Herausgabeverlangen des Eigentümers (hier: V) wird zum Dreh- und Angelpunkt der Entscheidung: Weil er als Eigentümer herausverlangt und U als Besitzer Verwendungen vorgenommen hat, passen die Regeln des Eigentümer-Besitzer-Verhältnisses, wenn auch mit einem dogmatischen Schönheitsfehler: Der BGH muss nun den *Zeitpunkt des Herausgabeverlangens* als anspruchsbegründend annehmen, nicht den der Verwendungsvornahme. Denn erst in der Zwischenzeit hatte das vom Besteller zunächst abgeleitete Besitzrecht des Unternehmers geendet. Da der Herausverlangende tatsächlich Eigentümer war, lag dann – aus Sicht des BGH – zu diesem Zeitpunkt eine Vindikationslage vor.

*Fazit:* Konstruktion eines Pfandrechtserwerbs an einer nicht im Eigentum des Bestellers stehenden Sache durch Analogiebildung oder Rückverlagerung der Vindikationslage? Beide Lösungen sind dogmatisch angreifbar, beide haben zum Ziel, ein sachgerechtes Ergebnis herbeizuführen: Dies ist eines der prominentesten Beispiele, warum das Zivilrecht im fortgeschrittenen Studium nicht als eine Abfolge auswendig gelernter Lösungen begriffen werden darf, sondern als bewegliches System, das die vielfältige Konstruktion von Lösungen einerseits ermöglicht, den Rechtsanwender aber auch vor die Herausforderung stellt, die Grenzen der Dogmatik kritisch zu reflektieren. Grundlegend: BGH NJW 1961, 499 (= BGHZ 34, 122); BGH NJW 1961, 502 ff. (= BGHZ 34, 153 ff.); BGH NJW 1977, 1240; BGH NJW 2002, 130; BGH NJW 2002, 2875. Ausführlich zum besseren Nachvollziehen der Literaturansichten: Gursky, Klausurenkurs, Rn. 266; Hager, 1990, S. 101 f., 107 ff.; Alexander, JuS 2014, 1 ff.; Schmidt, NJW 2014, 1 ff.

434 **2. Pfandrechte an Rechten; Pfandrecht an Anwartschaftsrechten.** Pfandrechte können grundsätzlich auch an Rechten bestellt werden. Daher ist es auch möglich, ein Anwartschaftsrecht zu verpfänden. Wurde eine Sache unter Eigentumsvorbehalt erworben, kann das durchaus von Interesse sein. Während der Vorbehaltskäufer vor Bedingungseintritt Pfandrecht an der Sache selbst allenfalls als Nichtberechtigter bestellen könnte, darf er über das Anwartschaftsrecht als Berechtigter verfügen. Zu beachten ist jedoch, dass bei der Verpfändung eines Anwartschaftsrechts die Vorschriften über die Bestellung bei beweglichen Sachen gemäß § 1205 ff. heranzuziehen sind, nicht etwa die für Rechte gemäß §§ 1273 ff. Wieder einmal hilft als „Gedankenstütze" die Metapher vom Anwartschaftsrecht als „wesensgleichem Minus" zum Eigentum (Rn. 392). Gesetzliche Pfandrechte wie das Vermieter- oder Werkunternehmerpfandrecht können ebenfalls am Anwartschaftsrecht entstehen (BGH NJW 1965, 1475; OLG Düsseldorf NJW-RR 1998, 559 (560); Kindl, ZJS 2008, 477, 486). Ein an einem Anwartschaftsrecht entstandenes Pfandrecht setzt sich bei Bedingungseintritt am Sacheigentum fort (Rechtsgedanke des § 1287). Wäre etwa im Beispiel oben der Vorbehaltsverkäufer V nicht vom Vorbehaltskauf zurückgetreten, hätte ein Werkunternehmerpfandrecht des U am Anwartschaftsrecht des B entstehen können. Nur weil das Anwartschaftsrecht mit der Unmöglichkeit des Bedingungseintritts infolge des Rücktritts des V bereits erloschen war, ließ sich dieser Lösungsansatz nicht weiterverfolgen.

Der Umstand, dass sich ein am Anwartschaftsrecht entstandenes Pfandrecht am Sacheigentum fortsetzt, wird beim Haftungsverband der Hypothek noch einmal relevant werden.

**3. Schutz des Pfandrechtsinhabers.** Wird ein bestehendes Pfandrecht beispielsweise durch unbefugte Weiterveräußerung der Sache „vernichtet" oder die Sache auf andere Weise dem Pfandrechtsinhaber entzogen, entsteht ein sogenanntes „Pfandrechtsgläubiger-Besitzer-Verhältnis", auf das über die §§ 1227, 1257 neben dem Herausgabeanspruch § 985 auch die Vorschriften der §§ 989, 990 (analog) anwendbar sind. Da es sich beim Pfandrecht an Sachen um ein beschränktes dingliches Recht mit absoluter Wirkung handelt, wird der Pfandrechtsinhaber in diesen Fällen zudem über § 823 I geschützt. Daran ist auch bei der Vernichtung eines gesetzlichen Pfandrechts durch lastenfreien gutgläubigen Erwerb Dritter zu denken. 435

## B. Die Sicherungsübereignung: Interessenlage

Wie zu Beginn des vorstehenden Kapitels bereits ausgeführt, möchte nicht nur der 436
Verkäufer, sondern jeder andere Vertragspartner, der Vorleistungen erbringt, für den Fall der Zahlungsunfähigkeit des Schuldners abgesichert sein. Der vorleistende Verkäufer kann seine Interessen durch den Eigentumsvorbehalt wahren. Auch der Gläubiger eines Geldkredits möchte sein Risiko für den Fall der Insolvenz oder der Zahlungsunwilligkeit des Schuldners minimieren. Das vom Gesetzgeber vorgesehene Faustpfand (§§ 1204 ff., vgl. Rn. 428) hätte dafür eine Lösung geboten: Der Gläubiger zahlt den Kredit aus und der Schuldner der Geldleistung hinterlässt eine in seinem Eigentum stehende Sache von angemessenem Wert beim Geldgeber als Pfand. Dadurch konnte der Verpfänder mit der verpfändeten Sache nicht mehr wirtschaften und lief zudem Gefahr, im Wirtschaftsverkehr als weniger kreditwürdig angesehen zu werden.

Wegen der Nachteile dieser Lösung hat sich in der Praxis stattdessen die Sicherungsübereignung durchgesetzt. Bei Auszahlung des Kredits wird dem Gläubiger der Geldleistung vom Schuldner eine Sache zur Sicherheit der Forderung *übereignet* (statt „verpfändet"). Der Kreditgeber erhält dadurch sachenrechtlich die volle Stellung eines Eigentümers, statt wie beim Pfandrecht lediglich ein Verwertungsrecht zu erlangen. Da dafür die Übertragungsform der §§ 929, 930 gewählt wird, kann der Darlehensnehmer die Sache auch weiterhin nutzen.

**Fall 39:** Unternehmer U beantragt bei seiner Hausbank H ein Darlehen über 100 000 €. Da das Fabrikgrundstück des U bereits mit einer Hypothek belastet ist, bietet U der H an, ihr seine im Jahr zuvor erworbene Gemäldesammlung zur Sicherheit zu übereignen. Die Parteien werden sich einig: Die H zahlt das Darlehen aus, die Gemäldesammlung wird zur Sicherheit an H gemäß §§ 929, 930 übereignet. Statt Übergabe an den Neu-Eigentümer erfordert § 930 nur Verschaffung des mittelbaren Besitzes. U kann also im unmittelbaren Besitz der Sache bleiben, wenn er mit der H ein Besitzmittlungsverhältnis vereinbart.

Die Beteiligten in ihrer Stellung zueinander anhand des Beispiels von oben, Fall 39:

| **H (Bank)** | | **U** |
|---|---|---|
| | Die Bezeichnung und exemplarische Pflichten der Beteiligten beim Darlehensgeschäft[3]: | |
| | Gewährt Kredit über 100.000 € | |
| **Kreditgeber** | ⟶ / ⟵ | **Kreditnehmer** |
| | Nach Erhalt des Darlehens zur Rückzahlung verpflichtet | |
| **Gläubiger** der Forderung | | **Schuldner** der Rückzahlung |
| | Die Bezeichnung und exemplarische Pflichten der Beteiligten bei der Sicherungsübereignung (dingliches Geschäft) aufgrund der Sicherungsabrede (Verpflichtungsgeschäft): | |
| | Sachenrechtlich: Übernahme des Sicherungseigentums<br>Schuldrechtlich: Ist dem Sicherungsgeber nach Rückzahlung zur Rückübereignung verpflichtet | |
| **Sicherungsnehmer** | ⟶ / ⟵ | **Sicherungsgeber** |
| | Sachenrechtlich: Überträgt gemäß §§ 929, 930 das Eigentum an einer Sache zur Sicherheit<br>Schuldrechtlich: Ist dem Sicherungsnehmer u.a. zum sorgsamen Umgang mit der Sache verpflichtet | |
| danach:<br>**Sicherungseigentümer** | | **unmittelbarer Besitzer** |

437 Auch bei der Sicherungsübereignung gibt es also eine schuldrechtliche und eine sachenrechtliche Seite: Auf der einen Seite steht ein Kredit, in aller Regel ein Darlehen, auf der anderen eine Übereignung, um die aus der Kreditgewährung resultierende Rückzahlungsforderung zu sichern.

Der Nachteil der Sicherungsübereignung besteht in ihrem Mangel an Publizität. Dadurch, dass der Schuldner trotz Sicherungsübereignung im Besitz seiner Statusgüter (wie teurer Sportwagen oder Uhren) bleiben kann, erweckt er auch gegenüber potentiellen weiteren Kreditgebern einen Eindruck von Liquidität, der möglicherweise nicht mehr gerechtfertigt ist. Außerdem wird durch den fortdauernden Besitz des Kreditnehmers der Rechtsschein des § 1006 aufrechterhalten, obwohl längst der Kreditgeber Eigentümer der Sache ist. Das erhöht das Risiko eines gutgläubigen Erwerbs Dritter, sodass der Kreditgeber im Zweifel sein Sicherungseigentum verliert.

**Hinweis:** Dieser Aspekt gilt ebenso für den Eigentumsvorbehalt, da auch hier Eigentum und unmittelbarer Besitz auseinanderfallen. Die Sachverhalte am Ende dieser Einheit werden einige klausurrelevante Beispiele dieser Problemverknüpfungen zeigen.

## I. Die schuldrechtliche Seite der Sicherungsübereignung

Zur Begründung von Sicherungseigentum ist auf der schuldrechtlichen Seite ein sogenannter Sicherungsvertrag erforderlich. Er begründet die Rechte und Pflichten von Sicherungsgeber und Sicherungsnehmer und ist Rechtsgrund i. S. d. § 812. Davon zu unterscheiden ist der Vertrag, der die Forderung selbst begründet hat, beispielsweise ein Darlehensvertrag. Aus dem Darlehensvertrag ergeben sich zwar die Rechte und Pflichten von Gläubiger und Schuldner wie etwa die Pflicht zur Auszahlung des Darlehens und die Pflicht zur Rückzahlung. Für das Zustandekommen der Sicherungsübereignung ist das aber irrelevant, da der Darlehensvertrag nicht zwingend eine Sicherheit verlangt: Die Parteien könnten das Darlehen ebenso gut ungesichert auszahlen oder andere Formen der Sicherheit wie eine Bürgschaft oder das Pfandrecht wählen. Als Verpflichtungsgeschäft für die vorzunehmende Sicherungsübereignung muss der Sicherungsvertrag auch wirksam sein. 438

**Hinweis:** Bei Unwirksamkeit der Sicherungsabrede werden schon bekannte Fragen nach dem Abstraktionsprinzip und gegebenenfalls der Fehleridentität wieder relevant.

Der Sicherungsvertrag enthält regelmäßig auch die sogenannte Zweckbestimmungserklärung, d. h. die Bestimmung darüber, für welche Forderungen die Übereignung als Sicherheit dienen soll. Der schuldrechtliche Sicherungsvertrag mit dem Inhalt, eine zunächst im Eigentum des Kreditnehmers stehende Sache dem Kreditgeber zur Sicherung einer Forderung zu übereignen, führt zu einem Besitzmittlungsverhältnis i. S. d. § 868: Der mittelbare Besitzer und Sicherungseigentümer hat bei Fälligwerden der Forderung und ausbleibender Erfüllung der Leistungspflichten einen Herausgabeanspruch gegen den unmittelbaren Besitzer und säumigen Schuldner der Geldleistung. Der Sicherungsvertrag regelt auch die Gebrauchsüberlassung, manchmal ausdrücklich in Form der Leihe. Der Sicherungsgeber als unmittelbarer Besitzer ist zum sorgsamen Umgang verpflichtet und zum Gebrauch berechtigt. Der Sicherungsvertrag bedarf grundsätzlich keiner Form. Ausnahmen gelten nur, wenn Rechtsgeschäfte über unbewegliche Sachen (Grundstückskaufverträge) willentlich damit verbunden werden. 439

**Vertiefung:** Ist die Sicherungsabrede sittenwidrig, § 138 I, oder liegt ein Verstoß gegen § 307 I und II vor, kann auch die Einigung auf Übereignung nichtig sein – in aller Regel wird hier eine Fehleridentität vorliegen. Sittenwidrigkeit kann insbesondere bei Übersicherung, Knebelung und Gläubigergefährdung gegeben sein. Zur Vermeidung des Vorwurfs der Sittenwidrigkeit können schuldrechtliche „Freigabeklauseln“ ausreichen, in denen die Bank die Rückübereignung für den Fall der Darlehensrückzahlung zusichert. Die Beurteilung solcher Klauseln erweist sich dann als schwierig, wenn die Freigabe allein im Ermessen der Bank liegt. In einer Fallklausur ist also Vorsicht geboten, wenn die Sicherungsabrede ungewöhnliche Härten vor allem für den Schuldner enthält. Hier ist stets zu fragen, ob einer der oben genannten Fälle der Sittenwidrigkeit vorliegen könnte und bei Übersicherung der Sachverhalt daraufhin zu überprüfen, ob Freigabeklauseln vereinbart sind. Zu den weiteren Details gibt es 440 eine umfangreiche Rechtsprechung (unter anderem BGHZ 117, 374 [374]; BGHZ 72, 308 [308] und besonders wichtig: BGH NJW 1998, 671 [671 f.], auch insgesamt sehr lesenswert).

441 **1. Pflichten des Sicherungsgebers.** Aufgrund des Sicherungsvertrags ist der Sicherungsgeber zur Übereignung und zur sorgfältigen Behandlung der Sache verpflichtet. Durch Vereinbarung kann der Sicherungsgeber auch verpflichtet werden, die Sache zugunsten des Sicherungsnehmers zu versichern. Er ist ferner verpflichtet, dem Sicherungsnehmer bei Fälligkeit der Forderung den Besitz der Sache zum Zweck der Verwertung herauszugeben, wenn die Forderung nicht freiwillig bezahlt wird. Die Herausgabepflicht besteht auch dann, wenn die gesicherte Forderung verjährt ist, § 216 II S. 1 (vor dem 01.01.2001: § 223 II analog).

442 **2. Pflichten des Sicherungsnehmers.** Der Sicherungsnehmer ist verpflichtet, von seinem Eigentum an der Sache nur zum Zweck der Verwertung Gebrauch zu machen, wenn die gesicherte Forderung nicht bezahlt wird. Die Verwertung erfolgt in der Regel durch Veräußerung des Sicherungsguts. Solange der Sicherungsnehmer nicht Herausgabe zum Zweck der Verwertung verlangen kann, stehen die Nutzungen des Sicherungsguts aber nicht ihm, sondern dem Sicherungsgeber zu. Der Sicherungsnehmer kann deshalb im Zuge der Verwertung nicht auf die Nutzungen zugreifen, bevor sie ihm nach §§ 987 ff. zukommen. Im Sicherungsvertrag kann jedoch etwas anderes vereinbart werden (BGH NJW 1980, 226 [226]). Verfügungen, die nicht der Verwertung nach Fälligkeit der Forderungen dienen, muss der Sicherungsnehmer unterlassen.

## II. Die sachenrechtliche Seite: Die Übereignung gemäß §§ 929, 930

443 Wie für jede Übereignung gemäß §§ 929, 930 bedarf es auch hier einer dinglichen Einigung und der Begründung eines Besitzmittlungsverhältnisses nach Maßgabe des § 868.

444 **1. Die Einigung.** Im Regelfall wird die Übereignung unabhängig von einer Bedingung erklärt. Während Voraussetzung des Eigentumsvorbehalts war, dass eine Schuld besteht, deren Erfüllung den Bedingungseintritt überhaupt ermöglicht, gilt für die Sicherungsübereignung, dass sie auch unabhängig von einer Forderung entstehen und gegebenenfalls auch fortbestehen kann. Da die Übereignung nicht bedingungsabhängig ist, wird sie auch nicht zwangsläufig hinfällig, wenn die Forderung, beispielsweise wegen Mängeln im Darlehensvertrag, nicht entsteht (dazu auch Rn. 447).

445 Grundsätzlich steht es den Parteien aber frei, die Existenz der Forderung zur Bedingung für den Erwerb des Sicherungseigentums zu machen. So kann auch die Sicherungsübereignung unter der auflösenden Bedingung vollständiger Darlehensrückzahlung vereinbart werden. Bei Eintritt der Bedingung fiele dann das Eigentum automatisch an den Sicherungsgeber zurück. Diese Vereinbarung darf aber nicht ohne expliziten Hinweis im Sachverhalt angenommen werden, da eine (hier dann auflösende) Bedingung – anders als die aufschiebende Bedingung bei der Vereinbarung des Eigentumsvorbehalts – gerade nicht die Regel ist.

**Abwandlung zu oben Fall 39:** U und H haben die Sicherungsübereignung ausdrücklich unter der auflösenden Bedingung vollständiger Darlehensrückzahlung vereinbart. Als U die letzte Rate gezahlt hat, fällt das Eigentum an der Gemäldesammlung wieder an ihn zurück.

Im Fall der – ausnahmsweise – auflösend bedingten Übereignung kann der Sicherungsgeber durch Ratenzahlung darauf hinwirken, wieder Eigentümer der Sache zu werden. Hier ähnelt die Stellung des Sicherungsgebers der des Vorbehaltskäufers beim Eigentumsvorbehalt: Mit jeder Teilleistung kommt der Zahlende dem Vollrecht „Eigentum" näher. Demzufolge erwirbt auch der Sicherungsgeber ein Anwartschaftsrecht an der Sache, wenn die Übereignung an den Sicherungsnehmer auflösend bedingt wurde. In diesem Fall ist die Vereinbarung abhängig vom Bestehen einer Forderung, da sonst der Eintritt der Bedingung unmöglich ist. Dann entsteht eine sogenannte „Ersatzakzessorietät", wie sie ähnlich auch beim Vorbehaltskauf angelegt ist, weil das Anwartschaftsrecht des Vorbehaltskäufers ebenfalls von der Möglichkeit des Bedingungseintritts abhängig bleibt.

**Hinweis:** Sicherungsübereignung und Eigentumsvorbehalt sind nicht in demselben rechtsdogmatischen Sinn akzessorisch, wie etwa das Pfandrecht, die Hypothek oder die Vormerkung konzipiert sind. Auch die Bürgschaft – als Personalsicherheit – ist beispielsweise streng akzessorisch. Allen akzessorischen Sicherungsrechten ist gemeinsam, dass ein Auseinanderfallen von Forderung und Sicherungsrecht auf der Aktivseite nicht gewollt und in der Folge gesetzlich unterbunden ist (vgl. etwa für das Pfandrecht § 1250 II, der für die Bürgschaft analog angewendet wird; für die Hypothek gilt im Grundsatz § 1353 II). Dagegen sichert das Vorbehaltseigentum die Kaufpreis- und das Sicherungseigentum die Darlehensforderung i. d. S. „nicht akzessorisch"; insbesondere könnten die Sachen auch unabhängig von der bestehenden Forderung vom Sicherungsnehmer an Dritte übereignet werden. Steht allerdings eine Bedingung im Raum, wie regelmäßig beim Vorbehaltskauf in Form der aufschiebenden Bedingung, wird die Verfügungsbefugnis des (noch) berechtigten (Vorbehalts-)Eigentümers durch § 161 I für den Fall des Bedingungseintritts eingeschränkt. Da bei der Sicherungsübereignung dagegen üblicherweise keine Bedingung vereinbart wird, sondern allenfalls ein schuldrechtlicher Rückübertragungsanspruch aus dem Sicherungsvertrag besteht, bleibt das Sicherungseigentum gänzlich unabhängig vom Fortbestand einer Forderung. Damit ist es, wie oben bereits erwähnt, flexibler als das Pfandrecht und kann unproblematisch verschiedene Forderungen absichern. **446**

Auch in der Praxis ist eine solche Vereinbarung selten. Daher bleibt es ohne anderslautenden Hinweis im Sachverhalt bei der grundsätzlichen Annahme einer unbedingten Übereignung. Dies gilt erst recht, wenn mehrere Forderungen zu sichern sind. Nur in Einzelfällen – und nur bei der Sicherung einer einzelnen Forderung – geht die Rechtsprechung von einer auflösenden Bedingung aus (z. B. BGH NJW 1986, 977 [977]). Im Regelfall der unbedingten Übereignung trifft den Sicherungsnehmer nach vollständig erbrachter Leistung des Sicherungsgebers die schuldrechtliche Pflicht zur Rückübereignung aus dem Sicherungsvertrag.

**2. Besitzmittlungsverhältnis.** Für die Übereignung gemäß § 930 bedarf es eines Besitzmittlungsverhältnisses i. S. d. § 868. Heute ist allgemein anerkannt, dass ein solches Besitzmittlungsverhältnis durch den Sicherungsvertrag begründet wird. Voraussetzung dafür ist nur, dass sich aus der Sicherungsabrede ein Herausgabe- **447**

anspruch des Sicherungsnehmers gegen den Sicherungsgeber zur Befriedigung der Forderung (Verwertung) ergibt. Dieses Erfordernis resultiert aus den Grundprinzipien der Begründung eines Besitzmittlungsverhältnisses: Es bedarf eines Herausgabeanspruchs des mittelbaren Besitzers gegen den unmittelbaren Besitzer, vgl. Rn. 46.

## C. Typische Fallkonstellationen im Spannungsfeld von Sicherungsrechten und gutgläubigem Erwerb

448 Da Besitz und Eigentum bei beiden Arten der Forderungssicherung auseinanderfallen, ist die Wahrscheinlichkeit, dass die Rechtsscheinsvermutung und damit die Vorteile der Gutglaubensregeln zugunsten des unmittelbaren Besitzers greifen, besonders groß. Der unmittelbare Besitzer kann als Eigentümer auftreten und unberechtigt über die Sache verfügen. Ein Rechtserwerb des gutgläubigen Dritten könnte – solange Bösgläubigkeit nicht festzustellen ist – nur am Abhandenkommen scheitern, was aber gerade bei Eigentumsvorbehalt oder Sicherungsübereignung in der Regel auszuschließen ist.

**Fall 40a):** Händler H liefert dem Kunden K einen Flachbildfernseher unter Eigentumsvorbehalt. K verkauft den unbezahlten Fernseher an seinen gutgläubigen Nachbarn N. Ursprünglich war H Eigentümer. Er könnte sein Eigentum aber durch gutgläubigen Eigentumserwerb des N verloren haben. Hier handelt K als Nichtberechtigter, da die Bedingung für seinen Eigentumserwerb (vollständige Kaufpreiszahlung) noch nicht eingetreten war. N war indes gutgläubig. Scheitern könnte ein gutgläubiger Erwerb des N also nur, wenn die Sache dem H abhandengekommen war. H hatte aber an den K geliefert und den (unmittelbaren) Besitz freiwillig aufgegeben. N erwirbt gutgläubig Eigentum, während H sein Eigentum verliert. Es bleiben ihm aber Ansprüche aus § 816 I gegen K.

**Fall 40b):** Unternehmer U nimmt bei der B-Bank ein Darlehen über 40 000 € auf und übereignet dazu sein Oldtimer-Cabriolet zur Sicherheit. Als er beim nächsten Urlaub vom wohlhabenden Ehepaar E auf die klassische Schönheit des Wagens angesprochen wird, bietet er ihn spontan zum Kauf an. Beide einigen sich auf einen Preis von 45 000 €. Hier könnte das Ehepaar E gutgläubig Eigentum an dem Cabriolet erworben haben. Wieder würde ein solcher gutgläubiger Erwerb nicht am Abhandenkommen bei der Eigentümerin B-Bank scheitern, da B selbst dem U die Sache gemäß § 868 im Rahmen der Sicherungsabrede zum unmittelbaren Besitz überlassen hat.

In Abrede stellen könnte man allein den guten Glauben des E. Möglicherweise hätte sich E die Halterpapiere zeigen lassen müssen. Unterließ E das, wäre ihm möglicherweise fahrlässige Unkenntnis der Eigentumslage vorzuwerfen. Allerdings gibt der Sachverhalt keine Hinweise darauf, ob dem so war. Denkbar ist ebenfalls, dass sich E die Papiere zeigen ließ und B es zuvor versäumt hatte, sie sich aushändigen oder auf ihren Namen ändern zu lassen. Dann trägt B zu Recht das Risiko für ihren Eigentumsverlust durch gutgläubigen Erwerb Dritter.

Beide Ausgangsfälle – 40a) zum Eigentumsvorbehalt, 40b) zur Sicherungsübereignung – offenbaren die relative Schwäche des jeweiligen Eigentümers, bieten aber zugleich die Basis für Folgeprobleme, deren Kenntnis zumindest in einigen „klassischen" Fallkonstellationen vorausgesetzt wird.

## I. Der Rückerwerb vom Nichtberechtigten

In Einheit 11 war besprochen worden, wie der Vorbehaltskäufer vor Zwischenverfügungen des Vorbehaltsverkäufers und einem gutgläubigen Erwerb Dritter geschützt ist. Hätte in Fall 40a) etwa der H die im Besitz des K befindliche Sache an einen Dritten D weiterveräußert, wäre die Zwischenverfügung bei Bedingungseintritt (K zahlt den vollen Kaufpreis) unwirksam geworden und ein gutgläubiger lastenfreier Erwerb des D an § 936 III gescheitert. 449

Der Verkäufer selbst (im Beispiel also H) ist aber gegen unberechtigte Verfügungen des Vorbehaltskäufers (hier: K) weniger gut geschützt. Wird der gutgläubige Erwerb eines Dritten (hier: N) vollzogen, erlangt dieser Dritte vollwertiges Eigentum. Dem H bleiben nur Ersatzansprüche und der Anspruch aus § 816 I auf Herausgabe des Erlöses. Was geschähe aber, wenn der Kauf rückabgewickelt werden müsste, etwa weil der Kaufvertrag angefochten worden wäre? Wäre dann das Eigentum auf den ursprünglichen Eigentümer (also H) oder auf den Verkäufer zurückzuübertragen? Dazu folgendes Beispiel:

**Fall 41:** Jungunternehmer J hat sich als „Betriebsberater" niedergelassen und kauft für sein Büro eine Computeranlage für 6.000 € auf dem neuesten Stand der Technik vom Händler C. Da er die Anlage nur in Raten bezahlen kann, vereinbaren er und der Händler einen Eigentumsvorbehalt. Allerdings werden die Dienste des J dann doch nicht wie von ihm erhofft in Anspruch genommen – nachdem J zwei von insgesamt zehn Raten geleistet hat, muss er die Zahlungen an C einstellen. Um seiner Finanznot abzuhelfen, verkauft er einen Monat später die Computeranlage an seinen Bekannten B, der sich gerade als Rechtsanwalt niedergelassen hat und die Anlage gut gebrauchen kann. B bezahlt die Anlage sofort. Nach zwei Tagen erklärt B, er fechte den Kaufvertrag wegen arglistiger Täuschung an und gibt J die Anlage zurück. J erstattet B zwar den Kaufpreis, gerät nun aber erst recht in ernsthafte Zahlungsschwierigkeiten und kann die letzten Raten an C nicht mehr zahlen, der schließlich Herausgabe der Anlage verlangt. Zu Recht?

Die komplexere Ausgangslage erfordert zunächst einige Gedanken über die Vorgehensweise bei umfangreicheren Fall-Lösungen: Da C Herausgabe verlangt, sollte auch mit einer Anspruchsgrundlage begonnen werden, die die Herausgabe der Sache ermöglicht. Weil C seinen Besitz willentlich aufgegeben hat, scheiden Ansprüche aus § 1007 aus (vgl. nur § 1007 III!). Zudem ist es unter anderem auch Zweck des vorbehaltenen Eigentums, Herausgabe als Eigentümer verlangen zu können, wenn die übrigen Voraussetzungen erfüllt sind. Daher ist es sinnvoll, zunächst mit dem Herausgabeanspruch des C gegen J aus § 985 zu beginnen.

**Klausurhinweis:** Erörterungen zur Vorgehensweise gehören freilich nicht in die Klausur: Dort wäre direkt in die Prüfung des § 985 einzusteigen.

§ 985 setzt Eigentum auf der einen und unrechtmäßigen Besitz auf der anderen Seite voraus. Der Anspruch hängt also vor allem davon ab, ob derjenige, der sich darauf beruft (hier: C), auch der Eigentümer ist. Daher empfiehlt sich der chronologische Aufbau (von den Studierenden auch gerne „Märchenaufbau" genannt), der mit dem zuerst genannten Eigentümer beginnt und dann mögliche Eigentumswechsel nachzuvollziehen versucht.

Ursprünglich war C Eigentümer. Jedoch könnte er sein Eigentum durch rechtsgeschäftliche Übereignung gemäß § 929 S. 1 an J verloren haben. Tatsächlich haben sich C und J darauf geeinigt, dass J Eigentümer der Sache werden soll. Einem bereits wirksamen Eigentumserwerb des J könnte aber der zwischen ihm und C vereinbarte Eigentumsvorbehalt entgegenstehen. Im Rahmen des Eigentumsvorbehalts gemäß § 449 erfolgt die Übereignung unter der aufschiebenden Bedingung vollständiger Kaufpreiszahlung, §§ 929 S. 1, 158 I. Aufgrund seiner Zahlungsschwierigkeiten konnte J aber keine weiteren Raten mehr zahlen. Die Bedingung ist somit noch nicht eingetreten, C also Eigentümer der Anlage geblieben.

Allerdings könnte C sein Eigentum durch die Weiterveräußerung der Anlage von B an J verloren haben. J und B haben sich über den Eigentumsübergang geeinigt; J hat die Sache auch an B übergeben. J, der das Eigentum an der Anlage noch nicht erworben hatte, handelt indes als Nichtberechtigter. Ein wirksamer Eigentumserwerb des B wäre daher nur nach den Bestimmungen über den gutgläubigen Erwerb gemäß §§ 929 S. 1, 932 möglich. Dann müsste B im guten Glauben bezüglich der Eigentümereigenschaft des J gewesen sein. Aus der Systematik des § 932 II folgt, dass der gute Glaube zunächst anzunehmen ist. Hier durfte B schon aus der Rechtsscheinsvermutung des § 1006 I zugunsten des unmittelbaren Besitzers auf die Eigentümerstellung des J vertrauen. Es gibt auch keine Hinweise dafür, dass er die Eigentümereigenschaft des J später in Zweifel gezogen hätte. Vom guten Glauben des B ist daher auszugehen. Die Sache ist C, der selbst die Anlage an J übergeben hat, auch nicht gemäß § 935 abhandengekommen. B hat somit wirksam Eigentum an der Anlage gemäß §§ 929 S. 1, 935 erworben. Es stellt sich jedoch die Frage, ob das Eigentum im Zuge der Rückabwicklung des Kaufvertrags zwischen B und J an C zurückgefallen sein könnte.

**Hinweis:** Hier könnte auch noch diskutiert werden, ob mit dem Willensmangel des B beim Kaufvertrag nicht auch ein Willensmangel bei der dinglichen Einigung einhergegangen sein könnte. Dann wäre die dingliche Einigung ebenfalls ex tunc nichtig, C hätte sein Eigentum nie verloren. Abgesehen davon, dass eine solche Lösung Teile der Klausurproblematik unbearbeitet ließe, spricht auch im Sachverhalt einiges gegen diese Interpretation der Erklärung des B. Dieser erklärt ausdrücklich Anfechtung des Kaufvertrags, nicht der dinglichen Einigung. Außerdem stellt sich die Frage, ob der Willensmangel tatsächlich Einfluss auf die Einigung hatte (vgl. MüKo/Oechsler, 7. Aufl. (2017), § 929, Rn. 33), da sich B als Eigentümer in einer gesicherten Position befindet, die ihm bei der Rückabwicklung des Kaufvertrags zugutekommen kann. B ist daher in seiner Erklärung, er wolle den *Kaufvertrag* anfechten, beim Wort zu nehmen.

Wenn der Kaufvertrag rückabgewickelt wird, muss auch das Eigentum zurückübertragen werden. Dabei stellt sich jedoch die Frage, an wen das Eigentum zurückfällt. Denkbar ist einmal der Rückerwerb durch den Vertragspartner des rückabzuwickelnden Vertrags, hier also des Nichtberechtigten J, oder der automatische Rückerwerb des vorherigen Eigentümers, hier also C. Die noch herrschende Meinung (u. a. Baur/Stürner, § 52, Rn. 34; Bülow, Rn. 1483; Prütting, Rn. 438; Wieling, § 10 VI 2; M. Wolf/Wellenhofer, § 8 Rn. 36 f.) nimmt an, dass die ursprüngliche Eigentumslage wieder eintrete, der frühere Eigentümer also sein Eigentum zurück erwerbe.

**Vertiefung:** Allerdings schränkt diese Ansicht den automatischen Rückerwerb auf die Fälle ein, in denen die Rückübereignung ein sogenanntes „Innenverkehrsgeschäft" darstellt. Ein solches liegt vor, wenn der Rechtsgrund der zweiten Übereignung bereits in der ersten Übereignung angelegt war (etwa bei Rückübereignung infolge Wandlung, Rücktritt, Rückübertragung des Sicherungseigentums nach Erfüllung der gesicherten Forderung). Darüber hinaus soll der Rückerwerb des ursprünglichen Eigentümers immer dann stattfinden, wenn sowohl Übertragung als auch Rückabwicklung von Anfang an vom Nichtberechtigten geplant waren, um sich böswillig das Eigentum an der Sache zu verschaffen.

Dann fiele also das Eigentum an C zurück. Eine andere, zunehmend verbreitete Auffassung (MüKo/Quack, 3. Aufl. (1981), § 932, Rn. 62 ff. und diese Auffassung bestätigend MüKo/Oechsler, 7. Aufl. (2017), § 932 Rn. 25; Wiegand, JuS 1971, 62 ff.; Palandt/Herrler, § 932, Rn. 17; in der Tendenz auch BGH NJW-RR 2003, 170 [171]) möchte stattdessen den Nichtberechtigten das Eigentum im Zuge der Rückabwicklung erwerben lassen. In diesem Fall würde tatsächlich J das Eigentum an der Anlage erlangt haben. Für die herrschende Meinung spricht sicherlich, dass sonst der Nichtberechtigte eine Position erlangt, die er vorher nicht innehatte. Tragen könnte auch das Argument, der Zusammenhang zwischen schuldrechtlicher Rückabwicklung und gutgläubigem – also nicht nur rechtsgeschäftlichem, sondern durch Wertung des Gesetzgebers zugunsten des Erwerbers vorgenommenen – Eigentumserwerb könnte sonst übersehen werden. Nicht aufgrund der Einigung mit J, sondern aufgrund der gesetzlichen Wertung in § 932 erwirbt B Eigentum. Dem könnte ein Rückerwerb des J widersprechen.

Gegen diese Argumentation streitet allerdings das Gesetz selbst, wenn es den gutgläubigen Erwerber vollwertiges Eigentum erwerben lässt. Daher wendet die andere Ansicht zu Recht ein, der gutgläubige Erwerber, der kraft § 932 vollwertiges Eigentum erworben habe, müsse auch die vollwertige Eigentümerstellung einnehmen können. Dazu gehört auch die Dispositionsfreiheit des Eigentümers. Der Eigentümer muss über die Sache frei verfügen können, sofern keine Rechte Dritter entgegenstehen (Rechtsgedanke des § 903).

**Hinweis:** Dabei ist der Eigentumsverlust des C nicht als Recht in diesem Sinne zu qualifizieren: Dessen Eigentumsverlust tritt schon – vor Rückabwicklung des Vertrags – mit dem gutgläubigen Erwerb des B ein und wird vom Gesetzgeber in den §§ 932 ff. bewusst und zugunsten des Erwerbers in Kauf genommen.

Diese Ansicht überzeugt hier schon aufgrund der gesetzlichen Wertung, zumal die Gegenansicht eine Eigentumsübertragung an den früheren Eigentümer nicht sachenrechtlich konstruieren kann. Wenn B also vollständig Eigentum erworben hat, muss er dieses Eigentum auch übertragen können an wen er möchte, schließlich wäre auch eine Eigentumsübertragung an Dritte ohne Einschränkung möglich. J hat daher das Eigentum an der Anlage bei Rückübereignung durch B erworben; das Eigentum des C ist erloschen. C kann daher keinen Anspruch gegen J auf Herausgabe aus § 985 geltend machen.

**Vertiefung:** Wer der zuletzt genannten Ansicht folgt, muss natürlich weitere Ansprüche des C gegen J auf Rückübertragung des Eigentums prüfen! In Frage kommt eine Haftung des J wegen der Verletzung der kaufvertraglichen Nebenpflicht, die Sache pfleglich zu behandeln, solange das Eigentum noch nicht auf ihn übergegangen ist. Diese Sorgfaltspflicht wird durch den Eigentumsverlust des C verletzt, §§ 280 I, 241 I, 249 S. 1 – J muss also das Eigentum auf C zurückübertragen.

Zudem kann C gegen J Ansprüche aus § 823 I wegen verschuldeter Eigentumsverletzung geltend machen und Schadensersatz gemäß § 249 I verlangen. Nicht zuletzt steht ihm ein Anspruch aus § 812 I S. 1 gegen J zu: J hat das Eigentum des C an der Anlage ohne rechtlichen Grund auf Kosten des C erlangt: Er muss das Eigentum auf C zurückübertragen.

Eine sehr ausführliche Auseinandersetzung mit der Problematik findet sich – unter Diskussion aller vertretenen Ansichten – bei Gursky, Probleme, S. 57 ff. (9. Problem).

Folgt man der Mindermeinung, bleibt also der Vorbehaltseigentümer auf schuldrechtliche Anspruchsgrundlagen beschränkt.

## II. Doppelverwertung einer Sache

450 In einer anderen „klassischen" Fallkonstellation wird ein und dieselbe Sache doppelt zur Sicherung unterschiedlicher Forderungen verwertet:

**Fall 42:** Rechtsanwalt R hat – nach einem schlechten Tipp seines Steuerberaters – Geld in zweifelhaften Aktien angelegt und ist prompt in Zahlungsschwierigkeiten geraten. Da er sich aber zwei Monate vorher gerade einen Neuwagen geleistet hatte, beschließt er, zur B–Bank zu gehen und sich einen Kredit geben zu lassen. Den Neuwagen möchte er als Sicherheit anbieten. Um nicht vor seinen Mandanten und Nachbarn „armselig" dazustehen, möchte er den Wagen weiterhin nutzen können. Er einigt sich mit der B-Bank auf eine sicherungsweise Übereignung gemäß §§ 929, 930.

Bis hierher ist der Fall – sofern R mit der Sache pfleglich umgeht und seinen Rückzahlungspflichten gegenüber der B-Bank nachkommt – unproblematisch. Aber:

**Fortsetzung Fall 42:** R stellt fest, dass er noch mehr Geld braucht. Er geht zur A-Bank und bietet auch ihr den Neuwagen als Sicherheit an, freilich ohne ihr von der Kreditvereinbarung mit der B-Bank zu erzählen. Erwirbt die A-Bank ein Eigentumsrecht an dem Neuwagen?

Auch die Sicherungsübereignung, die R der A-Bank anbietet, ist eine Übereignung, die nach Maßgabe der §§ 929 S. 1, 930 zu vollziehen ist. R müsste also „Berechtigter" sein. Im Zuge der ersten Sicherungsübereignung ist aber die B-Bank Eigentümerin des Wagens geworden; R kann also nur als Nichtberechtigter verfügen. Ein Eigentumserwerb der A-Bank kann sich daher nur nach Maßgabe der §§ 929, 930, 933 als gutgläubiger Erwerb vollziehen. Wie Eigentum im Allgemeinen kann zwar auch Sicherungseigentum gutgläubig erworben werden. Da aber die zugrunde liegende Übereignung in Form des § 930 erfolgen soll, richtet sich ein etwaiger gutgläubiger Erwerb Dritter (hier: der A-Bank) nach § 933. Demzufolge kann der Erwerber (also die A-Bank) erst dann gutgläubig Eigentum erwerben, wenn der Besitzer (hier: R) seinen Besitz vollständig aufgegeben hat. Der gutgläubige Erwerb würde also erst dann vollendet, wenn R seinen Besitz auf die A-Bank überträgt. Zu diesem Zeitpunkt (Übergabe) muss auch der gute Glaube des Erwerbers vorliegen. Solange R seinen Besitz nicht auf die A-Bank überträgt, ist ein gutgläubiger Erwerb von Sicherungseigentum nicht möglich. Die A-Bank erlangt daher kein Eigentumsrecht an dem Wagen.

**Hinweis:** Aus dieser Ausgangssituation ließe sich auch die Frage des mittelbaren Nebenbesitzes entwickeln, sofern, wie unten in Fall 43, nicht der Eigentumserwerb des zweiten Kreditgebers, sondern der eines Vierten durch Abtretung eines Herausgabeanspruchs aus Besitzmittlungsverhältnis (§ 934) zur Diskussion stünde. Dann nämlich müsste die Frage beantwortet werden, ob die A-Bank einen mittelbaren Nebenbesitz erlangt hat, den sie auf einen Vierten übertragen möchte. Hier begehrt die A-Bank aber selbst Eigentum zu erwerben – sie benötigt daher ohnehin Besitz nach Maßgabe des § 933. Die Problematik des mittelbaren Nebenbesitzes muss daher erst in Fall 43 entschieden werden.

Das ändert sich freilich dann, wenn R infolge wirtschaftlichen Zusammenbruchs auch zur Besitzübertragung an die A-Bank genötigt gewesen wäre. Diese hätte auf die Übergabe der Sache drängen können, um eine Unterschlagung oder eine Beschädigung des Wagens zu vermeiden. Dann wäre die B-Bank nur geschützt gewesen, wenn sie sich den Kfz-Brief hätte aushändigen lassen. Wäre R noch im Besitz des Kfz-Briefes, stünde der Gutgläubigkeit der A-Bank nichts entgegen. Daher entspricht die Aushändigung des Kfz-Briefes bei Sicherungsübereignungen nach §§ 929, 930 gängiger Praxis, um eine Weiterveräußerung zu verhindern.

**Hinweis:** Ohne Besitzübertragung scheiterte der gutgläubige Erwerb Dritter (hier: der A-Bank) zunächst an den Voraussetzungen des § 933. Hätte R allerdings von vornherein eine andere Übertragungsart als die des § 930 gewählt, hätte die B-Bank ihr Eigentum durch gutgläubigen Wegerwerb Dritter verlieren können: Veräußert R etwa den Wagen gemäß § 929 S. 1 an den gutgläubigen Gebrauchtwagenhändler G, erwirbt dieser Eigentum gemäß §§ 929 S. 1, 932, während die B-Bank ihr Eigentum verliert.

Ganz rechtmäßig hätte R die Sache zu einer weiteren Kreditsicherung heranziehen können, wenn die Sicherungsübereignung an die B-Bank auflösend bedingt vereinbart worden wäre. Dann hätte R mit fortschreitender Ratenzahlung ein Anwartschaftsrecht auf das Vollrecht „Eigentum" an dem Wagen erlangt, das er der A-Bank als Sicherheit für das Darlehen hätte anbieten können. Nach der Rechtsprechung kann in Fällen, in denen Sachen vom Sicherungsgeber zur Sicherheit übereignet werden, an denen ihm nur ein Anwartschaftsrecht zusteht, die dingliche Einigung über die Übereignung in eine Übertragung des Anwartschaftsrechts umgedeutet werden. Der Wille zur Übertragung der Anwartschaft ist als ein „Minus" im Übereignungswillen regelmäßig als „mitenthalten" anzusehen (vgl. dazu auch oben, Rn. 392; BGHZ 50, 45, [48 f.]); die Übertragung eines Anwartschaftsrechts an die A-Bank wäre also sofort wirksam gewesen und bei Bedingungseintritt zum Vollrecht erstarkt.

## III. Der Klassiker: Die „wandernde Fräsmaschine"

In einem Klassiker der Ausbildungsliteratur (und der Klausurfälle) kommen mehrere Sicherungsformen und jeweils Beteiligte zusammen. Dabei spielen nicht nur Fragen der Kreditsicherung und des gutgläubigen Erwerbs eine besondere Rolle, sondern auch Grundsatzentscheidungen zum Besitzrecht (mittelbarer Nebenbesitz). 451

**Fall 43:** Die V-AG verkauft eine Fräsmaschine unter Eigentumsvorbehalt an die H-KG. Diese übereignete die Maschine zur Sicherheit an ihren Kreditgeber C mit der Vereinbarung, die Fräse weiter benutzen zu dürfen. Dabei verschweigt sie den bestehenden Eigentumsvorbehalt. C seinerseits vereinbarte mit der L-AG, dass das Eigentum an der Fräse auf diese übergehen sollte. Zu diesem Zweck trat C der L-AG „seine Rechte" aus dem Besitzmittlungsverhältnis zwischen der H-KG und ihm ab. Die H-KG wies er entsprechend an, nun nicht mehr für ihn, sondern für die L-AG zu besitzen. Hat die L-AG Eigentum erworben?

Neben dem vermeintlichen Wertungswiderspruch zwischen § 933 und § 934, der bereits beim gutgläubigen Erwerb angesprochen worden war, vgl. Rn. 203, bleibt demnach die Frage zu klären, ob C überhaupt ein Besitzrecht erworben hat, das er an die L-AG abtreten kann. Die beiden Leitsätze des BGH (NJW 1968, 1382 [1382]) legen das Ergebnis hinsichtlich der Systematik der Gutglaubenstatbestände jedenfalls zunächst einmal soweit fest, als ein Wertungswiderspruch mit Blick auf das Verhältnis von § 933 zu § 934 abgelehnt wird.

(1.) Veräußert der Vorbehaltskäufer (hier: die H-KG) bei noch bestehendem Eigentumsvorbehalt des Lieferanten die Sache gemäß §§ 929, 930 zur Sicherung an einen gutgläubigen Dritten (hier: C), so wird dieser mittelbarer Besitzer.

**Vertiefung: Mittelbarer Nebenbesitz?** Der zitierte Leitsatz zeigt zugleich die Grundsatzentscheidung gegen den mittelbaren Nebenbesitz: Wer mit dem BGH dogmatisch die Auffassung teilt, das BGB kenne keinen mittelbaren Nebenbesitz, wird aus dem Lebenssachverhalt die Schlussfolgerung ziehen, dass der unmittelbare Besitzer, die H-AG, nur einen Oberbesitzer anerkennen kann: Dies ist dann mit der Vereinbarung der Sicherungsübereignung der C (zum Nachteil des Vorbehaltsverkäufers V-AG). Hinzuzusetzen ist mit Blick auf einen Eigentumserwerb des C weiterhin zur Klarstellung: C wird *lediglich* mittelbarer Besitzer, nicht jedoch Eigentümer: Die H-KG als unmittelbarer Besitzer will dem C den Besitz jedenfalls vermitteln; Eigentum verschaffen könnte sie ihm als Nichtberechtigte erst mit der Übergabe (§ 933), vgl. soeben Fall 42.

Die Selbstverständlichkeit, mit der die Rechtsprechung hier den mittelbaren Besitz des veräußernden „Sicherungsnehmers" (hier: C) angenommen hat, ist in der Literatur auf Kritik gestoßen. Denn derjenige, der – wie C – mittelbaren Besitz aufgrund einer (gescheiterten) Sicherungsübereignung erlangen wolle, rücke besitzrechtlich nicht näher an die Sache heran als der Vorbehaltsverkäufer, zumal der Eigentumsvorbehalt wirksam vereinbart worden sei. Es entstehe zwischen beiden allenfalls ein gleichstufiges Verhältnis, somit mittelbarer Nebenbesitz (so z. B. Medicus/Petersen Rn. 561).

Dem lässt sich die Überlegung entgegenhalten, dass ein mittelbarer Nebenbesitz im BGB nicht vorgesehen ist und der im Sachverhalt geschilderte Vorgang den Voraussetzungen des § 934 Alt. 1 genügt. So angreifbar diese Begründung sein mag, vereinfacht sie doch die Rechtsanwendung für die Praxis deutlich, zumal ein Fremdbesitzerwille nur gegenüber dem aktuellen (mittelbaren) Eigenbesitzer angenommen werden kann, ohne zu einer prozessual unauflösbaren Beweissituation zu führen. Jedenfalls in der Klausur sollte daher der Annahme des BGH gefolgt werden.

Wer in einer Fall-Bearbeitung mit einer solchen Konstellation zu tun hat, muss außerdem noch darlegen, warum der C einen Herausgabeanspruch aus dem mit einer Sicherungsübereignung einhergehenden Besitzmittlungsverhältnis abtreten kann, wenn die Sicherungsübereignung doch „gescheitert" sei. Diesem Einwand lässt sich in Übereinstimmung mit dem BGH entgegentreten: In der „gescheiterten" Sicherungsübereignung der Sache sei jedenfalls die Übertragung des Anwartschaftsrechts als „Minus" gemäß §§ 929, 930 enthalten (§ 140 BGB). Da hieran die H-KG Berechtigte ist, unterbleibt also ein Rückgriff auf § 933. Das *damit* verbundene Besitzmittlungsverhältnis besteht also jedenfalls. Die L-AG kann daher von C als Nichteigentümer, aber mittelbarem Besitzer gemäß § 934 gutgläubig Eigentum durch Abtretung des Herausgabeanspruchs verlangen.

(2.) Veräußert der mittelbare Besitzer (C) dann die Sache gemäß §§ 929, 931 an einen gutgläubigen Vierten, so wird dieser Eigentümer schon mit dem Erwerb des mittelbaren Besitzes (§ 934 Hs. 1).

Danach ist die L-AG Eigentümerin geworden. Als Ansatz für die unterschiedliche Behandlung der Fälle eines Erwerbs lediglich mittelbaren Besitzes in § 933 und § 934 kann in Übereinstimmung mit dem BGH damit argumentiert werden, dass bei § 933 der Veräußerer den (unmittelbaren) Besitz behält, während er sich bei einer Veräußerung nach §§ 931, 934 von seinem Besitz vollständig löst: „Es entspricht dem Willen des Gesetzgebers, dass das Vertrauen eines gutgläubigen Erwerbers, das er dem durch ein Besitzmittlungsverhältnis ausgewiesenen mittelbaren Besitz entgegenbringt, ebenso geschützt werden soll, wie das Vertrauen auf den unmittelbaren Besitz der Sache selbst, wenn nur, wie dies in beiden Fällen vorausgesetzt wird, der Veräußerer sich seines Besitzes völlig entäußert". Der BGH verkennt nicht, dass hier wirtschaftlich gleichliegende Sachverhalte verschieden beurteilt werden müssen, je nachdem, ob die Bestimmung des § 933 oder die des § 934 Hs.1 zur Anwendung kommt, dass also das geltende Recht vermeintlich zur Ungleichbehandlung führt. Denn bei näherer Betrachtung liegt ein solcher Wertungswiderspruch nicht vor, da der Gesetzgeber in beiden Fällen (sowohl in § 933 als auch in § 934) auf den völligen Besitzverlust abstellt, der aufgrund der unterschiedlichen Übertragungsarten zu einem unterschiedlichen Zeitpunkt eintritt. Letztlich werden also beide Fälle vom Gesetz gleich behandelt – beide Veräußerer müssen ihren *Besitz* ganz aufgeben. Die Unterschiede ergeben sich zwangsläufig aufgrund der verschiedenen Übertragungsarten.

**Vertiefungshinweis:** Ein ähnlicher „Wertungswiderspruch" wird häufig auch zwischen den beiden Alternativen des § 934 erblickt. Auch hier scheint es auf den ersten Blick ungewöhnlich, dass im Fall des § 934 1. Alt. der Erwerber schon bei Abtretung des bestehenden Herausgabeanspruchs gutgläubig Eigentum erwirbt, aber in Fällen des § 934 2. Alt. – es besteht gerade kein Herausgabeanspruch – erst die Übergabe erfolgen muss. Auch hier lässt sich der vermeintliche Widerspruch mit den Grundprinzipien des Sachenrechts lösen: Die Übergabe erfordert, dass der Veräußerer seinen Besitz ganz aufgibt. Das war vor allem bei der unterschiedlichen Behandlung der §§ 933 und 934 1. Alt. zum Tragen gekommen. Umgekehrt erfordert die Übergabe aber auch, dass der Erwerber die Sache in Besitz nimmt (Besitzerwerb!). Das muss wenigstens der mittelbare Besitz sein. Bei der Abtretung des Herausgabeanspruchs erhält der Erwerber mittelbaren Besitz, § 870. Bei Abtretung eines nicht vorhandenen Herausgabeanspruchs, § 934 2. Alt., erlangt der Erwerber gar keinen Besitz. Für das zum (gutgläubigen) Erwerb notwendige Übergabeerfordernis genügt dies also nicht: Hier muss dann der Erwerber von dem Dritten den Besitz erlangen, damit die Übergabe erfolgt ist. Erst dadurch ist auch dem Rechtsscheintatbestand Genüge getan, denn so wird bei dem Erwerber der Eindruck erweckt, der Veräußerer hätte die Herausgabe des Besitzes durch den Dritten veranlassen können. 452

## IV. Überleitung zum Grundstücksrecht

Mit diesem Überblick über komplexere Fallkonstellationen durch das Zusammenspiel mehrerer Faktoren wie den verschiedenen Arten gutgläubigen Erwerbs und Formen der Forderungssicherungen endet die Darstellung des Mobiliarsachenrechts. Viele Komponenten wie die Grundprinzipien des Sachenrechts, die Bedeutung des Eigentums, der Bedarf an Kreditsicherheiten und der Besitzschutz werden auch beim Grundstücksrecht eine wichtige Rolle spielen. 453

**Literatur:** *Alexander, Christian:* Gemeinsame Strukturen von Bürgschaft, Pfandrecht und Hypothek, JuS 2012, 481–485; *Alexander, Christian:* Gesetzliche Pfandrechte an beweglichen Sachen, JuS 2014, 1–7; *Kindl, Johann:* Eigentumsvorbehalt und Anwartschaftsrecht, ZJS 2008, 477–487; *Lorenz, Stephan:* Grundwissen Zivilrecht: Die Sicherungsübereignung, JuS 2011, 493–496; *Schmidt, Karsten:* Neues über gesetzliche Pfandrechte an Sachen Dritter, NJW 2014, 1–6; *Wagner, Stephan:* „Pfundiges Pfand" – Zur Verwertung der Pfandsache nach §§ 1242 ff. BGB, JA 2015, 412–416; *Weber, Ralph:* Aktuelle Rechtsfragen der dinglichen Kreditsicherheiten, Rostocker Schriften zum Bankrecht, 2000, 64–100; *Wiegand, Wolfgang:* Der Rückerwerb vom Nichtberechtigten, JuS 1971, 62–67.

**Falllösung:** JuS 2008, 232; JuS 2011, 515; JuS 2011, 1100; JuS 2012, 1008; JURA 2016, 1055; JURA 2017, 1205; ZJS 2015, 173.

# Anhang:
# (einfacher) Geheißerwerb auf Veräußererseite

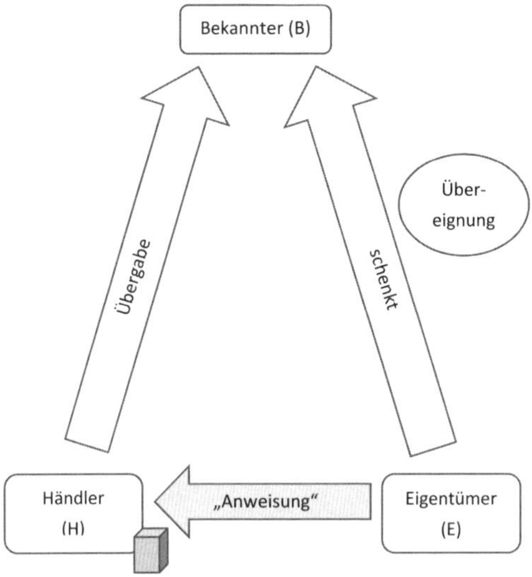


Eigentümer E wurde im Freibad eine Uhr gestohlen. Sie taucht im Schaufenster des Händlers H wieder auf, der dachte, sie selbst zu Eigentum von einem Großhändler erworben zu haben. H besitzt demnach als Eigenbesitzer (nicht etwa als Fremdbesitzer für E), konnte aber die gestohlene Uhr wegen § 935 BGB nicht gutgläubig erwerben (ausführlich dazu Rn. 188 f.; um das Beispiel zu verstehen, genügt der Gesetzeswortlaut). E ist also nach wie vor Eigentümer der Uhr. Da E aber von dem Diebstahl schwer traumatisiert ist, will er die Uhr nicht mehr haben und schenkt sie seinem Bekannten B, der gerne annimmt. E ruft bei H an, klärt ihn über den Sachverhalt auf und bittet ihn, die Uhr an B auszuhändigen. Kommt H dieser Aufforderung nach, handelt er als Geheißperson des E.

## Doppelter Geheißerwerb

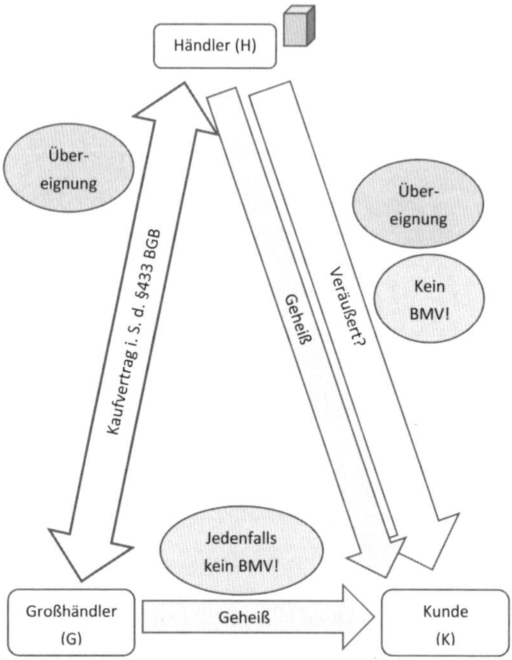


Großhändler G kauft bei H eine Maschine, die H direkt an den Kunden K des G liefern soll. H hat von den Verhältnissen zwischen K und G keine Kenntnis. H muss die Maschine an G übereignen, um den Kaufvertrag zu erfüllen. Die Übergabe an G kann sich jedoch nur in der Übergabe an K vollziehen. Besteht zwischen K und G *kein* Besitzmittlungsverhältnis, genügt es für die Übergabe an G eigentlich nicht, wenn K Besitz erlangt. Für eine „Übergabe" an G könnte aber K als Geheißperson auf Erwerberseite eingesetzt werden.

Mit Besitzerwerb „seiner" Geheißperson K wäre G dann auch Eigentümer geworden. Bei der nachfolgenden Übereignung von G an K fungiert dann H als Geheißperson auf Veräußererseite, das heißt, nach § 185 II 1 Alt. 2 BGB erwirbt K sofort Eigentum von G durch die Übergabe seitens des H (vgl. zur Wirkung des § 185 BGB Abschnitt E am Ende dieser Einheit). G hat demnach dem K Eigentum an der Maschine verschafft, ohne sie selbst jemals in Besitz gehabt zu haben.

# Immobiliarsachenrecht

# 13. Einheit – Einführung in das Immobiliarsachenrecht

## A. Einführung: Das Grundstücksrecht

Auch Grundstücke (Immobilien) können Gegenstand von Sachenrechten sein. **454**
Eine herausgehobene Stellung nimmt wiederum das Eigentum ein: Die Befugnisse, Freiheiten und Rechte des Eigentümers sowohl in grundrechtlicher Gewähr (Art. 14 I GG) als auch in zivilrechtlicher Ausprägung (§ 903) gelten genauso für das Grundstückseigentum. Allerdings ist die in Art. 14 II GG verankerte Sozialbindung des Eigentums für das Grundstücksrecht noch bedeutsamer als für das Recht an beweglichen Sachen: Grundstücke bilden zusammen die Erdoberfläche. Gefahren, die einem Grundstück drohen oder von einem Grundstück ausgehen, können schnell auch umliegende Grundstücke betreffen oder nur durch gemeinsame Maßnahmen vermieden werden. Daher wirken sich die Schranken des Eigentums zugunsten des Gemeinwohls bei unbeweglichen Sachen stärker aus als bei beweglichen Sachen.

Neben dem Eigentum können auch Grunddienstbarkeiten (z. B. Wohn-, Wege- oder Nießbrauchsrechte), Erwerbsrechte (z. B. Vorkaufsrechte) und Verwertungsrechte (z. B. Hypothek oder Grundschuld) an Grundstücken bestehen. Sowohl im Studium als auch in der Praxis sind dabei die Verwertungsrechte von besonderem Interesse, da Grundstücke durch ihren oftmals hohen Wert entsprechend höhere Kredite absichern können und daher gesteigerte Bedeutung für das Wirtschaftsleben haben.

Darüber hinaus kann Besitz an Grundstücken ausgeübt werden. Häufig fallen gerade bei unbeweglichen Sachen Eigentum und Besitz auseinander: Der Eigentümer mehrerer Häuser bewohnt die Wohnungen nicht selbst, sondern vermietet sie an eine Vielzahl von Mietern, die für ihn Fremdbesitz ausüben. Auch im Grundstücksrecht ist der Besitz rechtlich geschützt.

## B. Rechtliche Definition des Grundstücksbegriffs

Das Grundstück im Rechtssinne ist – unabhängig von der Nutzung – ein räumlich **455**
abgegrenzter Teil der Erdoberfläche, der im Grundbuch auf einem besonderen Blatt (oder bei gemeinschaftlicher Führung eines Grundbuchblatts unter einer besonderen Nummer) geführt ist. Zum Grundstück gehören neben der Erdoberfläche auch der Luftraum darüber, alle wesentlichen Bestandteile und Erzeugnisse, die darauf gebauten Gebäude, §§ 93 ff., sowie die mit dem Eigentum am Grundstück gemäß § 96 verbundenen Rechte.

**Vertiefungshinweis:** Zur Rechtsnatur des Grundstücks Bohnert, JURA 2017, 1129.

Die rechtliche Definition des Grundstücks ist vom sogenannten „Flurstück" zu un- **456**
terscheiden. Der Begriff „Flurstück" ist eine räumlich-geographische Bezeichnung

für eine amtlich vermessene Bodenfläche und entstammt dem Katasterwesen. Die ausgemessenen Flurstücke erhalten eine Nummer und werden auf einer Flurkarte eingetragen. Dadurch kann das jeweilige Stück Bodenfläche bezeichnet, einem Eigentümer zugeordnet und auch dann aufgefunden werden, wenn es nicht direkt an einer Straße liegt.

**Hinweis:** Nur die vom Katasteramt vermessenen Flurstücke können Auskunft über die genaue Lage eines Grundstücks geben. Die Bezeichnung „Weidefläche hinter dem Fluss" gäbe keine Auskunft über die Grundstücksgrenzen und würde zudem mit Änderung der Nutzungsart unverständlich. Auch die Bezeichnung „Wilhelmstraße 1" kann nicht genügen, da die Ziffer nur die *Haus*nummer bezeichnet. Es ist dem Eigentümer aber völlig unbenommen, auf einem entsprechend großen Grundstück z. B. drei oder vier Häuser zu errichten.

Ein Grundstück kann aus einem Flurstück bestehen, sich aber auch aus mehreren zusammensetzen.

**Beispiel:** E ist Eigentümer eines Grundstücks, das sich aus den Flurstücken 72 (Wiesenfläche), 73 (Wald), 74 (Anbaufläche) zusammensetzt. Drei Flurstücke bilden also ein Grundstück, das im Grundbuch als Eigentum des E eingetragen ist.

## C. Überblick: Gemeinsamkeiten und Unterschiede zwischen Mobiliar- und Immobiliarsachenrecht

### I. Gemeinsamkeiten

457 Wer Grundkenntnisse im Mobiliarsachenrecht erworben hat, kann auch in das Immobiliarsachenrecht leicht einsteigen, da viele der dort erlernten Prinzipien und Wertungen hier ebenfalls gelten. So finden etwa die Grundprinzipien des Sachenrechts auch auf Grundstücke Anwendung und erhalten teilweise sogar einen noch höheren Stellenwert.

**Beispiel:** Das Grundbuch etwa erfüllt Publizitätsfunktion. Teilweise werden die Grundprinzipien beim Grundstücksrecht sogar strenger befolgt als bei beweglichen Sachen: Der Typenzwang wird im Hinblick auf Kreditsicherungsrechte an Grundstücken mit Reduktion auf Hypothek und Grundschuld eingehalten, während im Mobiliarsachenrecht die Sicherungsübereignung das gesetzlich vorgesehene Pfandrecht verdrängt hat.

**Vertiefungshinweis: Grundlegend** zu den Gemeinsamkeiten von Bürgschaft, Pfandrecht und Hypothek: Alexander, JuS 2012, 481.

**Für Weiterdenker:** Martens, JURA 2017, 1347, beleuchtet aufgrund der bestehenden Gemeinsamkeiten von Immobiliar- und Mobiliarsachenrecht die Vor- und Nachteile einer Neukodifikation des Sachenrechts in einen allgemeinen und einen besonderen Teil, wie er im Schuldrecht bereits vorhanden ist.

Auch der Schutz des Eigentümers folgt aus denselben Anspruchsgrundlagen wie bei beweglichen Sachen.

**Fall 44:** Das Gartengrundstück des E ist während seiner vierwöchigen Abwesenheit von acht Punks als idealer Standort für ihr illegales Camping gewählt worden. Welche Rechte hat E?

Hätten die Jugendlichen statt des Gartens den Lieferwagen des E in Besitz genommen, könnte E Herausgabe gemäß § 985 verlangen. Kann E aus derselben Anspruchsgrundlage auch Herausgabe seines Grundstücks fordern? Die Frage ist eindeutig zu beantworten: Der in § 985 geregelte Herausgabeanspruch gilt genauso bei der Entziehung oder Vorenthaltung des Besitzes an einer unbeweglichen Sache, hier also des Grundstücks „Garten". Das ergibt sich schon daraus, dass eine Sonderbestimmung für die Herausgabe von Grundstücken fehlt. Ein Unterschied zu beweglichen Sachen zeigt sich nur bei der Erfüllung des Herausgabeverlangens: Während bei beweglichen Sachen dem Herausgabeverlangen des Eigentümers dadurch stattgegeben wird, dass ihm der unmittelbare Besitz verschafft wird, ist der Herausgabeanspruch gegenüber dem unberechtigten Besitzer eines Grundstücks (allgemeiner: einer unbeweglichen Sache, z. B. auch einer zu Unrecht in Besitz genommenen oder vorenthaltenen Wohnung) auf Räumung gerichtet. Räumung verlangt die Aufgabe des unberechtigten Besitzes. Diesen Unterschied hat der Gesetzgeber in der Zivilprozessordnung ausdrücklich klargestellt, vgl. §§ 883 und 885 ZPO. Bei frei zugänglichen Grundstücken wie einem nicht eingezäunten Gartengrundstück ist dem Herausgabeverlangen des Eigentümers mit der Räumung Genüge getan. Nur wenn der Eigentümer auch nach Räumung nicht ohne weiteres wieder Besitz von der Sache ergreifen kann, weil der Zugang beispielsweise nur mithilfe eines Schlüssels möglich ist, muss die Herausgabe weitere Akte umfassen.

**Beispiel und Vertiefung:** Bei abgeschlossenen Räumen kann das die Übergabe des (einzigen) Schlüssels sein. Darauf stellt das Vollstreckungsrecht ab, wenn es die Zwangsdurchsetzung eines derartigen Herausgabeverlangens zweiaktig sieht: Der Gerichtsvollzieher hat den Schuldner aus dem Besitz zu setzen und den Gläubiger in den Besitz einzuweisen, § 885 I ZPO.

Grundsätzlich anwendbar ist auch der Störungsbeseitigungs- bzw. Unterlassungs- **458**
anspruch aus § 1004. Im obenstehenden Fallbeispiel käme er aber nicht zum Tragen, weil sich das Verhalten der Punks als „Entziehung oder Vorenthaltung des Besitzes" darstellt; § 1004 gelangt aber nur dann zur Anwendung, wenn es sich bei der Störung um eine „andere Art" der Eigentumsbeeinträchtigung handelt. Allgemein lässt sich feststellen, dass § 1004 für das Grundstücksrecht eine größere Bedeutung hat als für das Mobiliarsachenrecht. Die Duldungspflicht des Grundstückseigentümers spiegelt hier die Sozialbindung des Eigentums fast ebenso stark wider wie die Notstandsbestimmungen der §§ 904 ff. für bewegliche Sachen (ausführlich dazu unten, Rn. 499 ff.).

Der Eigentumsschutz des § 823 I umfasst auch die Verletzung des Grundeigentums. Hier könnte der Eigentümer (E) für spätere Beschädigungen nach §§ 989, 990 sowie über § 992 wiederum nach § 823 I Schadensersatz verlangen. Insofern zeigen sich in der Rechtsanwendung viele Gemeinsamkeiten zwischen beweglichen und unbeweglichen Sachen.

## II. Ein wichtiger Unterschied: Die Übertragung von Grundeigentum

459 Anders als bei beweglichen Sachen werden Grundstücke nicht durch Einigung und Übergabe, sondern durch „Auflassung" und „Eintragung" übereignet, §§ 925, 873. Dabei stellt die Auflassung eine dingliche Einigung dar, die inhaltlich der Einigung, wie sie schon aus dem Eigentumserwerb bei beweglichen Sachen bekannt ist, entspricht. Allerdings sollte sie von einem Notar entgegengenommen werden, § 925 I S. 2. Mit der „Eintragung" ist die Eintragung ins Grundbuch gemeint. Da ein Grundstück nicht wie eine bewegliche Sache dem neuen Eigentümer „übergeben" werden kann, muss aus Publizitätsgründen eine andere Form an die Stelle der offensichtlichen Besitzübergabe an den neuen Eigentümer treten. Dies geschieht durch die Eintragung ins Grundbuch, § 873.

**Hinweis:** Ausführlich zum Eigentumserwerb an Grundstücken dann Rn. 512 ff.

## III. Das Grundbuch als Mittel der Publizität

460 Das Eintragungserfordernis zeigt einen wesentlichen Unterschied zwischen Mobiliar- und Immobiliarsachenrecht: Während im Mobiliarsachenrecht aus dem Besitz auf das Eigentum geschlossen werden konnte (§ 1006), ist dies bei Immobilien schon darum nicht in demselben Maße möglich, weil sich aufgrund von Miete und Pacht Grundstücke, Gebäude oder Wohnungen oftmals gerade nicht im unmittelbaren Besitz des Eigentümers befinden.

**Beispiel:** E ist Eigentümer eines Mehrfamilienhauses in München. Dort wohnen die Familien F1, F2 und F3. E selbst lebt in Berlin. Die Familien F1, F2 und F3 haben unmittelbaren Fremdbesitz an der Sache. Aus diesem Besitz kann man aber, anders als im Mobiliarsachenrecht, nicht schließen, dass ihnen die jeweilige Wohnung auch gehört.

Um seine Rechte geltend zu machen oder über das Grundstück zu verfügen, muss der Eigentümer aber auch bei Immobilien sein Eigentum nachweisen können.

**Beispiel zu oben Fall 44:** So hätten etwa die jugendlichen Punks behaupten können, das Gartengrundstück sei herrenlos gewesen. Ist E als Eigentümer im Grundbuch eingetragen, kann er das Gegenteil beweisen und sich infolgedessen auf seine Eigentümerrechte berufen.

Zur Wahrung des Publizitätsprinzips und zum Schutz des Berechtigten muss bestehendes Eigentum auch für Dritte ersichtlich sein. Um dieses Problem zu lösen, wurde das Grundbuch entwickelt, in dem die Rechte des Eigentümers und andere dingliche Rechte Dritter vermerkt werden. Da das Grundbuch auch von anderen eingesehen werden kann, genügt es der Publizitätsfunktion im Immobiliarsachenrecht.

# D. Aufgaben und Inhalt des Grundbuchs. Überblick über die einzelnen Grundstücksrechte

Die nächste Einheit wird detailliertere Informationen über rechtliche Besonderheiten und Ansprüche des Grundbuchs sowie der Grundbuchordnung bereitstellen. Da es sich aber zugleich um eine der wichtigsten Abweichungen vom Mobiliarsachenrecht handelt, sollen Inhalt, Sinn und Zweck des Grundbuchs schon in dieser Einführung umrissen werden. 461

Das Grundbuch gibt Auskunft über alle an Grundstücken bestehenden Rechte und die jeweiligen Rechtsinhaber. Es handelt sich um ein staatliches Register, das von den Amtsgerichten als „Grundbuchämter" geführt wird. Wie oben schon erwähnt, tritt bei Grundstücken und Grundstücksrechten die Eintragung ins Grundbuch an die Stelle der Eigentumsvermutung des § 1006: So gilt gemäß § 891 I die Vermutung, dass demjenigen, für den ein Recht im Grundbuch eingetragen ist, dieses Recht auch zusteht.

**Beispiel zu oben Fall 44:** Ist E im Grundbuch als Eigentümer eingetragen, kann er sich gegenüber möglichen Widerständen der Camper auf diese Eintragung und die dadurch vermutete Eigentümerstellung berufen.

Ein so umfassendes Register wie das Grundbuch bringt nicht nur einen hohen Verwaltungsaufwand mit sich, es erfordert auch eine Vielzahl spezieller Rechtsvorschriften, von denen die wichtigsten in der Grundbuchordnung (GBO) zu finden sind. Weil das Grundbuch Publizitäts- und Beweisfunktion übernehmen soll, muss die Quote der fehlerhaften Eintragungen relativ gering sein. Das könnte zu dem Gedanken verleiten, Rechtsänderungen prinzipiell erst *nach* der Eintragung im Grundbuch zuzulassen. Dieses Prinzip ist jedoch in der Praxis nicht durchzuhalten: 462

**Fall 45:** Eigentümer E will seinem Neffen N sein Grundstück vermachen:
a) bereits zu Lebzeiten,
b) nach seinem Tode.
Wie vollzieht sich der Eigentumserwerb des N?

**Zu Fall 45a):** Wie oben schon umrissen, müsste zwischen E und N eine dingliche Einigung in Form der Auflassung vorliegen, die auch notariell beurkundet worden wäre, § 925. Außerdem müsste N als Eigentümer ins Grundbuch eingetragen werden, § 873. Ausführlich wird die Übereignung von Grundstücken in Einheit 15 erläutert.

In der Abwandlung **Fall 45b)** kann der Erwerb von Todes wegen (Erbgang) nicht den Regeln des rechtsgeschäftlichen Erwerbs unterliegen. Der Erbe kann nicht erst mit Eintragung im Grundbuch Eigentümer eines Grundstücks werden, sonst wäre das Grundstück bis zur Eintragung keinem bestimmten Eigentümer mehr zuzuordnen und somit herrenlos. Wie bei beweglichen Sachen vollzieht sich auch bei Grundstücken der Rechtswechsel *unmittelbar* mit dem Tode, § 1922. Das bedeutet allerdings, dass in diesem Fall das Grundbuch unrichtig wird, denn als Eigentümer eingetragen wäre – um beim Beispiel zu bleiben – immer noch der E, während N kraft Erbrechts bereits an dessen Stelle getreten ist. Dieser Fall zeigt, dass ein Rechtserwerb „außerhalb des Grundbuchs“ bisweilen unvermeidlich ist.

463 Eine Abweichung zwischen dem Inhalt des Grundbuchs (Eintragung eines vermeintlichen „Neuerwerbers“) und der tatsächlichen Eigentumslage kann außerdem eintreten, wenn zwar die Eintragung erfolgt ist, der dingliche Einigungsvertrag jedoch an den Voraussetzungen wirksamen rechtsgeschäftlichen Handelns scheitert. So könnte etwa der Veräußerer geisteskrank oder vorübergehend in seiner Geistestätigkeit gestört gewesen sein, vgl. §§ 104 Nr. 2, 105 II. Um eine dauerhafte Abweichung der Rechtslage vom Grundbuchinhalt zu vermeiden, hat der Gesetzgeber festgelegt, dass Rechtsänderungen bei rechtsgeschäftlichem Erwerb grundsätzlich der Eintragung ins Grundbuch bedürfen. In den Fällen, in denen eine fehlerhafte Eintragung und damit die Unrichtigkeit des Grundbuchs nicht zu verhindern war, muss den Parteien der Anreiz geboten werden, auf die Richtigkeit des Grundbuchs hinzuwirken.

**Fall 46:** E wollte N sein Grundstück übertragen. Die Auflassung wurde vom Notar bei beiderseitiger Anwesenheit beurkundet (§ 925 BGB). Leider war nicht bekannt, dass sich E in einem Zustand vorübergehender Geistesgestörtheit befand (§ 105 II). N wurde als Eigentümer ins Grundbuch eingetragen. – Trotz der Eintragung lässt sich der Rechtserwerb nicht verwirklichen, weil die rechtsgeschäftliche Einigung zur Eigentumsübertragung an § 105 II gescheitert ist. E ist also nach wie vor Eigentümer des Grundstücks, obwohl N nun als solcher eingetragen ist.

In Fall 46 ist neben der dinglichen Einigung auch der Kaufvertrag gemäß § 105 II unwirksam. Wenn E im Nachhinein der Handel mit N reute, könnte er das Grundbuch korrigieren lassen und so Richtigstellung dahingehend erreichen, dass er, der Rechtslage entsprechend, wieder als Eigentümer in das Grundbuch eingetragen wird. Ein solches Vorgehen wäre dem E auch dringend anzuraten. Durch die Publizitätsfunktion des Grundbucheintrags entfaltet sich eine Rechtsscheinwirkung, die das Risiko eines gutgläubigen Erwerbs Dritter schafft. Auch im Liegenschaftsrecht wird ein gutgläubiger Dritter geschützt, wenn er auf Eintragungen im Grundbuch vertraut, § 892. Solange N als Eigentümer im Grundbuch eingetragen ist, könnte er einem nach § 892 gutgläubigen Dritten das Eigentum verschaffen und damit zugleich das Eigentum des E beenden. Ohnehin muss der zu Unrecht *nicht* eingetragene Eigentümer schon deswegen an Klarstellung der Rechtslage interessiert sein, weil ihm andernfalls die Verfügung über sein Recht erschwert bzw. unmöglich gemacht wird.

Beispielsweise könnten Interessenten, die das Grundstück des E kaufen möchten, dadurch verunsichert oder abgeschreckt werden, dass N als Eigentümer eingetragen ist. Zudem könnte sich E nur mit Mühe auf seine Eigentümerrechte berufen, wenn Dritte sein Grundstück unrechtmäßig in Besitz nehmen.

**Vertiefung:** Zum Dritten im Immobiliarsachenrecht Petersen, JURA 2016, 280.

464 Die Verfahrensvorschriften tragen dem berechtigten Anliegen Rechnung, das Grundbuch möglichst fehlerfrei zu halten. Derjenige, der sein Recht auf einen anderen übertragen will, muss grundsätzlich im Grundbuch zunächst als Berechtigter

ausgewiesen sein, vgl. § 39 GBO. Um sein Grundstück an einen Dritten veräußern zu können, muss E also zunächst die Berichtigung des Grundbuchs in dem Sinne herbeiführen, dass er wieder als Eigentümer eingetragen wird: Erst dann ist eine Umschreibung auf den Neuerwerber möglich.

## E. Eintragungsfähige Rechte

Das Grundbuch erfüllt in erster Linie die Publizitätsfunktion für Grundstücke. **465**
Daher sollen und können auch nur solche Rechte, die dieser Funktion genügen müssen, eingetragen werden. Das sind alle dinglichen Rechte an Grundstücken und Grundstücksrechten. Bei folgenden Gruppen von Rechten ist die Eintragung ins Grundbuch zur wirksamen rechtsgeschäftlichen Verfügung erforderlich:

### I. Grundeigentum

Hierzu gehören auch bestimmte Sonderformen, so etwa das landwirtschaftliche **466**
Grundeigentum, das Bergwerkseigentum, das Schiffseigentum: Wie das Grundeigentum werden auch sogenannte grundstücksgleiche Rechte behandelt. Darunter fällt etwa das Erbbaurecht, §§ 11, 14 ErbbauVO, und das Wohnungseigentum gemäß §§ 4, 7 WEG.

### II. Nutzungsrechte an Grundstücken

Nutzungsrechte an Grundstücken sind z. B. die Grunddienstbarkeit, §§ 1018 ff., der **467**
Nießbrauch, §§ 1030 ff., die beschränkte persönliche Dienstbarkeit, §§ 1090 ff., und das im zweiten Teil des WEG (§§ 31 ff.) geregelte Dauerwohnrecht.

### III. Verwertungsrechte

Darunter fallen Rechte, die auf konkrete Leistungen des Eigentümers gerichtet sind **468**
(Reallasten, §§ 1105 ff., Rentenschuld, §§ 1199 ff.). Bedeutsamer für Fallbearbeitung und Praxis sind aber die Sicherungsrechte wie Hypothek und Grundschuld, §§ 1113 ff.

### IV. „Dingliche" Erwerbsrechte

Darunter fällt z. B. das dingliche Vorkaufsrecht, §§ 1094 ff., und das Aneignungs- **469**
recht gemäß § 928.

### V. Relative Verfügungsverbote

Diese sind beispielsweise in §§ 135, 136 i. V. m. §§ 20 I, 146 I ZVG geregelt. **470**

## VI. Sonstige

471 Sonstige eintragungsfähige Rechte sind insbesondere der Widerspruch, § 892 I S. 1, und die Vormerkung, § 883 I S. 1.

## VII. Nicht eintragungsfähige Rechte

472 Grundsätzlich *nicht* eintragungsfähig sind öffentlich-rechtliche Lasten, § 54 GBO. Darunter fallen Grundsteuern und Erschließungsbeiträge sowie bestimmte gesetzliche Vorkaufsrechte wie etwa das der Gemeinde nach §§ 24 ff. BauGB.

Auch Rechte mit lediglich schuldrechtlichem Charakter wie Miete oder Pacht sowie persönliche Verhältnisse (Geschäftsfähigkeit) sind nicht eintragungsfähig. Außerdem sind auch solche Rechte an Grundstücken nicht eintragungsfähig, die von der Rechtsordnung nicht anerkannt werden, weil sie dem *numerus clausus* der Sachenrechte zuwiderlaufen. Dieser zuletzt genannte Aspekt lässt z. B. die Eintragungsfähigkeit von Anwartschaftsrechten an Grundstücken oder Grundstücksrechten scheitern.

**Literatur:** *Alexander, Christian:* Gemeinsame Strukturen von Bürgschaft, Pfandrecht und Hypothek, JuS 2012, 481–485; *Bohnert, Joachim:* Grundstück und Grundstücksgrenze zwischen Bundes- und Landesrecht, JURA 2017, 1129–1135; *Martens, Sebastian:* Sachenrecht AT – Fehlt da was im BGB?, JURA 2017, 1347–1354; *Petersen, Jens:* Der Dritte im Immobiliarsachenrecht, JURA 2016, 280–282.

# 14. Einheit – Das Grundbuch: Anlage und Verfahrensgrundsätze

## A. Grundbuchsysteme

Die umfassende Bedeutung, die dem Grundbuch sowohl durch seine Publizitätsfunktion als auch durch die in § 891 manifestierte Richtigkeitsgewähr zukommt, verlangt nach einheitlicher und systematischer Führung durch die Amtsgerichte als Grundbuchämter. Dabei wären zwei Ordnungssysteme denkbar: Das Grundbuch könnte nach den jeweiligen Eigentümern sortiert werden. Ein solches System wird als „Personalfoliensystem“ bezeichnet. Das Grundbuch könnte aber auch nach Grundstücken geordnet werden. Ein solches System wird „Realfoliensystem“ genannt. Das geltende Grundbuchrecht folgt dem Realfoliensystem, das letztendlich auch die größere Übersicht bei Mehrfachbelastungen eines Grundstücks bietet. Daher muss jedes *Grundstück* im Grundbuch ein besonderes Grundbuchblatt erhalten, vgl. § 3 I GBO. Wird beispielsweise für Verkaufszwecke ein größeres Grundstück aufgeteilt, erhält auch das durch die Abtrennung neu entstandene Grundstück ein eigenes Grundbuchblatt. 473

## B. Einteilung des Grundbuchs

Das Grundstück ist also nach Grundstücken angelegt und gegliedert. Für jedes Grundstück gibt es ein entsprechendes Grundbuchblatt, das gemäß § 4 der Grundbuchverfügung (GBVfg) mit der Aufschrift, dem Bestandsverzeichnis, und drei Abteilungen zu versehen ist. 474

### I. Die Aufschrift

Die Aufschrift enthält die Abgrenzungs- und Einordnungskriterien. Diese sind das als Grundbuchamt tätige Amtsgericht, der Grundbuchbezirk und der engere Gebietsbereich. § 1 I GBO gestattet die Führung des Grundbuchs als Loseblattsammlung. 475

### II. Das Bestandsverzeichnis

Das Bestandsverzeichnis enthält die genaue Bezeichnung des Grundstücks nach dem Kataster und dem Vermessungsbezirk (Gemarkung) sowie Angaben über die Wirtschaftsart, Lage und Größe. In das Bestandsverzeichnis gehören auch die Rechte, die mit dem Eigentum an dem aufgeführten Grundstück verbunden sind, vgl. § 7 GBVfg, wie z. B. Wegerechte an einem anderen Grundstück, um das aufgeführte Grundstück zu erreichen. 476

### III. Die einzelnen Abteilungen

477 Die folgenden drei Abteilungen dienen zur Eintragung unterschiedlicher Rechte an dem betreffenden Grundstück. Dabei werden in der ersten Abteilung der jeweilige Eigentümer, der Tag der Auflassung und die laufende Nummer der Eintragung verzeichnet. In der dritten Abteilung sind die Grundpfandrechte (Kreditsicherungsrechte an Grundstücken, die nur die Verwertung zur Erfüllung der Forderung erlauben) einzutragen. Das sind im wesentlichen Hypothek, Grundschuld und Rentenschuld. Aber auch Widersprüche und Vormerkungen, die sich auf diese Rechte beziehen, sind in der dritten Abteilung zu verzeichnen. In die zweite Abteilung gehören alle übrigen auf dem Grundstück lastenden Rechte Dritter wie etwa Verfügungsbeschränkungen des Eigentümers oder den Eigentumserwerb betreffende Vormerkungen und Widersprüche.

## C. Das Grundbuchverfahren

478 Das Grundbuchverfahren weist eine materielle und eine formelle Seite auf. Materiell-rechtlich führt die Eintragung in das Grundbuch die Wirksamkeit von Rechten bzw. Rechtsänderungen herbei. Hier übernimmt das Grundbuch eine ähnliche Funktion wie die Übergabe beim Mobiliarsachenrecht. Die Eintragung in das Grundbuch vollendet materiell-rechtlich das Verfügungsgeschäft. Ob einem Anspruchsteller das dingliche Recht an einer Sache überhaupt zusteht, lässt sich nur aus dem materiellen Recht beantworten. Die dafür maßgeblichen Bestimmungen wie etwa das Eintragungserfordernis (§ 873) finden sich im BGB.

Dagegen bezieht sich das formelle Grundbuchrecht auf Verfahrensfragen, die den Vollzug der Eintragung und die Grundbuchführung selbst betreffen: Formell-rechtlich wird beispielsweise festgelegt, wer welche Eintragungen vornehmen darf, welche Voraussetzungen zu beachten sind, etwaige Formvorschriften und anderes mehr. Das formelle Grundbuchrecht ist in erster Linie in der GBO geregelt. Als „förmliches Verfahren" fordert das formelle Grundbuchrecht die Einhaltung bestimmter, den Nachweis erleichternde Voraussetzungen: Grundsätzlich bedarf es des Nachweises der erforderlichen Erklärungen in öffentlich beglaubigter Form, § 29 GBO, sofern nicht das materielle Recht strengere Anforderungen aufstellt. Bestimmend für das formelle Grundbuchrecht sind drei tragende Verfahrensgrundsätze: Das Antragserfordernis, der Bewilligungsgrundsatz und der Grundsatz der Voreintragung.

**Vertiefung:** Zur ausnahmsweise materiellen Sachprüfung des Grundbuchamts Zimmer, NJW 2014, 337.

### I. Das Antragserfordernis

479 Sofern das Gesetz nichts anderes bestimmt, können Eintragungen nur auf Antrag erfolgen, § 13 I S. 1 GBO.

**Hinweis:** Diesen Antrag sollte zumindest der Erwerber eines Grundstücks, der sogenannte Auflassungsempfänger, im eigenen Interesse baldmöglichst stellen, da er nach Antragstellung ein Anwartschaftsrecht auf das Vollrecht „Grundeigentum“ erwirbt, vgl. Rn. 521.

## II. Der Bewilligungsgrundsatz

Dem Antrag auf Eintragung darf nur stattgegeben werden, wenn derjenige, dessen 480
Recht durch die Eintragung beeinträchtigt wird, zustimmt, § 19 GBO. Diese Zustimmung ist rein formeller Natur und bezieht sich allein auf die verfahrenstechnisch notwendigen Schritte; ob der Betroffene die Rechtsänderung auch inhaltlich befürwortet, spielt hingegen keine Rolle. Daher wird der Bewilligungsgrundsatz auch als „formelles Konsensprinzip“ bezeichnet.

**Vertiefung:** Was bedeutet das für die Praxis? Wer als Voreingetragener mit der materiellrechtlichen Änderung nicht einverstanden ist, weil er etwa eine Erklärung des erforderlichen Inhalts niemals wirksam abgegeben hat, wird auch der Eintragung des Antragstellers nicht zustimmen. Nur, wenn dem Voreingetragenen der Mangel des materiellen Rechts entweder nicht bekannt ist oder er ihn bewusst ignorieren möchte, kann sich die Situation ergeben, dass er formell wirksam zustimmt und damit in Widerspruch zum materiellen Recht gerät. Muss der Grundbuchbeamte in diesen Fällen die Eintragung (gleichwohl) vornehmen? Das „formelle Konsensprinzip“ besagt, dass der Beamte die beantragte Eintragung vornehmen soll, sobald der Voreingetragene (der sog. Passivbeteiligte) sie bewilligt. Das Grundbuchamt braucht nicht zu prüfen, ob die materiell-rechtliche Einigung beider Parteien vorliegt (Prütting, Rn. 278). Andererseits darf der Grundbuchbeamte nicht zur Unrichtigkeit des Grundbuchs beitragen. Daher hat er den Antrag abzulehnen, wenn er das materielle dingliche Rechtsgeschäft als unwirksam erkennt (BGHZ 35, 135 [140]; andere Ansicht MüKo/Kohler, 7. Aufl. (2017), § 892, Rn. 66 f.; Lenenbach, NJW 1999, 923 [924]). Es besteht also keine „Prüfpflicht“; bloße Zweifel an der Wirksamkeit des zugrundeliegenden Vertrags rechtfertigen die Zurückweisung des Eintragungsantrags nicht (BayObLG, NJW 1980, 2818). Erkennt der Beamte jedoch positiv, dass ein beachtlicher materieller Mangel vorliegt, darf er nicht „sehenden Auges“ die Unrichtigkeit des Grundbuchs durch Eintragung herbeiführen. (Formelle) Bewilligung und (materielle) Einigung sind daher stets begrifflich genau zu unterscheiden.

Eine wichtige Ausnahme von dem in § 19 GBO verankerten Bewilligungsgrundsatz 481
gilt für den Erwerb von Grundeigentum und Änderungen, die ein Erbbaurecht betreffen: Hier findet der *Einigungs*grundsatz gemäß § 20 GBO Anwendung, der als materielles Konsensprinzip die dingliche Einigung als Voraussetzung für die Eintragung vorsieht. Der Grundbuchbeamte lässt sich die Auflassung vorlegen und überprüft die Einigung der Parteien. Liegt diese vor, kann der Rechtserwerber als neuer Eigentümer in das Grundbuch eingetragen werden. Streitig ist, ob darüber hinaus noch eine Bewilligung gemäß § 19 GBO erfolgen muss. Im Ergebnis ist es vertretbar, den Nachweis der Einigung genügen zu lassen.

**Hinweis:** Sofern der dinglichen Einigung kein Willensmangel oder eine andere Unwirksamkeitsvoraussetzung zugrunde lag, kann die Zustimmung zur „formellen“ Grundbucheintragung schon deshalb angenommen werden, weil die Eintragung die Einigung vollzieht. Wer die Einigung bejahte, wird im Normalfall auch die Wirksamkeit nicht hindern wollen.

482 Eine weitere Ausnahme zum Bewilligungserfordernis bildet der Unrichtigkeitsnachweis nach § 22 GBO. Hier wird auf die Bewilligung des Betroffenen verzichtet, wenn die Unrichtigkeit von dessen Eintragung nachgewiesen war.

### III. Grundsatz der Voreintragung

483 Der Betroffene muss zuvor selbst als Berechtigter im Grundbuch eingetragen gewesen sein, § 39 GBO. Allerdings kann auf die „Voreintragung des Betroffenen" unter den Voraussetzungen des § 40 GBO verzichtet werden.

**Hinweis:** Auch die Voraussetzungen des § 40 GBO wären, wie aus § 29 GBO folgt, in öffentlich beglaubigter Form nachzuweisen.

Ein solcher Fall liegt beispielsweise vor, wenn der Betroffene nicht der Voreingetragene, sondern dessen Erbe ist. Hier hilft § 40 GBO über den Umstand hinweg, dass der Erblasser, nicht aber der letztlich allein betroffene Erbe im Grundbuch eingetragen ist.

## D. Grundbuch und Rangordnung der Grundbuchrechte

484 Das Grundbuch sichert dem Berechtigten durch die Eintragung das Recht an der Sache. Sofern einem Berechtigten das Eigentum an der Sache zusteht, das er etwa mit einem Grundpfandrecht zugunsten einer Bank belastet, treten auch keine Probleme auf: Der Eigentümer ist in Abteilung 1 eingetragen, die Bank als Berechtigte des Grundpfandrechts in Abteilung 3.

Was geschieht nun aber, wenn der Eigentümer mehreren Gläubigern ein Grundpfandrecht einräumen möchte? In einem solchen Fall ruhen mehrere Sicherungsrechte auf demselben Grundstück, deren Verhältnis zueinander vor allem im Fall der Zahlungsunfähigkeit des Schuldners von Bedeutung ist, wenn in das Grundstück vollstreckt werden soll. Welcher Gläubiger soll zuerst mit welchem Anteil befriedigt werden?

### I. Mehrfachbelastung, Reihenfolge und Rang

485 Die Grundbuchordnung löst diesen Konflikt, indem sie jedem Recht einen entsprechenden Rang zuerkennt: Gleichartige Rechte werden in dieselbe Abteilung eingetragen, Sicherungsrechte beispielsweise in Abteilung 3, andere Belastungen in Abteilung 2. Wird also eine Grundschuld an einem Grundstück bestellt, ist diese oben in Abteilung 3 einzutragen. Bestellt der Grundstückseigentümer dann eine Hypothek auf das Grundstück bei einem anderen Gläubiger, wird diese Hypothek ebenfalls in Abteilung 3 eingetragen; sie wird dann aber – das ergibt sich schon aus der Reihenfolge der Eintragungen – unter die bereits eingetragene Grundschuld gesetzt. So lassen sich Mehrfachbelastungen grundbuchtechnisch ohne weiteres formell sachgerecht behandeln. Die Abteilungen 2 und 3, in denen die Belastungen des Grundeigentums aufgeführt werden, können untereinander mehrere Rechte

und Berechtigte enthalten, ohne dass die jeweils frühere Position gelöscht (= gerötet) werden müsste. Gerade in Abteilung 3, in der die Grundpfandrechte geführt werden, ist dies auch durchaus üblich. Der Rang bestimmt dann die Reihenfolge, in der mehrere dingliche Rechte an demselben Belastungsgegenstand berücksichtigt werden. Der Rang wirkt sich also nicht auf den Inhalt des jeweiligen Rechts aus, sondern stellt lediglich das Verhältnis des einen dinglichen Rechts zu den übrigen dar:

**Fall 47:** E will auf seinem Grundstück ein Haus errichten. Er nimmt bei der B-Bank ein Darlehen über 80 000 € auf. Dieses Darlehen lässt sich die B-Bank durch die Bestellung einer Hypothek sichern. Während der Bauzeit sieht sich E genötigt, weiteren Kredit aufzunehmen. Die C-Bank ist dazu bereit, allerdings nur in Höhe von 20 000 €, weil E als Sicherheit nur noch eine weitere Hypothek an seinem Grundstück bieten kann.

Welche Überlegungen könnten für die C-Bank entscheidend gewesen sein?

Wie bewegliche Sachen können auch Grundstücke Kredite sichern. Wegen ihres **486** oftmals höheren Werts erfüllen sie diesen Zweck meistens sogar besser und werden als Sicherheiten dementsprechend nachgefragt. Sicherheiten an Grundstücken können nur in Form der gesetzlich vorgesehenen Rechtsinstitute wie Hypothek oder Grundschuld bestellt werden. Deren Voraussetzungen werden in den Einheiten 16 ff. ausführlich erläutert. Hier genügt es zu wissen, dass E zur Sicherung einer Forderung der C bereit ist, sein Grundstück mit einem Pfandrecht, nämlich der Hypothek, zu belasten, die im Falle seiner Zahlungsunfähigkeit die Vollstreckung in das Grundstück erlaubt. Gemäß § 873 ist auch zur Belastung eines Grundstücks mit einem Recht Einigung und Eintragung erforderlich. Die bereits auf dem Grundstück des E ruhende Hypothek hindert weder materiell-rechtlich noch buchungstechnisch die Eintragung weiterer Hypotheken.

Die Vorbehalte der C-Bank gegen die gewünschte Krediterteilung beruhen also **487** auf wirtschaftlichen Gesichtspunkten, nicht auf „rechtlicher Unmöglichkeit". Hier könnte die C-Bank mit der Kreditauszahlung daher weniger großzügig sein, weil ein in derselben Abteilung eingetragenes Recht dem später eingetragenen Pfandrecht vorgeht (sogenanntes Prioritätsprinzip). Denn ein zuerst begründetes Recht wird oben in der entsprechenden Abteilung eingetragen, während alle später vorgenommenen Belastungen nur noch unterhalb des zuerst eingetragenen Rechts geschrieben werden können. Dadurch entsteht eine Rangfolge mit dem zuerst eingetragenen Recht an oberster Stelle. Diese Rangfolge wird gerade dann bedeutsam, wenn es zur Zahlungsunfähigkeit des Schuldners kommt und die jeweiligen Pfandrechte verwertet werden müssen: Hier entscheidet der Rang zugleich über die Reihenfolge der Befriedigung. Der Prioritätsgrundsatz hat zur Folge, dass zunächst der oben in der Abteilung Eingetragene befriedigt wird und erst anschließend – dem Rang der Berechtigungen folgend – die darunter Eingetragenen.

**Hinweis:** Die Einzelheiten über die Art der Zwangsverwertung (Zwangsversteigerung) und die Feststellung der zu berücksichtigenden Rechte sind im ZVG geregelt, das auch in den §§ 11, 10 I Nr. 4 klarstellt, dass die einzelnen Grundstücksrechte i. S. d. Prioritätsprinzips (§ 11 I ZVG) nach ihrem Rang befriedigt werden.

488 Der Erste kann also möglicherweise voll befriedigt werden, ein Zweiter vielleicht noch teilweise, ein Dritter oftmals gar nicht mehr. Da die B-Bank schon im Grundbuch in Abteilung 3 eingetragen ist, kann ein Recht der C-Bank in derselben Abteilung nur noch darunter eingetragen werden. Sollte E zahlungsunfähig sein, wird aus der Grundstückssubstanz, also dem Versteigerungserlös bei einer Zwangsversteigerung, zunächst Hypothekengläubiger Nr. 1 und dann der Reihe nach die folgenden Gläubiger befriedigt. Der Wert der mit den folgenden Hypotheken verbundenen Sicherheit hängt somit vom Wert des Grundstücks ab, wobei dieser als hypothetischer Versteigerungserlös anzusehen ist. Im Fall 47 wird die C-Bank also zu überlegen haben, ob das Grundstück des E einen Wert hat, der über den Betrag der vorrangigen Hypothek zugunsten der B-Bank hinausgeht, ob also mit einem etwaigen Versteigerungserlös von mindestens 100 000 € zu rechnen ist. Materiellrechtlich sind beide Hypotheken gleichwertig; beeinträchtigt werden die Möglichkeiten der C-Bank allein durch den schlechteren Rang.

489 **Hinweis:** In Abteilung 1, die der Eintragung des Eigentümers vorbehalten bleibt, kann es dagegen nicht zu einer Rangordnung kommen. Die Eintragung mehrerer Alleineigentümer ist schon vom Verständnis des Eigentums als umfassendes Herrschaftsrecht ausgeschlossen. In Frage käme nur Miteigentum oder Gesamthandseigentum, das natürlich als solches kenntlich gemacht werden müsste, oder die Löschung des bisherigen Alleineigentümers bei Eintragung eines neuen.

## II. Rangerwerb: Locus- und Tempus-Prinzip

490 Gemäß § 879 ergibt sich das Rangverhältnis von mehreren Rechten, mit denen ein Grundstück belastet ist, aus der Eintragung: Sind die Rechte, wie eben dargestellt, in derselben Abteilung eingetragen, lässt sich der Rang bereits aus der Reihenfolge der Eintragungen erkennen. Das zuerst eingetragene Recht erscheint oben in der Abteilung, das später eingetragene Recht kann nur darunter stehen. Da die Reihenfolge und die daraus resultierende Über- bzw. Unterordnung über den Rang entscheidet, wird dieses Prinzip auch als Locus-Prinzip bezeichnet. Die Stelle der Eintragung entscheidet über die Reihenfolge der Berücksichtigung von Rechten.

491 Bei Rechten in unterschiedlichen Abteilungen kommt es auf den Tag der Eintragung an (Tempus-Prinzip), denn in beiden Abteilungen steht jeweils ein Recht an erster Stelle. Hier geht das Recht desjenigen vor, der zeitlich zuerst eingetragen wurde. Rechte, die an demselben Tag eingetragen wurden, haben den gleichen Rang, § 879 I S. 2. In beiden Fällen ist entscheidend, wann die Eintragung der Rechte erfolgt. Da weder Ermessen oder Willkür des Grundbuchbeamten noch etwaige Arbeitsüberlastung oder Geschäftsausfall eine Rolle spielen sollen, stellt das formelle Grundbuchrecht als maßgebliches Kriterium für die Reihenfolge der Eintragung bei mehreren Anträgen auf den Zeitpunkt des Eingangs der jeweiligen Anträge ab. Dieses Prinzip wird gesetzlich gleich doppelt abgesichert. Nach § 17 GBO darf die später beantragte Eintragung nicht vor Erledigung des früher gestellten Antrags erfolgen. Sollen in ein und derselben Abteilung mehrere Eintragungen erfolgen, so ist die der Zeitfolge der Anträge entsprechende Reihenfolge einzuhalten,

§ 45 I GBO. § 879 als materielles Grundbuchrecht, das bestimmt, welchen Rang ein Grundstücksrecht hat, und die Verfahrensvorschriften der §§ 17, 45 GBO sind somit als gemeinsamer Ausdruck des Bestrebens zu verstehen, dem Grundstücksrecht den entsprechenden Rang gemäß dem Prioritätsprinzip zu vermitteln. Maßgeblich ist jedoch stets allein die Eintragung, die hinsichtlich des Rangs auch dann „konstitutiv" wirkt, wenn gegen die Eintragungsvorschriften der §§ 17, 45 GBO verstoßen worden ist.

## III. Zwangsversteigerung bei Nießbrauch und Hypothek

Nießbrauch und Hypothek werden in unterschiedliche Abteilungen eingetragen: 492
Der Nießbrauch in Abteilung 2, die Hypothek in Abteilung 3. Wird nun die Zwangsversteigerung in das Grundstück betrieben, sind sowohl Ansprüche des Hypothekars als auch des Nießbrauchers zu berücksichtigen: Der Hypothekengläubiger kann seine Rechte aus der Hypothek geltend machen, der Nießbraucher einen Ausgleich für sein durch die Zwangsversteigerung erloschenes Recht zur Grundstücksnutzung (vgl. § 1030) verlangen, vgl. §§ 92, 91 ZVG. Genügt der Erlös der Zwangsversteigerung nicht, um sowohl den Hypothekar als auch den Nießbraucher zu befriedigen, kommt es wiederum auf den Befriedigungsrang an, der sich dann aus dem Tempus-Prinzip ergibt. Das zeitlich eingetragene Recht geht dem später eingetragenen Recht vor.

## IV. Rangverwechslung

Angesicht dieser Bedeutung, die dem Rang für die Sicherheit des Gläubigers oder 493
dem anders Berechtigten zukommt, überrascht es nicht, dass auch um den richtigen Rang und die ordnungsgemäße Eintragung ins Grundbuch gestritten wird.

**Fall 48:** A beantragt die Eintragung einer Hypothek über 50 000 € am 8.1.2004, B die Eintragung einer Hypothek über 40 000 € am 25.1.2004. Die Hypothek des B wird – wegen Arbeitsüberlastung des Grundbuchbeamten G – vor der des A eingetragen. Bei der Zwangsversteigerung ergibt sich lediglich ein Erlös von 80 000 €. Wie verteilt sich dieser?

Grundlegend ist festzustellen, dass der eindeutige Verstoß des Grundbuchamts gegen die Eintragungsvorschriften der §§ 17, 45 I S. 1 GBO nichts daran ändert, dass die Hypothek des B Vorrang vor der des A hat. Die Eintragung wirkt insoweit konstitutiv, als beide Hypotheken jeweils den durch die Eintragung festgelegten Rang nach § 879 I S. 1 erhalten haben. Auch auf Unrichtigkeit des Grundbuchs ist nicht abzustellen, da die Reihenfolge der Eintragung korrekt wiedergegeben wurde. In Abteilung 3 kommt es allein auf das Datum der Eintragung an. Das Datum der Antragsstellung ist nicht eintragungsfähig und hilft darum nicht weiter.

Entsprechend dem Rangverhältnis wird also B zunächst voll mit 40 000 € befrie- 494
digt, während A nur der Rest bleibt und er somit einen Ausfall von 10 000 € erleidet. Dies führt zu der klassischen Streitfrage, wie mit dem dadurch entstandenen Regressproblem zu verfahren ist. Der BGH und die wohl herrschende Lehre lehnen einen Anspruch aus § 812 wegen „Bereicherung in sonstiger Weise" zwischen bei-

den Hypothekaren ab: Im Interesse des Rechtsverkehrs sei allein die dem Grundbuch zu entnehmende Reihenfolge maßgeblich, die auch abschließend die Rangordnung wiedergebe. Die Gegenmeinung würde hier einen Bereicherungsanspruch zubilligen. Dies hätte zur Folge, dass A von B den Ausgleich durch Zahlung von 10 000 € verlangen könnte. Er hätte ebenso die Möglichkeit (wenn auch nur, bevor es zur Versteigerung kommt) von B ab dem Zeitpunkt der Kenntnis der falschen Reihenfolge die Zustimmung zur Rangänderung zu verlangen, die dann rechtsgeschäftlich nach § 880 vereinbart werden müsste. Anspruchsgrundlage wäre wiederum § 812. Die Zuerkennung eines Bereicherungsanspruchs würde allerdings bewirken, dass die wegen des Verfahrensfehlers naheliegende Amtshaftung nach Art. 34 GG, § 839 aufgrund einer anderweitigen Ersatzmöglichkeit (§ 839 I S. 2) im Regelfall ausscheiden dürfte. Die Lösung über das Bereicherungsrecht scheint daher wenig sachgerecht: Das Staatshaftungsrecht bietet einen interessengerechten Ausgleich, der denjenigen Beteiligten mit einer Haftungspflicht belegt, der den Vermögensverlust des zu Unrecht auf einem niedrigeren Rang eingetragenen Hypothekars selbst herbeigeführt hat. Auch überzeugt das Argument der Rechtssicherheit, denn das Grundbuch muss, solange die Eintragung als solche nicht unrichtig ist, verbindlich sein.

**Literatur:** *Lenenbach, Markus:* Guter Glaube des Grundbuchamtes als ungeschriebene Voraussetzung des Gutglaubenserwerbs?, NJW 1999, 923–926; *Zimmer, Maximilian:* Die materielle Sachprüfung im Grundbuchverfahren – Die Funktion der (neuen) Vorschriften § 34 GBO und § 21 III BNotO, NJW 2014, 337–342.

# 15. Einheit – Grundeigentum. Erwerb des Grundeigentums und Rechte des Eigentümers

## A. Vertiefung: Rechte und Pflichten des Grundeigentümers

Wie bereits in Einheit 13 erwähnt, ähneln die Rechte des Grundeigentümers in vielerlei Hinsicht denen des Eigentümers an beweglichen Sachen. Das gilt auch für die grundsätzlichen Wertungen und Interessenabwägungen zwischen den Eigentümerbefugnissen auf der einen und der Sozialbindung des Eigentums auf der anderen Seite. **495**

### I. Die Rechte des Grundeigentümers

Wie für das Eigentum an beweglichen Sachen gilt § 903 auch für den Grundstückseigentümer. Dem Grundstückseigentümer stehen bei Störungen zur Geltendmachung seiner Rechte die Notwehr, § 227, die Ansprüche aus dem EBV, §§ 985 ff., die Beseitigungs- und Unterlassungsansprüche, §§ 907 ff., 1004 sowie die Schadensersatzansprüche, §§ 823, 826 zu. **496**

**Vertiefung:** Eine lesenswerte Übersicht zu den Abwehransprüchen des Eigentümers finden Sie bei Mylich, JuS 2014, 298 [398].

### II. Befugnisse und Begrenzungen

In der Einleitung zu Einheit 13 wurde bereits darauf hingewiesen, dass der Grundstückseigentümer stärker von der Sozialbindung des Eigentums betroffen ist als der Eigentümer an beweglichen Sachen. Das hat vor allem zwei Gründe: Zum einen ist das Grundstück „Teil der Erdoberfläche". Wie schon bei den Ausführungen zu Art. 14 II GG erläutert, enden die meisten Gefahren, die den Erdboden betreffen (also Altlasten, Grundwasserverschmutzungen etc.) selten genau an der Grundstücksgrenze. Oft müssen die Eigentümer staatliche Eingriffe zur Gefahrenabwehr hinnehmen, selbst wenn nicht sie, sondern Dritte Verursacher sind. Zum anderen hat der Grundstückseigentümer häufig Nachbarn, die ihrerseits auch Eigentümer sind und denen dieselben Eigentümerbefugnisse zustehen. Das kann zu Kollisionen führen, wenn ein Nachbar beispielsweise Gartenfeste des anderen Nachbarn als Störung empfindet und auf Unterlassung klagt. Hier muss das Gesetz einen Ausgleich schaffen, der gegenseitige Rücksichtnahme ermöglicht und die Eigentümerbefugnisse in einem „gesunden" Maße einschränkt. **497**

Wie schon im Mobiliarsachenrecht findet das Wechselspiel von Befugnissen und Begrenzungen seinen Niederschlag in den Anspruchsgrundlagen. So kann auch der Grundstückseigentümer Herausgabe aus § 985 verlangen (vgl. Einheit 13), muss aber gegebenenfalls ein Recht zum Besitz gegen sich gelten lassen, § 986. Besonders relevant wird das Zusammenspiel von Rechten und (Duldungs-)Pflichten im Zusammenhang mit dem Beseitigungs- und Unterlassungsanspruch aus § 1004. **498**

499 **1. Ansprüche des Grundstückseigentümers aus § 1004.** Wie der Eigentümer einer beweglichen Sache kann auch der Grundeigentümer einen Beseitigungs- oder Unterlassungsanspruch aus § 1004 I geltend machen. Voraussetzung ist, dass der Besitz nicht entzogen oder vorenthalten, sondern in anderer Weise beeinträchtigt wird, § 1004 I.

**Fall 49:** E ist Eigentümer eines Gartengrundstücks, das er nur in unregelmäßigen Abständen aufsucht. Eines Tages erfährt er von einem in der Gegend ansässigen Landwirt, dass dort mehrere Studenten – offensichtlich in der Annahme, der Garten „stehe frei" – im Sommer zelten und sonnenbaden: Hier bliebe E nur der Anspruch aus § 985 auf Räumung, da der Besitz entzogen wird. Wenn sich nun aber herausstellen würde, dass die Studenten schon ihre Freundinnen aufgefordert haben, dort ebenfalls ihre Zelte aufzuschlagen, müsste dem weiteren Zuzug Unberechtigter vorgebeugt werden. Hier könnte der Unterlassungsanspruch aus § 1004 I weiterhelfen.

500 Voraussetzung für einen Anspruch aus § 1004 ist eine Beeinträchtigung des Eigentums. Darunter fallen alle Eingriffe in die tatsächliche Sachherrschaft des Eigentümers, die keine Besitzentziehung darstellen. Beeinträchtigungen in diesem Sinne sind Verunreinigungen (auch Lärmimmissionen), Verletzungen der Sachsubstanz und unbefugtes Betreten, das sich *nicht als Besitz* darstellt. Die Sachsubstanz kann, muss aber nicht beeinträchtigt werden, um einen Anspruch aus § 1004 zu begründen: Lässt ein Nachbar seinen Baum oder seine Hecke so hochwachsen, dass auf dem angrenzenden Grundstück die Sicht beeinträchtigt ist, kann auch das als Störung i. S. d. § 1004 gelten.

501 **Vertiefung:** Positive Beeinträchtigungen wie Immissionen jeglicher Art, die unbefugte Bebauung eines Grundstücks, das Ablagern von Sachen oder das Hineintragen von Gegenständen sind unstreitig als Beeinträchtigungen i. S. d. § 1004 anerkannt. Dagegen ist umstritten, ob bloß negative Einwirkungen wie gestörte Aussicht oder Entzug von Tageslicht durch Bauten auf einem Nachbargrundstück ebenfalls unter § 1004 I fallen (so Wolf/Wellenhofer, § 24, Rn. 3–24). Ebenso umstritten ist, ob sogenannte „ideelle Immissionen" wie die Errichtung eines Bordells auf einem Nachbargrundstück als Beeinträchtigung i. S. d. § 1004 I verstanden werden können. Der BGH hat das jedenfalls abgelehnt (bezogen auf einen Lagerplatz für Baumaterial BGHZ 51, 396 [399]; BGHZ 95, 307 [308 ff.]), während sich in der Literatur vereinzelte Stimmen dafür ausgesprochen haben (Wolf/Wellenhofer, § 24, Rn. 16).

502 Wird der Besitz wie oben im Beispielsfall entzogen und die Sache zugleich beeinträchtigt, weil die Studenten etwa ihren Müll im Garten verteilen, sind die Ansprüche aus § 985 auf Herausgabe (Räumung) und § 1004 (Unterlassen weiterer Störungen durch Zuzug weiterer Personen) nebeneinander anwendbar.

**Klausurhinweis:** Grundsätzlich ist bei der Anwendung von § 985, vor allem aber von §§ 987 ff. bei Vorliegen der Voraussetzungen des § 1004 Vorsicht geboten. Voraussetzung der §§ 987 ff. ist immer die Vindikationslage: Es muss unrechtmäßiger Besitz vorliegen. § 1004 greift aber in erster Linie bei den Fällen ein, in denen das Eigentum gerade nicht durch Besitzentzug, sondern *anders* beeinträchtigt war. Plündern die Studenten während ihres unrechtmäßigen Besitzes die Apfelbäume des E, kann er – Vindikationslage ist gegeben – Nutzungsersatz gemäß §§ 987 ff. verlangen, solange die Studenten bösgläubig oder bereits verklagt waren. Zelten die Studenten dagegen auf einer angrenzenden, brachliegenden Wiese und werfen, um den E zu ärgern, ihren Müll auf dessen Gartengrundstück, bleibt er auf seine

Ansprüche aus § 1004 und § 823 beschränkt. Auf die §§ 987 ff. darf also nur zurückgegriffen werden, wenn neben der Störung auch die Vindikationslage, also vor allem unrechtmäßiger Besitz, gegeben war!

Solange die Störung fortdauert, richtet sich der Anspruch des Eigentümers auf *Beseitigung der Störung* durch den Störer. Die herrschende Meinung versteht darunter die Wiederherstellung des ursprünglichen Zustands. Haben die Studenten beispielsweise tatsächlich ihren Müll in den Garten des E geworfen, sind sie aus § 1004 I S. 1 verpflichtet, ihn wieder zu entfernen. Steht die Störung dagegen wie im Fall des drohenden Zuzugs der Freundinnen und damit weiterer Störer erst bevor, richtet sich der Anspruch auf Unterlassung der Störung, § 1004 I S. 2. Störer i. S. d. § 1004 I ist nach herrschender Meinung jeder, der gegenwärtig das Eigentum beeinträchtigt oder in der Vergangenheit eine Ursache dafür gesetzt hat. 503

**Vertiefung und Literatur:** Der Störerbegriff ist umstritten. Manche Autoren (wie etwa Brehm/Berger, § 7, Rn. 7) möchten ihn auf den gegenwärtigen Störer beschränken und verlangen eine Eingrenzung auf die Fälle, in denen das störende Verhalten noch nicht beendet ist. Das Problem ließe sich dabei auf verschiedenen Ebenen verankern: Auf der Störerebene lässt sich etwa einschränkend vorbringen, dass die Anmaßung der Eigentümerstellung entscheidend sei; auf der Ebene der Eigentumsbeeinträchtigung ließe sich mit einer Parallele zur Vindikationslage argumentieren: Auch der Besitzer schulde nur Herausgabe, solange er die Sache im Besitz habe. Am Ende dürfte aber für § 1004 I kennzeichnend sein, dass es gerade Eigenart einer besitzlosen Störung – beispielsweise auch durch Immissionen – ist, längerfristige Veränderungen herbeizuführen. Das störende Verhalten selbst kann also nicht der Anknüpfungspunkt sein, sondern die erfolgte (und fortdauernde) Beeinträchtigung. 504

**Beispiel:** Jugendlicher J wirft von einem angrenzenden Grundstück aus Steine auf das Grundstück des E. Selbst wenn er aufhört, die Steine zu werfen, hat er nach herrschender Meinung (BGH NJW 2005, 1366; BeckOGK/Spohnheimer, BGB § 1004, Rn. 69, Vieweg/Werner, § 9, Rn. 15; MüKo/Baldus, 7. Aufl. (2017), § 1004, Rn. 74 ff.) die geworfenen Steine vom Grundstück des E zu entfernen. Nach anderer Ansicht hat E nur einen Anspruch gegen J auf das Beendigen des Steinewerfens, und zwar nur, solange er die Steine wirft.

Ist die Störung beendet, müsse nach dieser Ansicht der Anspruch aus § 1004 I genauso scheitern, wie etwa auch der Anspruch aus § 985 gegen den unrechtmäßigen Besitzer scheitern müsse, wenn der Besitz beendet sei. Diese Einschränkung verkennt jedoch, dass die Ausgangslage in § 985 nicht mit der des § 1004 vergleichbar ist: Während die Besitzentziehung mit der Besitzaufgabe endet und ein Anspruch aus § 985 schon darum nach Beendigung des Besitzes ins Leere gehen muss, kann eine Störung auch über das konkret störende Verhalten hinaus Folgen zeigen, die beseitigt werden sollten. Um im Beispiel zu bleiben: Die Störung endet nicht mit dem Akt des Werfens, sondern besteht durch die auf dem Grundstück des E liegen gebliebenen Steine fort. Wurde die Sache bei fehlerhaftem Besitz etwa beschädigt (auch dieser Schaden überdauert dann nämlich den unrechtmäßigen Besitz), hat der Gesetzgeber in den §§ 987 ff. spezielle Ansprüche auf Schadensersatz vorgesehen. Dem Anspruch aus § 1004 folgen keine vergleichbaren Anspruchsgrundlagen, stattdessen ist der Gesetzeswortlaut offen formuliert: „Beseitigung der Beeinträchtigung“ kann daher auch die Beseitigung der „restlichen“ oder „verbleibenden“ Beeinträchtigung bedeuten. Auf jeden Fall blickt der Begriff der „Beseitigung“ in die Vergangenheit, denn beseitigt werden kann nur eine Beeinträchtigung, die es schon gibt. Dass der Gesetzgeber dem Eigentümer in diesem Fall keine speziellen Anspruchsgrundlagen zur Folgenbeseitigung zugestanden hat, spricht dafür, dass § 1004 durchaus die Beseitigung störender Objekte umfassen sollte. Der Gesetzgeber macht 505 diesbezüglich keine Einschränkungen. Das Argument, dass der Eigentümer aus § 823 ebenfalls Beseitigung verlangen kann und somit auf § 1004 in diesen Fällen nicht zurückgegriffen werden brauche, müsste sich gerade denjenigen verschließen, die eine Parallele zu § 985 erkennen wollen, denn unter diesem Gesichtspunkt wären auch die dem § 985 folgenden Schadensersatzansprüche aus dem EBV überflüssig. Jedenfalls scheint es wenig sinnvoll, die bis heute herrschende Auffassung von „Störung" aufgrund einer Parallelität zu § 985 einschränken zu wollen. So wenig die tatsächlichen Verhältnisse vergleichbar sind, sind es auch die rechtlichen Bestimmungen. In der Klausur empfiehlt es sich, der herrschenden Meinung ohne längere Erörterungen zu folgen.

506 Richtig ist dagegen, dass § 1004 keinen Vermögensschaden ersetzen kann, sondern stets nur an das verbliebene störende Objekt anknüpft: Das ist der Unterschied zwischen *Beseitigung* und *Wiedergutmachung*. Die hier vertretene Ansicht stimmt im Ergebnis weitgehend mit der von Baur entwickelten Lehre überein, vgl. Baur/Stürner, § 12, Rn. 20 f. Ausführlich zu dieser Diskussion m.w.N. Brehm/Berger, § 7, Rn. 8 f., 27 ff., Wenzel, NJW 2005, 241.

507 **2. Einschränkungen gemäß § 1004 II.** Die Ansprüche des Eigentümers auf Störungsbeseitigung können dann ausgeschlossen sein, wenn er zur Duldung der Störung verpflichtet ist. Häufig zu berücksichtigen sind dabei Duldungspflichten, die sich aus dem Bundesimmissionsschutzgesetz (BImSchG) ergeben, aber auch solche aus dem bürgerlichen Recht selbst, besonders aus den §§ 906 ff.:

508 **a.) § 1004 II i.V.m. den §§ 906 ff.** Die wichtigsten Begrenzungen der Eigentümerbefugnisse finden sich in den §§ 906 ff., die größtenteils auf das Nachbarschaftsrecht zugeschnitten sind. Eine Einschränkung des Unterlassungsanspruchs aus § 1004 I ergibt sich etwa durch die Duldungspflicht des § 1004 II in Verbindung mit §§ 906 ff. So normiert § 906 I beispielsweise eine Duldungspflicht von Immissionen für die Fälle, dass die „Benutzung seines Grundstücks nicht oder nur unwesentlich eingeschränkt wird". § 906 II erlegt dem Eigentümer die Duldung auf, wenn eine wesentliche Beeinträchtigung durch die „ortsübliche Benutzung des anderen Grundstücks" herbeigeführt wird.

**Hinweis:** Insgesamt ist der Gesetzgeber in § 906 sehr genau vorgegangen. Es lohnt sich, das Gesetz auch an dieser Stelle zur Kenntnis zu nehmen.

Es geht also, wie schon Heck feststellte, um eine Interessenabwägung: Der Eigentümerschutz und die Eigentümerbefugnisse kommen im Regelfall beiden Parteien zu. Die Nutzungsfreiheit des einen Eigentümers an seinem Grundstück soll nicht ohne triftigen Grund – d. h. ohne Unzumutbarkeit der Störung – durch Klagen des Grundstücksnachbarn eingeschränkt werden.

**Beispiel:** E baut auf seinem Grundstück eine kleine Schafszucht (ein Widder und zwei Mutterschafe) auf. Nachbar N klagt auf Unterlassung, weil ihn das Mähen der Schafe bei seinen täglichen Meditationsübungen auf seiner Terrasse stört. Hier wird E in seinen Eigentümerfreiheiten eher zu schützen sein als der N, der seine Meditationen auch innerhalb der Wohnung durchführen kann.

Gleichwohl soll das Grundstückseigentum nicht durch selbstherrliches Ausleben der Eigentümerbefugnisse eines anderen in seiner Nutzung oder seinem Wert unverhältnismäßig gemindert werden. 509

**Beispiel:** E baut auf seinem Grundstück eine kleine Seifenfabrik. Der Geruch nach verbrannten Tierknochen und chemischen Zusätzen der dabei freigesetzten Dämpfe ist so unerträglich, dass Familie N nur noch bei geschlossenen Fenstern leben kann; lüften ist – ebenso wie eine Nutzung des Gartens – völlig ausgeschlossen.

In einem solchen Fall wäre dem N eine Duldungspflicht aus bürgerlichem Recht nicht mehr zuzumuten. In Frage käme dann nur noch eine Duldungspflicht aus § 14 I BImSchG, wenn eine Genehmigung für diese Anlage unanfechtbar erteilt worden ist. Allerdings stünde dem N in diesem Fall ein Ausgleichsanspruch für die Duldungspflicht aus § 906 II zu.

**Hinweis:** Nutzungsbedingte Interessenkonflikte werden heutzutage in weiten Teilen durch das öffentliche Baurecht gesteuert, wonach kommunal entschieden wird, welche Art von Bebauung auf einem Grundstück überhaupt vorgenommen werden darf.

Die §§ 907 ff. normieren besondere Abwehransprüche eines Grundstückseigentümers gegen seinen Nachbarn. Sie erweitern also die Befugnisse des einen Eigentümers, schränken aber die Befugnisse des anderen ein. § 907 spricht dem Eigentümer einen Unterlassungs- und Beseitigungsanspruch für „gefahrdrohende Anlagen" gegen seinen Nachbarn zu, während § 908 den Anspruch auf Abwendung der von einem Nachbargrundstück ausgehenden Gefahr eines Gebäudeeinsturzes spezialisiert. Eine zusätzliche Befugnis des Nachbarn enthalten die §§ 910, 911. Bei Überhang und Überfall darf er ihn behindernde Wurzeln oder Zweige entfernen (§ 910) oder Früchte, die auf sein Grundstück fallen, behalten (§ 911). Eine weitere Duldungspflicht ergibt sich aus § 912 für den Überbau. Dies wurde bereits in Einheit 7 (Rn. 236) im Zusammenhang mit dem gesetzlichen Eigentumserwerb dargestellt. 510

**Vertiefung:** Ausführlichere Informationen zum zivilrechtlichen Nachbarrecht finden sich bei Brox, JA 1984, 182, Armbrüster, NJW 2003, 3087, Horst, NJW 2010, 122 (Wärmedämmung), ders., NJW 2009, 1787 (Videoüberwachung), Zott/Liehr, JA 2011, 260, Lüneborg, NJW 2012, 3745, Schreiber, JURA 2011, 263, Schreiber, JURA 2013, 111. Zum Hausrecht des Eigentümers Hofmann, JURA 2014, 141.

**b.) Weitere Begrenzungen der Rechte des Grundstückseigentümers.** Wie schon bei beweglichen Sachen gelten auch hier die Begrenzungen durch den Notstand, §§ 904, 228. Zu beachten ist auch das Schikaneverbot des § 226. 511

## B. Vertiefung: Erwerb von Grundeigentum

Neben der gesteigerten Bedeutung der Sozialpflichtigkeit des Eigentums und des Nachbarrechts unterscheidet sich das Grundstücksrecht durch die besondere Form der Übereignung vom Recht an beweglichen Sachen. Im Hinblick auf die sachen- 512 rechtlichen Grundprinzipien ähneln sich aber beide Übertragungsarten. Sowohl bei der Übereignung von beweglichen als auch von unbeweglichen Sachen ist neben einem Element der dinglichen Einigung jeweils auch eine Handlung erforderlich, die dem Publizitätsprinzip genügt: Bei beweglichen Sachen die Übergabe, bei unbeweglichen die Eintragung.

## I. Die Auflassung als Sonderfall der Einigung, §§ 925 I, 873

513 Die Übereignung von Grundstücken erfordert gemäß § 925 I eine Auflassung. Diese für den Erwerb von Grundeigentum relevante Auflassung ist ein Unterfall der dinglichen Einigung gemäß § 873. Die Einigung in § 873 kommt nicht nur bei Übereignungen, sondern bei jeder Begründung oder Übertragung von Grundstücksrechten wie etwa der Bestellung einer Hypothek oder Grundschuld zum Zuge. Die Einigung gemäß § 873 I erfordert immer zwei übereinstimmende Willenserklärungen über den Eintritt der Rechtsänderung. Voraussetzung ist also der Rechtsentäußerungswille auf der einen und der Rechtserwerbswille auf der anderen Seite. Wie bei der Einigung auf Übereignung beweglicher Sachen sind auf die Einigung i. S. d. § 873 die Regeln des Allgemeinen Teils über Willenserklärungen anwendbar. Das Gleiche gilt für die Grundprinzipien des Sachenrechts, wobei der numerus clausus der Sachenrechte gerade bei Grundstücksrechten besonders zu beachten ist.

**Hinweis:** Als Faustregel gilt: Möglich ist nur das vom Gesetzgeber Vorgesehene. Rechtsfortbildungen wie die Sicherungsübereignung bei beweglichen Sachen sind im Immobiliarsachenrecht nicht anerkannt.

514 Die Einigung gemäß § 873 selbst ist formfrei. Für den Erwerb von Grundeigentum muss mit der Auflassung gemäß § 925 I jedoch ein Sonderfall der Einigung vorliegen, für den besondere Formvorschriften gelten.

**Hinweis:** Da die Einigung gemäß § 873 I die Grundlage für ein Rechtsgeschäft bildet, das unmittelbar auf eine Rechtsänderung zielt, ist sie selbst nicht verpflichtend. Im Gegensatz zu dem ihr zugrunde liegenden schuldrechtlichen Verpflichtungsgeschäft ist sie daher frei widerruflich. Dafür spricht auch die Systematik des Gesetzes, da in § 873 II die Fälle aufgezählt werden, in denen die Erklärenden ausnahmsweise vor der Eintragung an die Einigung gebunden sind. Nicht zuletzt gilt auch hier für Rechtsmängel des zugrunde liegenden Verpflichtungsgeschäfts, dass diese trotz des Abstraktionsprinzips nur dann auch die Einigung unwirksam werden lassen, wenn Fehleridentität vorliegt.

515 **– Besonderheiten der Auflassung, § 925 I.** Bei der Einigung auf Übereignung (Auflassung) müssen gemäß §§ 873 I, 925 I zwei übereinstimmende Willenserklärungen des Inhalts vorliegen, dass das Eigentum an dem Grundstück übergehen soll. Bei der Auflassung sind die Formvorschriften des § 925 I zu berücksichtigen. Dabei muss die Einigung gemäß § 873 I unter Maßgabe des § 925 I bei gleichzeitiger Anwesenheit beider Teile vor der zuständigen Stelle erklärt werden. Zuständig ist gemäß § 925 I S. 2 jeder Notar. Weitere zuständige Stellen sind Konsularbeamte und jedes deutsche Gericht im Rahmen eines gerichtlichen Vergleichs. Die Auflas-

sung muss von beiden Teilen gleichzeitig erklärt werden. Sukzessive Erklärungen genügen dem Erfordernis des § 925 I nicht. Der gleichzeitigen Anwesenheit kann auch dergestalt Genüge getan werden, dass die Parteien Stellvertreter zur Abgabe der Willenserklärungen bevollmächtigen, da § 925 I zwar gleichzeitige Erklärung, aber nicht persönliche Anwesenheit fordert. Vollmachtlos erklärte Auflassungen können wie andere Willenserklärungen auch rückwirkend gemäß § 184 I genehmigt werden. Die Einschaltung von Boten genügt dagegen nicht dem Erfordernis der Gleichzeitigkeit.

**Hinweis:** In der Praxis empfiehlt sich eine rückwirkende Genehmigung übrigens nicht. Denn die Rückwirkung tritt nach gefestigter Rechtsprechung des BFH nicht mit steuerlicher Wirkung ein.

**Beispiel:** Käufer K ist bereits im Weihnachtsurlaub; Verkäufer V – Eigentümer eines in Berlin gelegenen Grundstücks – teilt dem Berater B des K am 28.12. mit, er sei nun doch bereit zu verkaufen. – Beurkundet der Notar den Kaufvertrag mit der zivilrechtlichen Kenntnis der vergriffenen Genehmigung in dieser Form, könnte das den K 10 000 € kosten, wenn Berlin (infolge der Föderalismusreform) die Grunderwerbsteuer zum 01.01. von 3,5 % auf 4,5 % erhöht hätte. Der erfahrene Notar würde daher statt der nachträglichen Genehmigung in solchen Fällen die Formulierung wählen, dass für den Käufer K der bevollmächtigte B handelt, der angibt „aufgrund mündlich erteilter Vollmacht zu handeln, mit dem Versprechen, Vollmachtsbestätigung nachzureichen".

Entgegen der weit verbreiteten – laienhaften – Auffassung ist für die Auflassung gemäß § 925 I weder Schriftform noch notarielle Beurkundung erforderlich. Dem Gesetzeswortlaut des § 925 I genügt die mündliche Erklärung bei Anwesenheit beider Teile vor einem Notar. Trotzdem erweist es sich als sinnvoll, dabei auch die notarielle Beurkundung vornehmen zu lassen, da die Eintragung gemäß § 29 GBO nur bei Vorlage einer öffentlichen oder öffentlich beglaubigten Urkunde vorgenommen wird. Außerdem muss das zugrunde liegende Verpflichtungsgeschäft (in aller Regel ein Kaufvertrag, manchmal auch ein Schenkungsversprechen) ohnehin notariell beurkundet werden, vgl. § 311 b bzw. § 925 a. Zudem schließt die notarielle Beurkundung den Widerruf der Einigung gemäß § 873 II aus. Auflassungen, die den Voraussetzungen des § 873 II genügen, werden als „bindende Auflassung" bezeichnet. Neben den beiden wichtigsten Fällen, der Eintragung und der notariellen Beurkundung der Auflassung, kann die Bindungswirkung auch durch die Einreichung beider materiellrechtlicher Einigungserklärungen beim Grundbuchamt sowie der Aushändigung der Eintragungsbewilligung (§ 29 GBO) durch den Verfügenden an den Erwerber herbeigeführt werden (MüKo/Kohler, 7. Aufl. (2017), § 873, Rn. 82). 516

**Hinweis:** In der Rechtspraxis ist die notarielle Beurkundung der Auflassung die Regel. Das bedeutet aber nicht, dass im universitären Sachverhalt unterstellt werden dürfte, die Auflassung sei „automatisch" notariell beurkundet worden. Vielmehr wäre hier ein entsprechender Hinweis zu erwarten („die Parteien erklärten die Auflassung, die auch notariell beurkundet wurde"), damit die Bindungswirkung i. S. d. § 873 II festgestellt werden kann.

Im Gegensatz zu der Einigung im Rahmen der §§ 929 ff. ist die Auflassung bedingungsfeindlich, § 925 II. Aufschiebende oder auflösende Bedingungen, wie sie beim 517

Eigentumsvorbehalt oder der Sicherungsübereignung im Mobiliarsachenrecht möglich sind, dürfen bei der Einigung im Grundstücksrecht also nicht vereinbart werden. Bei Verstoß gegen diesen Grundsatz ist die Einigung unwirksam. Dem Sicherungsbestreben der Parteien wird im Immobiliarsachenrecht durch andere Rechtsinstitute wie etwa der Hypothek oder der Grundschuld abgeholfen.

### II. Die Eintragung

518 Mit der Eintragung tritt die Rechtsänderung ein.

**Hinweis:** Eine „einfache" Einigung gemäß § 873 wird dadurch unwiderruflich. Im Fall der Übereignung ist die Unwiderruflichkeit der Auflassung schon mit notarieller Beurkundung eingetreten.

Sind Einigung und Eintragung inhaltlich nicht deckungsgleich, ist die Verfügung in der Regel unwirksam. Bei entsprechendem Parteiwillen kann aber bei Teilunwirksamkeit die Wirksamkeit der restlichen Eintragung gemäß § 139 angenommen werden. Für die Eintragung ins Grundbuch sind die in Einheit 14 ausführlich dargestellten Erfordernisse zu beachten. Es sind also Antrag, Bewilligung und Voreintragung des Betroffenen nötig.

Die Regelung des § 873 verlangt grundsätzlich keine feste zeitliche Abfolge von Einigung und Eintragung: Erfolgt bei der Übertragung von Grundstücksrechten die Einigung nach der Eintragung, ist der Rechtserwerb erst mit der Einigung vollendet. Bis dahin ist auch das Grundbuch unrichtig: Erst mit der Einigung tritt ex nunc Richtigkeit des Grundbuchs ein, MüKo/Kohler, 7. Aufl. (2017), § 873, Rn. 108. Bei der Übereignung von Grundstücken ist allerdings zu beachten, dass für die Eintragung ins Grundbuch gemäß § 20 GBO erst die Auflassung erfolgt sein muss.

## C. Der Schutz des Verkäufers

519 Wie eben aufgezeigt, scheitert der Schutz des Verkäufers beispielsweise durch einen Eigentumsvorbehalt im Grundstücksrecht an der Bedingungsfeindlichkeit der Auflassung, § 925 II. Will der Käufer den Kaufpreis oder einen Teil davon über einen längeren Zeitraum in Raten zahlen, bietet sich zur Sicherung der Kaufpreisforderung die Bestellung eines Grundpfandrechts an. Der Verkäufer überträgt dem Käufer das Eigentum am Kaufobjekt, lässt sich aber für die (Rest-)Kaufpreisforderung eine Hypothek oder Grundschuld bestellen. Dadurch wird eine weitgehende Absicherung des Verkäufers erreicht. Wegen ihrer Zweckbestimmung spricht man in diesem Fall von einer Restkaufpreishypothek bzw. -grundschuld.

## D. Der Schutz des Käufers

Der Käufer ist durch die Regelungen der §§ 873 II, 878 und § 17 GBO geschützt, wenn er den Antrag auf Eintragung gemäß § 13 GBO umgehend stellt. Zudem ist die notariell beurkundete Auflassung gemäß § 873 II unwiderruflich. Außerdem blockiert der Antrag auf Umschreibung des Grundbuchs gemäß § 17 GBO die Vornahme später gestellter Anträge, sodass nachgehend erfolgte Verfügungen des Verkäufers nicht zuungunsten des Käufers eingetragen werden können. § 878 schützt den Käufer zusätzlich davor, dass der Verkäufer nach erfolgter Eintragung in seiner Verfügungsfähigkeit etwa wegen Insolvenz oder Geisteskrankheit beschränkt wurde. 520

**– Die Rechte des Auflassungsempfängers als Anwartschaftsrecht** Dieser Schutz, den der Auflassungsempfänger bei einer beurkundeten Auflassung aus § 873 II und nach Stellung des Eintragungsantrags aus §§ 878, 17 GBO genießt, hat die Rechtsprechung und zum Teil auch die Literatur veranlasst, die Rechtsstellung des Auflassungsempfängers – zumindest nach Antragstellung oder bei einer Vormerkung zugunsten des Erwerbers – als „Anwartschaftsrecht" zu qualifizieren: Hat der Auflassungsempfänger den Antrag auf Eintragung gestellt, kann sein Erwerb des Grundeigentums nur noch ausnahmsweise gehindert werden. Er hat seinerseits alles dafür getan, das Vollrecht „Eigentum" zu erwerben; der von ihm gestellte Eintragungsantrag kann auch nicht mehr durch den Veräußerer zurückgenommen werden. Ein so entstandenes Anwartschaftsrecht gilt als übertragbar, pfändbar, verpfändbar, vererblich, kondizierbar, und, obwohl im Detail umstritten, auch als „sonstiges Recht" i. S. d. § 823 I. Der Schutz als sonstiges Recht in § 823 I gilt in erster Linie dem Substanzerhalt; Schadensersatz wird demnach dem Anwartschaftsberechtigten gewährt, wenn sich die Sache aufgrund einer schuldhaft begangenen Rechtsgutsverletzung verschlechtert. Vorsicht ist dagegen geboten, wenn Anspruchsgegner derjenige ist, der das Grundstück nunmehr erworben hat, obwohl die Auflassung zuvor dem Anwartschaftsberechtigten gegenüber erklärt wurde. Denn der Schutz des § 892 darf nicht unterlaufen werden; daher muss eine Haftung wegen Fahrlässigkeit des Erwerbers außer Betracht bleiben. 521

**Vertiefung und Literatur:** Grundsätzlich entspricht die Auffassung, der Auflassungsempfänger erwerbe ein Anwartschaftsrecht, der herrschenden Meinung (Prütting, Rn. 359; Hager, JuS 1991, 1; dagegen u. a. Habersack, JuS 2000, 1145; Mülbert, AcP 202 [2002], 912). Innerhalb der Literatur möchten einige Stimmen das Anwartschaftsrecht bereits mit der bindenden Auflassungserklärung entstehen lassen (Hoche, NJW 1955, 652; Reinicke/Tiedtke, NJW 1982, 2281). Diese Auffassung überschätzt die Bindungswirkung des § 873 II, sofern sie auf der Beurkundung der Auflassungserklärung beruht: Denn die Auflassung mag zwar unwiderruflich werden: Eine Verfügungsbeschränkung ist damit aber nicht verbunden! Der noch eingetragene Eigentümer könnte somit gleichwohl das Grundstück an einen Dritten veräußern. Dann fehlt bereits das Merkmal der gesicherten Erwerbsaussicht. Daher fordern herrschende Meinung und Rechtsprechung richtigerweise als zusätzliches Erfordernis den Antrag des Erwerbers auf Eintragung oder eine Vormerkung zu seinen Gunsten (Schulze/Staudinger, § 873, Rn. 21; MüKo/Kanzleiter, 7. Aufl. (2017), § 925, Rn. 37 m. w. N; Prütting, Rn. 359; BGH NJW 522

1968, 493; BGH NJW 1983, 1672; BGH NJW 1984, 973; BGH NJW 1989, 1093; anstelle einer Vormerkung dürfte konsequenterweise auch die Stellung des Vormerkungsantrags genügen). Während ein Anwartschaftsrecht allein auf Grundlage der bindenden Auflassung überwiegend abgelehnt wird, möchten einige Autoren in diesen Fällen wenigstens eine „einfache Anwartschaft“ sehen. Diese Anwartschaft hat aber gerade nicht den Charakter eines „wesensgleichen Minus“ zum Vollrecht (Schulze/Staudinger, § 873, Rn. 20 m. w. N.; für eine „einfache Anwartschaft“ plädiert MüKo/Kohler selbst in den Fällen, in denen der Eintragungsantrag gestellt war, 7. Aufl. (2017), § 873 Rn. 91). Gelegentlich wird die Ablehnung eines Anwartschaftsrechts mit dinglicher Wirkung bei Grundstücken damit begründet, dass eine dem § 161 I entsprechende Regelung im Grundstücksrecht fehle, der Erwerber also vom Gesetzgeber bewusst nicht mit dem absoluten Schutz vor Zwischenverfügungen ausgestattet wurde. Jedenfalls mit Blick auf den Rechtserwerb hat der Gesetzgeber ein eigenes Sicherungsmittel in Form der Vormerkung geschaffen (Rn. 656). Die Vormerkung sichert dann den Berechtigten insofern, als spätere Verfügungen des bisherigen Grundstückseigentümers relativ unwirksam werden, § 883 II S. 1. Dogmatisch erfüllt die Vormerkung damit im Grundstücksrecht eine ähnliche Funktion wie § 161 im Recht der beweglichen Sachen mit dem Unterschied, dass gem. § 161 bei Bedingungseintritt die Zwischenverfügung absolut unwirksam wird. Die Risiken für den Erwerber können daher durch die Bestellung einer Vormerkung reduziert werden, ohne dass die Sicherung des Rechtserwerbs allein vom Bestehen eines Anwartschaftsrechts abhängig wäre. Unten in Fall 50 wird der Zusammenhang noch einmal am Beispiel einer Kettenauflassung verdeutlicht.

**523** Bei einem Erwerb des Anwartschaftsrechts ist wieder zwischen Erst- und Zweiterwerb zu unterscheiden: Der Ersterwerb liegt vor, wenn der Auflassungsempfänger, wie oben beschrieben, Eintragung in das Grundbuch beantragt hat und daher bis zum Vollzug eine Anwartschaft auf das Vollrecht für sich in Anspruch nehmen kann. Der Zweiterwerb liegt vor, wenn ein Anwartschaftsberechtigter sein Recht an einen Dritten übertragen möchte. Die Übertragung des Anwartschaftsrechts gestaltet sich dabei ähnlich wie die Übertragung des Vollrechts „Grundeigentum“: Erforderlich ist zunächst die Auflassung analog §§ 873, 925 I. Es stellt sich jedoch die Frage, ob dann der Veräußerer des Anwartschaftsrechts überhaupt noch in das Grundbuch eingetragen werden muss:

**Fall 50:** Der Käufer K hat sich mit dem Eigentümer E über den Kauf des Grundstücks geeinigt; zusammen mit E wird die Auflassung notariell beurkundet und K überreicht dem E einen Scheck, der den gesamten Kaufpreis abdeckt. Der Notar weist darauf hin, dass auch bei unverzüglicher Antragstellung beim Grundbuchamt die Eintragung wegen Arbeitsüberlastung der Behörde noch einige Zeit auf sich warten lassen könne. Einige Tage später stellt K beim Grundbuchamt einen Umschreibungsantrag. K möchte noch vor seiner Eintragung ins Grundbuch seine „Rechtsstellung“ auf N übertragen. Was ist zu tun?

K könnte ein Anwartschaftsrecht an dem Grundstück zustehen. Dann müsste er entweder Inhaber einer Vormerkung (ausführlich dazu in Einheit 20) sein oder schon einen Antrag auf Umschreibung gestellt haben.

**Hinweis:** Die Antragstellung wird vornehmlich von der Rechtsprechung gefordert, vgl. Rn. 522. Dieses Erfordernis überzeugt, da es das Anwartschaftsrecht auf Fälle berechtigter Annahme zukünftigen Eigentumserwerbs einschränkt und das Risiko, die Eintragung nicht oder verspätet zu beantragen, dem Auflassungsempfänger überlässt. Er selbst hat es also in der Hand, seine Rechtsposition durch ein Anwartschaftsrecht mit Eintragung absichern zu können.

Demzufolge könnte K im genannten Fall das Anwartschaftsrecht wie das Grundeigentum durch Auflassung gemäß §§ 873, 925 an N übertragen. Dabei stellt sich die Frage, ob N zum Erwerb des Anwartschaftsrechts auch in das Grundbuch eingetragen werden müsste, und wenn ja, ob nicht zuerst die Eintragung des K zu vollziehen ist. Diese Vorgehensweise erscheint jedoch unpraktisch angesichts der Tatsache, dass K überhaupt kein Grundeigentum mehr erwerben möchte – er tritt seine Rechte vor Erwerb des Vollrechts an N ab. Eine Eintragung des Anwartschaftserwerbers in das Grundbuch soll daher für den Erwerb des Anwartschaftsrechts nicht erforderlich sein. N erwirbt das Anwartschaftsrecht ohne eigene Eintragung als Anwartschaftsberechtigter und ohne Zwischeneintragung des K. Er kann beim Grundbuchamt unmittelbar seine Eintragung als Eigentümer beantragen. Er erwirbt dann mit der Grundbucheintragung das Eigentum ohne Zwischenerwerb des K unmittelbar von E.

**Vertiefung:** Dass eine Übertragung des Anwartschaftsrechts auf den N stattgefunden hat, 524 geht allein aus der notariellen Beurkundung der Auflassung gemäß § 925 I hervor. Grundlegend BGHZ 49, 197 [200 ff.]; bestätigt: BGHZ 83, 395, [399 ff.]; BGHZ 106, 108; BGHZ 114, 164; Schulze/Staudinger, § 873, Rn. 23 m. w. N. Im Schrifttum wurden gegen den Ansatz des Bundesgerichtshofs zahlreiche Bedenken vorgetragen, vgl. den Überblick bei Schmidt, JuS 1989, 672, die sich in der Praxis nicht niedergeschlagen haben. In der Fallbearbeitung ist zusätzlich an die Formbedürftigkeit des Verpflichtungsgeschäfts zu denken.

Da sich der Zweiterwerb des Anwartschaftsrechts außerhalb des Grundbuchs voll- 525 zieht, fehlt ein Rechtsscheinträger. Aus diesem Grund lehnt die herrschende Meinung die Möglichkeit eines gutgläubigen Zweiterwerb des Anwartschaftsrechts ab, falls der Verfügende nicht Rechtsinhaber und (etwa aus § 185 I) auch nicht zur Verfügung berechtigt sein sollte.

Schlussendlich ist auch beim Anwartschaftsrecht des Auflassungsempfängers zu berücksichtigen, dass der Wegfall der Entstehungsvoraussetzungen zum Erlöschen führen muss (etwa, wenn der bereits gestellte Antrag zurückgenommen wird).

## E. Die Beeinträchtigung des Eigentumserwerbs durch Mängel des Kausalgeschäfts

Der Eigentumserwerb kann durch Mängel beim zugrunde liegenden Kausal- 526 geschäft erschwert werden. Zwei klassische Fallkonstellationen sind in diesem Zusammenhang von besonderem Interesse.

### I. Schwarzkauf und Erwerbsverbot

**Fall 51:** E will K sein Grundstück für 200 000 € verkaufen. K ist mit dem Kaufpreis einverstanden. Um Grunderwerbsteuer zu sparen und die Kosten für die notarielle Beurkundung niedrig zu halten, geben sie beim Notar aber nur 100 000 € als Kaufpreis an.

Dieser klassische Fall behandelt einen sogenannten Schwarzkauf. Der notarielle 527 Kaufvertrag, der als Kaufpreis die Summe von 100 000 € nennt, ist als Scheingeschäft nach § 117 I nichtig. Bei dem gewollten, aber verdeckten Rechtsgeschäft über die Kaufsumme von 200 000 € fehlt es dagegen an der notariellen Beurkundung gemäß § 311b I S. 1; es ist also nichtig, vgl. § 125.

Allerdings wurde der Formmangel des Kaufvertrags gemäß § 311b I S. 2 mit der Eintragung des K ins Grundbuch geheilt, sodass nun ein gültiger Kaufvertrag gegeben ist.

**Hinweis:** Die Wirkung ist schlüssige Folge des Abstraktionsprinzips: Der Kaufvertrag mag unwirksam sein, ist aber nur das Verpflichtungsgeschäft. Die Auflassung bleibt wirksam. Wird K in das Grundbuch eingetragen, ist sein Rechtserwerb vollendet.

E hätte jedoch bis zur Eintragung des K und der damit erfolgten Heilung versuchen können, seine Auflassungserklärung, die eine vermögenswerte Rechtsposition i. S. d. § 812 I S. 1 darstellt, zu kondizieren. Der Anspruch aus § 812 I S. 1 Alt. 1 wäre dabei auf den Abschluss eines Aufhebungsvertrags gerichtet. Ein solcher Aufhebungsvertrag bedürfte nicht der Form des § 925. Weigert sich K jedoch, einer Aufhebung der Auflassung zuzustimmen, sind die Erfolgsaussichten einer Klage wegen der Dauer des gerichtlichen Verfahrens äußerst gering: Mit Vollzug der Eintragung und der damit verbundenen Heilung des Kaufvertrags wäre der Anspruch des E aus § 812 I S. 1 Alt. 1 entfallen.

Das Reichsgericht hat zur Lösung dieses Problems die Hilfskonstruktion des Erwerbsverbots entwickelt. Durch das Erwerbsverbot wird dem Erwerber der Eigentumserwerb verboten, der Veräußerer somit geschützt. Ein solches Erwerbsverbot kann E im Wege der einstweiligen Verfügung gemäß §§ 935, 938 II ZPO erwirken. Das Erwerbsverbot wird mit Zustellung an den „Erwerber" (hier also K) wirksam. Es kann allerdings nicht in das Grundbuch eingetragen werden, weil der Erwerber (hier K) nicht voreingetragen i. S. d. § 39 GBO ist. Trotzdem ist das Erwerbsverbot vom Grundbuchamt als Eintragungshindernis zu beachten. Wird der Erwerber dennoch ins Grundbuch eingetragen, ist der Eigentumserwerb entsprechend §§ 135, 136 gegenüber dem Veräußerer relativ unwirksam. Der Veräußerer kann dann gemäß § 894 vom „Erwerber" die Zustimmung zur Berichtigung des Grundbuchs verlangen.

**Hinweis:** Dieser Konstruktion ist entgegenzuhalten, dass es wenig überzeugt, ausgerechnet den Veräußerer, der selbst an dem Schwarzkauf mitgewirkt hat, stärker zu schützen als einen sonstigen Eigentümer, der unter „gesetzlichen" Bedingungen den Grundstücksverkauf vorgenommen hat und später den Verkauf bereut. Immerhin ist aber die von der Rechtsprechung entwickelte Lösung über das Erwerbsverbot als herrschende Meinung anerkannt und sollte in der Klausur nicht ignoriert werden. Im obigen Fall könnte E also mit Hilfe eines rechtzeitigen Erwerbsverbots den Eigentumserwerb des K verhindern.

**Vertiefung:** In der Praxis sprechen verschiedene Argumente gegen Schein- und Umgehungsgeschäfte: Zum einen können solche Manipulationen – unabhängig von ihrer sonstigen „Verwerflichkeit" – Einschränkungen in einer eventuell notwendigen Finanzierung mit sich bringen. Zum anderen dürfte sich der wirtschaftliche Anreiz deutlich mindern, wenn Veräußerungsgewinne bei Grundstücken besteuert werden.

## II. *„Falsa demonstratio non nocet"* bei der Grundstücksveräußerung

Die zweite klassische Fallkonstellation hat die Regel *„falsa demonstratio non nocet"* und ihre Modifikationen beim Grundstückskauf zum Inhalt. 528

**Fall 52:** E will sein Buchenwaldgrundstück an K verkaufen. Das Grundstück besteht aus den Flurstücken (Parzellen) 17, 18 und 19. Versehentlich wird bei der notariellen Beurkundung des Kaufvertrags und der Auflassung das Flurstück 19 nicht in die Vertragsurkunden aufgenommen. Aufgrund der so beurkundeten Auflassung wird K nur als Eigentümer der Flurstücke 17 und 18 in das Grundbuch eingetragen. K meint, er sei auch Eigentümer des Flurstücks 19 geworden, weil die irrtümliche Falschbezeichnung *(falsa demonstratio)* unschädlich sei. Mit Recht?

Nach der Regel, dass die Falschbezeichnung der Einigung der Parteien nicht schaden muss, könnte K auch Eigentümer des Flurstücks 19 geworden sein. Allerdings stellt sich die Frage, ob die Anwendung dieses Grundsatzes bei formgebundenen Verträgen nicht schon darum einzuschränken ist, weil gerade das wirklich Gewollte (hier: Übereignung auch von Flurstück 19) nicht von der erforderlichen Form erfasst wird. Tatsächlich lehnt ein Teil der Literatur die Anwendung des Grundsatzes *falsa demonstratio non nocet* bei beurkundungspflichtigen Rechtsgeschäften wegen des Widerspruchs zu den Zwecken der Formvorschriften ab. Dagegen nimmt die Rechtsprechung im Einklang mit der herrschenden Lehre auch bei den formbedingten Teilakten der Grundstücksveräußerung (Auflassung § 925; Kaufvertrag § 311b) die Unschädlichkeit der Falschbezeichnung an: Das Formerfordernis sei danach für das nicht Erklärte und daher auch nicht beurkundete Gewollte erfüllt, wenn – wie im vorliegenden Fall – das objektiv Erklärte beurkundet worden ist. Die Beeinträchtigung der Beweisfunktion der Formvorschriften durch diese Rechtsprechung rechtfertige das Parteiinteresse: Sinn der Formvorschriften sei es nicht, dem übereinstimmenden Parteiwillen den Vorrang vor der Beweisfunktion zu versagen, zumal auch sonst bei Streitigkeiten zwischen den Parteien regelmäßig außerhalb der Vertragsurkunde liegende Umstände zur Ermittlung des wahren Vertragsinhalts herangezogen werden müssten. Im Fall 52 sind demnach sowohl der Kaufvertrag als auch die Auflassung wirksam mit dem dinglich gewollten Inhalt (Veräußerung der Parzellen 17, 18 und 19) zustande gekommen. Dieses Ergebnis wird von der Literatur teilweise durch die Andeutungstheorie eingeschränkt.

**1. Andeutungstheorie.** Die Andeutungstheorie verlangt, dass der wirkliche Wille der Parteien in der formgerechten Urkunde wenigstens andeutungsweise zum Ausdruck kommen muss. Die herrschende Meinung wendet die Andeutungstheorie beim Grundstückskaufvertrag und bei der Auflassung jedoch nicht an. Denn bei einer *falsa demonstratio* enthält das objektiv Erklärte gerade keinen Anhaltspunkt für das wirklich Gewollte: So wird etwa im obigen Beispielsfall durch die Angabe der Parzellen 17 und 18 die Parzelle 19 nicht angedeutet. In diesem Zusammenhang vermag die Andeutungstheorie daher nicht zu überzeugen. 529

530 **2. *Falsa demonstratio*-Grundsatz bei Grundbucheintragung.** Im Fall 52 ist durch die wirksame Auflassung auch der Parzelle 19 die erste Voraussetzung des § 873 I, die Einigung, gegeben. Wie verhält es sich aber mit der zweiten Voraussetzung, der Eintragung ins Grundbuch? Daran könnte es hier fehlen, weil nur die Parzellen 17 und 18 eingetragen sind. Es ist äußerst fraglich, ob auch dieses Problem mit Hilfe des *falsa demonstratio-Grundsatzes* gelöst werden kann, immerhin verkörpert das Grundbuch den öffentlichen Glauben: Die darin stehenden Eintragungen müssen verlässlich sein. Für die Auslegung von Grundbucheintragungen sind der Wortlaut und der Sinn der Eintragung maßgeblich, soweit er für einen unbefangenen Beobachter ohne weiteres erkennbar ist. Umstände außerhalb der Grundbucheintragungen dürfen bei der Auslegung nur berücksichtigt werden, wenn sie genauso wie das Grundbuch zugänglich und für jedermann leicht erkennbar sind. Die Schutzfunktion des Grundbuchs streitet daher gegen eine Anwendung des *falsa demonstratio-Grundsatzes* auf Grundbucheintragungen.

**So auch in Fall 52:** Hier sind nur die Parzellen 17 und 18 eingetragen. Der Wortlaut ist eindeutig, und Umstände, die ohne weiteres auf eine Eintragung der Parzelle 19 hindeuten, liegen nicht vor. Da die Parzelle 19 nicht im Grundbuch eingetragen ist, ist die zweite Voraussetzung des § 873 I nicht erfüllt.

Da die von den Parteien wirklich gewollte Übertragung der Parzelle 19 an K nicht erkennbar ist, kann das Grundbuchamt K nicht aufgrund der vorliegenden Auflassung als Eigentümer der Parzelle 19 eintragen. Nach § 20 GBO prüft das Grundbuchamt nur, ob die Auflassung vor der zuständigen Stelle „erklärt" worden ist, ob also die zur Einigung erforderlichen Vertragserklärungen vorliegen. Es kann jedoch nicht durch eine Beweisaufnahme von Amts wegen den wahren Inhalt der Auflassung ermitteln. Die Auflassung muss daher für die Grundbucheintragung richtiggestellt werden. Das Grundbuch muss aufgrund von Übereinstimmung oder richterlicher Entscheidung in der Form des § 29 GBO korrigiert werden. Dabei handelt es sich um eine Klarstellung, also einen rein deklaratorischen Akt, und keine Auflassung. E ist im vorliegenden Fall aus dem Kaufvertrag verpflichtet, K das Eigentum auch an der Parzelle 19 zu verschaffen; er muss daher auch an der Richtigstellung der Auflassung zum Zweck der Grundbucheintragung mitwirken. Sollte E im vorliegenden Fall die Mitwirkung an der Richtigstellung der Auflassung verweigern, könnte K im Wege einer Feststellungsklage die Auflassung der Parzelle 19 feststellen lassen. Aufgrund der so richtig gestellten Auflassung wäre dann die Eintragung des K als Eigentümer der Parzelle 19 vorzunehmen.

**Vertiefung:** Zur *falsa demonstratio non nocet* bezüglich der Erwerberbezeichnung Reymann, NJW 2008, 1773.

**Literatur:** *Armbrüster, Christian:* Eigentumsschutz durch den Beseitigungsanspruch nach § 1004 I S. 1 BGB und durch Deliktsrecht, NJW 2003, 3087–3090; *Bezzenberger, Tilman:* Der negatorische Beseitigungsanspruch und die Kosten der Ersatzvornahme, JZ 2005, 373–377; *Brox, Hans:* Zur Lösung nachbarlicher Interessenkollisionen, JA 1984, 182–188; *Habersack, Mathias:* Das Anwartschaftsrecht des Auflassungsempfängers – gesicherter Bestand des Zivilrechts oder überflüssiges Konstrukt der Wissenschaft?, JuS 2000, 1145–1150; *Hager, Johannes:* Die Anwartschaft des Auflassungsempfängers, JuS 1991, 1–9; *Hoche, Ulrich:* Abtretung und Verpfändung des Anwartschaftsrechts aus der Auflassung, NJW 1955, 652–654; *Hofmann, Philipp:* Das System des privatrechtlichen Hausrechts, JURA 2014, 141–151; *Horst, Hans Reinold:* Grenzüberbau durch Wärmedämmung, NJW 2010, 122–124; *Horst, Hans Reinold:* Videoüberwachungskameras im Nachbarrecht, NJW 2009, 1787–1789; *Lüneborg, Cäcilie:* Nachbarrechtlicher Ausgleichsanspruch nur bei „grenzüberschreitender" Immission?, NJW 2012, 3745–3751; *Mülbert, Peter O.:* Das inexistente Anwartschaftsrecht und seine Alternativen, AcP 202 (2002), 912–950; *Mylich, Falk:* Die Eigentumsverletzung – Fallgruppen und Ansprüche, JuS 2014, 298–302, 398–402; *Reinicke, Dietrich/Tiedtke, Klaus:* Das Anwartschaftsrecht des Auflassungsempfängers und die Formbedürftigkeit der Aufhebung eines Grundstückskaufvertrages, NJW 1982, 2281–2288; *Reymann, Christoph:* Falsa demonstratio und Erwerberverhältnis bei der Auflassung, NJW 2008, 1773–1777; *Schmidt, Klaus:* Kein pfändbarer Auflassungsanspruch vor Antragsstellung beim Grundbuchamt, JuS 1989, 672; *Schreiber, Klaus:* Der nachbarrechtliche Ausgleichsanspruch im Sachenrecht, JURA 2011, 263–267; *Schreiber, Klaus:* Der Beseitigungs- und Unterlassungsanspruch aus § 1004, JURA 2013, 111–117; *Wenzel, Joachim:* Der Störer und seine verschuldensunabhängige Haftung im Nachbarrecht, NJW 2005, 241–247; *Zott, Christine/Liehr, Manuel:* Examensrelevante Probleme aus dem Nachbarschaftsrecht – ein Überblick über die aktuelle Rechtsprechung, JA 2011, 260–264.

**Falllösung:** JA 2012, 333; JA 2015, 581; ZJS 2008, 497.

## 16. Einheit – Der Anspruch auf Berichtigung des Grundbuchs. Gutgläubiger und gesetzlicher Erwerb von Grundstücken

531 Das bisher skizzierte Grundbuchrecht zeigt bereits Vorteile und Schwachstellen des Eintragungsprinzips auf: Dass Übereignungen von Grundstücken erst mit dem Antrag auf Eintragung durch Anwartschaft gesichert und dann mit der erfolgten Eintragung endgültig wirksam werden, garantiert weitgehende Rechtssicherheit für Erwerber und Veräußerer, solange das Grundbuch richtig ist. Das Prinzip der Voreintragung in Verbindung mit dem Bewilligungsgrundsatz mag in vielen Fällen verhindern, dass ein Nichtberechtigter (und damit ein Nicht-Voreingetragener) über das Grundstück verfügen kann. Das Grundbuch gewährt grundsätzlich auch einen verlässlicheren Rückschluss auf die Person des Eigentümers als es etwa bei beweglichen Sachen der Besitz vermochte, da Besitz und Eigentum auch bei Mobilien auseinander fallen kann.

532 Diese Vorteile des Grundbuchs und der Verfahrensgrundsätze des Grundbuchrechts finden ihre Beschränkung jedoch dann, wenn das Grundbuch unrichtig ist, weil etwa ein Nichtberechtigter eingetragen wurde. Eine solche Unrichtigkeit des Grundbuchs muss nicht immer auf einen Fehler des jeweiligen Grundbuchbeamten zurückzuführen sein. Gerade beim Erwerb kraft Todesfalls (Erbgang) überholt der Lebenssachverhalt gleichsam die Eintragung: Eingetragen ist der vorherige Eigentümer und Erblasser. Mit dessen Tod geht das Eigentum jedoch sofort auf den rechtmäßigen Erben über, der dann freilich nicht eingetragen ist. Sowohl diese typische – und vom Recht in Kauf genommene – als auch die durch Unachtsamkeit oder Täuschung verschuldete Fehlerhaftigkeit der Grundbucheintragungen bergen für den tatsächlich Berechtigten Risiken. Denn solange der Falsche als Eigentümer oder anders dinglich Berechtigter im Grundbuch eingetragen ist, können Dritte, die das Grundbuch einsehen, den Nichtberechtigten für den Eigentümer halten. Gerade die vom Grundbuch so konsequent gewahrte Aufgabe, Rechtssicherheit und Publizität zu gewährleisten, ermuntert letztlich dazu, sich auf die Eintragung auch verlassen zu dürfen. Wie sich später noch zeigen wird, steht daher das Vertrauen auf die Richtigkeit des Grundbuchs in unmittelbarem Zusammenhang mit dem gutgläubigen Erwerb Dritter. Schon deshalb muss der rechtmäßige Eigentümer in jedem Fall der Abweichung der Grundbucheintragung von der bestehenden Rechtslage auf eine Berichtigung des Grundbuchs drängen. Auch sonst ist er bei fehlerhafter Nichteintragung in der Ausübung seiner Eigentümerbefugnisse stark eingeschränkt. So wird der nicht eingetragene Eigentümer regelmäßig Schwierigkeiten haben, das Grundstück an Dritte zu veräußern, da ihn das Grundbuch fehlerhaft nicht als Berechtigten ausweist. Das materielle Grundbuchrecht gewährt daher einen Anspruch auf Berichtigung des Grundbuchs in § 894. Das Grundbuch gilt dabei in allen Fällen als „unrichtig", in denen Eintragung und wirkliche Rechtslage im Hinblick auf Rechtsbestand (das Grundstück existiert nicht), Rechtsinhalt

(statt einer Hypothek wird eine Grundschuld eingetragen) oder Rechtsinhaber (Nennung des falschen Eigentümers oder Hypothekars) auseinanderfallen. Davon zu unterscheiden ist bloße „Richtigstellung" des Grundbuchs im Hinblick auf Schreibfehler oder Undeutlichkeiten. Diese rein formalen Mängel unterliegen nicht dem Grundberichtigungsanspruch aus § 894.

## A. Anspruch auf die Berichtigung des Grundbuchs

Der oben skizzierte Fall des Erbgangs, bei dem Eingetragener und (neuer) Eigentümer regelmäßig nicht identisch sind, lässt sich zunächst über die Bestimmungen der Grundbuchordnung selbst lösen. § 22 GBO ermöglicht vor allem dem Erben, einen sogenannten Unrichtigkeitsnachweis zu führen, der die Bewilligung des Betroffenen gemäß § 19 GBO ersetzen kann. Antragsberechtigung i. S. d. § 13 I S. 2 GBO muss zwar vorliegen, ist aber in den Fällen, in denen der Erbe und somit der Begünstigte beantragt, regelmäßig gegeben. 533

**Fall 53:** G ist Eigentümer eines Waldgrundstücks. Als G stirbt, erbt sein Sohn S als Gesamtrechtsnachfolger kraft Erbfalls und wird somit auch Eigentümer des Waldgrundstücks. Im Grundbuch ist aber nach wie vor G als Eigentümer eingetragen. Wenn S Eintragung beantragt, ergeben sich mit Blick auf den Bewilligungsgrundsatz Probleme: Der Voreingetragene G müsste die Eintragung bewilligen. Aus offensichtlichen Gründen ist das unmöglich. S kann die Bewilligung jedoch durch einen Unrichtigkeitsnachweis gemäß § 22 GBO ersetzen. Wenn er nachweist, dass die bestehende Grundbucheintragung des G fehlerhaft ist, weil er beispielsweise Sterbeurkunde und Erbschein vorlegt, wird er als Eigentümer eingetragen.

Was würde aber geschehen, wenn S gar nicht Erbe des Grundstücks wäre, weil stattdessen ein Testament zugunsten der Haushälterin H existierte, das Monate später gefunden wird? Die rechtsgeschäftliche, auf dem Willen des Erblassers beruhende Vermögensdisposition durch Testament gemäß § 1937 geht der gesetzlichen Erbfolge gemäß §§ 1924 ff. vor. Daher hat H mit dem Erbfall das Eigentum an dem Grundstück erworben, während S materiellrechtlich niemals Erbe war. Demzufolge war S auch zu keinem Zeitpunkt Eigentümer des Waldgrundstücks. Wenn nun H ihrerseits die Eintragung als Eigentümerin im Grundbuch anstrebt, ist sie zwar als Berechtigte befugt, den entsprechenden Antrag zu stellen. Es stellt sich dann aber die Frage, ob für ihre Eintragung der Unrichtigkeitsnachweis gemäß § 22 GBO genügt oder ob der – aus Sicht der H zu Unrecht voreingetragene S – der Berichtigung zustimmen muss (sogenannte Berichtigungsbewilligung).

Grundsätzlich steht das Verfahren nach § 22 GBO gleichwertig neben einer gemäß § 19 GBO durch Einwilligung herbeigeführten Eintragung bzw. Berichtigung. Allerdings liegen die Voraussetzungen einer Grundbuchberichtigung im Fall der H anders als zuvor im Fall des S: Zwar beruht das Bedürfnis nach Grundbuchberichtigung in beiden Fällen auf einer (im Fall des S vermeintlichen) Erbschaft. Während S aber als (vermeintlicher) Erbe die Umschreibung unmittelbar auf den Willen des Erblassers G gestützt hatte, verlangt H nun Umschreibung vom Voreingetragenen S. Soll die Umschreibung direkt vom Erblasser auf den Erben erfolgen, ist die Berichtigungsbewilligung schon darum verzichtbar, weil der Erblasser gar nicht mehr bewilligen kann: Er ist ja tot. Hier kann S also nur den Unrichtigkeitsnachweis gemäß § 22 GBO führen; Erbschein und Sterbeurkunde genügen auch als öffentliche Urkunden. Im Fall der H wurde dagegen bereits ein anderer als der Erblasser eingetragen (nämlich S). Sie könnte daher einen Antrag auf ihre Eintragung und die damit verbundene Grundbuchberichtigung auch mithilfe einer Berichtigungsbewilligung des S, der im Gegensatz zum Erblasser noch lebt, durchführen lassen. Möglicherweise kann H also sowohl einen Unrichtigkeitsnachweis gemäß § 22 I GBO führen als auch eine Bewilligung zur Grundbuchberichtigung von S verlangen. In der Tat hat die herrschende Meinung auf ein Wahlrecht des Antragstellers (in diesem Fall der H) zwischen Unrichtigkeitsnachweis und Berichtigungsbewilligung erkannt.

534 **Hinweis:** Zu einem solchen Wahlrecht kann es nur dann kommen, wenn die Unrichtigkeit des Grundbuchs vom Antragsteller tatsächlich nachgewiesen werden kann. Ist Nachweisbarkeit i. S. d. § 22 GBO nicht gegeben, kann der Antragsteller eine Grundbuchberichtigung nur mithilfe der Berichtigungsbewilligung des Voreingetragenen vornehmen lassen. So hätte der Fall etwa liegen können, wenn das Testament angefochten worden wäre (dann ist nicht klar, ob H tatsächlich Erbin ist) oder H gar nicht geerbt, sondern behauptet hätte, das Grundstück von G kurz vor dessen Tod erworben zu haben. H wäre dann auf die Zustimmung des S angewiesen, die sie gegebenenfalls auch aus § 894 verlangen könnte. Im Zuge dieser Auseinandersetzung wären auch die materiell-rechtlichen Voraussetzungen dahingehend zu klären, ob das Grundbuch überhaupt unrichtig ist. Möglicherweise ist S zurecht als Eigentümer eingetragen, während H nie wirksam Eigentum erworben hat.

Verweigert der Voreingetragene (hier: S als Buchberechtigter) seine Zustimmung zur Berichtigung, kann der Antragsteller einen materiell-rechtlichen Anspruch auf Grundbuchberichtigung aus § 894 geltend machen.

535 **– Anspruch gemäß § 894.** Dem zu Unrecht nicht Eingetragenen (hier: H) gewährt § 894 einen dinglichen Berichtigungsanspruch gegen den zu Unrecht Eingetragenen (hier: S). Danach könnte H von S die Erteilung einer Berichtigungsbewilligung (§ 894: „Zustimmung zu der Berichtigung des Grundbuchs") verlangen, wenn „der Inhalt des Grundbuchs in Ansehung eines Rechts an dem Grundstück [hier des Eigentums] mit der wirklichen Rechtslage nicht im Einklang" steht, vgl. § 894. Entscheidend ist somit, ob die Eintragung des S als Eigentümer zu Unrecht erfolgt ist. Da – wie oben erwähnt – die Vermögensdisposition des Erblassers der gesetzlichen Erbfolge vorgeht, ist dies hier der Fall. H kann das ihr zustehende Recht nachweisen, der Anspruch auf Richtigstellung gemäß § 894 steht ihr zu.

**Hinweis:** Mehr zum Grundbuchberichtigungsanspruch Daniel, JURA 2017, 1, Petersen, JURA 2016, 872. Zum Spezialproblem der Doppelbuchung eines Grundstücks im Grundbuch Möritz, JURA 2008, 245.

536 **Vertiefung:** Das Verhältnis von § 894 zu § 22 GBO ist umstritten und hat vor allem prozessrechtliche Konsequenzen: Weitverbreitet ist mittlerweile die Auffassung, dass es bei einer Klage wegen der Berichtigungsbewilligung aus § 894 am Rechtsschutzbedürfnis fehlen könnte, wenn der Unrichtigkeitsnachweis gemäß § 22 GBO hätte geführt werden können und somit eine Bewilligungserklärung von vornherein verzichtbar gewesen wäre (Vieweg/Werner, § 13 Rn. 57 ff.; OLG Frankfurt, NJW 1969, 1906). Das Reichsgericht hatte allerdings

selbst bei Anwendbarkeit von § 22 GBO ein Rechtsschutzbedürfnis für Klagen auf Berichtigungsbewilligung gemäß § 894 anerkannt, da auch bei verfahrensrechtlicher Berichtigungsmöglichkeit gemäß § 22 GBO eine Zustimmungspflicht des Buchberechtigten bestehe.

## B. Der gutgläubige Erwerb vom Nichtberechtigten

Auch Grundstücke können gutgläubig erworben werden. Eine entscheidende Rolle spielt dabei – wie in der Einleitung bereits erwähnt – die Publizitätsfunktion des Grundbuchs. So, wie bei beweglichen Sachen aus dem Besitz auf das Eigentum des Veräußerers geschlossen werden durfte und der gutgläubige Erwerber geschützt war, wenn er diesem Rechtsschein vertraut hatte, ist auch der Erwerber eines Grundstücksrechts geschützt, wenn er auf den Rechtsschein der Grundbucheintragung vertraut. 537

**Vertiefung:** Eine ausführliche Auseinandersetzung mit dem gutgläubigen Erwerb im Hinblick auf Verkehrsschutz finden Sie bei Hager, Verkehrsschutz durch redlichen Erwerb, München 1990.

**Fall 54 (Fortsetzung von oben Fall 53):** Der verstorbene G war Eigentümer eines Waldgrundstücks. Sein gesetzlicher Erbe Sohn S wurde bereits in das Grundbuch eingetragen. In der Folgezeit tauchte ein Testament zugunsten der H auf, das sie als Erbin des Grundstücks auswies. Bevor H jedoch ihre Ansprüche anmelden konnte, hatte S das Grundstück bereits an den Unternehmer U, der dort mehrere Ferienhäuser errichten möchte, für 800 000 € veräußert. Ist U Eigentümer des Grundstücks geworden? Von einem ordnungsgemäßen Ablauf von Grundstückskauf und -übereignung ist auszugehen.

S selbst ist niemals Eigentümer des Grundstücks geworden: Einen gutgläubigen Erwerb kraft Erbschaft gibt es nicht. Die tatsächliche Erbin H hat also sofort mit dem Tod des G Eigentum an dem Waldgrundstück erlangt. Wenn S das Grundstück an den U veräußert, fehlt ihm die Berechtigung zur Übereignung. U könnte Eigentum nur gutgläubig vom Nichtberechtigten erworben haben.

### I. Voraussetzungen

Wie im Recht beweglicher Sachen hat sich der Gesetzgeber auch bei unbeweglichen Sachen dafür entschieden, den redlichen Erwerber zu schützen, wenn er auf den Rechtsschein, der Veräußerer sei der Eigentümer, vertraut. Die hinter dieser Gesetzgebung stehende Interessenabwägung fällt also wieder zugunsten des Erwerbers und zum Nachteil des bisherigen Eigentümers aus, wenn der Erwerber in gutem Glauben war und der Rechtsschein tatsächlich bestand – ansonsten bleibt der gutgläubige Erwerb zum Schutz des eigentlichen Eigentümers ausgeschlossen. Der gutgläubige Erwerb von Immobilien richtet sich nach den §§ 892 ff. und setzt den Rechtsschein voraus, dass der Veräußerer auch der Eigentümer sei. 538

**Hinweis:** Der gutgläubige Erwerb bei Grundstücken erstreckt sich nicht nur auf das Eigentum, sondern auf Grundstücksrechte jeder Art: Auch Sicherungsrechte wie etwa Hypothek oder Grundschuld können gutgläubig nach demselben Prinzip und aufgrund derselben gesetzlichen Bestimmungen erworben werden. Besonderheiten für den gutgläubigen Erwerb 539 von Grundsicherheiten werden im Anschluss an die Darstellung von Hypothek und Grundschuld noch einmal ausführlich erläutert.

**Vertiefung:** Der Frage, ob der gute Glaube des Grundbuchamts eine ungeschriebene Voraussetzung des gutgläubigen Erwerbs darstellt, ist Lenenbach, NJW 1999, 923, nachgegangen.

540 **1. Die Eigentumsvermutung gemäß § 891 I.** Ob jemand Eigentümer ist oder nicht, lässt sich bei Immobilien nur dem Grundbuch entnehmen: Das Grundbuch übernimmt hier die Publizitätsfunktion, die bei beweglichen Sachen der Besitz innehat. Daher kann der Rechtsschein, dass jemand Eigentümer eines Grundstücks sei, obwohl ihm dieses Recht nicht zukommt, nur durch eine fehlerhafte Grundbucheintragung erweckt werden. Der gutgläubige Erwerb bei Immobilien ist somit eng an die Grundbucheintragung geknüpft: Ist der Veräußerer eines Rechts im Grundbuch als Berechtigter (beispielsweise als Eigentümer oder Inhaber eines sonstigen dinglichen Rechts, etwa einer Hypothek) eingetragen, wird gemäß § 891 I vermutet, dass dem Eingetragenen dieses Recht auch tatsächlich zusteht. Umgekehrt gelten gemäß § 891 II gelöschte Rechte als nicht bestehend, selbst wenn die Löschung zu Unrecht erfolgt sein sollte. Daher ist auch ein gutgläubiger lastenfreier Erwerb möglich.

541 **2. Erwerb vom voreingetragenen Veräußerer.** § 892, der die weiteren Voraussetzungen des gutgläubigen Erwerbs regelt, stellt klar, dass ein gutgläubiger Erwerb nur dann möglich ist, wenn der *Veräußerer* im Grundbuch eingetragen ist. Demzufolge wird der gutgläubige Erwerber nur dann geschützt, wenn er die Auflassung mit dem zu Unrecht eingetragenen Veräußerer vornimmt. Es nützt ihm dagegen nichts, wenn der Veräußerer behauptet, ihm stehe das Eigentum an einem Grundstück zu, aber ein Dritter sei zu Unrecht eingetragen. Nur wenn Veräußerer und Voreingetragener identisch sind, kann ein gutgläubiger Erwerb zustande kommen.

542 **3. Redlichkeit des Erwerbers.** Der Erwerber muss – wie beim gutgläubigen Erwerb beweglicher Sachen – redlich sein und auf das Eigentum des Veräußerers vertraut haben. Anders als beim gutgläubigen Erwerb gemäß §§ 932 ff. kommt es beim gutgläubigen Grundstückserwerb jedoch nur auf positive Kenntnis der fehlerhaften Eintragung bzw. der fehlenden Berechtigung des Veräußerers an. Eine Ausdehnung auf die grob fahrlässige Unkenntnis wie in § 932 II findet sich in § 892 gerade nicht. Es ist also unerheblich, ob der Erwerber bei intensiveren Nachforschungen hätte herausfinden können, dass der Veräußerer nicht der Eigentümer des Grundstücks ist. Auch in den Fällen, in denen eine aus dem Grundbuch nicht ersichtliche Verfügungsbeschränkung des Veräußernden bestand, erlangt der Erwerber nur dann nicht gutgläubig Eigentum, wenn ihm die Verfügungsbeschränkung positiv bekannt war. Umgekehrt darf der Erwerber auf eintragungsfähige Verfügungsbefugnisse (zum Beispiel die Befugnis des Insolvenzverwalters oder die des Testamentsvollstreckers) vertrauen, wenn er von diesem erwirbt. Im Gegensatz dazu muss ein eingetragener Widerspruch (vgl. Rn. 671) den gutgläubigen Eigentumserwerb hindern.

**Beispielsfall 55 (Abwandlung zu oben Fall 54):** Das Testament zugunsten der H wurde entdeckt, als S bereits eingetragen war. H fordert Berichtigung des Grundbuchs. Da S damit droht, seinerseits das Testament wegen vermeintlicher Sittenwidrigkeit anzufechten, lässt H einen Widerspruch gemäß § 899 I gegen die Eigentümerstellung des S in das Grundbuch eintragen, um einem gutgläubigen Erwerb Dritter bis zur erfolgten Berichtigung vorzubeugen. Da der Widerspruch in das Grundbuch eingetragen ist, kann U nicht mehr davon ausgehen, dass S der Eigentümer des Waldgrundstücks ist. 543

**Vertiefung:** Allerdings kann eine dem Widerspruch vorausgegangene Vormerkung die Wirkung des Widerspruchs insofern aufheben, als dann für den guten Glauben auf den Moment der Antragsstellung der Vormerkung zu blicken ist (§§ 883, 892 II). Darauf ist bei Vormerkung und Widerspruch in Einheit 20 zurückzukommen. 544

Wie beim gutgläubigen Erwerb beweglicher Sachen ist auch hier der Gesetzeswortlaut so formuliert, dass von der Gutgläubigkeit des Erwerbenden zunächst ausgegangen wird. Wird die Gutgläubigkeit des Erwerbers beispielsweise vom tatsächlichen Eigentümer bestritten, trägt dieser auch die Beweislast für die Bösgläubigkeit des anderen.

**4. Gutglaubensmaßstab und öffentlicher Glaube des Grundbuchs.** Zurück zu oben, Fall 54: Wenn U gutgläubig Eigentum von S erwerben soll, sind zunächst alle Voraussetzungen erfüllt: Er hat mit S, dem voreingetragenen Veräußerer, die Auflassung vorgenommen und den Antrag auf Eintragung beim Grundbuchamt gestellt; möglicherweise ist die Eintragung des U auch bereits erfolgt. Er hatte auch keine positive Kenntnis davon, dass S gar nicht der Eigentümer des Grundstücks ist. Wenn allerdings der gutgläubige Erwerb von Grundstücken in erster Linie auf dem Rechtsschein des Grundbuchs beruht, stellt sich abschließend die Frage, ob der Erwerber selbst (hier: U) die Eintragung des Veräußerers als Berechtigten (hier: als Eigentümer) gesehen haben muss. 545

Das Grundbuch dient nicht nur der Publizität des Eigentums für die jeweiligen Geschäftspartner. Vielmehr erfüllt es eine Funktion der Gewähr und Rechtssicherheit für den gesamten Rechtsverkehr. Es ist in seiner Funktion also gerade nicht auf die beteiligten Personen beschränkt, sondern gewährleistet den sogenannten „öffentlichen Glauben". Daraus folgt, dass es auch nicht auf die tatsächlich erfolgte Inaugenscheinnahme des jeweiligen Erwerbers ankommt. Das Grundbuch erfüllt die Publizitätsfunktion gegenüber der gesamten Öffentlichkeit. Es genügt also, dass der fälschlicherweise Eingetragene von der Öffentlichkeit als Eigentümer wahrgenommen werden kann. Darauf, ob der Erwerber persönlich gesehen hat, dass der Veräußerer als Eigentümer eingetragen war, kommt es nicht an, solange das Grundbuch gegenüber dem gesamten Rechtsverkehr den Eindruck aufrechterhält, der Eingetragene sei der Eigentümer. U konnte also gutgläubig Eigentum erwerben. 546

**Vertiefung:** Zu den Besonderheiten der GbR im Grundbuch Kesseler, NJW 2011, 1909, Schmidt, JURA 2012, 7, Schürnbrand/Weiß, ZJS 2009, 607 und Wellenhofer, JuS 2010, 1048.

**5. Maßgeblicher Zeitpunkt für den guten Glauben.** Nach dem Wortlaut des § 892 I muss die Gutgläubigkeit grundsätzlich noch im Moment des Rechtserwerbs, 547 also der Eintragung, vorliegen. Allerdings erweitert § 892 II den Redlichkeitsschutz in den Fällen des Eintragungserfordernisses auf den Zeitpunkt der Antragstellung beim Grundbuchamt (§ 13 III GBO). Da die Eintragung die Regel des dinglichen Rechtserwerbs an Grundstücken darstellt, kommt es folglich in den meisten Fällen auf den Zeitpunkt der Antragsstellung an.

548 **Hinweis:** An dieser Stelle zeigt sich noch einmal die Bedeutung des Rechtsscheinträgers „Grundbuch". Vollzieht sich ein Erwerb außerhalb des Grundbuchs, wird kein Rechtsschein begründet und dem guten Glauben fehlt der Anknüpfungspunkt des § 892 II. Daraus erklärt sich, warum der gutgläubige Zweiterwerb des Anwartschaftsrechts überwiegend abgelehnt wird (Rn. 416) und warum der Verkehrsschutz für den Zweiterwerb der Vormerkung so umstritten ist (Rn. 666 ff.).

549 Modifikationen müssen sich ergeben, wenn für den Rechtserwerb nicht nur die Eintragung, sondern zusätzlich weitere Voraussetzungen erfüllt sein müssen. Hier ist in erster Linie an die Briefhypothek und die Briefgrundschuld zu denken. Sofern dann etwa die Briefübergabe der Eintragung nachfolgt, muss dieser Zeitpunkt für das Vorliegen des guten Glaubens entscheidend sein.

Das ergibt sich beispielsweise für eine der Eintragung zeitlich nachfolgende Einigung direkt aus dem Gesetz: Folgt die Einigung der Eintragung zeitlich nach, soll gemäß § 892 II der Zeitpunkt der Einigung maßgeblich sein. Dann muss also die Gutgläubigkeit des Erwerbers noch im Zeitpunkt der Einigung vorliegen.

550 **6. Geschützte Rechtsvorgänge.** Die Generalklausel am Ende des § 893 stellt klar, dass der redliche Erwerb nur in den Fällen geschützt ist, in denen eine Verfügung aufgrund eines Rechtsgeschäfts vorgenommen wird. Ausgeschlossen sind dementsprechend alle Vorgänge, die nicht rechtsgeschäftlicher Natur sind oder die keine Verfügung beinhalten, sondern bloß zu einer obligatorischen Berechtigung führen. Nicht geschützt wird daher der Erwerb kraft Gesetzes, insbesondere auch der Fall der Erbfolge, der Erwerb im Wege der Zwangsvollstreckung, der Schuldvertrag mit dem Buchberechtigten sowie Fälle, in denen es am Verkehrsgeschäft fehlt, weil z. B. ein Insichgeschäft vorliegt.

551 **Beispiele und Vertiefung:** Der Erwerb kraft Erbschaft wird zwar nicht geschützt, wohl aber der Erwerb, der einer Erbschaft nachfolgt. Erbt beispielsweise der E ein Grundstück und veräußert er dieses Grundstück dann an den Käufer K, so ist der K geschützt, falls der Erblasser zu Unrecht als Eigentümer eingetragen war. Denn K hat das Grundstück von E rechtsgeschäftlich erworben: Ihm hilft der Verkehrsschutz des § 892. E selbst dagegen genoss keinen Gutglaubensschutz, da er nur im Wege des Erbgangs und somit gesetzlich Rechte am Grundstück hätte erlangen können. Ein Erwerb kraft Gesetzes unterliegt dem Verkehrsschutz des § 892 gerade nicht.

War dagegen der Erblasser tatsächlich Eigentümer des Grundstücks und war er auch eingetragen, wäre jedoch E wegen eines später gefundenen Testaments zugunsten eines Dritten gar nicht Erbe geworden, kann K der an den Erbschein geknüpfte Gutglaubensschutz gemäß § 2366 weiterhelfen. Und war sowohl der Erblasser unrichtigerweise im Grundbuch eingetragen und ist der E nur Scheinerbe, kann der Gutglaubensschutz des § 892 mit dem des § 2366 kombiniert werden. Dann müssen freilich auch alle Voraussetzungen jeweils vorliegen! War allerdings der Scheinerbe E selbst bereits im Grundbuch eingetragen, genügt wiederum der öffentliche Glaube des Grundbuchs allein.

**Literatur:** Ausführlicher zu den Details Baur/Stürner, § 23, Rn. 16–19; mit der Frage, ob es einen Gutglaubensschutz auch bei Grundstückserwerb kraft Gesetzes gibt, beschäftigt sich Kohler, JURA 2008, 321, 481.

## II. Wirkung

Gemäß § 892f. ersetzt der Rechtsschein einer Grundbucheintragung das fehlende Recht. Das bedeutet, dass der Erwerber so Eigentum (oder ein anderes eintragungsfähiges, übertragbares Recht) erlangt, als hätte er es vom Berechtigten erworben. 552

**Beispiel zu oben, Fall 54:** U durfte dem öffentlichen Glauben des Grundbuchs, das S als Eigentümer auswies, vertrauen. Da die sonstigen Voraussetzungen des Erwerbs von Grundstücken erfüllt waren, hat er gutgläubig Eigentum erworben. Der Antrag der H auf Berichtigung des Grundbuchs muss dagegen scheitern, da sie nun nicht mehr Eigentümerin ist, also eine Berechtigung zur Eintragung gar nicht mehr zu ihren Gunsten besteht.

**Vertiefung:** Zum gutgläubigen lastenfreien Erwerb Röthel, JURA 2009, 241.

# C. Überblick über den gesetzlichen Eigentumserwerb bei Grundstücken

Auch Grundstücke können neben dem rechtsgeschäftlichen Erwerb kraft Gesetzes erworben werden. Da sich ein gesetzlicher Erwerb von Grundstücken in der Regel außerhalb des Grundbuchs vollzieht, erhöht sich dadurch das Risiko der Unrichtigkeit des Grundbuchs und somit eines gutgläubigen Erwerbs Dritter. 553

**Hinweis:** Hierzu wie oben (Rn. 551) Kohler, JURA 2008, 321, 481.

## I. Erwerb infolge Erbgangs, § 1922

Dieser Fall ist oben (Rn. 533) ausführlicher behandelt worden: Das Grundbuch wird unrichtig, der Erbe kann jedoch Berichtigung nach § 22 GBO herbeiführen. Möchte der Erbe das Grundstück an Dritte veräußern, bedarf es der Voreintragung nicht, sofern der Erbfall und die Erbberechtigung in der Form des § 29 GBO nachgewiesen werden, §§ 39, 40 GBO. 554

## II. Ersitzung

Im Grundstücksrecht werden zwei Arten der Ersitzung unterschieden: 555

**1. Buchersitzung, § 900.** Wird jemand nach erfolgter Auflassung in das Grundbuch eingetragen, erweist sich der Rechtserwerb aber wegen eines materiell-rechtlichen Mangels der dinglichen Einigung als unwirksam, kann der Mangel nach dreißigjähriger Frist geheilt werden. Wenn der Käufer das Grundstück während dieser Zeit im Eigenbesitz hatte, kann er seine Eintragung als Eigentümer bewirken und damit gesetzlich Eigentum erlangen. Auf guten oder bösen Glauben kommt es dabei nicht an.

**2. Kontratabular-Ersitzung, § 927.** Die Kontratabular-Ersitzung ermöglicht eine Ersitzung auch *gegen* den Inhalt des Grundbuchs. Sie kommt beispielsweise vor, wenn Grundstückskaufvertrag und Auflassung wirksam geschlossen wurden, die Eintragung jedoch unterblieb. Wenn der Käufer dreißig Jahre lang Eigenbesitz am Grundstück hatte und zugleich die Voraussetzungen des § 927 I S. 2 vorliegen, kann der Käufer Ausschluss des noch im Grundbuch eingetragenen Verkäufers begehren und sich anschließend selbst als Eigentümer in das Grundbuch eintragen lassen.

### III. Erwerb kraft Hoheitsakts

556 Grundeigentum kann auch kraft Hoheitsakt erworben werden. Das geschieht bei Grundstücken vor allem infolge eines öffentlich-rechtlichen Enteignungsverfahrens und – für die zivilrechtliche Klausur bedeutender – durch den Zuschlag, also den Erwerb in der Zwangsversteigerung nach dem ZVG, § 90 I.

## D. Verlust des Grundeigentums (Dereliktion)

557 Wie bei beweglichen Sachen ist auch im Grundstücksrecht ein Verzicht auf das Eigentum möglich. Wegen der Bedeutung des Grundbuchs für den öffentlichen Glauben genügt jedoch nicht wie bei beweglichen Sachen der einseitige und formlose Verzicht auf das Eigentum, das damit gemäß § 959 herrenlos wird. Im Grundstücksrecht muss der Verzicht auf das Eigentum immer auch gegenüber dem Grundbuchamt erklärt und in das Grundbuch eingetragen werden, § 928 I. Die Herrenlosigkeit des Grundstücks tritt dann mit der Eintragung ein. Das Aneignungsrecht steht jedoch – anders als bei den Mobilien, § 958 – nur dem Bundesland zu, in dessen Gebiet das Grundstück liegt, § 928 II. Der Staat kann jedoch seinerseits auf das Aneignungsrecht verzichten. In diesem Fall kann sich jeder Dritte das herrenlos gewordene Grundstück durch Erklärung gegenüber dem Grundbuchamt und Eintragung ins Grundbuch aneignen. Die Dereliktion von Grundstücken ist praktisch eher selten und lohnt sich nur, wenn hohe Erhaltungskosten, Steuern oder enorme Aufwendungen drohen, um beispielsweise einer Verkehrssicherungspflicht zu genügen.

**Hinweis:** Ist das Grundstück zur Sicherung einer Schuld des Grundstückseigentümers hoch mit Grundpfandrechten belastet, kann sich der Grundstückseigentümer nicht durch Dereliktion des Grundstücks von der Schuld befreien: Die persönliche Schuld, die neben dem auf dem Grundstück als solchem liegenden dinglichen Sicherungsrecht besteht, ist unabhängig von dem Fortbestand der dinglichen Haftung. So erlischt zwar mit der Dereliktion eines Grundstücks die hypothekarische Haftung des bisherigen Grundeigentümers, nicht jedoch die persönliche Schuld des Darlehensnehmers. Auch geht (natürlich) das dingliche Grundpfandrecht als solches nicht unter, es „lastet" weiter auf dem Grundstück. Die Unterscheidung zwischen persönlicher Schuld und Belastung „nur" des Grundstücks durch eine Hypothek wird bei den Sicherungsrechten an Grundstücken noch genauer erläutert werden. Mehr zur Dereliktion als „Flucht aus dem Privateigentum" und eine kritische Auseinandersetzung mit der aktuellen Rechtslage bietet Sliwiok-Born, NJW 2014, 1047.

Verlust des Grundeigentums tritt schließlich in den Fällen ein, in denen das Grundeigentum auf einen anderen übertragen wird. Das sind alle geschilderten Fälle des Eigentumserwerbs eines anderen; aus der Sicht des früheren Eigentümers stellt sich dies stets als – freilich willentlich herbeigeführter – Eigentumsverlust dar.

**Literatur:** *Daniel, Stefan:* Der Anspruch auf Grundbuchberichtigung, JURA 2017, 1–8; *Kohler, Jürgen:* Gutglaubensschutz im Grundstücksrecht bei Erwerb kraft Gesetzes?, JURA 2008, 321–326, 481–489; *Lenenbach, Markus:* Guter Glaube des Grundbuchamtes als ungeschriebene Voraussetzung des Gutglaubenserwerbs, NJW 1999, 923–925; *Möritz, Daniel:* Schließt die Doppelbuchung eines Grundstücks den Anspruch aus § 894 BGB aus?, JURA 2008, 245–247; *Petersen, Jens:* Der Grundbuchberichtigungsanspruch, JURA 2016, 872–874; *Röthel, Anne:* Der lastenfreie Erwerb, JURA 2009, 241–249.

**Für Weiterdenker:** *Hager, Johannes:* Verkehrsschutz durch redlichen Erwerb, München 1990; *Kesseler, Christian:* Die GbR und das Grundbuch, NJW 2011, 1909–1914; *Schmidt, Damian:* Der gute Glaube an die Gesellschafterstellung nach § 899a BGB, JURA 2012, 7–10; *Schürnbrand, Jan/Weiß, André:* Land in Sicht? – Die Gesellschaft bürgerlichen Rechts im Grundbuch, ZJS 2009, 607–613; *Sliwiok-Born, Daniel:* Die Flucht aus dem Privateigentum am Beispiel der Grundstücksdereliktion, NJW 2014, 1047–1052; *Wellenhofer, Marina:* Grundstücksgeschäfte mit der BGB-Gesellschaft, JuS 2010, 1048–1052.

**Falllösung:** JuS 2009, 331; JuS 2009, 934; JA 2015, 177; JURA 2008, 379; ZJS 2010, 61.

# 17. Einheit – Grundpfandrechte: Die Hypothek

## A. Grundpfandrechte: Interessenlage und Vorteile gegenüber anderen Sicherungsrechten

558 Wer eine Leistung erbringt, möchte bis zur Erfüllung der Gegenleistung abgesichert sein. Dieses schon aus dem Mobiliarsachenrecht bekannte Bedürfnis liegt auch Rechtsinstituten des Immobiliarsachenrechts zugrunde. Grundstücke sind schon wegen ihres oftmals hohen Werts gefragte Mittel der Kreditsicherung. Ein Grundstück, das nicht nur eine gewisse Größe, sondern auch eine marktwirtschaftlich rentable Nutzungsart aufweist oder ermöglicht, kann Kredite über sehr hohe Summen absichern. Zudem ist der Berechtigte eines Grundpfandrechts (Kreditsicherheiten durch Grundstücke) im Grundbuch eingetragen und dadurch besser gesichert als der Berechtigte etwa einer Sicherungsübereignung an einer beweglichen Sache. Soll eine zweite Kreditsicherheit an dem Grundstück bestellt werden, ist der Rang des zuerst gestellten Grundpfandrechts durch das Locus-Prinzip gewahrt. Möchte der Eigentümer das Grundstück veräußern, erfährt der Erwerber durch das Grundbuch von dem bestehenden Grundpfandrecht. Er kann nicht gutgläubig lastenfrei erwerben.

**Beispiele:** H ist Händler in Zahlungsschwierigkeiten. Er begehrt Kredit bei der B-Bank und übereignet seine Computeranlage zur Sicherheit. Bevor die Darlehensrückzahlung fällig wird, hat H die Anlage an den Kunden K verkauft. K hat gutgläubig Eigentum erworben. H bleibt dauerhaft zahlungsunfähig. Die B-Bank kann ihre offenstehende Forderung nicht durch Verwertung der Computeranlage befriedigen. Die Lage der B-Bank ist wenig zufriedenstellend.

U ist Unternehmer in Zahlungsschwierigkeiten und begehrt Kredit bei der B-Bank. Der zuständige Sachbearbeiter zahlt das Darlehen nur gegen Bestellung einer Hypothek auf das Fabrikgrundstück des U aus. Als U das Grundstück kurz vor seiner geplanten Flucht ins Ausland an V veräußern möchte, lässt V nach Einsicht in das Grundbuch von dem Kauf des Grundstücks ab: Er hat kein Interesse daran, ein hypothekarisch belastetes Grundstück zu erwerben. Als U dauerhaft seinen Zahlungspflichten nicht nachkommt, kann die B-Bank in das Grundstück vollstrecken.

559 Grundpfandrechte dienen der Sicherung von Krediten dadurch, dass bei Zahlungsunfähigkeit des Kreditgebers in das Grundstück vollstreckt werden kann. Sie sind reine Verwertungsrechte. Ein Grundpfandrecht begründet also keine Zahlungspflicht (diese ergibt sich vielmehr aus dem zugrunde liegenden Verpflichtungsgeschäft, in aller Regel einem Darlehensvertrag), sondern legt dem Sicherungsgeber allein die Pflicht auf, die Vollstreckung in das Grundstück zu dulden. Dabei kann der Gläubiger Befriedigung nicht nur durch Verwertung im Wege der Zwangsvollstreckung suchen. Er kann das Grundstück auch im Wege der Zwangsverwaltung nutzen und den dadurch erzielten Geldbetrag bis zur Höhe der Belastung für sich behalten.

**Hinweis:** Die Begrifflichkeiten sind zum Teil aus dem Kreditsicherungsrecht durch bewegliche Sachen bekannt: Der Kreditnehmer ist Schuldner der Darlehensrückzahlung, Grundstückseigentümer und Sicherungsgeber, der Kreditgeber Gläubiger der Darlehensrückzahlung, Sicherungsnehmer und dann je nach Grundpfandrecht Hypothekar oder Grundschuldberechtigter.

Kreditsicherung durch Sachen ist – unabhängig davon, ob sie beweglich sind oder nicht – stets eine Form der Realsicherheit (vgl. oben, Rn. 361). Wird eine Sicherheit an einer unbeweglichen Sache bestellt, ist der Haftungsgegenstand das Grundstück, nicht das persönliche Vermögen des Schuldners. Der Sicherungsgeber haftet also nicht über die Verwertung des Grundstücks hinaus. 560

Die Grundpfandrechte unterliegen dem Typenzwang und damit dem *numerus clausus* der Sachenrechte. Eine vereinbarte Kreditsicherheit an einem Grundstück, die sich jenseits der gesetzlich vorgesehenen Möglichkeiten bewegt, ist ungültig. Gesetzlich vorgesehen sind die Hypothek (§§ 1113 bis 1190), die Grundschuld (§§ 1191 bis 1198) und die – praktisch nahezu bedeutungslose – Rentenschuld (§ 1199). Die einmal gewählte Form des Grundpfandrechts muss jedoch nicht zwingend beibehalten werden, sondern kann durch Einigung zwischen Eigentümer und Gläubiger und durch Eintragung in das Grundbuch in ein anderes Grundpfandrecht umgewandelt werden, §§ 1198 bis 1203.

**Hinweis:** Ein Pfandrecht als Verwertungsrecht ist auch aus dem Mobiliarsachenrecht bekannt, wurde dort aber von der Sicherungsübereignung verdrängt. Das Grundstücksrecht verschließt sich aber der Bestellung von Eigentumsrechten zur Sicherheit, da die Auflassung bedingungsfeindlich ist, § 925 II. Zudem müsste ein der Sicherungsübereignung vergleichbares Rechtsinstitut im Grundstücksrecht schon an der Form scheitern, da es eine Entsprechung des § 930 nicht gibt und – wenn man die Publizitätsfunktion des Grundbuchs berücksichtigt – auch nicht geben kann. Während Besitz gemittelt werden kann, ist das für eine Grundbucheintragung nicht möglich. 561

**Literatur und Vertiefung:** Eine einführende Übersicht zur Natur der Grundpfandrechte und deren Ersterwerb bieten von Bismarck, JA 2011, 572 und Weiß JURA 2017, 121. Grundfälle der Hypothek und Grundschuld besprechen Braun/Schultheiß in JuS 2013, 871 [873]. Vertiefend zu Fragen des Mit- und Alleineigentums bei Grundstücksbelastungen mit einem Pfandrecht Graf Wolffskeel v. Reichenberg, NJW 2018, 342.

## B. Die Hypothek: Voraussetzungen und Grundprinzipien

Die Hypothek unterscheidet sich von der Grundschuld dadurch, dass sie akzessorisch ist. Damit ist der Fortbestand einer Hypothek stets von der Existenz einer durch sie gesicherten Forderung abhängig. 562

**Hinweis:** Der Gesetzgeber hat die Hypothek ausführlich in den §§ 1113 bis 1190 geregelt und für die Grundschuld nur wenige ergänzende Vorschriften vorgesehen. Diese Gesetzgebungstechnik spricht dafür, dass der Gesetzgeber die Hypothek als „Normalfall" eines Grundpfandrechts betrachtet hatte. In der Praxis hat die Grundschuld die Hypothek zunächst abgelöst. Grund dafür war gerade die Akzessorietät der Hypothek, da das Verfahren besonders bei Wegfall der Forderung komplizierter war als bei einer Grundschuld. Die Finanzkrise des Jahres 2008 hatte allerdings eine Regulierung der Anlagespekulationen zur Folge: Durch das Risikobegrenzungsgesetz wurde zumindest für die Sicherungsgrundschuld festgelegt, dass der Grundschuldner bei isolierter Abtretung der Grundschuld durch den Gläubiger an einen Dritten umfassender vor einer Inanspruchnahme geschützt wird. Damit ist die Sicherungsgrundschuld in ihrer Umlauffähigkeit stärker eingeschränkt als die Verkehrshypothek; es bleibt abzuwarten, wie weit sich diese Änderung in der Rechtspraxis dauerhaft auswirken wird. Ausführlicher dazu Rn. 625.

Der Gesetzgeber hat in § 1116 zwischen Buch- und Briefhypothek unterschieden. Die Briefhypothek begründet den Regelfall, der so lange anzunehmen ist, wie nichts anderes vereinbart wurde, § 1116 I. Sie hat gegenüber der Buchhypothek den Vorteil, dass sie schneller – nämlich mit Übergabe des Hypothekenbriefes – auf einen anderen übertragen werden kann.

## I. Die Bestellung der Briefhypothek

563 Der Gesetzgeber hat die Briefhypothek als Regelfall vorgesehen, § 1116 I. Sie entsteht, wenn etwas anderes nicht vereinbart wird, § 1116 II. Wie immer, wenn ein Grundstücksrecht begründet werden soll, erfordert auch die Briefhypothek die dingliche Einigung gemäß § 873 zwischen Eigentümer und Hypothekengläubiger. Inhalt der Einigung ist das Entstehen der Hypothek, vgl. § 1113 I. Auch die Briefhypothek muss in das Grundbuch eingetragen werden (öffentlicher Glaube des Grundbuchs!), vgl. § 1115 I. Die Eintragung erfolgt unter Einhaltung der üblichen Formalien in Abteilung 3 des Grundbuchs. Nach § 1115 I sind der Gläubiger und der Geldbetrag der Forderung anzugeben. Zusätzlich muss die Ausstellung und Übergabe des Hypothekenbriefes an den Hypothekengläubiger (§ 1117 I) erfolgen. So kann der Hypothekengläubiger seine Legitimation schon vor Eintragung im Grundbuch im Rechtsverkehr nachweisen. Die Briefhypothek entsteht dementsprechend erst mit der Übergabe des Hypothekenbriefes. Dabei normiert § 1117 I scheinbar das Erfordernis, dass der Hypothekengläubiger den Brief vom Eigentümer des Grundstücks erhalten müsse. Diesem Erfordernis genügt es in der Praxis aber auch, wenn der Hypothekar den Brief vom Grundbuchamt erhält, sofern das Grundbuchamt auf Geheiß des Eigentümers handelt: Hier helfen die Grundsätze zum „Geheißerwerb“ (vgl. Rn. 150). Auch § 1117 II lockert das Erfordernis der Übergabe vom Eigentümer, indem der Gläubiger durch Vereinbarung ermächtigt werden kann, sich den Brief vom Grundbuchamt „abzuholen“. Legitimiert der Eigentümer den Gläubiger durch die Vereinbarung dazu, sich den Brief aushändigen zu lassen, ist ein Rückgriff auf den „Geheißerwerb“ nicht mehr notwendig.

## II. Die Bestellung der Buchhypothek

564 Wird die Bestellung einer Briefhypothek ausgeschlossen, entsteht eine Buchhypothek. Auch hier sind gemäß § 873 Einigung und Eintragung erforderlich. Zusätzlich müssen sich Eigentümer und Hypothekengläubiger noch darauf einigen, dass die Erteilung des Hypothekenbriefes ausgeschlossen sein soll, § 1116 II. Für die Eintra-

gung gelten dieselben Voraussetzungen wie bei der Briefhypothek. Allerdings ist zusätzlich der Ausschluss der Briefhypothek einzutragen.

**Lesehinweis:** Eine Übersicht zum Ersterwerb der Hypothek finden Sie bei Schreiber, JURA 2013, 1013.

## C. Arten der Hypothek

Hypotheken lassen sich nicht nur nach der Art ihrer Bestellung, sondern auch nach ihrer Zweckrichtung unterscheiden. Grundlage dafür ist das Akzessorietätsprinzip, demzufolge eine Hypothek immer vom Bestehen einer Forderung abhängig ist. Diese vollständige Abhängigkeit der Hypothek von der Forderung kann die Interessen des Rechtsverkehrs jedoch beeinträchtigen. Würde sich die Hypothek beispielsweise ausschließlich an den für die Forderung geltenden Rechtsvorschriften (§§ 398 ff.) orientieren, wäre der gutgläubige Erwerb ausgeschlossen. Im Interesse des Rechtsverkehrs hat der Gesetzgeber daher mit der Verkehrshypothek eine weniger streng akzessorische Variante der Hypothek entwickelt. Legen die Parteien dagegen Wert auf eine ganz besonders strenge Durchführung des Akzessorietätsprinzips, können sie eine sogenannte Sicherheitshypothek vereinbaren. 565

### I. Die Verkehrshypothek

Die Verkehrshypothek begründet den gesetzlichen Regelfall der Hypothek. Prägend ist dabei der Verzicht auf die strenge Durchführung der Akzessorietät. Haben die Parteien nichts anderes vereinbart und in das Grundbuch eintragen lassen, ist stets von der Bestellung einer Verkehrshypothek auszugehen. 566

Bei der Verkehrshypothek findet das Akzessorietätsprinzip nur eingeschränkte Anwendung. Der Name „Verkehrshypothek“ impliziert bereits, dass der Umlauffähigkeit stärker Rechnung getragen werden soll als etwa bei einer Sicherungshypothek. Wie bereits angedeutet, soll grundsätzlich eine Hypothek nur in Verbindung mit einer Forderung existieren können. Das ist die Quintessenz von § 1153. Entfällt also die Forderung, wäre auch die Hypothek nicht mehr zu veräußern, es sei denn, der Erwerber könnte sich auch mit Blick auf die Forderung auf seinen guten Glauben berufen. Handelt es sich bei der eingetragenen Hypothek jedoch um eine Verkehrshypothek, ist ein gutgläubiger Erwerb rechtlich möglich. Um den Bedürfnissen des Rechtsverkehrs entgegenzukommen, hat der Gesetzgeber in § 1138 den Gutglaubensschutz auf die Forderung ausgedehnt und so für die Verkehrshypothek den Grundsatz der Akzessorietät gelockert. Der Gläubiger einer Hypothek kann sich hinsichtlich des Bestehens einer Forderung auf die Eintragung im Grundbuch berufen, § 1138 in Verbindung mit § 891. Ist die Forderung etwa durch Erfüllung erloschen, fingiert § 1138 für die Fälle eines gutgläubigen Erwerbs den Fortbestand der Forderung. Mithilfe dieser fingierten Forderung kann dann die Verkehrshypothek erfolgreich übertragen werden. So bleibt der gutgläubige Erwerb einer Hypothek auch bei Nicht(-mehr)-Bestehen einer Forderung 567 möglich, die Verkehrshypothek somit trotz des Mangels der Forderung umlauffähig. Die Forderung selbst wird dadurch aber nur so weit aufrechterhalten, wie es für die Existenz der Hypothek notwendig ist. Der Erwerber kann nicht aus dieser Forderung gegen den Schuldner vorgehen. In eine Metapher gekleidet könnte man die fingierte Forderung als eine Brücke beschreiben, die einen Transport der Verkehrshypothek ermöglicht und die nach erfolgtem Übergang wieder zusammenbricht.

**Fall 56:** A hat bei B ein Darlehen über 200 000 € aufgenommen und dem B dafür eine Hypothek an seinem Grundstück bestellt. Nach fünf Jahren hat A das Darlehen zurückgezahlt. Seine Schulden sind getilgt, die Forderung ist beglichen. B, der noch im Grundbuch als Hypothekar eingetragen ist, veräußert seine „Hypothek" an C. – Die Hypothek als solche existiert nach Wegfall der Forderung nicht mehr (ausführlich zum Verhältnis von Hypothek und Eigentümergrundschuld dann unten, Rn. 572). Um dem redlichen C einen gutgläubigen Erwerb zu ermöglichen, fingiert § 1138 die Forderung allerdings soweit als bestehend, dass C gutgläubig eine Hypothek erwerben kann. Er kann jedoch nicht aus der ursprünglichen Forderung gegen A vorgehen.

Fazit: Die Forderung kann damit zwar gutgläubig erworben werden, jedoch nur so weit, wie es für den Erwerb der Hypothek erforderlich ist. Ausführlich zum gutgläubigen Zweiterwerb Rn. 616 ff.

## II. Die Sicherungshypothek

568 Die Sicherungshypothek gemäß §§ 1184 ff. ist dagegen streng akzessorisch. Ihr Inhalt richtet sich allein nach der Forderung: Der Gläubiger kann sich zum Beweis der Forderung nicht auf die Eintragung berufen. Eine Anwendung des § 891, nach dem aus der Grundbucheintragung eines Rechts auch auf dessen (Fort-)Bestand geschlossen wird, kommt daher nicht in Frage, vgl. § 1184 I. Vielmehr muss auch bei eingetragenem Grundpfandrecht (in diesem Fall Hypothek) der Bestand der Forderung bewiesen werden (BGH NJW 1986, 53 [53]). Für den Nachweis der Hypothek kann sich der Hypothekar jedoch auf die Vermutung des § 891 stützen.

**Beispiel:** E hat von H Geld geliehen und dem H dafür eine Sicherungshypothek bestellt. H wurde ins Grundbuch als Sicherungshypothekar eingetragen. Als H in das Grundstück vollstrecken möchte, behauptet E, er habe die Forderung bereits beglichen. H kann den Fortbestand der Forderung nicht dadurch beweisen, dass er als Hypothekar in das Grundbuch eingetragen ist. Bestreitet E dagegen, dem H eine Hypothek bestellt zu haben, kann sich H zum Beweis der Rechtsinhaberschaft auf die Grundbucheintragung stützen.

569 Da die Sicherungshypothek streng akzessorisch ist, kann sie ohne Forderung nicht existieren. Demzufolge bestimmen sich Sicherungshypotheken ausschließlich nach dem rechtlichen Schicksal der Forderung und nach den Vorschriften, die generell für Forderungen gelten. Da ein gutgläubiger Erwerb von Forderungen nicht möglich ist, muss ein gutgläubiger Erwerb der Sicherungshypothek in den Fällen scheitern, in denen die Forderung nicht existiert. Die Fiktion einer Forderung gemäß § 1138 kann hier nicht genügen, um einen gutgläubigen Erwerb zu ermöglichen. Mit anderen Worten: Auf die Sicherungshypothek sind all jene Vorschriften für

eine Verkehrshypothek nicht anwendbar, die im Interesse der Verkehrsfähigkeit dem Schutz des gutgläubigen Erwerbers den Vorrang vor den Interessen des Eigentümers (= des Schuldners) einräumen. Auch die Anwendbarkeit typischer Vorschriften, die dem Verkehrsinteresse und Gutglaubensschutz dienen, ist gemäß § 1185 II ausgeschlossen: Die §§ 1138, 1139, 1141, 1156 finden auf die Sicherungshypothek keine Anwendung.

Der engen Verbindung zwischen gesicherter Forderung und dinglicher Sicher- 570
heit trägt das Gesetz auch bei Bestellung der Sicherungshypothek Rechnung. Die Erteilung eines Hypothekenbriefes ist ausgeschlossen; die Hypothek muss im Grundbuch eingetragen und als Sicherungshypothek bezeichnet werden, § 1184 II. Die streng durchgehaltene Akzessorietät zeigt ebenfalls Folgen bei weiterführenden Problemen: Hat der Hypothekar Forderung und Hypothek an einen Dritten abgetreten, kann es geschehen, dass der Schuldner der Forderung an den „falschen", nämlich den bisherigen Hypothekar, leistet. Während bei einer Verkehrshypothek die Forderung trotz der Zahlung des Schuldners gemäß §§ 1157, 893 weiterhin insoweit als bestehend fingiert wird, dass dem gutgläubigen Erwerber die Hypothek erhalten bleibt, ist der Schuldner bei der Sicherungshypothek besser geschützt: Nach § 1185 II findet § 1156 keine Anwendung. Vielmehr bleibt es bei der Regelung des § 407: Der Eigentümer und Schuldner wird somit frei, wenn er in gutem Glauben an seinen bisherigen Gläubiger leistet, selbst wenn das Grundbuch bereits den Dritten als Hypothekar ausweisen sollte. Das ist konsequent, da bei der Sicherungshypothek die Forderung Vorrang hat und § 407 über das Schicksal der Forderung dahingehend entscheidet, dass sie bei Zahlung an den bisherigen Gläubiger erlischt.

Dies gilt allerdings auch im umgekehrten Fall: Wird ein Dritter als Erwerber der Hypothek ins Grundbuch eingetragen, obwohl die Abtretung unwirksam war, steht die Forderung selbst immer noch dem bisherigen Gläubiger zu. Zahlt dann der Schuldner und Eigentümer des belasteten Grundstücks „versehentlich" an den im Grundbuch eingetragenen „Hypothekar", kann er nicht gemäß §§ 893, 892 gutgläubig von der Forderung frei werden. Die Sicherungshypothek hängt an der Forderung, und die Forderung ist gegenüber dem Berechtigten, nämlich dem „ursprünglichen" Gläubiger, nicht beglichen worden. Wieder geht die Anbindung an die Forderung dem Gutglaubensschutz vor.

**Hinweis:** Auf die Unterscheidung zwischen Verkehrshypothek und Sicherungshypothek kommt es in Klausuren regelmäßig nur dann an, wenn eine Hypothek bei Nichtbestehen der Forderung gutgläubig erworben wird. Bei der Bestellung der Sicherungshypothek ist zu berücksichtigen, dass sie nur als Buchhypothek vorgesehen ist. Solange jedoch im Sachverhalt nichts anderes gesagt wird, ist stets von einer Verkehrshypothek (gesetzlicher Regelfall) auszugehen. Zu den unterschiedlichen Formen gutgläubigen Erwerbs ausführlich Einheit 18.

## III. Die Höchstbetragshypothek

Diese Art der Hypothek stellt einen Sonderfall der Sicherungshypothek dar und ist 571
in § 1190 geregelt. Bei der Bestellung dieser Hypothek einigen sich die Parteien auf einen Höchstbetrag, bis zu dessen Höhe Forderungen gesichert sind. Derartige Hy-

potheken werden in aller Regel bei laufenden Geschäftsbeziehungen vereinbart, wenn eine Hypothek mehrere Forderungen sichern soll. Festgelegt wird mit dem Höchstbetrag gewissermaßen der Kreditrahmen.

**Vertiefung:** Soweit ein Debetsaldo des Kreditnehmers besteht, ist dieser durch die (Höchstbetrags-)Hypothek gesichert; im Übrigen besteht bis zum Höchstbetrag, also der Sicherungsgrenze, eine Eigentümergrundschuld. Die Bedeutung der Höchstbetragshypothek ist in der (Klausur-)Praxis allerdings gering.

## D. Hypothek und Forderung

572 Die unterschiedlichen Arten der Hypothek zeigen bereits, wie eng das Schicksal dieses Grundpfandrechts mit den rechtlichen Belangen der Forderung verbunden ist. Wegen dieser grundsätzlichen engen Verbindung muss der Hypothekar stets Gläubiger der Forderung sein, um zu verhindern, dass Forderung und Hypothek auf der Aktivseite auseinanderfallen. Auf der anderen, der sogenannten Passivseite müssen Sicherungsgeber und persönlicher Schuldner nicht unbedingt identisch sein: Ein Grundstückseigentümer kann die Sicherheit auch für die Schulden eines anderen stellen, solange der Berechtigte der Hypothek auch Inhaber der Forderung ist.

### I. Sicherungsfähige Forderungen

573 Für den Bestand einer Hypothek kommt es ganz wesentlich darauf an, dass eine sicherungsfähige Forderung existiert. Sicherungsfähige Forderungen in diesem Sinne sind Zahlungsansprüche jeglicher Art.

**Hinweis:** Der Wortlaut des § 1113 I „einer (...) Forderung" bedeutet dabei nicht, dass nur „eine" Forderung gesichert werden dürfe. Auch mehrere Forderungen können durch eine Hypothek gesichert werden, solange die Forderungen alle einem einzigen Hypothekar zustehen. Der umgekehrte Fall, dass mehrere Hypotheken eine Forderung absichern, ist grundsätzlich nicht vorgesehen. Allerdings ermöglicht der Gesetzgeber die Bestellung einer zweiten Hypothek (sogenannte Ausfallhypothek) an einem anderen Grundstück als eine Art „Ersatz-Hypothek", falls die zuerst bestellte Hypothek ausfällt.

Eine Hypothek kann gemäß § 1113 II auch für bedingte oder erst zukünftige Forderungen bestellt werden; allerdings muss die Forderung schon bestimmbar sein. Die Haftung für die Forderung erfasst auch die gesetzlichen und vertraglich vereinbarten Zinsen, vgl. §§ 1115 I, 1118.

### II. Die nicht valutierte Hypothek

574 Die Hypothek kann ohne Forderung nicht existieren. Gleichwohl entsteht die Forderung erst mit Vorliegen des Zahlungsanspruchs, bei Darlehen etwa mit der Auszahlung der Darlehenssumme (Darlehensvaluta). Wurde die Darlehenssumme ausgezahlt, spricht man von einer „valutierten" Hypothek: Sie valutiert in der Höhe des zunächst noch nicht zurückgezahlten Darlehensbetrags. In der Rechts- und

Wirtschaftspraxis stellt sich dabei das Problem des Vorleistungsrisikos. Das Grundpfandrecht (in diesem Fall die Hypothek) soll die Forderung absichern. In aller Regel begehren Kreditgeber diese Sicherheit jedoch, *bevor* sie das Darlehen auszahlen, um für den Fall der Zahlungsunfähigkeit des Darlehensschuldners gesichert zu sein. Im Kreditgewerbe ist es daher üblich, die Darlehenssumme erst gegen Aushändigung des Hypothekenbriefes auszuzahlen. Das hat allerdings zur Folge, dass eine Hypothek bestellt wird, bevor die Forderung entstanden ist: Das Darlehen wurde zu diesem Zeitpunkt noch nicht ausgezahlt. Die dinglichen Rechtsgeschäfte und die Grundbuchformalitäten beziehen sich bestenfalls auf eine *zukünftige* (Rückzahlungs-)Forderung. Der Grundbuchbeamte muss also eine Hypothek eintragen, obwohl die Forderung als solche noch nicht entstanden ist. Das widerspräche dem Grundsatz der Akzessorietät (§ 1113 I), könnte die Hypothek nicht, wie oben festgestellt, auch für künftige Forderungen bestellt werden, § 1113 II.

**Vertiefung:** Damit die Hypothek für eine künftige Forderung bestellt werden kann, sollen aber Forderung, Gläubiger, Schuldner und Geldbetrag bereits durch die dingliche Einigung bestimmt (Wieling, § 27 I 2b) oder wenigstens bestimmbar sein (MüKo/Lieder, 7. Aufl. (2017), § 1113, Rn. 60 f.). Selbst als Sicherung für eine künftige Forderung könnte aber der Entstehung und Eintragung der Hypothek zunächst die erforderliche Forderung fehlen.

Um zu vermeiden, dass nominell eine Hypothek ohne Forderung eingetragen wird, 575 hat sich der Gesetzgeber mit einem Kunstgriff beholfen: Beim Überblick über die Grundpfandrechte wurde bereits erwähnt, dass mit der Grundschuld ein der Hypothek im Übrigen sehr ähnliches Grundpfandrecht existiert, das allerdings nicht akzessorisch ist. Die Grundschuld kann ohne Forderung entstehen. Darüber hinaus ist die Grundschuld das einzige Grundpfandrecht, das auch dem Eigentümer zustehen kann. Grundsätzlich erlöschen Pfandrechte zwar, wenn sie mit dem Eigentum in derselben Person zusammentreffen (sogenannte Konsolidation, vgl. § 1256 I). Dingliche Grundstücksrechte können jedoch auch am eigenen Grundstück bestehen, vgl. den Grundsatz in § 889. Für die Grundschulden spricht § 1196 I ausdrücklich aus, dass diese auch als sogenannte Eigentümergrundschuld für den Eigentümer bestellt werden können. Um also eine nichtvalutierte Hypothek zu bestellen, ohne den Grundsatz der Akzessorietät zu verletzen, entsteht zunächst bis zur Auszahlung des Darlehens und dem entsprechenden Zustandekommen der Forderung gemäß § 1163 I S. 1, 1177 I S. 1 eine (vorläufige) Eigentümergrundschuld. Diese Grundschuld steht dem Eigentümer selbst dann zu, wenn der Sicherungsnehmer bereits als Gläubiger der Buchhypothek eingetragen oder ihm der Hypothekenbrief schon ausgehändigt worden ist. Der Eigentümer wird Inhaber einer durch die Auszahlung der Darlehensvaluta auflösend bedingten Eigentümergrundschuld: Sobald das Darlehen ausgezahlt ist, wandelt sich die Eigentümergrundschuld in die dem Kreditgeber zustehende Hypothek. Bis zur Auszahlung erlangt der Hypothekar daher ein Anwartschaftsrecht an der Hypothek, wenn der Erwerb des Vollrechts, also die Bestellung der Hypothek (= Umwandlung der Eigentümergrundschuld in eine Hypothek) nur noch von der Auszahlung der Darlehensvaluta und damit von ihm selbst abhängt. Sobald er die Darlehensvaluta auszahlt, ist die Bedingung eingetreten und die Forderung entstanden: Der Gläubiger wird Inhaber der Hypothek.

**Beispielsfall 57:** G will dem E ein Darlehen gewähren; die Darlehensvaluta will er aber erst nach Aushändigung des Hypothekenbriefes auszahlen. E übergibt ihm den Brief, die Auszahlung zögert sich hinaus. – Hier liegen also Einigung, Eintragung und Briefaushändigung vor; das Darlehen hat G aber noch nicht ausbezahlt. Darum fehlt es an einer „ihm zustehenden Forderung". Die strenge Akzessorietät im Hypothekenrecht steht somit dem Erwerb der Briefhypothek durch G entgegen. Für solche Fälle ordnet nun § 1163 I S. 1 an, dass die Hypothek dem Grundstückseigentümer zusteht. Die für G eingetragene Fremdhypothek wäre also (zunächst) eine Eigentümerhypothek des E. Dadurch liegen nun aber Hypothek und Eigentum in einer Hand, ohne dass dem E als Eigentümer auch die durch die Hypothek zu sichernde Forderung zustünde. Hier schafft § 1177 I S. 1 Abhilfe: Die Eigentümerhypothek des E „verwandelt" sich automatisch in eine Grundschuld, die ebenfalls E als Eigentümer zusteht, eine sogenannte Eigentümergrundschuld. Anders kann der Fall liegen, wenn der Grundstückseigentümer die Übergabe des Hypothekenbriefes erst noch leisten muss. Dann hängt die Erwerbsaussicht auch vom Mitwirken des Eigentümerschuldners ab und ist insofern ungewiss, sodass ein Anwartschaftsrecht erst mit Briefübergabe entsteht (MüKo/Lieder, 7. Aufl. (2017), § 1163, Rn. 16).

Diese mit der wichtigen Paragraphenkette §§ 1163 I, 1177 I normierte Verwandlung von der Fremdhypothek über die Eigentümerhypothek zur Eigentümergrundschuld hat auch Vorteile für ein späteres Kreditsicherungsbedürfnis: Die Eigentümergrundschuld wahrt den Rang. Unabhängig von etwaigen später eingetragenen Belastungen kann der Eigentümer diese Rangstelle und damit die zinslich günstigere Kreditbeschaffungsmöglichkeit realisieren, indem er seine Grundschuld auf den Kreditgeber überträgt. Grundschulden können also, gerade weil sie nicht akzessorisch sind, eine Rangstelle im Grundbuch gewissermaßen mit der Eigentümergrundschuld für spätere Kreditgeber „reservieren".

576 **Hinweis:** Die Eigentümergrundschuld des § 1196 I führt auch zu einer Ausnahme vom Einigungserfordernis des § 873: Der Eigentümer ist zugleich der Berechtigte. Es genügt eine einseitige Erklärung gegenüber dem Grundbuchamt. Diese Erklärung ist materiell-rechtlich formlos wirksam, grundbuchrechtlich ist die Form des § 29 GBO einzuhalten. Auf diese Weise lässt sich durch eine einseitige Erklärung, die zugleich den Antrag des Eigentümers (§ 13 GBO) und dessen Eintragungsbewilligung (§ 19 GBO) enthält, relativ einfach ein Grundpfandrecht schaffen, das dann – wiederum relativ einfach – an andere zu übertragen ist.

Im Fall 57 hätte das etwa zur Folge, dass zwar für G noch keine Hypothek bestellt werden könnte, da seine Forderung gegen E noch nicht entstanden war. Da dem E als Eigentümer selbst auch keine Forderung zusteht, wird die Hypothek in eine Eigentümergrundschuld umgewandelt. So kann E den Rang für G blockieren und dann dieses Recht auf G übertragen. Dem stünde auch nicht entgegen, dass im Grundbuch eine den G berechtigende Hypothek ausgewiesen ist. Vielmehr handelt es sich hier um einen der Fälle, in denen das Grundbuch unrichtig ist. Bei normalem Ablauf der Dinge handelt es sich lediglich um eine Übergangsphase. Sobald die Forderung des G gegen E entsteht, tritt die im Grundbuch verlautbarte Rechtslage ein. G erwirbt dann eine Fremdhypothek am Grundstück des E. Weil mit der

Auszahlung des Darlehensbetrags die Hypothek des G jederzeit entstehen kann, ist die Eigentümergrundschuld des E lediglich eine „vorläufige Eigentümergrundschuld".

**Hinweis:** Dieser Mechanismus greift nicht in dem seltenen Fall, in dem die Parteien Aufhebung der Hypothek, § 1183, vornehmen lassen: Mit der Aufhebung erlischt die Hypothek und wird – auch im Grundbuch – vollkommen beseitigt. Die nachfolgenden Eintragungen rücken daher im Rang auf. Zum Problemfall der nichtvalutierten Buchhypothek und den damit verbundenen Gefahren für den Grundstückseigentümer Buettner, ZJS 2008, 330.

## III. Problem: Forderungsauswechslung

Ändert sich die Beurteilung, wenn die Forderung, zu deren Sicherung die Hypothek ursprünglich bestellt worden war, im Nachhinein entfällt, aber möglicherweise andere Zahlungsansprüche an ihre Stelle treten? 577

**Fall 58:** S hat G falsche Tatsachen über Kreditwürdigkeit und Rückzahlungsbereitschaft vorgespiegelt und so ein Darlehen über 25 000 € von diesem erhalten. S hatte dem G zur Sicherung der Forderung eine Hypothek bestellt.

G könnte den Darlehensvertrag wegen arglistiger Täuschung gemäß § 123 I anfechten. Damit ist der Vertrag jedoch ex tunc nichtig; die aus dem Darlehensvertrag resultierende Forderung entfällt. Wegen des Akzessorietätsprinzips wäre dann auch die Hypothek des G hinfällig. G hat aber die Darlehenssumme an S ausgezahlt und verständlicherweise ein starkes Interesse am Rückerhalt des Geldes. Diesem Interesse entspräche es, wenn er nun den Rückforderungsanspruch durch die bestellte Hypothek absichern könnte. Entfiele dagegen die Hypothek, wäre die recht erhebliche Forderung gänzlich ungesichert. Dogmatisch ließe sich der Frage nach dem Schicksal der Hypothek mit zwei verschiedenen Lösungsansätzen begegnen: Einerseits ließe sich auch dieser Fall mithilfe der automatischen Umwandlung in eine Eigentümergrundschuld gemäß §§ 1163 I, 1177 I lösen. Dies hätte jedoch für den Gläubiger das ungewünschte Ergebnis zur Folge, nun mit seinem Rückforderungsanspruch nicht gesichert zu sein. Denn die Grundschuld stünde dann dem Eigentümer (hier: dem arglistigen S) zu. Andererseits lässt sich dogmatisch an die Verbindung zwischen Forderung und Rückforderung anknüpfen. Zwar führt die Anfechtung des Darlehensvertrags zur Nichtigkeit des daraus resultierenden Anspruchs. Aber stattdessen stehen dem G neue Ansprüche, unter anderem aus § 812, zu. Auch ein Anspruch aus § 812 ist eine Forderung i. S. d. oben genannten Definition und könnte damit als zu sichernder Anspruch gemäß § 1113 I anerkannt werden.

Zwar wird die Auffassung vertreten, dass die gesicherte Forderung auch hinsicht- 578
lich des Schuldgrundes von vornherein bestimmt sein müsse (Schellhammer, Rn. 873; BGH NJW 1994, 460) und eine Forderungsauswechslung im Fall der Nichtigkeit des Darlehensvertrags daher nicht möglich sei (Prütting, Rn. 638). Als weiteres Argument wird auf § 1180 verwiesen, demzufolge für eine „Forderungsauswechslung" unter anderem die Eintragung in das Grundbuch nötig sei. Diese Einwände lassen sich aber mit der Rechtsprechung des BGH zum Pfandrecht

(BGH NJW 1968, 1134) relativieren, wonach das Pfandrecht zumindest dann den Bereicherungsanspruch absichert, wenn nach dem – mutmaßlichen – *Willen* der Vertragsparteien auch dieser Rückzahlungsanspruch durch das Pfand gesichert sein soll. Daher wird zu Recht anerkannt, dass letztlich die Auslegung der dinglichen Einigung entscheidend ist (Prütting, Rn. 638; Palandt/Herrler, § 1113, Rn. 15 f.).

**Hinweis:** Nimmt man eine solche Auslegung vor, wird sich in den meisten Fällen zeigen, dass eine Sicherung des bereicherungsrechtlichen Rückforderungsanspruchs vom Parteiwillen umfasst ist. Denn diese Rückforderung stellt sich als unmittelbare Folge der Forderung dar; Voraussetzung für den bereicherungsrechtlichen Anspruch ist, dass ohne Rechtsgrund „geleistet", also in Annahme einer (vermeintlich) bestehenden Verbindlichkeit (etwa dem Darlehensvertrag mit der Pflicht, die Valuta zur Verfügung zu stellen) gezahlt wurde. Kurz: Die Auszahlung ist Leistung i. d. S., die Rückforderung die Folge des fehlenden Rechtsgrunds. Dieser Zusammenhang wird sich häufig auch in der Vorstellung der Parteien wiederfinden.

Diese Überlegung lässt sich argumentativ noch weiterverfolgen: Den Parteien wird es häufig nicht auf die Rechtsgrundlage der Forderung, sondern auf die Höhe der Zahlung ankommen: Es gehe ihnen nicht um den Vertragstypus, sondern um den Wert (Rimmelspacher/Stürner, § 15, Rn. 84 ff. [85]). Demzufolge kann auch bei der Sicherung durch Grundpfandrechte der Parteiwille ersatzweise auf eine Sicherung des etwaigen Bereicherungsanspruchs gerichtet sein. So ist etwa in Fall 58 naheliegend, dass sich G auch für einen etwaigen Bereicherungsanspruch für den Fall der rechtsgrundlosen Darlehensauszahlung sichern wollte. Zudem sind keine schutzwürdigen Interessen des arglistigen S zu erkennen, die eine solche Auslegung hindern könnten. Im Ergebnis ist hier davon auszugehen, dass die Hypothek auch den Bereicherungsanspruch des T aus § 812 I S. 1 1. Alt. absichert.

579 **Hinweis:** Die Problematik wird häufig unter dem Begriff „Forderungsauswechslung" dargestellt, obwohl nach der hier präferierten Auffassung die Mitsicherung des Bereicherungsanspruchs gerade keine förmliche Auswechslung i. S. d. § 1180 darstellen soll; daher kann auf die dort erforderliche Einigung und Eintragung verzichtet werden. Wurde jedoch in anderen Fällen tatsächlich eine Forderungsauswechslung gemäß § 1180 aufgrund dinglicher Einigung zwischen Eigentümer und Gläubiger im Grundbuch eingetragen, stellt sich die Frage gar nicht erst. Dies ist unproblematisch möglich.

## IV. Wucher und unwirksame Hypothekenbestellung

580 Davon abzugrenzen sind alle Fälle, in denen nicht das die Forderung begründende Verpflichtungsgeschäft, sondern die Hypothekenbestellung selbst von vornherein unwirksam war. Ist wie oben in Fall 58 nur der Darlehensvertrag unwirksam, ändert sich nach Auszahlung des Kredits lediglich der Anspruch, auf dem die Rückzahlungsforderung beruht. Anders verhält es sich bei Fällen, in denen für eine Forderung ein unangemessen hoher Zinssatz (Wucher) bestellt wird, oder die auf sonstige Weise gegen die guten Sitten verstoßen (§ 138). Dadurch entsteht von vornherein keine Forderung; die Bestellung der Hypothek ist demnach ebenfalls unwirksam. Hier kann auch keine Umwandlung in eine Grundschuld via §§ 1163 I, 1177 I helfen. Der Grundgedanke des § 138 II unterstellt das dingliche

Rechtsgeschäft gleichfalls dem Nichtigkeitsurteil – der Wucherer kann kein wirksames Grundpfandrecht für eine dem Wertmaßstab des § 138 widersprechende Forderung erlangen. Da auch der dingliche Bestellungsakt der Hypothek unwirksam ist, fehlt es an der wirksamen Einigung gemäß § 873. Ob ausnahmsweise nicht doch wenigstens eine Eigentümergrundschuld entstanden ist, kann nur dann vertretbar bejaht werden, wenn die Einigungserklärung und der Eintragungsantrag des Eigentümers eine gültige Willenserklärung enthalten.

### V. Gefahr der Doppelinanspruchnahme bei Auseinanderfallen von Forderung und Hypothek infolge gutgläubigen Zweiterwerbs

Auf eine weitere Sondersituation wird im Anschluss an den gutgläubigen Erwerb **581** und die Verteidigungsmöglichkeiten des mit dem Sicherungsgeber personenidentischen Schuldners zurückzukommen sein: Der Gesetzgeber hat mit der Bestimmung des § 1153 klargestellt, dass im Recht der Hypothek das Prinzip der Akzessorietät durchgehalten werden soll. Die Hypothek soll nicht ohne die Forderung, die Forderung nicht ohne Übergang der Hypothek übertragen werden. Um allerdings bei der Verkehrshypothek die angestrebte Umlauffähigkeit auch bei einem Mangel der Forderung erhalten zu können, wurde mit § 1138 eine Regelung geschaffen, die den gutgläubigen forderungsentkleideten Erwerb der Hypothek ermöglicht. In Folge des gutgläubigen forderungsentkleideten Erwerbs kann es jedoch in den seltenen Fällen, in denen die Forderung existiert, aber (noch immer) einem anderen zusteht, zu einem ungeplanten Auseinanderfallen von Forderung und Hypothek kommen. Die Dogmatik hat hierzu Ansätze entwickelt, die der Gefahr der Doppelinanspruchnahme entgegenwirken sollen: Es kann entweder ausnahmsweise die Forderung zur gutgläubigen Hypothek gezogen werden oder der Schuldner kann die Doppelinanspruchnahme verhindern, indem er sich gegen das Leistungsbegehren des Gläubigers dadurch verteidigt, dass er von ihm Vorlage des Hypothekenbriefes verlangt. Hat ein anderer aber die Hypothek gutgläubig erworben, ist der Forderungsinhaber dazu nicht mehr in der Lage, vgl. ausführlich Rn. 623.

## E. Inhalt und Umfang der Haftung

Die Hypothekenhaftung und damit der Umfang der Sicherheit bemisst sich nach **582** dem Wert des Grundstücks. Wirtschaftlich ist der Wert eines Grundstücks auch abhängig von der Art der Nutzung. Zumindest für Bebauungen findet dieser wirtschaftliche Zusammenhang seinen Niederschlag in den rechtlichen Vorschriften. Gemäß § 94 gehören auch Häuser und Gebäude zu einem Grundstück, tragen also unmittelbar zu seinem „rechtlichen" Wert bei. Als Einheit mit dem Grundstück sind sie gleichermaßen mit der Hypothek belegt. Darüber hinaus erstreckt sich die Hypothek auch auf Erzeugnisse, Bestandteile und Zubehör, §§ 1120 ff. (sogenannter Haftungsverband). Dafür gelten jedoch zwei Grundvoraussetzungen, die der Gesetzgeber in den §§ 1120, 1121 festgehalten hat: Erstens unterstehen Erzeugnisse,

Bestandteile und Zubehör nur dann dem Haftungsverband, wenn die räumliche Einheit noch gewahrt ist. Endet die räumliche Einheit, weil die Gegenstände von dem Grundstück entfernt wurden, fallen sie aus dem Haftungsverband heraus, § 1120 a. E. Zweitens gehören nur die Gegenstände zum Haftungsverband, die im Eigentum des Grundstückseigentümers stehen. Allerdings kann eine spätere Veräußerung ohne Entfernung von dem Grundstück unbeachtlich sein: Solange die räumliche Einheit fortdauert, erstreckt sich die mit der Hypothek verbundene Haftung auch auf diese Gegenstände, vgl. § 1121 I.

**583** Als Musterbeispiel der Einbeziehung in den Haftungsverband können Firmenwagen dienen. Die auf einem Firmengrundstück ruhende Hypothek erstreckt sich auch auf die Firmenlastwagen, sofern diese im Eigentum des Firmeninhabers stehen, § 1120, und als Zubehör des Grundstücks (§ 97) einzuordnen sind. Dazu müssen sie in wirtschaftlicher Hinsicht dazu bestimmt sein, dem Grundstück bzw. einem auf dem Grundstück geführten Betrieb zu dienen. Dem Haftungsverband werden Firmenwagen aber auch dann zugerechnet, wenn die Fahrzeuge noch nicht dem Grundstücksinhaber gehören, weil sich der Verkäufer das Eigentum daran vorbehalten hat. Denn das Anwartschaftsrecht „als wesensgleiches Minus" zum Eigentum führt dazu, dass auch diese Zubehörgegenstände in den Haftungsverband fallen. Dabei lässt sich das Anwartschaftsrecht unter Berücksichtigung der Nutzbarkeit des wirtschaftlichen Werts als analoger Anwendungsfall des § 1120 begreifen.

**584** **Hinweis:** Die Belastbarkeit des Anwartschaftsrechts mit einem Pfandrecht ist aber nicht auf den Anwendungsbereich des Haftungsverbandes gemäß § 1120 beschränkt. Schon beim Recht der beweglichen Sachen (Rn. 434) wurde aufgezeigt, dass Pfandrechte entweder am Anwartschaftsrecht bestellt werden oder als gesetzliche Pfandrechte (wie etwa das Werkunternehmer- oder Vermieterpfandrecht) am Anwartschaftsrecht entstehen können. Bei Bedingungseintritt erstreckt sich dann die Pfandrechtsbelastung auf das Vollrecht, also das Sacheigentum. Für die Hypothek lässt sich sagen, dass bis zur Entstehung des Vollrechts das Anwartschaftsrecht haftet, danach dann die Sache (PWW/Waldner, § 1120, Rn. 6; Vieweg/Werner § 15, Rn. 22). Dogmatisch lässt sich die Fortsetzung des Pfandrechts nach Bedingungseintritt an der Sache selbst über eine analoge Anwendung des § 1287 (dingliche Surrogation) begründen.

**585** Ist die Hypothek bestellt worden, kann eine nachträgliche Übertragung des Anwartschaftsrechts unter Aufhebung der Zubehöreigenschaft nur noch nach Maßgabe der §§ 1121, 1122 zu einer Enthaftung führen. Eine *spätere,* der Hypothekenbestellung nachfolgende Veräußerung der Sache in Form einer Sicherungsübereignung ändert daher an der Haftung nichts, wenn – wie im Regelfall – keine Entfernung vom Grundstück damit einhergeht. Die nur vorübergehende zweckbestimmte Entfernung (etwa eine Fahrt zur Auslieferung von Waren) ist ohnehin nicht von Belang, vgl. auch für Erzeugnisse und Bestandteile § 1121 I. Wer sich also seine erworbenen Gegenstände sichern möchte, entfernt sie besser vom Grundstück des Schuldners.

**Zur Vertiefung Fall 59:** In einer kleineren Firma war der einzige Firmenlastwagen unter Eigentumsvorbehalt bei V gekauft und noch nicht abbezahlt worden. Der Käufer und Firmeninhaber K nimmt bei der Bank ein Darlehen auf und überträgt ihr zur Sicherheit „seine

Rechte an dem Lastwagen", den er weiterbenutzen darf. Mit dem Geld bezahlt er den Kaufpreis. Als Hypothekar H das Grundstück zur Versteigerung bringt, stellt sich die Frage, ob sich die Hypothek auf den Lastwagen erstreckt.

Der Lastwagen ist als Zubehör in die Haftung des Grundstücks einbezogen, wenn er in das Eigentum des Grundstückseigentümers K gelangt ist, vgl. § 1120. Durch den Kauf hat K noch kein Eigentum erworben, da sich der Verkäufer V bis zur vollständigen Zahlung des Kaufpreises das Eigentum vorbehalten hat; K steht aber ein Anwartschaftsrecht zu. Mit vollständiger Kaufpreiszahlung ist das Eigentum direkt auf die Bank übergegangen, da ihr das Anwartschaftsrecht von K übertragen wurde. Ein „Durchgangserwerb" des K, der dazu führen würde, dass der Lastwagen in den Haftungsverband der Hypothek geraten wäre, wird heute allgemein abgelehnt (vgl. Rn. 407). K war also zu keinem Zeitpunkt Eigentümer des Lastwagens. Doch obwohl der Lastwagen nie in das Eigentum des K gelangt war, unterliegt er der hypothekarischen Haftung, wenn das Anwartschaftsrecht bereits in den Haftungsverband fiel. Dabei kann eine Einbeziehung in den Haftungsverband über eine entsprechende Anwendung des § 1120 erfolgen: Hier ließe sich etwa anführen, dass der Hypothekenschuldner durch Abtreten des Anwartschaftsrechts mittelbar über das Vollrecht verfügt und er sich dadurch wirtschaftlich den Wert des Gegenstands zugeführt hat, wenn er diesen als Kreditunterlage einsetzt. Eine Enthaftung gemäß § 1121 ist nicht erfolgt, da es zu keiner dauerhaften Entfernung des Lastwagens von dem Grundstück gekommen ist. Folglich wird mit Bedingungseintritt, d. h. mit der Kaufpreiszahlung, nach dem Gedanken der dinglichen Surrogation (analog § 1287) auch das Eigentum von der hypothekarischen Haftung erfasst.

**Vertiefung:** Hier handelt es sich um ein Problem des Anwartschaftsrechts an beweglichen Sachen als Grundstückszubehör. Dass Pfandrechte an Anwartschaftsrechten entstehen können und bei Bedingungseintritt zu Belastungen am Eigentum erstarken, gilt mittlerweile als allgemein anerkannt (BGH NJW 1965, 1475; OLG Düsseldorf NJW-RR 1998, 559 [560]; Kindl, ZJS 2008, 477 [486]). Wäre das Anwartschaftsrecht in der Hand des K mit Bedingungseintritt zum Vollrecht erstarkt, hätte sich die Frage erübrigt: Es genügt, wenn Pfandrecht und Eigentum am Zubehör zu „irgendeinem Zeitpunkt" (Palandt/Herrler, § 1120, Rn. 6) zusammentreffen. Wäre K selbst Eigentümer geworden, lägen die Voraussetzungen zweifelsfrei vor. Ein Zusammentreffen hätte jedoch möglicherweise entfallen können, wenn das Anwartschaftsrecht vor Bedingungseintritt auf einen Dritten übertragen worden wäre, da die allgemeine Auffassung einen Durchgangserwerb des ursprünglich Anwartschaftsberechtigten heute ablehnt und es somit in der Hand des Erwerbers, hier: der Bank, zum Vollrecht erstarkt. Daher wären in dieser Konstellation Eigentum des Grundstücksinhabers und Pfandrecht nicht zusammengetroffen, auch nicht für den denkbar kürzesten Moment. Daher kam es im Fall der Weiterverfügung durch K an die Bank darauf an, ob bereits das Anwartschaftsrecht in den Haftungsverband fällt, was heute wegen der „Wesensgleichheit mit dem Eigentum" überwiegend bejaht wird (MüKo/Lieder, 7. Aufl. (2017), § 1120, Rn. 33 f.; Schulze/Staudinger, § 1120, Rn. 17). Die Bank hat demnach nie ein unbelastetes Anwartschaftsrecht erworben. Sie erlangt bei Bedingungseintritt daher nur belastetes Eigentum (§ 1287 analog). Ein gutgläubiger lastenfreier Erwerb (§ 936) muss zudem angesichts der spezielleren Regelungen der §§ 1121, 1122 außer Betracht bleiben. Nur, wenn das Anwartschaftsrecht erlischt, ohne dass der Grundstückseigentümer Inhaber des Vollrechts geworden wäre (etwa, weil der Bedingungseintritt wegen Rücktritts vom Vorbehaltskauf unmöglich ge- 586 worden ist) oder wenn die Enthaftung nach den §§ 1121, 1122 durch Entfernung erfolgt ist, kann die Haftung enden: Im Fall des Rücktritts erlischt das Anwartschaftsrecht; dann hätte die Bank allerdings das Anwartschaftsrecht auch nicht erwerben können. Wäre der Verkäufer dagegen erst *nach* Übertragung des Anwartschaftsrechts an die Bank zurückgetreten, könnte sie den Rücktritt durch Begleichung der Restkaufpreisforderung abwenden. Und im Fall der Enthaftung durch dauerhaftes Entfernen hätte sich die Bank den Gegenstand sichern können, indem sie ihn vom Grundstück holt.

**587** Bis zur Beschlagnahme wäre eine Enthaftung durch Veräußerung oder Entfernung gemäß § 1121 I unproblematisch möglich gewesen. Nach der Beschlagnahme greifen die Vorschriften der §§ 1121, 1122. Die Beschlagnahme führt zu einem relativen Veräußerungsverbot gemäß §§ 135, 136. Ein gutgläubiger Erwerb bleibt damit zwar grundsätzlich möglich, der Erwerber muss dann aber gutgläubig hinsichtlich der Beschlagnahme sein. Dann ist zu unterscheiden, ob die Entfernung oder die Veräußerung als letzter Schritt erfolgt sind: Stellt die *Veräußerung* den letzten Schritt dar, kommt ein gutgläubiger Erwerb gemäß §§ 136, 135 II, 932 II in Betracht, wenn der Erwerber die Voraussetzungen hinsichtlich der Beschlagnahme erfüllt. Sind dagegen Beschlagnahme und/oder Veräußerung bereits erfolgt und steht die Entfernung als letzter Schritt aus, regelt § 1121 II diese Konstellation. Die Vorschrift ist nötig, weil eine „Entfernung" keine Veräußerung darstellt, folglich §§ 136, 135, 932 II hierüber keine Aussage treffen. Gemäß § 1121 II muss der Erwerber auch noch bei der Entfernung gutgläubig hinsichtlich der Beschlagnahmefreiheit der Sache sein. Doch Vorsicht! Diese Möglichkeit wird durch Besonderheiten des Zwangsvollstreckungsrechts eingeschränkt: Die Kenntnis vom Versteigerungsantrag steht der Kenntnis der Beschlagnahme nach § 23 II S. 1 ZVG gleich. Und spätestens mit Eintragung des Versteigerungsvermerks ins Grundbuch gemäß § 23 II S. 2 ZVG ist ein gutgläubiger lastenfreier Erwerb von Zubehörgegenständen nicht mehr möglich!

**Hinweis:** Grundlegend Kindl, ZJS 2008, 477; Zur Kollision mehrerer Sicherungsrechte Bredemeyer, JURA 2012, 612.

**588** **Für Weiterdenker:** Aufgrund der Behandlung des Anwartschaftsrechts im Haftungsverband der Hypothek ist erörtert worden, ob die Parteien das Anwartschaftsrecht einvernehmlich aufheben könnten (so etwa der BGH mit dem Argument, dass der Hypothekar ohnehin mit einer Enthaftung durch Veräußerung und Entfernung rechnen müsse) oder ob dem eine analoge Anwendung von § 1276 I entgegen stehen solle (so weite Teile der Literatur, etwa MüKo/Lieder, 7. Aufl. (2017), § 1120, Rn. 34 m.w.N.).

**589** **– Miet- und Pachtzinsen als Teil des Haftungsverbands.** Grundsätzlich gehören gemäß §§ 1123 ff. auch Miet- und Pachtzinsen zum Haftungsverband. Für Banken kann daher die Höhe der Mieteinnahmen von Bedeutung sein, wenn das belastete Grundstück etwa mit einem großen Mietshaus bebaut ist. Die Bebauung eines Grundstücks kann sich jedoch ändern. Sie kann zerstört werden oder ihren Wert einbüßen, wenn etwa eine Fabrik schließt oder ein Mietshaus abbrennt.

Das offenbart zugleich eine Schwäche des Realkredits. Der Wert der Sicherheit kann sich im Umfang der Wertminderung der zur Sicherheit gegebenen Sache verringern. Der Gesetzgeber hat den Inhaber des Sicherungsrechts vor allem im Hinblick auf die größten Risiken der Wertminderung eines Grundstücks wie etwa Brandschäden durch § 1127 I geschützt: Bestand eine (Feuer-)Versicherung für das belastete Grundstück, tritt die Forderung des Grundstückseigentümers gegen die Versicherung an die Stelle des Grundstücks, § 1127 I. Der Versicherungsschutz eines Gebäudes kommt also auch dem Grundpfandgläubiger zugute: Die Hypothek erstreckt sich auch auf die Forderung gegen das Versicherungsunternehmen.

**Hinweis:** Da solche Versicherungen keine Pflichtversicherungen sind, zu deren Abschluss jeder Hauseigentümer gesetzlich verpflichtet ist, bestehen die Grundpfandgläubiger üblicherweise bei Bestellung ihrer Rechte darauf, dass derartige Versicherungen abgeschlossen werden. Die Darlehensvaluta wird erst ausgezahlt, wenn die Versicherungspolice vorgelegt wird. § 1127 I erstreckt sich jedoch nicht auf Schadensersatzansprüche des Eigentümers wegen Beschädigung des Grundstücks.

## F. Geltendmachung der Hypothek – Bezüge zur ZPO

Zum Abschluss noch einige Hinweise zur Geltendmachung der Hypothek: Der **590** Gläubiger kann Befriedigung aus der Hypothek suchen, wenn die Forderung trotz Fälligkeit nicht beglichen wird, und zwar in Höhe der offen stehenden Forderung, sofern sie von der Hypothek umfasst war. War mit der Hypothek ein Darlehen gesichert, kann der Darlehensgeber auch Rückforderung aus dem Darlehensvertrag geltend machen. Er könnte den Schuldner aus § 488 I auf Rückzahlung der Darlehenssumme verklagen und dieses Urteil gegebenenfalls in dessen Vermögen vollstrecken. Zum Vermögen des Schuldners gehört regelmäßig auch ein in dessen Eigentum stehendes Grundstück. Allerdings muss der Gläubiger, der aus der Forderung vorgeht, den eingetragenen Grundstücksrechten, insbesondere also allen Grundpfandrechten, in Abteilung 3 Vorrang zugestehen. Das kann bedeuten, dass der Gläubiger geringe Befriedigungsaussichten hat, wenn noch andere Grundpfandrechte auf das Grundstück des Schuldners eingetragen sind. Daher ist dem Gläubiger stets zu raten, Befriedigung aus dem Sicherungsrecht Hypothek zu suchen.

§ 1147 verweist für die Befriedigung des Hypothekengläubigers aus dem Grund- **591** stück und den Gegenständen, auf die sich die Hypothek erstreckt, auf die Zwangsvollstreckung gemäß §§ 864 ff. ZPO. Wie zu Beginn dieser Einheit erwähnt, bietet die ZPO als Möglichkeiten einer derartigen Zwangsvollstreckung die Zwangshypothek, die Zwangsversteigerung oder die Zwangsverwaltung an, § 866 I ZPO. Dabei kommen insbesondere die Zwangsversteigerung mit dem Ziel der Befriedigung aus der Substanz des Grundstücks und die Zwangsverwaltung, bei der die Befriedigung aus laufenden Erträgen wie etwa Mietzinsen erfolgen kann, in Frage. Für die Durchführung von Zwangsverwaltung und Zwangsversteigerung verweist § 869 ZPO auf das ZVG.

**Hinweis:** Die Eintragung einer Zwangshypothek erübrigt sich im Regelfall angesichts der Tatsache, dass dem Gläubiger, der aus der Hypothek Befriedigung sucht, ja bereits ein dingliches Sicherungsrecht (nämlich die rechtsgeschäftlich bestellte Hypothek) zusteht.

Der Verweis in § 1147 auf die Zwangsvollstreckung beinhaltet zugleich, dass deren Voraussetzungen vorliegen müssen. Der Gläubiger muss zunächst einen Titel für die Hypothek erwirken. Einen derartigen Titel stellt im Regelfall das Urteil dar.

**Hinweis:** Bei Grundpfandrechten macht die Praxis zudem Gebrauch von der Möglichkeit des § 794 I Nr. 5 ZPO, wonach als Vollstreckungstitel statt eines Urteils auch eine notarielle Urkunde in Frage kommt, in der sich der Schuldner der sofortigen Zwangsvollstreckung unterwirft. Damit erübrigt sich der umständlichere Weg, die Hypothek im Klageweg geltend zu machen.

592 Bei der Geltendmachung der Hypothek im Wege der Klage ist der rechtliche Charakter dieses dinglichen Haftungsrechts zu berücksichtigen. Da es sich nicht um eine persönliche Schuld, sondern um die Geltendmachung der Haftung handelt, darf die Klage nicht „auf Zahlung“ gerichtet sein: Der Klageantrag muss auf „Duldung der Vollstreckung“ in das entsprechende Grundstück lauten. Ist der Beklagte auch der persönliche Schuldner – haftet er also mit der Hypothek für eine eigene Schuld (etwa eine Darlehensforderung) gegenüber dem Gläubiger – können die Klagen miteinander verbunden werden. Der Klageantrag könnte dann dahingehend lauten, den Schuldner zu verurteilen, Zahlung an den Kläger beispielsweise in Höhe von 20 000 € zu leisten und wegen dieses Betrags die Zwangsvollstreckung in das Grundstück zu dulden.

Für die dingliche Hypothekenklage besteht gemäß § 24 ZPO der ausschließliche Gerichtsstand der „belegenen Sache“. Sollte dieser Gerichtsstand wegen gleichzeitig geltend gemachter Ansprüche aus dem Darlehen einmal nicht begründet sein, können gemäß § 25 ZPO beide Klagen gemeinsam am dinglichen Gerichtsstand erhoben werden. Hat der Gläubiger im Wege der Zwangsvollstreckung Befriedigung erlangt, erlischt die Hypothek.

**Literatur:** *Braun, Sebastian/Schultheiß, Tilman:* Grundfälle zu Hypothek und Grundschuld, JuS 2013, 871–875, 973–976; *Bredemeyer, Dierk:* Regresskollision bei Mehrheiten von Sicherungen, JURA 2012, 612–617; *Buettner, Andreas:* Grundbuchrechtlicher Schutz gegen die mangelnde Valutierung der Buchhypothek, ZJS 2008, 330–335; *Graf Wolfskeel v. Reichenberg, Luitpold:* Die Erstreckung von Grundpfandrechten bei Erwerb des Alleineigentums, NJW 2018, 342–347; *Kindl, Johann:* Eigentumsvorbehalt und Anwartschaftsrecht, ZJS 2008, 477–487; *Rimmelspacher, Bruno/Stürner, Michael:* Kreditsicherungsrecht, 3. Auflage 2017; *Schreiber, Klaus:* Der Ersterwerb der Hypothek, JURA 2013, 1013–1016; *von Bismarck, Moritz:* Grundpfandrechte: Einführung in die Rechtsverhältnisse und Ersterwerb, JA 2011, 572–579; *Weiß, Johannes:* Grundpfandrechte, JURA 2017, 121–129.

**Falllösung:** JuS 2014, 51; JuS 2018, 360; ZJS 2012, 634.

# 18. Einheit – Die Hypothek bei beglichener Forderung. Der gutgläubige Erwerb

## A. Das Schicksal der Hypothek bei beglichener Forderung

Die letzte Einheit hatte schon gezeigt, wie eng die Hypothek mit der Forderung verbunden ist: Vor Darlehensauszahlung kann eine Hypothek nur als Eigentümergrundschuld entstehen. Bleibt eine Forderung dagegen unbeglichen, erfüllt die Hypothek ihren eigentlichen Zweck: Es wird in das belastete Grundstück des Schuldners vollstreckt. Offen geblieben ist nur noch die Frage, was mit der Hypothek geschieht, wenn die Forderung entstanden ist und dann beglichen wurde. Wurde die Rückzahlungspflicht erfüllt, fehlt sowohl die Notwendigkeit einer Sicherheit als auch die Rechtfertigung einer Vollstreckung. Doch selbst bei Leistung des Schuldners kann es zu Komplikationen kommen, wenn etwa an den falschen Gläubiger oder Hypothekar gezahlt wurde. 593

### I. Der Ausgangsfall: Ordnungsgemäße Tilgung der gesicherten Forderung

Wird die hypothekarisch gesicherte Forderung beglichen, steht dem Gläubiger der Forderung schon wegen des Akzessorietätsprinzips keine Hypothek mehr zu. Denkbar wären zwei Möglichkeiten: Die Hypothek könnte auf solche Art erlöschen, dass die Rangstelle frei wird und nachfolgende Berechtigte aufrücken. Die Position des überflüssig gewordenen Grundpfandrechts könnte aber auch dem Eigentümer zugesprochen werden. Das Gesetz entscheidet sich für die zuletzt genannte Möglichkeit. Nach § 1163 I S. 2 erwirbt der Eigentümer die Hypothek, wenn die Forderung erlischt. Auch dann tritt der in der letzten Einheit geschilderte Automatismus ein: Ohne Forderung kann das Grundpfandrecht nicht mehr als Hypothek fortbestehen; es wandelt sich nach § 1177 I in eine Eigentümergrundschuld. 594

**Hinweis:** Auch nach Begleichen der Forderung bleibt die Hypothek im Grundbuch eingetragen: Das Grundbuch ändert sich nicht selbstständig. Der Eigentümer kann aber einen Antrag auf Grundbuchänderung – auf Eintragung seiner Eigentümergrundschuld oder auf Löschung der Hypothek – stellen. Anders verhält es sich nur bei Aufhebung der Hypothek nach § 1183, vgl. Einheit 17, D. II. Zum Problemfall der nichtvalutierten Buchhypothek sei erneut auf Buettner, ZJS 2008, 330 hingewiesen.

**Vertiefung:** Wird ein Darlehen zurückgezahlt, wandelt sich gemäß §§ 1163 I S. 2, 1177 I 1 die Hypothek in eine Eigentümergrundschuld um. Was aber geschieht, wenn neben dieser erstrangigen Hypothek noch weitere nachrangige Sicherheiten bestehen? Die nachrangigen Sicherheitsgläubiger könnten sich ungerecht behandelt fühlen, wenn ihnen keine Möglichkeit gegeben wird, jemals in der Rangfolge aufzusteigen: Zum Löschungsanspruch des nachrangigen Grundpfandgläubigers Schwab, JuS 2010, 385.

## II. Die Befriedigung bei Identität von Schuldner und Eigentümer des belasteten Grundstücks

595 Sind Schuldner und Eigentümer identisch – haftet also der Grundstückseigentümer für eine eigene Schuld gegenüber dem Gläubiger –, ist zu unterscheiden, ob der Schuldner selbst oder ein Dritter auf die Forderung geleistet hat.

596 **1. Leistung durch den Schuldner.** Hat der Darlehensschuldner geleistet, tritt der oben beschriebene Ausgangsfall ein: Die Hypothek fällt als Eigentümergrundschuld an ihn selbst, §§ 1163 I 2, 1177 I.

**Beispiel:** Grundstückseigentümer G hat bei U ein Darlehen aufgenommen und U dafür eine Hypothek bestellt. Nachdem er das Darlehen zurückgezahlt hat, fällt die Hypothek als Eigentümergrundschuld an G.

597 **2. Ablösung durch Dritte.** Denkbar ist jedoch auch der Fall, dass Dritte die Forderung begleichen und die Forderung in der Folge erlischt. Dann stellt sich die Frage, ob der leistende Dritte die Forderung und/oder die Hypothek erwirbt.

**Fall 60:** Grundstückseigentümer G hat bei U ein Darlehen über 50 000 € aufgenommen und mit einer Hypothek an dem Grundstück gesichert. Auf dem Grundstück befindet sich auch das Haus, in dem G mit seiner Ehefrau E und seinen drei Kindern lebt. Aufgrund geschäftlicher Nachlässigkeiten bleibt G bei Fälligkeit zahlungsunfähig: U droht die Zwangsversteigerung an. Das will E nicht hinnehmen. Sie lässt sich von ihrem Vater ihr Erbe auszahlen und begleicht die Schulden ihres Mannes bei U. Geht dann auch die Forderung und die Hypothek auf E über? Hat sie – da eine Briefhypothek bestellt war – auch das Recht, sich den Hypothekenbrief von U aushändigen zu lassen?

Die Berechtigung der E zur Ablösung könnte sich aus § 268 ergeben. Demzufolge darf jeder auf die Schuld eines anderen leisten, der Gefahr läuft, durch die Zwangsvollstreckung ein (dingliches) Recht an dem Gegenstand zu verlieren. Dieses Ablösungsrecht besteht selbst dann, wenn der Schuldner widerspricht. Die Ehefrau des G ist Besitzerin der auf dem Grundstück befindlichen Familienwohnung. Sie hat ein berechtigtes Interesse daran, ihren Besitz durch Leistung an U gegen die Zwangsversteigerung zu verteidigen. Für die Hypothek erweitert § 1150 dieses Ablösungsrecht noch: Demnach wird ein Ablösungsrecht schon dann zugestanden, wenn der Gläubiger Befriedigung aus dem Grundstück verlangt, nicht erst dann – wie es § 268 I für den Regelfall vorsieht –, wenn der Gläubiger die Zwangsvollstreckung betreibt. Ein solches „vorverlagertes“ Ablösungsrecht steht E hier zu. Macht sie davon Gebrauch und zahlt an U, geht dessen Forderung nach §§ 1150, 268 III auf sie über. Mit der Forderung erwirbt E auch die Hypothek, §§ 401 I, 412, 1153 I. Zudem erlangt E kraft Gesetzes das Eigentum an dem Hypothekenbrief (§ 952), dessen Besitz später für die Geltendmachung des Hypothekenrechts erforderlich ist, § 1160. E kann nach §§ 1150, 1144 die Aushändigung des Hypothekenbriefes bei Befriedigung des U verlangen.

### III. Die Befriedigung bei Auseinanderfallen von Schuldner und Eigentümer

Während auf Gläubigerseite Forderungsanspruch und dingliche Berechtigung (Hypothek) zusammentreffen müssen (vgl. oben, Rn. 563), können auf Schuldnerseite Eigentum und Haftung auseinander fallen: Jedem Grundstückseigentümer steht es frei, für die Schuld eines anderen zu haften. 598

**Beispielsfall 61:** B braucht dringend einen Kredit: Er leiht von Sparkasse S 20 000 €, wird aber um eine Sicherheit – möglichst eine Realsicherheit – gebeten. B fragt seinen Bruder, den Grundstückseigentümer G, ob dieser bereit sei, eine Hypothek für S zu bestellen. G willigt ein.

In den Fällen, in denen der Schuldner und der Eigentümer des mit der Sicherheit belasteten Grundstücks nicht identisch sind, muss unterschieden werden, ob der Schuldner der Forderung oder der Sicherungsgeber (= Grundstückseigentümer) den Gläubiger befriedigt hat.

**1. Leistung durch den Eigentümer des Grundstücks.** Der Eigentümer des belasteten Grundstücks kann die Forderung begleichen, um bei Zahlungsunfähigkeit des Schuldners eine drohende Zwangsvollstreckung in das Grundstück zu vermeiden, vgl. § 1142 I. 599

**Beispiel zu oben Fall 61:** Bliebe B in Fall 61 etwa zahlungsunfähig, könnte G die 20 000 € an S zurückzahlen, um die Zwangsversteigerung seines Grundstücks zu verhindern.

Damit geht die Forderung des Gläubigers aus dem Darlehensvertrag auf den Hypothekar (also den Grundstückseigentümer) über, § 1143 I S. 1. Dem Übergang der Forderung folgt die Hypothek, § 1153 I (vgl. dazu auch unten, Zweiterwerb der Hypothek). Da die Hypothek auf den Grundstückseigentümer übergegangen ist, entsteht eine Eigentümerhypothek.

**Hinweis:** Warum greift an dieser Stelle nicht die „automatische" Umwandlung von der Eigentümerhypothek in die Eigentümergrundschuld? Die Antwort liefert – einmal mehr – der Gesetzestext: Treffen Eigentum und Hypothek in einer Person zusammen, entsteht nur dann eine Eigentümergrundschuld, wenn dem Eigentümer die Forderung nicht zusteht, § 1177 I. Solange der Eigentümer auch die Forderung innehat, sind seine Rechte aus der Hypothek nur „nach den für die Grundschuld des Eigentümers geltenden Vorschriften" zu bestimmen, § 1177 II.

Will nun der Grundstückseigentümer (im Beispiel: G) seinerseits gegen den Schuldner (B) vorgehen, kann er das nur aus der Forderung. Wollte er seine Rechte aus der Hypothek geltend machen, müsste er Zwangsvollstreckung in sein eigenes Grundstück betreiben. § 1197 I schließt ein solches Vorgehen aus.

War allerdings der Eigentümer gegenüber dem Schuldner zur Leistung an den Gläubiger verpflichtet, steht dem Schuldner eine Einwendung gegen die übergegangene Forderung aus dem Innenverhältnis zu. Eine solche Verpflichtung könnte sich etwa ergeben, wenn der Eigentümer das Grundstück einst vom Schuldner gekauft und sich bei der Kaufpreisabsprache zur Befriedigung des Gläubigers verpflichtet 600 hätte. Der Grundeigentümer scheitert in einem solchen Fall mit seinem Ansinnen, Befriedigung durch Geltendmachung der Forderung zu erreichen. Die Forderung erlischt. Dadurch wandelt sich die Hypothek in eine Eigentümergrundschuld, vgl. § 1177 I.

**Beispiel:** G kauft von S ein Haus mit Grundstück, das mit einer Hypothek der B-Bank über 50 000 € belastet ist. Da sich G bereit erklärt, die Hypothek der B-Bank abzulösen, erhält er das Grundstück für 200 000 € statt für 250 000 €. Tatsächlich begleicht G die Forderung der Bank. Da er aus dem Innenverhältnis zur Begleichung der Forderung verpflichtet war, kann er nicht aus der Forderung gegen S vorgehen. – Das Beispiel verdeutlicht, warum das Ergebnis auch aus wirtschaftlichen Gesichtspunkten gerecht ist: G hat unter der Maßgabe, dass er die Forderung bei B ablöst, einen Preisnachlass von 50 000 € erhalten. Es widerspräche dem Sinn dieser Vereinbarung, wenn er aus der auf ihn übergegangenen Forderung noch einmal 50 000 € von S verlangen könnte.

601 **2. Leistung durch den Schuldner der Forderung.** Kommt der Schuldner seinen Zahlungspflichten gegenüber dem Gläubiger nach und ist er dazu auch im Verhältnis zum Eigentümer verpflichtet, erlischt die Forderung. Die Hypothek wandelt sich gemäß § 1163 I S. 2 i. V. m. § 1177 I in eine Eigentümergrundschuld.

**Beispiel zu oben Fall 61:** G hat der Sparkasse S für die Schulden seines Bruders B eine Hypothek auf sein Grundstück bestellt. B ist zuverlässig und zahlt sein Darlehen bei S pünktlich ab. Damit erlischt die Forderung; die Hypothek wandelt sich in eine Eigentümergrundschuld des G.

Anders liegt der Fall, wenn der Schuldner für seine Leistung Regress beim Grundstückseigentümer nehmen kann. Ein solcher Ersatzanspruch kann dem Schuldner zustehen, wenn eigentlich der Grundstückseigentümer zur Leistung verpflichtet gewesen wäre. Eine solche Konstellation ergab sich etwa in dem oben dargestellten Beispiel einer Kaufpreisverpflichtung zwischen Schuldner und Eigentümer: Der Grundeigentümer sichert beim Erwerb des Grundstücks zu, den Gläubiger des Schuldners zu befriedigen. Kommt der Eigentümer dieser Pflicht nicht nach und leistet stattdessen der Schuldner, steht ihm in der Folge ein Ersatzanspruch gegen den Eigentümer zu. In diesem Fall geht die Hypothek kraft Gesetzes (§ 1164 I) auf den vormaligen Schuldner über. Sie sichert nun aber nicht mehr die inzwischen erloschene Forderung des mittlerweile befriedigten Gläubigers, sondern den Ersatzanspruch gegen den Eigentümer. Somit liegt hier eine gesetzliche Forderungsauswechslung vor (zur Forderungsauswechslung allgemein vgl. Rn. 577).

**Vertiefungshinweis:** Zur Zahlung an den Altgläubiger einer Forderung nach erfolgter Forderungszession Klose, JA 2013, 568.

## B. Einwendungen und Einreden bei der Inanspruchnahme durch den Hypothekar

### I. Überblick

Der Haftende muss sich gegen eine Inanspruchnahme durch den Hypothekar verteidigen können. Dazu kann er sich der Einwendungen und Einreden bedienen. Auch hier kommt es darauf an, ob der persönliche Schuldner eine Einwendung oder Einrede erhebt, ohne auch der dinglich Haftende zu sein, oder ob der persönliche Schuldner mit dem haftenden Grundstückseigentümer identisch ist. Im letzten Fall muss dann erneut unterschieden werden, ob die Einwendung oder Einrede pfandrechts- oder forderungsbezogen ist. **602**

### II. Einwendungen und Einreden des persönlichen Schuldners

Grundsätzlich stehen dem persönlichen Schuldner alle rechtshindernden und rechtsvernichtenden Einwendungen zu, die der Geltendmachung einer Forderung entgegengehalten werden können. Für die forderungsbezogenen Einwendungen des persönlichen Schuldners kommt es nicht darauf an, ob die Forderung gesichert war. Im Gegenzug kann der persönliche Schuldner keine Einwendungen bezüglich des Grundpfandrechts geltend machen, wenn er nicht auch der Eigentümer des belasteten Grundstücks ist. Sind persönlicher Schuldner und Eigentümer identisch, kann sich der Schuldner bei Geltendmachung der Forderung den Hypothekenbrief vorlegen lassen, §§ 1160, 1161, 1162, um sicherzugehen, dass der Gläubiger noch immer Inhaber der Forderung und damit der Hypothek ist. Bei einer Buchhypothek könnte der mit dem Eigentümer identische Schuldner die Erteilung einer löschungsfähigen Quittung verlangen (§ 1144). Aus dem Sicherungsvertrag braucht der Schuldner regelmäßig nur Zug-um-Zug gegen Rückgewähr der Sicherheit zu leisten, §§ 273, 320. Dieser Zusammenhang wird besonders dann relevant, wenn aufgrund eines gutgläubigen Erwerbs ausnahmsweise Forderung und Hypothek auseinanderfallen, vgl. Rn. 581, 623. **603**

### III. Einwendungen des Eigentümers

Dem Eigentümer stehen die pfandrechtsbezogenen Einwendungen zu. Er könnte beispielsweise geltend machen, bei der Bestellung der Hypothek geschäftsunfähig gewesen zu sein, wodurch die Wirksamkeit der dinglichen Einigung entfiele. Aufgrund der Sicherungsabrede kann er auch geltend machen, dass der Gläubiger bereit gewesen sei, die Verwertung der Hypothek zu stunden, § 271 II. Außerdem kann sich der Eigentümer gegen die Zwangsvollstreckung wehren, indem er forderungs- und schuldnerbezogene Einreden erhebt, § 1137 I S. 1. Da die Hypothek akzessorisch ist, entsprechen diese Regelungen denen für andere akzessorische Sicherheiten wie Bürgschaft oder Pfandrecht. Grundsätzlich verhindern alle Einreden, an denen die Geltendmachung der Forderung scheitert, wegen des Akzessorietätsprin- **604** zips auch die Geltendmachung der Hypothek. Es entsteht dann automatisch eine Eigentümergrundschuld. Außerdem verweist § 1137 I S. 1 auf die Einreden des Bürgen gemäß § 770, die dadurch ebenfalls anwendbar sind.

605 **Vertiefung:** Dabei ist zwischen den beiden Fällen des § 1137 I S. 1 zu unterscheiden: Der erste Fall meint die Einreden des persönlichen Schuldners gegen die Forderung, die im Übrigen auch nicht mit dessen Verzicht auf ihre Erhebung verloren gehen, § 1137 II. Der zweite Fall betrifft dagegen die „Einrede der Gestaltbarkeit", wie sie auch dem Bürgen gem. § 770 zusteht. Bei der Einrede der Gestaltbarkeit handelt es sich um eine eigene Einrede des Sicherungsgebers. Sie kann erhoben werden, wenn der (Haupt-)Schuldner ein Gestaltungsrecht hätte ausüben können, also beispielsweise im Fall der möglichen Anfechtbarkeit des gesicherten Darlehensvertrags. Da es sich bei der Einrede der Gestaltbarkeit um eine Einrede handelt, die dem Sicherungsgeber selbst zusteht, gilt für diesen Fall § 1137 II gerade nicht. Denn dieser Absatz bezieht sich auf Einreden des Schuldners gegen die Forderung (die dann der Eigentümer als Sicherungsgeber gemäß § 1137 I S. 1 erheben dürfte).

606 Allerdings kann sich der Eigentümer nicht auf Verjährung der gesicherten Forderung berufen, vgl. § 216 I.

**Hinweis:** Dies gilt übrigens auch für die (ansonsten streng akzessorische) Sicherungshypothek. § 216 durchbricht insofern die strenge Bindung an die Forderung und stellt klar, dass auch die Rechte aus der Sicherungshypothek trotz Verjährung ausgeübt werden können.

## C. Erwerb der Hypothek

607 Als dingliches Recht kann eine Hypothek auch veräußert und erworben werden. Dabei sind – wie etwa beim Erwerb eines Anwartschaftsrechts – erneut Erst- und Zweiterwerb zu unterscheiden.

### I. Ersterwerb

608 Der Ersterwerb ist gegeben, wenn eine Hypothek vom Grundstückseigentümer für den Gläubiger einer Forderung bestellt wird.

**Beispiel:** E ist Eigentümer eines Grundstücks. Er leiht 20 000 € von Geldgeber G und bestellt ihm dafür eine Hypothek. Da nichts anderes vereinbart ist, wird eine Verkehrshypothek als Briefhypothek bestellt: E und G einigen sich gemäß § 873 auf die Bestellung einer Hypothek in Höhe von 20 000 € für G an dem Grundstück des E. G wird in das Grundbuch eingetragen und erhält den Hypothekenbrief. Damit ist der Erwerb seiner Hypothek abgeschlossen.

Von „Ersterwerb" spricht man immer dann, wenn ein Grundpfandrecht vom Eigentümer direkt für den Berechtigten erstellt wird. Auf die Art der Hypothek kommt es nicht an. Auch eine Buchhypothek wird erstmals mit der Bestellung durch den Grundeigentümer vom Berechtigten erworben; die unterschiedlichen Hypothekenarten entscheiden nur darüber, in welchem Zeitpunkt die Hypothek wirksam wird.

## II. Zweiterwerb

Ein Zweiterwerb liegt vor, wenn eine Hypothek nicht direkt vom Eigentümer für den Berechtigten bestellt wird, sondern eine bereits bestehende Hypothek vom Hypothekar an einen anderen weiterveräußert wird. 609

**Beispiel:** E ist Eigentümer eines Grundstücks, G sein Geldgeber, für den eine Hypothek über 20 000 € bestellt ist. G möchte weder auf Fälligkeit der Forderung warten noch die Hypothek erst später bei Vollstreckung „gebrauchen" können: G selbst ist nämlich in Zahlungsschwierigkeiten geraten. Er veräußert daher „die Hypothek" für 15 000 € an die Bank B.

Hier geht es also um die Übertragung einer schon bestehenden Hypothek auf einen anderen als den (bisherigen) Hypothekar oder den Grundstückseigentümer. Grundsätzlich können dingliche Rechte an Grundstücken nach § 873 übertragen werden. Auch die Hypothek als dingliches Recht an einem Grundstück ist dementsprechend zu veräußern. Allerdings kann eine Hypothek wegen des streng durchgehaltenen Akzessorietätsprinzips nur erworben werden, wenn zugleich die Forderung übergeht. Der Gesetzgeber hat dieser Voraussetzung in den §§ 1154 I, 1153 I Rechnung getragen. Demzufolge wird niemals die Hypothek selbst, sondern stets die hypothekarisch gesicherte Forderung übertragen. Die Übertragung der Forderung bewirkt zugleich einen Übergang der Hypothek: Durch die akzessorische Verbindung mit der Forderung folgt ihr die Hypothek nach. Auch wenn im Rechtsverkehr von der Veräußerung der Hypothek gesprochen wird, handelt es sich also tatsächlich um die Abtretung einer Forderung. Grundvoraussetzung für die Übertragung einer Hypothek ist daher die Zession der Forderung gemäß § 398. Die Hypothek als akzessorisches Sicherungsrecht folgt dann der zedierten Forderung nach. Als problematisch hätte sich dann aber erweisen können, dass die Zession normalerweise formlos (und außerhalb des Grundbuchs) erfolgt. Das hätte insbesondere im Fall der Briefhypothek die formlose Übertragung des Sicherungsrechts und damit eine Durchbrechung des Publizitätsprinzips zur Folge gehabt. Diesem Problem hat der Gesetzgeber durch § 1154 I S. 1 abgeholfen. Die Vorschrift fordert für die Erteilung der Abtretungserklärung durch den bisherigen Hypothekar (also den Zedenten) die Schriftform, während die Vertragserklärung des Übernehmenden formfrei bleibt. Statt der Schriftform ist auch Eintragung im Grundbuch möglich, § 1154 II. Außerdem müssen je nach Form der bestellten Hypothek noch weitere Erfordernisse hinzukommen: Bei der Briefhypothek etwa die Übergabe des Briefes, vgl. unten Rn. 610. Bei der Buchhypothek bestimmt § 1154 III, dass sich die Übertragung entsprechend der §§ 873, 878 durch Einigung und Eintragung vollziehen soll. Bei der Buchhypothek ist eine schriftliche Ausfertigung der Abtretungserklärung wegen der zwingenden Eintragung im Grundbuch nicht nötig. Im Wesentlichen richtet sich die Übertragung der Hypothek somit nach der jeweiligen Grundform ihrer Bestellung: Das hat in der Didaktik die Kurzformel geprägt, die „Dienerin zwinge der Herrin die Form auf"; dabei ist mit „Dienerin" das Sicherungsrecht, mit Herrin die Forderung gemeint.

**Vertiefung und Literatur:** Zum Formerfordernis der Abtretungserklärung Wagner in JA 2014, 13. Eine Übersicht über den Zweiterwerb gibt es bei von Bismarck, JA 2011, 652.

610 – **Besonderheiten beim Zweiterwerb der Briefhypothek.** Bei der Briefhypothek ist gemäß § 1154 I außerdem die Übergabe des Hypothekenbriefes erforderlich. Hier zeigt sich dann der Vorteil der Briefhypothek für den rechtsgeschäftlichen Verkehr: Bei Verfügungen über eine bereits bestehende (eingetragene) Hypothek kann der Brief bei Abtretung der Forderung übergeben werden, ohne dass notwendig das Grundbuchamt einzuschalten wäre.

**Fall 62:** G ist Inhaber einer Hypothek am Grundstück des E. Vor Fälligkeit der Forderung gegen E kommt G selbst in Zahlungsschwierigkeiten und würde die Hypothek am liebsten sofort „verwerten". Da die Hypothek am Grundstück des E noch keine Verwertungsreife hat, kommt er auf die Idee, seine Hypothek an N zu übertragen. Wie lässt sich das bewerkstelligen?

G kann seine Hypothek dadurch verwerten, dass er die hypothekarisch gesicherte Darlehensforderung auf N überträgt (zediert), ihm eine schriftliche Abtretungserklärung erteilt und den Hypothekenbrief übergibt. Damit ist der Erwerb der Hypothek durch N vollzogen. N hat zudem gemäß § 1154 I S. 2 das Recht, die Abtretungserklärung von G auf dessen Kosten öffentlich beglaubigen zu lassen.

**Hinweis:** Materiell-rechtlich ist diese gegenüber der schriftlichen Abtretungserklärung stärkere Form für die Übertragung nicht erforderlich, sie hat jedoch entscheidende Bedeutung für einen etwaigen Gutglaubensschutz: Mit der Abtretungserklärung als öffentlich beglaubigter Urkunde kann N auch dann einen Antrag auf Grundbuchänderung stellen, wenn G die Berichtigungsbewilligung verweigert.

## III. Der gutgläubige Erwerb der Hypothek

611 Die Übertragung eines Grundstücksrechts kann an der fehlenden Berechtigung des Veräußerers scheitern. In solchen Fällen kann sich der Rechtserwerb nur nach den Gutglaubensregeln vollziehen. Grundsätzlich kann auch die Hypothek gutgläubig erworben werden. Anders als beim gutgläubigen Erwerb von Grundeigentum sind aber mehrere Faktoren zu berücksichtigen: Bei der Übertragung von Grundeigentum sind die Fehlerquellen, die einen normalen Zweiterwerb scheitern lassen, überschaubar. Der Nichtberechtigte ist schlichtweg nicht der Grundeigentümer, obwohl er fälschlicherweise im Grundbuch (öffentlicher Glaube!) als solcher eingetragen ist.

Beim gutgläubigen Zweiterwerb einer Hypothek sind verschiedene Problemfelder zu berücksichtigen. Hier kann es natürlich auch einfach an der Berechtigung des Veräußerers fehlen. Das wäre beispielsweise der Fall, wenn die Hypothek nicht existiert oder einem anderen zusteht. Dann kann der öffentliche Glaube des Grundbuchs einen gutgläubigen Erwerb ermöglichen, wenn der Veräußerer trotz der fehlenden Berechtigung als Hypothekar in das Grundbuch eingetragen war. Allerdings lassen sich nicht alle Probleme des gutgläubigen Zweiterwerbs einer Hypothek über den öffentlichen Glauben des Grundbuchs lösen. Denn neben die fehlende Berechtigung des Veräußerers kann ein Mangel der Forderung treten. Daher stellt sich stets zusätzlich die Frage, ob überhaupt eine Forderung existiert und wenn ja, wem sie zusteht.

Der gutgläubige Ersterwerb einer Hypothek ist dagegen relativ übersichtlich. 612
Hier bringt es schon die akzessorische Natur der Hypothek mit sich, dass allein die Berechtigung des Verfügenden – also des mutmaßlichen Eigentümers, der aber zu Unrecht in das Grundbuch eingetragen ist – fehlt. Existiert keine Forderung, erwirbt der „Gläubiger“ auch keine Hypothek.

**Hinweis:** Grundlagen zum gutgläubigen Erwerb finden Sie bei Kindler/Paulus, JuS 2013, 490.

**1. Der gutgläubige Ersterwerb.** Zu einem gutgläubigen Ersterwerb kann es nur 613
dann kommen, wenn der Hypothekar die Hypothek unmittelbar auf die Bestellung durch den Eigentümer zurückführt. Ist der andere Teil tatsächlich Eigentümer des Grundstücks, kommt eine Hypothek „normal“ zustande. Ist der andere Teil dagegen fälschlicherweise als Eigentümer ins Grundbuch eingetragen, ist er zur Verfügung nicht berechtigt. Bestellt er dann einem anderen eine Hypothek, verfügt er als Nichtberechtigter: Der Hypothekar erwirbt die Hypothek gutgläubig gemäß § 892, sofern die Forderung besteht.

**Beispiel:** E ist infolge einer Erbschaft als Eigentümer in das Grundbuch eingetragen, obwohl laut Testament dem T das Eigentum an dem Grundstück zusteht. E nimmt bei G einen Kredit auf und bestellt diesem dafür eine Hypothek an dem Grundstück. Da E als Eigentümer in das Grundbuch eingetragen ist, erwirbt G die Hypothek gutgläubig. Gesichert wird damit auch die tatsächlich gegen E bestehende Forderung auf Darlehensrückzahlung.

Wie im Beispiel wird häufig eine Forderung auch existieren, da sonst eine Hypothek gar nicht bestellt werden müsste (und könnte). Probleme bereitet der gutgläubige Ersterwerb nur in den Fällen, in denen die Hypothek noch nicht valutiert ist, da hier zunächst dem „Eigentümer“ eine Eigentümergrundschuld zusteht. Dieser Zustand wird jedoch mit Auszahlung des Darlehensbetrages behoben: Die Hypothek entsteht.

**Abwandlung des Beispiels:** Der zu Unrecht eingetragene E bestellt zwar für G eine Hypothek; G zahlt aber das Darlehen nicht aus. Ein gutgläubiger Ersterwerb des G muss jedenfalls schon daran scheitern, dass er selbst ganz genau um das Nichtbestehen der Forderung weiß.

Eine Hypothek wird also als Ersterwerb dann gutgläubig vom Nichtberechtigten erworben, wenn auch die Forderung entstanden ist. Nur in diesen Fällen benötigt der Erwerber (Gläubiger) auch den Schutz durch die gutgläubig erworbene Hypothek für seine Forderung.

**2. Der gutgläubige Zweiterwerb.** Zu einem gutgläubigen Zweiterwerb kommt 614
es dagegen in den oben genannten Fällen, in denen eine bereits bestehende Hypothek weiterveräußert wird. Hier spielen die verschiedenen „Fehlerquellen“ eine gesteigerte Rolle: Denn auf den gutgläubigen Erwerb muss dann zurückgegriffen werden, wenn entweder die Hypothek oder die Forderung nicht existieren; in Extremfällen trifft beides zu. Dabei kann es beim gutgläubigen Zweiterwerb durchaus eine

Rolle spielen, ob eine Brief- oder eine Buchhypothek begründet wurde. Nur die Buchhypothek lässt nämlich den öffentlichen Glauben des Grundbuchs unbeschnitten. Wurde im Grundbuch eine Buchhypothek eingetragen, darf der Erwerber auf das Grundbuch vertrauen.

**Hinweis:** Grundlegend zum gutgläubigen Zweiterwerb Latta/Rademacher, JuS 2008, 1052.

615 **a.) Besonderheiten der Briefhypothek.** Bei der Briefhypothek ist dem Erwerber der Hypothekenbrief zu übergeben. Dabei gilt der Satz, dass der richtig lautende Hypothekenbrief dem unrichtigen Grundbuch vorgeht. Ist also die falsche Person in das Grundbuch eingetragen, weist der Hypothekenbrief aber den richtigen Hypothekar aus, kann sich der Erwerber nicht auf die Grundbucheintragung berufen, § 1140. Existiert dagegen die Hypothek, und fehlt es nur an der Forderung, stimmen Hypothekenbrief und Grundbuch überein: In diesen Fällen ist die Briefhypothek wie eine Buchhypothek zu behandeln, bei der es an der Forderung fehlt. Gutgläubiger Erwerb kann also bei einer Verkehrshypothek nach Maßgabe des § 1138 möglich sein (ausführlich Rn. 618).

**Vertiefung:** Ausführlich zum gutgläubigen Erwerb der Briefhypothek Brehm/Berger, § 17, Rn. 108–116.

616 **b.) Der gutgläubige Zweiterwerb in den verschiedenen Varianten.** Die unterschiedlichen Mängel, an denen der Zweiterwerb leidet, können die Hypothek oder die Forderung betreffen. Möglich ist etwa, dass die Hypothek niemals wirksam bestellt wurde oder einem anderen als dem Eingetragenen zusteht. Es kann aber auch an der Forderung fehlen, wenn beispielsweise ein Darlehen nicht ausgezahlt wurde. Selbst ein doppelter Mangel ist denkbar. Bei der Frage, ob und unter welchen Voraussetzungen ein gutgläubiger Erwerb der Hypothek möglich ist, sind diese Fälle jeweils zu unterscheiden:

617 **aa.) Nichtbestehen der Hypothek.** War der Gläubiger, der seine Hypothek an einen Dritten übertragen möchte, tatsächlich Inhaber der Forderung und war nur die Hypothekenbestellung fehlerhaft, erwirbt der Dritte die Forderung vom Berechtigten, nämlich dem Gläubiger: Die Abtretung (Zession) gemäß § 398 ist wirksam. Die nichtbestehende Hypothek kann dann gutgläubig nach Maßgabe des § 892 erworben werden, sodass die erworbene Forderung auch gesichert ist.

**Fall 63:** E ist Eigentümer eines Grundstücks: Sein Geldgeber G hat ihm ein Darlehen über 20 000 € eingeräumt. Zwei Monate später erfährt G, dass E gelegentlich hohe Summen verspielt. Daraufhin bittet er E entweder um sofortige Rückzahlung oder um eine Hypothek auf dessen Grundstück. Ohne große Widerrede ist E zur Bestellung einer Hypothek bereit, Einigung und Eintragung erfolgen. Nach einem halben Jahr stellt sich heraus, dass E im Zeitpunkt der Hypothekenbestellung unerkannt geisteskrank war. In der Zwischenzeit hatte G bereits die Hypothek an N veräußert.

Hier war G tatsächlich Inhaber der Forderung, die er zwecks Übertragung der Hypothek an N abgetreten hat: Die Zession war wirksam. N hat die Forderung des G gegen E erworben. Es fehlt allein an einer wirksam bestellten Hypothek. In diesen Fällen hilft jedoch unproblematisch § 892: Aus der Grundbucheintragung geht hervor, dass eine Hypothek zugunsten des G am Grundstück des E zur Sicherung ebendieser Forderung über 20 000 € besteht. N darf dem Inhalt des Grundbuchs vertrauen. Er erwirbt die mit der Forderung verbundene Hypothek gutgläubig gemäß §§ 1154 I, 1153 I, 398, 892.

**Hinweis:** Der gutgläubige Erwerb einer Briefhypothek ist nur unter der Einschränkung möglich, dass auch aus dem Hypothekenbrief nicht hervorging, dass möglicherweise der Falsche als Eigentümer eingetragen war.

**bb.) Nichtbestehen der Forderung.** Die Forderung selbst kann nicht gutgläubig erworben werden. Eine häufige Konstellation, bei der zwar eine Hypothek bestellt wurde, die Forderung aber (noch) nicht entstanden ist, stellt die nicht valutierte Hypothek dar. Wird die Hypothek vor Valutierung weiterveräußert, handelt es sich streng genommen noch nicht um eine Hypothek, sondern um eine Eigentümergrundschuld, vgl. Einheit 17. Ein anderer Fall, in dem die Hypothek zwar bestellt wurde, die Forderung aber nicht entstanden ist, liegt vor, wenn der Darlehensvertrag etwa wegen Willensmängeln nichtig ist. Freilich sind auch andere Konstellationen denkbar. Allen Fällen gemeinsam ist, dass am Ende eine Hypothek im Grundbuch eingetragen wurde, zu der die Forderung fehlt. Ohne Forderung könnte die Hypothek normalerweise wegen des Akzessorietätsprinzips nicht existieren. Sie könnte also auch nicht gutgläubig erworben werden. Im Fall der Verkehrshypothek hilft hier, wie bei Rn. 566 schon einmal kurz dargestellt, § 1138 weiter: Waren mit Ausnahme der Forderung alle Voraussetzungen für das Bestehen der Hypothek erfüllt, fingiert § 1138 1. Alt. das Bestehen einer Forderung für den Übergang der Hypothek, wenn der Erwerber gutgläubig bezüglich des Bestehens der Forderung war. Allerdings erwirbt er eine sogenannte „forderungsentkleidete" Hypothek: Er kann gegen den Schuldner nur aus der Hypothek, nicht aus der Forderung vorgehen. Das folgende Beispiel verdeutlicht, wie die Fallanwendung dieses Grundsatzes aussehen kann: 618

**Fall 64:** E will bei G ein Darlehen aufnehmen. G lässt sich die Hypothek bestellen und den Brief aushändigen. Obwohl die Auszahlung der Darlehensvaluta unterbleibt, veräußert G die „Hypothek" an N.

Der Fall zeigt noch einmal die Ausgangssituation: Im Grundbuch wurde eine Hypothek zugunsten des G eingetragen und der Hypothekenbrief übergeben. G unterlässt jedoch die Auszahlung des Darlehens an E, sodass es an der Forderung fehlt. Die Entstehung der Hypothek scheitert am Akzessorietätsprinzip: Da keine Forderung besteht, hat nicht G (wie eingetragen) eine Hypothek erworben, sondern E eine Eigentümergrundschuld, §§ 1163 I S. 1, 1177 I. Diese tatsächliche Rechtslage ist allerdings aus dem Grundbuch nicht ersichtlich. Daher liegt es nahe, einem gutgläubigen Dritten (hier: N), der sich auf den Inhalt des Grundbuchs im Zusammenhang mit der Vorlage des Hypothekenbriefes verlässt, einen gutgläubigen Erwerb zu ermöglichen. Voraussetzung ist, dass der „äußere Erwerbstatbestand" einer wirksamen Hypothekenübertragung (§§ 398, 1154) vorliegt. Dafür müsste jedoch eine Forderung abgetreten werden, an der es hier aber gerade fehlt: Auch Gutglaubensregeln können nichts daran ändern, dass bei einem nicht ausgezahlten Darlehen keine Rückforderung existiert. Die „Übertragung" der Hypothek ohne Forderung würde das Akzessorietätsprinzip aushebeln.

619 Die Regelung des § 1138 hilft diesem Dilemma ab. Demnach gelten die Vorschriften der §§ 891 bis 899 für die Hypothek „auch in Ansehung der Forderung". Diese Bestimmung greift in allen Fällen ein, in denen die Eintragung der Hypothek wegen Fehlens der Forderung unrichtig ist, also auch in den Fällen, in denen die zu sichernde Forderung erloschen ist, § 1163 I S. 2. Das bedeutet: Liegen an sich die Voraussetzungen des gutgläubigen Erwerbs nach § 892 vor, soll dieser nicht am Fehlen der Forderung scheitern. Im Hinblick auf das Erfordernis der Akzessorietät fingiert § 1138 gewissermaßen die Forderung, allerdings nur so weit, wie es konstruktiv zum Erwerb der Hypothek erforderlich ist. Die Forderung selbst erlangt der gutgläubige Erwerber durch § 1138 nicht. In Verbindung mit § 891 beinhaltet § 1138 die Vermutung, dass einer eingetragenen Hypothek auch eine Forderung zugrunde liegt. Die Verweisung auf § 892 stellt darüber hinaus klar, dass sich N – um zum Fall zurückzukehren – auch auf den Inhalt des Grundbuchs verlassen kann: Der aus der Einigung, der schriftlichen Abtretungserklärung und der Briefübergabe bestehende Übertragungsakt liegt vor. Hinweise darauf, dass der Hypothekenbrief Aufschluss über die Unrichtigkeit des Grundbuchs gegeben hätte, sind ebenfalls nicht ersichtlich. Damit gilt der Inhalt des Grundbuchs als richtig. N erwirbt das Recht so, wie es eingetragen ist: Er wird also Hypothekengläubiger.

**Vertiefung:** Zur forderungslosen Hypothek Lieder/Selentin, JuS 2017, 1052.

**Abwandlung zu oben, Beispielsfall 64:** E und G hatten statt einer Briefhypothek eine Buchhypothek vereinbart. Ändern sich die Voraussetzungen für einen gutgläubigen Erwerb des N?

Allein die Veräußerung der Buchhypothek gestaltet sich für G und N weniger praktisch, weil die Grundbucheintragung des N Voraussetzung für den Rechtserwerb ist, während bei der Briefhypothek zunächst die Übergabe des Briefes genügte. Im Hinblick auf die Fiktion des § 1138 ändert sich indes nichts: Solange alle Voraussetzungen für den Rechtserwerb des N vorliegen, greift auch § 1138 zu seinen Gunsten.

620 **Hinweis:** Wie oben schon gesagt, reicht die Fiktion des § 1138 jeweils nur so weit, wie es zum gutgläubigen Erwerb der Hypothek notwendig ist. Der Erwerber erlangt nicht die Forderung selbst. Das kann Folgen haben, wenn der gutgläubige Erwerber vom Schuldner der Forderung (= Eigentümer des durch die Hypothek belasteten Grundstücks) Zahlung verlangt. Normalerweise kann der Hypothekar entweder aus dem dinglichen Pfandrecht oder aus der schuldrechtlichen Forderung (Darlehensvertrag) gegen den Gläubiger vorgehen. Der gutgläubige Erwerber einer Hypothek kann bestenfalls seine aus der Hypothek selbst folgenden Rechte geltend machen: § 1138 fingiert die Forderung nur für den gutgläubigen Erwerb. Der Gläubiger erlangt keine Forderung, die ihn berechtigen würde, den Schuldner persönlich in Anspruch zu nehmen. Ausnahmen gelten nur dann, wenn in Folge eines gutgläubigen Erwerbs Forderung und Hypothek auseinander fallen könnten, vgl. dazu Rn. 621.

**cc.) Doppelter Mangel.** Möglich ist auch, dass sowohl die Hypothek als auch die Forderung mit Mängeln behaftet sind. Das kann etwa bei einer Buchhypothek der Fall sein, wenn derjenige, der im Grundbuch eingetragen ist, die Forderung mittlerweile auf einen anderen übertragen hat. Wurde der neue Gläubiger noch nicht ins Grundbuch eingetragen, ist eine Hypothek zu seinen Gunsten nicht wirksam entstanden. Die Abtretung der Forderung kann dagegen wirksam sein. Dann steht aber auch dem eingetragenen Hypothekar eigentlich keine Hypothek mehr zu, da es dafür ja an einer Forderung fehlt. 621

**Beispiel:** S hat Schulden in Höhe von 20 000 € bei dem ominösen Geschäftsmann G, der sich die Forderung durch eine Buchhypothek auf das Grundstück des S hat sichern lassen. Als G in Konflikt mit dem Rechtsstaat kommt, beschließt er, Deutschland schnellstmöglich zu verlassen, und tritt Forderung und Hypothek an F ab. Das Geschäft wird notariell beurkundet, doch lässt sich das Grundbuchamt mit der Eintragung des F Zeit. G nutzt die günstige Gelegenheit, doppelt Gewinn herauszuschlagen und veräußert die „Hypothek" durch Abtretung der ihm mittlerweile gar nicht mehr zustehenden Forderung an den Erwerber E. Ein gutgläubiger Erwerb des E muss zwei Mängel ausgleichen können: Der eingetragenen Hypothek des G fehlt die Forderung; hinzu kommt, dass der Inhaber der Forderung (F) mit der Veräußerung an E nicht einverstanden sein wird.

Leiden sowohl die Hypothek als auch die Forderung an einem jeweils selbstständigen Mangel, kann durch eine kombinierte Anwendung von § 892 (auf den Mangel der Hypothek) und §§ 1138 1. Alt, 892 (auf den Mangel der Forderung) der gutgläubige Erwerb einer forderungsentkleideten Hypothek erfolgen. 622

**Fortsetzung des Beispiels und Vertiefung:** Nach §§ 1138, 892 kann E die Hypothek gutgläubig erwerben. § 1138 gilt allerdings nicht in Ansehung der Forderung, sondern fingiert eine Forderung nur so weit als bestehend, dass die Hypothek gutgläubig erworben werden kann. Die Forderung steht also noch immer F zu. Das dürfte für den Grundstückseigentümer S unangenehme Folgen haben, könnte doch einerseits F aus der Forderung und andererseits E aus der Hypothek gegen ihn vorgehen. In solchen Fällen wendet die herrschende Meinung die „Einheitstheorie" an, derzufolge der gutgläubige Erwerber bei drohendem Auseinanderfallen von Hypothek und Forderung auch die Forderung erwerben soll. Der eigentlich Berechtigte (hier: F) kann dann gegen den unberechtigt Verfügenden einen Anspruch aus § 816 I geltend machen. Vgl. dazu auch ausführlich unten, Rn. 623 und die Zusammenfassung bei Prütting, Rn. 694.

**Erinnerung:** Alle Gutglaubensregeln, die dem Nichtbestehen der Forderung abhelfen, sind stets nur auf die Verkehrshypothek anzuwenden. Die Sicherungshypothek verschließt sich dagegen wegen des streng durchgehaltenen Akzessorietätsprinzips einem gutgläubigen Erwerb, wenn es an der Forderung fehlt. Eine Sicherungshypothek muss jedoch zwischen den Beteiligten ausdrücklich vereinbart werden und im Grundbuch explizit als solche ausgewiesen sein: Sonst liegt eine Verkehrshypothek vor.

**dd.) Anschlussproblem: Doppelinanspruchnahme.** Oben bei Rn. 618 f. wurde bereits erläutert, dass im Interesse der Umlauffähigkeit der Verkehrshypothek ein gutgläubiger Erwerb gemäß § 1138 selbst dann möglich sein kann, wenn die Forderung nicht wirksam entstanden ist oder einem anderen zusteht. In diesen Fällen erlangt der gutgläubige Erwerber eine „forderungsentkleidete" Hypothek: Er kann 623 also nicht aus der Forderung gegen den Grundstücksinhaber vorgehen, wohl aber aus der auf diesem Wege erlangte Hypothek. Auch ein doppelter Mangel konnte durch eine kombinierte Anwendung von § 1138 und § 892 überwunden werden, um den gutgläubigen Erwerb zu ermöglichen, vgl. Rn. 621 f. Dies betrifft jedoch nicht nur solche Mängel der gesicherten Forderung, die ihren Bestand in Frage stellen (wie etwa bei einer Anfechtung oder im Fall der Nichtvalutierung), sondern auch solche, in denen die Forderung wie im Beispiel bei Rn. 622 existiert, aber an einen anderen als den späteren gutgläubigen Erwerber der Hypothek abgetreten worden war. Ähnlich wäre die Lage, wenn der Darlehensbetrag tatsächlich ausbezahlt wurde und der Gläubiger die Forderung samt Hypothek auf einen anderen übertragen wollte, die angestrebte Forderungsabtretung aber beispielsweise an seiner fehlenden Geschäftsfähigkeit scheitert, während die Hypothek gleichwohl nach Gutglaubensregeln weiterveräußert werden könnte. Auch in diesen Fällen stünde dann also der Rückzahlungsanspruch einem anderen als dem späteren gutgläubigen Hypothekenerwerber zu, in diesem Beispiel etwa immer noch dem ursprünglichen Gläubiger, da die angestrebte Abtretung gescheitert war. Nun könnte freilich dieser Forderungsinhaber vom Schuldner Befriedigung verlangen. Sind Schuldner und Grundstückseigentümer identisch, droht dann also die Gefahr der Doppelinanspruchnahme: Der Forderungsinhaber könnte aus der Forderung, der gutgläubige Erwerber der Hypothek aus dem Grundpfandrecht gegen den Eigentümer und Schuldner vorgehen:

**Beispiel:** Grundstückseigentümer E hat eine Darlehensschuld bei D mit einer Verkehrshypothek als Briefhypothek gesichert. D tritt später im Zustand vorübergehender Geschäftsunfähigkeit die hypothekarisch gesicherte Forderung an seinen Freund F unter Einhaltung der erforderlichen Form gemäß § 1154 ab. Wegen §§ 104 Nr. 2, 105 I ist diese Abtretung unwirksam. F konnte weder die Forderung noch die Hypothek erwerben: Hier handelt es sich um den (gescheiterten) Erwerb vom Berechtigten. Nun tritt F „die hypothekarisch gesicherte Forderung" an den in jeder Hinsicht gutgläubigen H ab und händigt ihm auch den Brief aus. – H wiederum konnte gemäß §§ 398, 1154, 1138, 1192 die Hypothek gutgläubig vom nichtberechtigten F erwerben. In der Folge wäre E zur Duldung der Zwangsvollstreckung verpflichtet, § 1147. Die dem D aufgrund der unwirksamen Abtretung an F noch immer zustehende Forderung würde indes auch dem D erlauben, ebenfalls E in Anspruch zu nehmen. Da die Darlehensabtretung unwirksam war, könnte er von E nach wie vor Zahlung auf die Darlehensschuld gemäß § 488 verlangen.

624 Die Doppelinanspruchnahme muss, wie § 1153 zeigt, unterbunden werden: Sie ist vom Gesetzgeber nicht gewollt; auf Aktivseite soll es ein Auseinanderfallen von Darlehens- und Pfandrechtsgläubiger nicht geben. Wie eine Doppelinanspruchnahme dogmatisch verhindert werden soll, ist umstritten: Während die einen ausnahmsweise möchten, dass in diesen Fälle die Forderung der Hypothek nachfolgen soll, damit beides in derselben Hand, nämlich der des gutgläubigen Hypothekenerwerbers, liegt (sogenannte „Einheits-" oder „Mitreißtheorie"), weisen andere darauf hin, dass die Durchsetzung der Forderung für den Forderungsinhaber dauerhaft gehindert sein dürfte, weil der Grundstückseigentümer, der zugleich Schuldner ist, vor der Zahlung auf die Forderung die Vorlage des Hypothekenbriefes verlangen

darf, vgl. §§ 1160, 1162 („Trennungstheorie"): Briefvorlage kann derjenige, der nur Inhaber der Forderung ist, nicht leisten. Dieser Schutzmechanismus greift auch, wenn ausnahmsweise eine Buchhypothek vereinbart wurde: Der Schuldner könne die Erteilung einer löschungsfähigen Quittung verlangen (§ 1144), wozu der Forderungsinhaber nicht mehr in der Lage sei: Aus dem Sicherungsvertrag braucht der Schuldner regelmäßig nur Zug-um-Zug gegen Rückgewähr der Sicherheit zu leisten, §§ 273, 320. Während die Vertreter der Trennungstheorie den Grundstückseigentümer hinreichend geschützt sehen, weil die Geltendmachung der Forderung dauerhaft einredebelastet sei, wenden die Vertreter der Mitreißtheorie ein, dass der Verbleib der Forderung beim Altgläubiger dann ohnehin de facto wertlos sei. Es wäre demnach konsequenter, dem gutgläubigen Erwerb der Hypothek ausnahmsweise auch die Forderung nachfolgen zu lassen. Denn so werde das Auseinanderfallen von Hypothek und Forderung von vornherein vermieden und entspreche damit am ehesten dem gesetzgeberischen Willen für das Hypothekenrecht.

**Für Weiterdenker:** Wer sich für eine fallgerechte Aufarbeitung der „Mitreißtheorie" bzw. der „Trennungstheorie" interessiert, dem sei Lieder/Selentin JuS 2017, 1052 [1054] empfohlen.

**Literatur:** *Buettner, Andreas:* Grundbuchrechtlicher Schutz gegen die mangelnde Valutierung der Buchhypothek, ZJS 2008, 330–335; *Kindler, Peter/Paulus, David:* Redlicher Erwerb – Grundlagen und Grundprinzipien, JuS 2013, 393–398, 490–495; *Klose, Martin:* Leistungen an den (Alt-)Gläubiger von Hypothek oder Sicherungsgrundschuld, JA 2013, 568–574; *Latta, Daniel/Rademacher, Lukas:* Der gutgläubige Zweiterwerb, JuS 2008, 1052–1056; *Lieder, Jan/Selentin, Philipp:* Die forderungslose Hypothek, JuS 2017, 1052–1058; *Schwab, Martin:* Der Löschungsanspruch des nachrangigen Grundpfandgläubigers, JuS 2010, 385–390; *von Bismarck, Moritz:* Grundpfandrechte: Der rechtsgeschäftliche Zweiterwerb und die Gegenrechte, JA 2011, 652–658; *Wagner, Stephan:* „Happy Hypo(thekenbrief)" – Zur Formbedürftigkeit der Abtretungserklärung nach § 1154 I BGB, JA 2014, 13–17.

**Falllösung:** JuS 2010, 901; JuS 2013, 541; JuS 2018, 265.

# 19. Einheit – Die Grundschuld

## A. Die Grundschuld: Inhalte und Voraussetzungen

625 Die Grundschuld ist in den §§ 1191 bis 1198 geregelt. Sie unterscheidet sich von der Hypothek vor allem dadurch, dass sie nicht akzessorisch ist: Eine Grundschuld kann ohne Forderung entstehen. Im Übrigen hat der Gesetzgeber die Voraussetzungen, Übertragungsmöglichkeiten und Inhalte der Grundschuld eng an die der Hypothek angelehnt: § 1192 stellt klar, dass für die Grundschuld dieselben Bestimmungen gelten wie für die Hypothek. Ausnahmen bilden nur diejenigen Vorschriften aus dem Hypothekenrecht, die dem Akzessorietätsprinzip Rechnung tragen.

**Hinweis:** Pragmatisch betrachtet ist die Grundschuld wie eine Hypothek ausgestaltet. Es fehlt nur die Abhängigkeit von der Forderung. Mit dem Hypothekenrecht ist daher automatisch schon ein Großteil des Grundschuldrechts bekannt. Die entscheidende Norm in jeder Paragraphenkette, die eine Grundschuld betrifft, ist § 1192, der unmittelbar ins Hypothekenrecht verweist. Nur die Ausnahmefälle, die gerade aus der nicht akzessorischen Natur der Grundschuld folgen, müssen zusätzlich gelernt werden. Sie spielen vor allem bei der Übertragung der Grundschuld eine Rolle. Andere Probleme, die sich infolge der fehlenden Akzessorietät der Grundschuld ergaben (vor allem wegen der isolierten Abtretung), hat der Gesetzgeber für die Sicherungsgrundschuld durch die Aufnahme von § 1192 I a in den rechtspraktischen Folgen eingeschränkt, grundlegend dazu Cataldo, 2014.

626 Wie die Hypothek entsteht die Grundschuld durch Einigung, §§ 873 I, 1192 I, und Eintragung, §§ 873, 1192 I, 1115 I. Ebenso wie im Hypothekenrecht ist bei der Grundschuld die Briefübergabe gesetzlicher Normalfall, §§ 1192 I, 1116 I. Durch Vereinbarung einer Buchgrundschuld kann die Bestellung einer Briefgrundschuld ausgeschlossen werden, §§ 1192, 1116 II. Auch die Grundschuld kann nur zustande kommen, wenn der Besteller tatsächlich der Berechtigte ist oder die Voraussetzungen des gutgläubigen Erwerbs vorliegen.

627 Da der Grundschuld, anders als bei der Hypothek, gerade nicht das Akzessorietätsprinzip zugrunde liegt, ist sie in ihrem Entstehen und ihrem Bestand als dingliches Recht nicht mit dem Hinweis auf Nichtentstehen oder Untergang einer zu sichernden Forderung angreifbar. Das schließt aber nicht aus, dass eine Grundschuld bestellt wird, um eine Forderung abzusichern. Im Gegenteil: In den meisten Fällen erfüllt die Grundschuld ausdrücklich diesen Zweck. Die Wirksamkeit der Grundschuld hängt aber nicht vom Entstehen der Forderung ab. Das bedeutet vor allem dort eine Veränderung im Vergleich zum Hypothekenrecht, wo die Forderung noch nicht entstanden ist oder nicht mehr existiert. Während es wegen der strengen Akzessorietät des Hypothekenrechts erforderlich war, dass die Hypothek in diesen Fällen in eine Eigentümergrundschuld umgewandelt wurde, kann die Grundschuld auch vor Entstehung oder nach Erfüllung der Forderung dem Gläubiger der Leistung zustehen. Der Eigentümer erwirbt in diesen Fällen nicht „automatisch“ nach §§ 1163 I S. 1 oder S. 2, 1177 I eine Eigentümergrundschuld.

Ist es ausdrücklicher Zweck einer Grundschuld, eine Forderung zu sichern, spricht man von einer „Sicherungsgrundschuld“, Rn. 629. Soll sie diesen Zweck nicht erfüllen, wird sie als „isolierte“ Grundschuld bezeichnet. 628

**Hinweis:** Eine Übersicht über die Grundschuld bietet Petersen, JURA 2017, 528.

## I. Die Sicherungsgrundschuld

Der Begriff der „Sicherungsgrundschuld“ entstammt nicht dem Gesetz, sondern der Wissenschaft. Die Bezeichnung ist leicht missverständlich, da sie eine Ähnlichkeit mit der Sicherungshypothek vermuten lässt, die keineswegs gegeben ist. Während die Sicherungshypothek streng akzessorisch ist, trifft dies auf die Grundschuld gerade nicht zu: Auch eine Sicherungsgrundschuld bleibt hinsichtlich ihres wirksamen Entstehens und in ihrem Fortbestand unabhängig von der Existenz der Forderung. Entfällt die Forderung, steht die Grundschuld weiterhin dem Berechtigten zu. Sie wandelt sich nicht – wie es bei einer Hypothek der Fall wäre – in eine Eigentümergrundschuld. 629

Dennoch wird bei der Sicherungsgrundschuld ein besonderer Bezug zur Forderung hergestellt. In einem Sicherungsvertrag vereinbaren die Parteien, dass die Grundschuld speziell den Zweck erfüllen soll, eine bestimmte Forderung zu sichern. Wird die Grundschuld im Zusammenhang mit einem Darlehensvertrag bestellt, kann von einem konkludent geschlossenen Sicherungsvertrag ausgegangen werden. Anders als im Hypothekenrecht ist die Forderung daher nicht Wirksamkeitsvoraussetzung, sondern Rechtsgrund für das Zustandekommen der Grundschuld: Erweist sich der Sicherungsvertrag als nichtig, hat der Sicherungsgeber einen Anspruch auf Rückübertragung der Grundschuld aus § 812 I. Ist dagegen die Forderung endgültig erloschen, kann dem Grundstückseigentümer ein Rückgewähranspruch aus dem Sicherungsvertrag zustehen. Vor Wegfall des Sicherungszwecks bestünde ein solcher Anspruch aufschiebend bedingt. Will der Gläubiger gegen den Schuldner vorgehen, muss er zunächst seine Ansprüche aus der Forderung geltend machen, bevor er aus der Grundschuld Vollstreckung in das Grundstück des Schuldners begehrt. Das folgt aus der ausdrücklichen Zweckrichtung der Sicherungsabrede, die klarstellt, dass die Grundschuld ausschließlich zur Sicherung einer Forderung bestimmt ist. 630

Die Sicherungsgrundschuld kann auch mehrere Forderungen absichern. Allerdings müssen die Forderungen im Sicherungsvertrag ausdrücklich bestimmt werden. Ansonsten gelten für die Sicherungsgrundschuld dieselben Voraussetzungen wie für die nicht zweckgebundene Grundschuld auch. Vor allem gilt für Sicherungsgrundschulden nicht die für Sicherungshypotheken geltende Beschränkung auf „Buch“-Bestellung. 631

**Hinweis:** Auch eine Sicherungsgrundschuld entspricht somit der gesetzlich vorgesehenen, nicht akzessorischen Grundschuld. Modifikationen folgen nur auf der schuldrechtlichen Ebene und resultieren allein aus der Zweckrichtung der Sicherungsabrede, sind also keine dingliche, sondern eine obligatorische Besonderheit dieses Rechtsinstituts. Da die Sicherungsgrundschuld sachenrechtlich eine einfache Grundschuld darstellt, wird auch der Typenzwang nicht verletzt. Der Begriff erlangt daher nur in Abgrenzung zur „isolierten", also der nicht zur Sicherung einer Forderung bestimmten Grundschuld, Bedeutung. Diese „isolierte" Bestellung der Grundschuld – also in der Form, dass sie nicht zur Sicherung einer Forderung gedacht ist – darf dann wiederum nicht mit der „isolierten Abtretung" der Grundschuld verwechselt werden. Mit der isolierten Abtretung der Grundschuld sind Fälle gemeint, in denen eine Sicherungsgrundschuld bestellt wurde, das Pfandrecht dann aber isoliert, nämlich ohne die Forderung, auf einen Dritten übertragen wurde.

632 An die Sicherungsgrundschuld knüpft die wichtige Änderung in § 1192 Ia an: Der eingefügte Absatz hat die Rechtsanwendung bei der Grundschuld vereinfacht. Viele alte Streitigkeiten, die sich an der isolierten Abtretbarkeit der Grundschuld festmachten, sind durch die Neufassung geklärt worden. So war etwa umstritten, ob Einreden, die der aus der Grundschuld in Anspruch genommene Eigentümer hinsichtlich der Forderung dem alten Gläubiger hätte entgegenhalten können, bei der Verteidigung gegen den neuen Erwerber wegen § 1157 S. 2 versagen. Denn nach alter Rechtslage war es denkbar, dass der Erwerber einer Sicherungsgrundschuld gemäß §§ 1157 i. V. m. §§ 892, 1140 die Grundschuld gutgläubig einredefrei erlangte (und entsprechend geltend machen konnte), sofern sich Einreden nicht aus dem Grundbuch oder dem Grundschuldbrief ergaben und ihm auch nicht bekannt waren. In der Folge wurde in der Rechtswissenschaft die Eintragungsfähigkeit von Einreden in das Grundbuch diskutiert. § 1192 Ia stellt nun klar, dass der Verlust von Einreden bei der isolierten Abtretung der Grundschuld nicht möglich sein soll: Sofern sich eine Einrede irgendwie aus dem Sicherungsvertrag ergibt, kann sie dem neuen Grundschuldinhaber entgegengehalten werden und zwar gemäß § 1192 Ia sowohl dann, wenn sie dem Grundstückseigentümer bereits vor der Übertragung zustand als auch in den Fällen, in denen sich die einredebegründenden Tatsachen erst später verwirklicht haben, sofern sie in der Sicherungsabrede angelegt sind. Die vor der Aufnahme des § 1192 Ia anwendbaren schuldrechtlichen Verteidigungs- und Rückgriffsmöglichkeiten des Eigentümers, etwa auf Rückübertragung der Grundschuld bei Zahlung, werden nun in ihrer Wirkung zusätzlich von § 1192 Ia flankiert.

633 Zur Verdeutlichung zunächst die Ausgangssituation, wenn der Grundstückseigentümer auch Schuldner der Forderung ist und auf Aktivseite derjenige auftritt, dem sowohl die Forderung als auch die Grundschuld zustehen (im nachfolgenden Abschnitt werden dann die Auswirkungen der isolierten Grundschuldübertragung erörtert):

**Fall 65:** Unternehmer U hat seiner Bank zur Sicherheit für alle Kredite, die sie ihm bis zu einem Gesamtbetrag von 100 000 € eingeräumt hat, eine Grundschuld in dieser Höhe an seinem Grundstück bestellt. Als die Bank nach Abbruch der Geschäftsbeziehungen und Kündigung der Grundschuld gegen U vorgehen will, verteidigt sich dieser damit, dass er seine Schuld in voller Höhe beglichen habe. Die Bank wendet ein, es seien keine entsprechenden Zahlungseingänge festzustellen gewesen.

Vereinbart wurde eine Sicherungsgrundschuld zur Sicherung einer Forderung. Eine solche Forderung ist mit Auszahlung des Darlehens auch wirksam zustande gekommen. Daher steht dem Gläubiger neben dem Vorgehen aus dem Grundpfandrecht auch die Geltendmachung des Anspruchs aus der Darlehensrückforderung zu. Da die Grundschuld aber nur zur Sicherheit für die Kreditrückzahlungsforderung gewährt worden ist, hat der Gläubiger kein Wahlrecht zwischen diesen beiden Alternativen: Er muss zunächst die Forderung und erst im Falle einer Nichterfüllung dieser Verbindlichkeit die Grundschuld geltend machen. Der Schuldner der Forderung (U) hat die Zahlung allerdings mit dem Hinweis, er habe seine Schuld bereits beglichen, endgültig verweigert und damit der B die Möglichkeit zum Vorgehen aus beiden Rechten eröffnet.

Wenn U nachweisen kann, dass er die *Forderung* tatsächlich beglichen hat, ist an die Stelle der Fremdgrundschuld nicht etwa eine Eigentümergrundschuld getreten, wie dies bei der Hypothek nach §§ 1163 I S. 2, 1177 I S. 1 der Fall gewesen wäre.

**Hinweis:** Aber Vorsicht! Leistet der Schuldner ausdrücklich nur auf die Grundschuld, entsteht eine Eigentümergrundschuld! Dabei ist eine dogmatische Herleitung sowohl über §§ 1142, 1143 als auch über § 1163 I 2 möglich. Die ausdrückliche Leistung insbesondere von Teilzahlungen „auf die Grundschuld" birgt indes das Risiko, dass die Umwandlung in eine Eigentümergrundschuld aus dem Grundbuch nicht ersichtlich ist, ein gutgläubiger Dritter also die Grundschuld in voller Höhe gemäß § 892 erwirbt! In der Regel wird daher der Grundstückseigentümer, der auch persönlicher Schuldner ist, immer (auch) auf die Forderung leisten. 634

Da die Grundschuld nicht akzessorisch ist, hat das Erlöschen der Forderung auf den Fortbestand der (Fremd-)Grundschuld keinen Einfluss. Mit dem Abbruch der Kreditbeziehungen hat die der B zustehende Grundschuld jedoch ihren Zweck eingebüßt. U kann daher – gestützt auf den Inhalt der Sicherungsabrede – „Rückabwicklung" des Sicherungsgeschäfts und damit auch der Grundschuld von der Bank verlangen. Hier steht dann dem U ein Wahlrecht zu: Er kann, gegründet auf den Sicherungsvertrag, entweder Aufhebung der Grundschuld nach §§ 1192 I, 1183, 875, Verzicht auf die Grundschuld, §§ 1192 I, 1157, 1169, 1168 I, oder Rückübertragung gemäß §§ 1192 I, 1154 fordern. Wirtschaftlich wird in allen drei Fällen erreicht, dass die Bank ihr Sicherungsrecht Grundschuld aufgeben muss. Im Fall der Aufhebung wird – wie im Hypothekenrecht, Rn. 594 – laut § 1183 der Rang frei. Nachfolgende Gläubiger können dann aufrücken. Im Fall eines Verzichts oder einer Rückübertragung der Grundschuld würde U dagegen gemäß §§ 1193 I, 1168 I in entsprechender Anwendung eine Eigentümergrundschuld erwerben. 635

**Vertiefung:** Eine teilweise Tilgung der gesicherten Forderung löst einen Anspruch des Sicherungsgebers auf Rückgewähr eines entsprechenden Teils der Grundschuld nur dann aus, wenn insoweit der Sicherungszweck endgültig weggefallen ist und damit eine Übersicherung eintritt. Der Rückgewähranspruch gibt dem Grundstückseigentümer gleichzeitig eine Einrede i. S. d. §§ 1192, 1169, wonach die Geltendmachung der Grundschuld dauernd ausgeschlossen ist.

Sollte sich der Rückgewähranspruch des U nicht aus der Sicherungsabrede herleiten lassen, kommt auch ein Anspruch aus § 812 in Betracht, weil der rechtliche Grund für den Bestand der Sicherungsgrundschuld mit Abbruch der Geschäftsbeziehungen weggefallen ist. Der Anspruch des Eigentümers auf Rückübertragung kann formfrei nach §§ 398 ff. abgetreten werden. Mit der Abtretung geht das Wahlrecht auf den Zessionar über. Die Abtretung des Rückgewähranspruchs kann gemäß § 399 ausgeschlossen werden.

**Vertiefung:** Mehr zur Sicherungsgrundschuld finden Sie bei Bülow, ZJS 2009, 1; Hey, JURA 2008, 721; Kehrberger, JuS 2016, 776; Koch, JURA 2010, 179; Klose, JA 2013, 568; Weller, JuS 2009, 969; Neumann, ZJS 2010, 683; Nietsch, NJW 2009, 3606; Meyer, JURA 2009, 561.

## II. Besonderheiten bei der Übertragung der Grundschuld

636 Im Hypothekenrecht folgt der Übertragung der Forderung aufgrund des Akzessorietätsprinzips das Grundpfandrecht nach. Eine solche Übertragungsweise ist bei der Grundschuld ausgeschlossen, da sie auch ohne Forderung zugunsten des Berechtigten weiterbestehen kann und daher nicht automatisch mit der Forderung auf den Erwerber übergeht. Das Gesetz hilft diesem Problem ab, indem die Grundsätze der Forderungsübertragung und die der Übertragung von Grundpfandrechten nebeneinander angewendet werden: Die Abtretung der durch die Grundschuld gesicherten Forderung erfolgt formlos gemäß § 398. Sind sich die Parteien einig, dass auch die Grundschuld übergehen soll, ist bei den weiteren Anforderungen an die Übertragung zwischen Briefgrundschuld und Buchgrundschuld zu unterscheiden. Wenn es sich um eine Briefgrundschuld handelt, gilt § 1154 entsprechend. Die Übertragung erfolgt also unter Erteilung der Abtretungserklärung in schriftlicher Form und der Übergabe des Grundschuldbriefes gemäß §§ 413, 398, 1192 I, 1154 I S. 1. Die Buchgrundschuld wird dagegen gemäß §§ 413, 398, 1192 I, 1154 III, 873 I durch formlose Einigung und Eintragung übertragen.

**Fall 66:** G ist Inhaber einer Grundschuld. Um möglichst schnell zu Geld zu kommen, möchte er sie veräußern.

637 Während bei der Hypothek die Forderung abgetreten wurde, versagt dieser Anknüpfungspunkt bei der Grundschuld mangels Akzessorietät. Die Grundschuld kann losgelöst von der Forderung als dingliches Recht übertragen werden. Das setzt bei Briefgrundschulden Einigung, § 873, schriftliche Übertragungserklärung (entsprechend § 1154 I) und Übergabe des Briefes voraus. Bei Buchgrundschulden genügt Einigung und Eintragung der Übertragung. Steht dem G auch eine Forderung zu, kann er diese an den Erwerber der Grundschuld gemäß § 398 abtreten.

638 **– Besondere Probleme der isolierten Übertragung bei der Sicherungsgrundschuld.** Probleme ergeben sich jedoch, wenn eine *Sicherungsgrundschuld* ohne besondere Absprachen übertragen wird. Wegen der fehlenden Akzessorietät kann der Fall eintreten, dass ein Dritter die Grundschuld erwirbt, während die Forderung bei dem bisherigen Gläubiger verbleibt. Der Gläubiger ist dann nur noch aus der persönlichen Schuld abgesichert. Der Grundschuldinhaber dagegen kann möglicherweise nur beschränkt aus der Grundschuld gegen den Grundstückseigentümer vorgehen. Ist der Grundstückseigentümer auch der persönliche Schuldner, droht ihm dagegen die Gefahr, von beiden in Anspruch genommen zu werden. Diese Gefahren hat der Gesetzgeber versucht, wenigstens für die Fälle einzuschrän-

ken, in denen die Inanspruchnahme des Sicherungsgebers bereits durch den ursprünglichen Grundschuldinhaber nicht gerechtfertigt gewesen wäre. Der eingefügte Absatz „Ia" in § 1192 ermöglicht die Geltendmachung aller „Einreden, die dem Eigentümer aufgrund des Sicherungsvertrags mit dem bisherigen Gläubiger gegen die Grundschuld zustehen oder [die] sich aus dem Sicherungsvertrag ergeben". Im Ergebnis genügt es daher, wenn sich die Tatsachen erst nach der Übertragung verwirklichen, sofern sie in der Sicherungsabrede angelegt sind:

**Fall 67:** E hat bei A ein Darlehen aufgenommen und diesem dafür zur Sicherheit eine Grundschuld an seinem Grundstück bestellt. A überträgt die Grundschuld an N, der unter Einhaltung der gesetzlichen Kündigungsfrist gegen E vorgeht.

Da die Grundschuld zur Sicherung einer Forderung dient, handelt es sich um eine Sicherungsgrundschuld. Die Anwendbarkeit der §§ 1153, 398 scheidet daher aus. Da Grundschulden keine akzessorischen Sicherungsrechte sind, ist auch § 401 nicht anwendbar. Es bleibt also bei der Grundregel der Übertragbarkeit durch Einigung, schriftliche Übertragungserklärung und Briefübergabe und einer gesonderten Abtretung der Forderung. Was Übertragbarkeit und Gutglaubensschutz betrifft, ist die Sicherungsgrundschuld genauso wie die isolierte Grundschuld zu behandeln: Forderung und Grundschuld können auseinanderfallen, weil keine Akzessorietät besteht.

So führt oben in Fall 67 die Übertragung der Grundschuld von A auf N zu einem Auseinanderfallen der beiden Gläubigerrechte: Ohne gesonderten Übertragungsakt verbleibt die Forderung bei A, während die Grundschuld auf N übergeht. Schuldner und Grundstückseigentümer E läuft daher Gefahr, doppelt in Anspruch genommen zu werden, falls sowohl der Inhaber der Forderung als auch der Erwerber der Grundschuld gegen ihn vorgehen. Daher wird bei der Bestellung von Sicherungsgrundschulden häufig vereinbart, dass die Grundschuld nicht oder zumindest nicht getrennt von der Forderung übertragen werden soll. Diese schuldrechtliche Bindung hat allerdings keinen Einfluss auf die Wirksamkeit des dinglichen Übertragungsaktes, vgl. § 137. So würde auch oben in Fall 67 eine Vereinbarung dahingehend, dass die (Sicherungs-)Grundschuld nicht ohne Forderung übertragen werden soll, eine wirksame Übertragung von A auf N nicht hindern. N stünde also unabhängig von der Forderung die Grundschuld zu. Da aus dem Grundbuch keine besonderen Hinweise hinsichtlich der Fälligkeit und Kündigung ersichtlich sind, hätte N auch aus der Grundschuld gegen E vorgehen können; die Kündigungsfrist nach § 1193 I S. 3 ist eingehalten. Schon vor der aktuellen Fassung des § 1192 Ia hätte der Grundstückseigentümer dann jedoch einen Schaden erlitten, der auf dem Fehlverhalten seines Vertragspartners (hier: A) beruht. Daher stand (und stünde) dem Grundstückseigentümer ein Schadensersatzanspruch gegen den untreuen Vertragspartner zu, wenn eine isolierte Veräußerung der Grundschuld in der Sicherungsabrede ausgeschlossen war und der Zweiterwerber die Zwangsvollstreckung in das Grundstück betreibt.

Nach der Aufnahme von § 1192 Ia ist der Eigentümer als Sicherungsgeber jedoch noch besser geschützt: Ist er etwa wie im Beispiel auch persönlicher Schuldner und war ein Teil der Forderung nicht valutiert, kann er nun die Einrede der Nichtvalutierung auch dem neuen Grundschuldner entgegenhalten. § 1157 S. 2 greift insoweit nicht. Das Gleiche gilt, wenn E nach der Übertragung noch Zahlungen an den bisherigen Grundschuldinhaber A geleistet hätte. Zwar bestünde die Einrede der Erfüllung im Zeitpunkt der Übertragung an N noch nicht, weil E erst später an A leistete: Aber sie war im Sicherungsvertrag angelegt, sodass E sich auch hinsichtlich dieser Zahlung gemäß § 1192 Ia gegen die Inanspruchnahme aus der Grundschuld durch N verteidigen könnte. Damit ist die Rechtslage bei Übertragung der Grundschuld nun der des § 404 BGB angepasst.

Um einer doppelten Inanspruchnahme vorzubeugen, kann der Eigentümer seine persönliche Leistung auf die Schuld zudem Zug-um-Zug gegen Rückgewähr der Grundschuld erbringen. Seine Berechtigung zu einer solchen Zug-um-Zug-Leistung ergibt sich daraus, dass mit der Tilgung der Forderung der in der Sicherungsabrede vereinbarte aufschiebend bedingte Rückgewähranspruch unbedingt wird. Wird der Schuldner = Eigentümer nach einer abredewidrigen isolierten Übertragung der Grundschuld vom Erwerber aus der Grundschuld in Anspruch genommen und löst er diese ab, um die Zwangsvollstreckung abzuwenden, kann er einer späteren Inanspruchnahme durch den Gläubiger aus der Forderung entgegenhalten, die Forderung sei durch die Zahlung auf die Grundschuld erloschen: Nach der Sicherungsabrede soll die Forderungsschuld durch die Verwertung der Grundschuld erfüllt werden; dies ist mit der Inanspruchnahme durch den Dritten geschehen. Mit der Leistung auf die Grundschuld ist die Forderung nicht mehr durchsetzbar.

639 **Vertiefung:** Der Eigentümerschuldner wird also nicht doppelt zahlen müssen; sofern aber die Forderung tatsächlich besteht, ist ihm die einmalige Begleichung der Schuld auch zuzumuten. Bei isolierter Abtretung gewinnt der Schuldner, der zugleich Eigentümer (und Sicherungsgeber) ist, durch den Rückübertragungsanspruch aus dem Sicherungsvertrag eine wichtige Verteidigungsmöglichkeit gegen die Inanspruchnahme durch seinen Gläubiger aus der Forderung: Hat nämlich, wie oben in Fall 67, der Gläubiger die Grundschuld isoliert abgetreten, kann er sie nicht mehr Zug-um-Zug gegen Leistung auf die persönliche Schuld zurückgewähren. Dadurch ist die Forderung dauerhaft einredebehaftet. Daraus ließe sich zusätzlich eine Einrede gegen die Inanspruchnahme aus der Grundschuld durch den Grundschuldner ableiten (Einrede des mangelnden Sicherungsfalls). Hier dürfte trotz § 1192 Ia die Einrede zu verwehren sein: Sinn der Vorschrift ist, vor einer *doppelten* Inanspruchnahme zu schützen, nicht, bei Verwertungsreife jegliche Zahlung zu vermeiden. Sonst entstünde ein Zirkel, in dem sich aus der fehlenden Durchsetzbarkeit des einen Anspruchs stets auch die Nichtdurchsetzung des anderen ergeben würde. Er muss dann also wenigstens auf die Grundschuld leisten.

Anders liegt der Fall, wenn Schuldner und Eigentümer *nicht* identisch sind und die Grundschuld isoliert abgetreten wird: Gegen die Inanspruchnahme durch seinen Gläubiger kann sich der *persönliche Schuldner* nicht durch Verweis auf eine Leistung Zug-um-Zug gegen Rückgewähr der Sicherheit verteidigen, denn er ist nicht Vertragspartei der Sicherungsabrede! Der Schuldner muss also gegebenenfalls an seinen Gläubiger zahlen. Der mit dem Schuldner nicht identische Eigentümer kann sich als Sicherungsgeber gegen die Inanspruchnahme durch den neuen Grundschuldner dagegen insofern verteidigen, als ihm ein schuldrechtlicher Übertragungsanspruch der Forderung aus dem Sicherungsvertrag zustünde.

Selbst, wenn der Anspruch noch nicht im Zeitpunkt der Abtretung bestand, ergibt er sich jedenfalls aus der Sicherungsabrede und fällt so unter § 1192 Ia, der Grundstückseigentümer wäre dann geschützt. Dieses Ergebnis ist auch nachzuvollziehen: Wenn die zu sichernde Forderung beglichen wurde, hat sich der Sicherungszweck der Grundschuld erfüllt. Mit § 1192 Ia hat der Gesetzgeber klargestellt, dass zumindest die Sicherungsgrundschuld trotz fehlender Akzessorietät kein Spekulationsobjekt sein soll. Einen grundlegenden Fall zur Wiederholung bietet Vieweg/Röthel, Fall 36.

### III. Eintragungsfähigkeit

Vor der Einfügung von § 1192 Ia war von Belang, inwieweit Elemente der Siche- 640
rungsabrede, die dazu dienen sollen, den Schuldner zu schützen, ins Grundbuch eingetragen werden können. Ein Hinweis auf den Sicherungscharakter der Grundschuld im Grundbuch hätte den engen Verbund zwischen gesicherter Forderung und abstraktem Grundpfandrecht „Grundschuld" deutlich machen können. Ein solches Vorgehen schien zwar mit Blick auf die nicht akzessorische Natur der Grundschuld fragwürdig und wurde von der herrschenden Meinung abgelehnt (BGH NJW 1986, 53). Aber wenigstens bestimmte konkrete Einreden, die sich aus der Sicherungsabrede ergeben konnten, sollten eintragungsfähig sein, um auf diese Weise den Schutz des Eigentümers vor einem gutgläubigen einredefreien Erwerb zu erhalten. In Betracht kamen dabei die Nichtvalutierung der Grundschuld, eine vereinbarte Nichtabtretbarkeit der Grundschuld oder die Abtretbarkeit nur gemeinsam mit der gesicherten Forderung sowie die Einrede der Vorausklage. (Nur) bei Eintragung konnte sich der Eigentümer auch dem Erwerber gegenüber auf sie berufen, vgl. §§ 1192, 1157. Diese Frage hat sich nun dank § 1192 Ia erledigt: Ein gutgläubiger einredefreier Erwerb ist heute nicht mehr möglich. Der Erwerber kann alle Einreden gelten machen, die sich aus der Sicherungsabrede ergeben.

### IV. Besonderheiten beim gutgläubigen Erwerb

**1. Der gutgläubige Ersterwerb.** Für den gutgläubigen Ersterwerb bestehen bei 641
der Grundschuld (jenseits des Anwendungsbereiches des § 1192 Ia) keine Besonderheiten im Vergleich zum Hypothekenrecht.

**Fall 68:** U hat G zur Sicherheit für einen Kredit eine Grundschuld an einem Grundstück bestellt, als dessen Eigentümer er zu Unrecht im Grundbuch eingetragen ist.

U ist fälschlicherweise als Eigentümer im Grundbuch eingetragen. Wenn er dem G eine Grundschuld bestellt, verfügt er als Nichtberechtigter. G kann die Grundschuld jedoch gutgläubig erwerben, solange er keine positive Kenntnis von der Nichtberechtigung des U erlangt, § 892. Da die Entstehung der Grundschuld unabhängig vom Bestand der Forderung ist, kann G die Grundschuld auch schon vor Auszahlung des Darlehens erwerben.

**2. Der gutgläubige Zweiterwerb.** Mängel des dinglichen Rechts lassen sich 642
durch § 892 überwinden: Auch die Grundschuld kann gutgläubig erworben werden, solange der öffentliche Glaube des Grundbuchs Anlass dazu gibt: Veräußert

ein vermeintlich Grundschuldberechtigter eine nicht mehr existierende oder einem anderen zustehende Grundschuld, kann ein Dritter die Grundschuld erwerben, sofern er nach dem Grundbuch auf deren Bestand und die Berechtigung des Verfügenden vertrauen durfte.

Beim gutgläubigen Zweiterwerb könnte sich jedoch die Frage stellen, wie mit der Forderung umzugehen ist. Im Hypothekenrecht wurde ein Mangel der Forderung so gelöst, dass gemäß § 1138 1. Alt. die Forderung als bestehend fingiert wurde. Der Rückgriff auf eine solche Fiktion ist im Grundschuldrecht jedoch nicht nötig, da eine Grundschuld auch ohne bestehende Forderung übertragen werden kann. Weil die Grundschuld nicht akzessorisch ist, scheidet die Anwendung von § 1138 1. Alt. gemäß § 1192 I aus. Besteht also die Grundschuld tatsächlich, fehlt es aber an der Forderung, erwirbt der Dritte die Grundschuld, ohne dass eine Forderung gemäß § 1138 fingiert werden müsste.

643 **Hinweis:** Natürlich muss beim gutgläubigen Zweiterwerb immer auch der Anwendungsbereich des § 1192 Ia bedacht werden: Einreden aus der Sicherungsabrede können dem Erwerber auch im Fall der Gutgläubigkeit entgegengehalten werden; § 1157 S. 2 gilt insofern gerade nicht. Aber Vorsicht! Es muss immer zwischen einem konstitutiven gutgläubigen Erwerb der Grundschuld selbst und dem gutgläubigen einredefreien Erwerb unterschieden werden. Nur der letzte Fall wird von § 1192 Ia durch den Erhalt der Einreden unterbunden. Anknüpfungspunkt dieses Einredeerhalts ist immer die Sicherungsabrede. Andere Fragen des gutgläubigen Erwerbs berührt § 1192 Ia nicht: Wird die Grundschuld selbst gutgläubig erworben, weil etwa zuvor nach ausdrücklicher Leistung „auf die Grundschuld" eine aus dem Grundbuch nicht erkennbare Eigentümergrundschuld entstanden war (vgl. oben Rn. 634), ist der Bezug zur Sicherungsabrede kraft Gesetzes unterbrochen: Der Erwerber erlangt die Grundschuld als Fremdgrundschuld kraft guten Glaubens in Höhe der Grundbucheintragung gewissermaßen „neu". Die Grundschuld ist in dieser Höhe gerade nicht in Verbindung zur Forderung entstanden, sondern allein durch die Rechtswirkung des gutgläubigen Erwerbs. Dies ist wiederum anders bei der Nichtvalutierung: Denn in diesem Fall entsteht, abweichend vom Hypothekenrecht, gerade keine Eigentümergrundschuld, die dann als Fremdgrundschuld vom Nichtberechtigten erworben würde, sondern sie ist Fremdgrundschuld, die trotz Nichtvalutierung dem eingetragenen Gläubiger tatsächlich zusteht und dann in der entsprechenden Höhe übertragen wird. Folglich wirkt sich das Problem der Nichtvalutierung immer nur auf der Ebene der Einreden aus. Zum gutgläubigen Zweiterwerb auch Latta/Rademacher, JuS 2008, 1052.

## B. Rechtsfolgen bei Befriedigung des Grundschuldgläubigers

644 Im Hinblick auf die Befriedigung des Grundschuldberechtigten ist – wie schon aus dem Hypothekenrecht bekannt – zu unterscheiden, ob der Grundschuldner für eine eigene oder eine fremde Schuld Sicherheit geleistet hatte. Da bei der Grundschuld Forderung und dingliches Recht auseinanderfallen können, muss immer unterschieden werden, ob auf die Grundschuld oder die Forderung geleistet wird, ob ein Ablösungsrecht besteht oder nicht.

## I. Identität von Schuldner und Grundstückseigentümer

Auch bei Identität von Schuldner und Grundstückseigentümer ist zu differenzieren, ob auf die Forderung oder auf die Grundschuld geleistet wird. Möglich ist zudem eine Zahlung sowohl auf die Grundschuld als auch auf die Forderung. Welche Zielrichtung der Leistung zugrunde liegt, hängt vom Parteiwillen ab und ist durch Auslegung zu ermitteln. Leistet etwa der Grundstückseigentümer, um eine drohende Zwangsvollstreckung abzuwenden, ist von einer Zahlung auf die Grundschuld auszugehen. Auch in den Fällen, in denen die Grundschuld nicht ausdrücklich der Sicherung einer Forderung dient, eine Forderung erst gar nicht entstanden ist oder die Auslegung keinen entsprechenden Willen des Leistenden nahe legt, ist Zahlung auf die Grundschuld anzunehmen: Der Wille des Grundeigentümers, sein Grundeigentum vor einer drohenden Zwangsvollstreckung zu schützen, ist lebensnah vor anderen Zweckrichtungen der Zahlung zu vermuten. Hat der Eigentümer die Leistung auf die Grundschuld erbracht, geht die Grundschuld kraft Gesetzes als Eigentümergrundschuld auf ihn über. Leistet der Eigentümer dagegen auf die Forderung, bleibt die Grundschuld zunächst zugunsten des bis dahin Berechtigten bestehen. 645

**Vertiefung:** Dieser nicht unerhebliche Unterschied im Fall der Rückzahlung erklärt, warum die Grundschuldgläubiger im Wesentlichen daran interessiert sind, dass auf die gesicherte Forderung gezahlt wird: Vor allem Banken und Sparkassen bringen über ihre Allgemeinen Geschäftsbedingungen Vereinbarungen in den Vertrag ein, nach denen die Grundschuld zur Sicherung aller bestehenden und künftigen Forderungen dienen soll und Zahlungen ausschließlich auf die gesicherten Ansprüche, nicht auf die Grundschuld, verrechnet werden. Eine Verrechnung auf die Buchgrundschuld erfolgt nach solchen AGB nur, wenn hierüber eine besondere schriftliche Vereinbarung getroffen wurde. Da der Parteiwille über die Zweckrichtung der Leistung entscheidet, sind die Banken – sofern solche AGB wirksam Vertragsbestandteil geworden sind – weitgehend für den Fall abgesichert, dass ihnen ihr Sicherungsrecht „Grundschuld" entzogen wird, bevor das Kreditverhältnis insgesamt bereinigt ist.

## II. Auseinanderfallen von Schuldner und Grundstückseigentümer

Das Auseinanderfallen von Schuldner und haftendem Grundstückseigentümer erlangt vor allem in den Fällen der Sicherungsgrundschuld Bedeutung. 646

**1. Zahlung durch den Eigentümer.** Fielen Grundeigentum und persönliche Schuld im Hypothekenrecht auseinander, führte die Leistung des Eigentümers auf die Forderung nicht nur zum Erwerb einer Eigentümergrundschuld, sondern auch zum Übergang der Forderung vom bisherigen Gläubiger auf den Eigentümer (vgl. Rn. 598). Auch bei der Grundschuld geht das Grundpfandrecht nach Ablösung der Schuld auf den leistenden Eigentümer über. Es stellt sich aber die Frage, ob er zwingend auch die Forderung gegen den persönlichen Schuldner erwirbt. 647

**Fall 69:** S hat bei G ein Darlehen aufgenommen, für das E dem G Sicherheit in Form einer Grundschuld gewährt hat.

Hätte E dem G eine Hypothek für die Schuld des S bestellt und hätte E dann selbst – anstelle des G – an S zahlen müssen, um eine Zwangsvollstreckung in sein Grundstück abzuwenden, wäre die Forderung des G gegen S auf E übergegangen, § 1143 I S. 1. Schließlich hat E anstelle des G die Schuld beglichen. Bei der Grundschuld muss zunächst klargestellt werden, ob der Eigentümer auf das Grundpfandrecht oder die Forderung leisten möchte. Bei Leistungen des Eigentümers kann jedoch regelmäßig von einer Leistung auf die Grundschuld ausgegangen werden. E löst mit Zahlung der Grundschuldsumme an G die Grundschuld ab und erlangt dadurch eine Eigentümergrundschuld. Hier liegt die Sach- und Rechtslage genauso wie bei *Identität* von Schuldner und Eigentümer bei Leistungen auf die Grundschuld. Bei Auseinanderfallen von Sicherungsgeber (= Eigentümer) und Darlehensnehmer (= persönlicher Schuldner) ist aber zu klären, welche Auswirkung die Ablösung der Grundschuld auf die gesicherte Forderung hat. Fest steht jedenfalls, dass die gesicherte Forderung nicht erlischt, wenn der Eigentümer auf die Grundschuld zahlt: Die forderungsbezogene persönliche Schuld des Darlehensnehmers bleibt zunächst bestehen, da § 1143 wegen der fehlenden Akzessorietät auf die Grundschuld nicht anwendbar ist. Wenigstens bei der Sicherungsgrundschuld könnte jedoch ein Anspruch des leistenden Eigentümers auf den Erwerb der Forderung aus der Sicherungsabrede folgen, die diesbezüglich im Wege ergänzender Vertragsauslegung zu überprüfen ist. Mit dem Argument, dass die wirtschaftliche Situation der Beteiligten vergleichbar sei, wird auch eine entsprechende Anwendung von § 1143 auf die Grundschuld vertreten. Nach beiden Lösungsmöglichkeiten erwirbt der Eigentümer die Forderung jedenfalls dann, wenn er nicht im Innenverhältnis dem Schuldner gegenüber zur Begleichung der Forderung verpflichtet war.

**Hinweis:** War der Grundeigentümer zur Erfüllung der Forderung aus dem Innenverhältnis verpflichtet, erlischt die Forderung – wie in den ähnlich gelagerten Fällen des Hypothekenrechts – mit der Erfüllung, vgl. dazu im Hypothekenrecht Rn. 601.

Bis zur Abtretung wird der persönliche Schuldner vor einer Inanspruchnahme durch den Sicherungsnehmer dadurch geschützt, dass dieser die Forderung nur dann geltend machen kann, wenn er dadurch keine doppelte Befriedigung erlangt.

648 Möchte der Eigentümer dagegen auf die persönliche Schuld zahlen, liegt ein Fall des § 267 I vor. Denn auf die persönliche Schuld steht ihm kein Ablöserecht gemäß § 268 I zu. Widerspricht der Schuldner nicht, erlischt die Forderung gemäß §§ 267 I, 362 I. Der Eigentümer hätte dann einen Anspruch auf die Rückgewähr der Grundschuld aus dem Sicherungsvertrag.

649 **2. Zahlung durch den Schuldner.** Leistet der persönliche Schuldner auf die Forderung, tritt gemäß § 362 Erfüllung ein. Aus der Sicherungsabrede folgt ein Rückgewähranspruch hinsichtlich der Grundschuld. Gläubiger dieses Rückgewähranspruchs kann jedoch nur sein, wer als Partei in die Sicherungsabrede eingetreten ist, also in aller Regel der Eigentümer als Sicherungsgeber. Je nach Modifikation des Sicherungsvertrags kann aber auch der Schuldner oder ein Dritter berechtigt sein, diesen Anspruch geltend zu machen. Wenn also S oben in Fall 69 auf seine persön-

liche Schuld zahlen würde, erlischt die Forderung gemäß § 362 I. Das Schicksal der davon materiell-rechtlich nicht unmittelbar betroffenen Grundschuld richtet sich in erster Linie nach dem Sicherungsvertrag, insbesondere mit Blick darauf, ob auch der Eigentümer E einbezogen war oder nicht. War dies der Fall, steht im Zweifel E ein Rückübertragungs-, Verzichts- oder Aufhebungsanspruch zu, andernfalls dem Schuldner S ein Anspruch auf Übertragung der Grundschuld (ausführlich zu Sicherungsvertrag und Sicherungsgrundschuld Rn. 646). Wollte der Schuldner dagegen auf die Grundschuld leisten, können seine Zahlungen nicht befreiend wirken, da ihm kein Ablösungsrecht zusteht.

### III. Ablösung durch Dritte

Leistet ein Dritter, der weder Schuldner noch sicherungsgebender Grundstückseigentümer ist, muss mithilfe des Kriteriums der Ablöseberechtigung unterschieden werden. Ist der Dritte ablösungsberechtigt und zahlt er auf die Grundschuld, erwirbt er die Grundschuld im Wege der *cessio legis* (§§ 1192 I, 1150, 268 III), nach herrschender Meinung aber nicht die Forderung, deren Erlöschen streitig ist (vgl. Vieweg/Werner, § 15, Rn. 112). Die Zahlung auf die Grundschuld ist dabei die Regel. Denn häufig möchte der Dritte den Verlust eines ihm zustehenden dinglichen Rechts, zum Beispiel eines nachrangigen Pfandrechts, im Fall der Zwangsvollstreckung vermeiden. **650**

Betreibt der Gläubiger aus der Forderung die Zwangsvollstreckung in das Grundstück, kann der Dritte ausnahmsweise auch auf die Forderung leisten, die dann gemäß § 268 III auf ihn übergeht. Die Grundschuld verbleibt dagegen bei ihrem Inhaber, aus dem Sicherungsvertrag kann sich aber wiederum ein Rückübertragungsanspruch ergeben.

Ist der Dritte dagegen nicht ablöseberechtigt, kann er auf die Forderung nur nach Maßgabe des § 267 I leisten. Widerspricht der Schuldner nicht, erlischt diese gemäß § 362 I. Bei Zahlung auf die Grundschuld wird die Entstehung einer Eigentümergrundschuld mit der Begründung teilweise abgelehnt, dass es an einem entsprechenden Ablösungsrecht fehle (Neuner, Rn. 647), teilweise angenommen (Palandt/Bassenge, § 1191, Rn. 38; Vieweg/Werner § 15, Rn. 113 m.w.N.). Die Eigentümergrundschuld wird dann gemäß §§ 1142, 1143 oder § 1163 I 2, jeweils analog, begründet. **651**

## C. Einwendungen und Einreden

Auch der Grundeigentümer und/oder Schuldner muss sich gegen eine möglicherweise ungerechtfertigte Inanspruchnahme durch den Grundschuldgläubiger wehren können. Ein wichtiges Fallbeispiel wurde für die Grundsituation der Sicherungsgrundschuld oben bereits besprochen (Rn. 638 f.). Sofern Schuldner und Eigentümer identisch sind und der Gläubiger, für den die Grundschuld bestellt worden ist, diese geltend macht, wirft die Grundschuld gegenüber der Hypothek **652** keine besonderen Probleme auf. Zwar ist § 1137, der Einreden gegen die Forderung auch gegenüber der Hypothek ermöglicht, nicht anwendbar; aber dafür hat der Gesetzgeber den Eigentümer gemäß § 1192 Ia geschützt. Bei der Bestellung der Sicherungsgrundschuld führt demnach die damit verbundene Sicherungsabrede dazu, dass dem Eigentümer die Einreden gegen die Forderung auch gegenüber der Grundschuld als solcher zustehen und sie gegenüber einem Grundschulderwerber bei isolierter Abtretung erhalten bleiben. Bei Auseinanderfallen von Schuld und dinglicher Haftung profitiert der Eigentümer ebenfalls von § 1192 Ia, er ist unmittelbar an der Sicherungsabrede beteiligt und könnte im Übrigen in den Schutzbereich der Sicherungsabrede einbezogen werden.

**Vertiefung:** Ein rechtshistorischer Überblick zum Wandel der Verkehrs- hin zur Sicherungsgrundschuld findet sich bei Buchholz, AcP 203 (2003), 786 (besonders sei auf die Seiten 812–817 des Beitrags hingewiesen).

**Literatur:** *Buchholz, Stephan:* Einreden gegen die Grundschuld, AcP 203 (2003), 786–817; *Bülow, Peter:* Die Sicherungsgrundschuld als gesetzlicher Tatbestand, ZJS 2009, 1–6; *Cataldo, Rocco:* § 1192 Abs. 1a BGB im Lichte massenhafter Sicherungsgrundschuldzessionen, Tübingen 2014; *Hey, Felix:* Neues zur Sicherungsgrundschuld und Darlehen im BGB – Gefahren für Darlehensnehmer bei Kreditverkäufen?, JURA 2008, 721–726; *Kehrberger, Roman:* Der Rückgewähranspruch bei nichtakzessorischen Kreditsicherheiten – Beispiel Sicherungsgrundschulden, JuS 2016, 776–781; *Klose, Martin:* Leistungen an den (Alt-)Gläubiger von Hypothek oder Sicherungsgrundschuld, JA 2013, 568–574; *Koch, Raphael:* Zulässigkeit und Auswirkungen der Übertragung von Darlehensforderungen und Grundschuld – Die Rechtslage nach den Änderungen im Schuld-, Sachen- und Zwangsvollstreckungsrecht, JURA 2010, 179–183; *Latta, Daniel/Rademacher, Lukas:* Der gutgläubige Zweiterwerb, JuS 2008, 1052–1056; *Meyer, André:* Einwendungen und Einreden des Grundstückseigentümers gegen den Grundschuldgläubiger nach neuem Recht, JURA 2009, 561–567; *Neumann, Alexander:* § 1192 Abs. 1a BGB – ein dringend überarbeitungsbedürftiger Schnellschuss des Gesetzgebers, ZJS 2010, 683–689; *Nietsch, Michael:* Grundschulderwerb nach dem Risikobegrenzungsgesetz – Der Ausschluss des gutgläubigen einredefreien Erwerbs nach § 1192 Ia BGB, NJW 2009, 3606–3610; *Petersen, Jens:* Die Grundschuld, JURA 2017, 528–531; *Weller, Marc-Philippe:* Die Sicherungsgrundschuld, JuS 2009, 969–975.

**Falllösung:** JA 2012, 887; JuS 2010, 619; JuS 2014, 51; JuS 2017, 142; JuS 2018, 265; JURA 2009, 539; JURA 2015, 618; JURA 2017, 1094; JURA 2017, 1205.

# 20. Einheit – Überblick über weitere Grundpfandrechte. Vormerkung und Widerspruch

## A. Überblick über weitere Grundpfandrechte

Mit der Hypothek und der Grundschuld sind die beiden Grundpfandrechte mit der größten Praxis- und Prüfungsrelevanz besprochen worden. Daneben gibt es mit der Reallast und der Rentenschuld zwei weitere Sicherungsrechte, die nicht mehr Gegenstand einer ausführlichen Erläuterung sein sollen, aber wenigstens in ihren Grundzügen kurz erklärt werden müssen. **653**

### I. Die Reallast

Wird eine Reallast bestellt, sind an den Berechtigten wiederkehrende Leistungen aus dem Grundstück zu erbringen, § 1105 I S. 1. Diese Leistungen können nicht nur in Erzeugnissen oder Naturalien, sondern auch in Geld-, Sach- oder Dienstleistungen bestehen. Für die zu erbringenden Leistungen haftet neben dem Grundstück auch – und hier besteht ein wichtiger Unterschied zu den übrigen Grundpfandrechten – der Grundstückseigentümer als persönlicher Schuldner. Bei der Reallast sind daher drei Rechtsverhältnisse zu unterscheiden: Die Reallastberechtigung, die als Stammrecht in § 1105 verankert ist, der daraus erwachsende „verdinglichte" Anspruch auf die jeweilige Leistung mit den daraus resultierenden Verwertungsrechten, § 1107, und der schuldrechtliche Anspruch gegen den Grundstückseigentümer, § 1108. **654**

Die Reallast erlangt vor allem bei Hofübergaben und dem damit verbundenen „Altenteilsrecht" Bedeutung. Übergibt etwa ein Bauer B seinem Erben E den Hof und vereinbart dabei, dass ihm E dafür als „Altenteil" eine monatliche Rente in Höhe von 1500 € zu zahlen habe, kann diese wiederkehrende Leistung aus dem Hofgrundstück mit einer Reallast gesichert werden. Entscheidend ist, dass die Leistungen bei der Reallast zwar „wiederkehren" müssen, Regelmäßigkeit – wie im Beispiel – jedoch nur möglich, nicht notwendig ist.

Die Reallast entsteht durch Einigung und Eintragung, § 873. Die Übertragbarkeit des Stammrechts ist nur beschränkt möglich: Ist das Stammrecht subjektiv-dinglicher Natur, ist es zu eng an das Grundstück gebunden, um isoliert übertragen werden zu können. Ist es dagegen subjektiv-persönlicher Natur, ist die Übertragung grundsätzlich möglich, sofern sie nicht für das spezielle Recht ausgeschlossen ist. Ein Altenteilsrecht wäre beispielsweise nicht übertragbar und ist daher auch nicht pfändbar, vgl. § 400 i.V.m. § 850b I Nr. 3 ZPO. Fällige Einzelansprüche können gemäß §§ 1159 I, 398 abgetreten werden, ohne dass eine Eintragung im Grundbuch erforderlich wäre.

## II. Die Rentenschuld

655 Die Rentenschuld entspricht von ihrer Anlage her der Grundschuld, unterscheidet sich aber dadurch von ihr, dass die Belastung des Grundstücks nicht durch eine Kapitalsumme, sondern durch eine „Rente" erfolgt. Unter dieser Rente sind wiederkehrende Geldleistungen zu bestimmten Terminen zu verstehen. Anders als bei der Reallast müssen die Leistungen also regelmäßig erfolgen und in Geld bestehen. Wie die anderen Grundpfandrechte entsteht auch die Rentenschuld durch Einigung und Eintragung. Bei der Rentenschuld muss bei Bestellung jedoch zusätzlich eine Ablösesumme eingetragen werden: Begleicht der Sicherungsgeber diese Summe, geht die Rentenschuld auf ihn über. Der Gläubiger hat dagegen kein Recht, Ablösung zu verlangen: Er muss mit den wiederkehrenden Zahlungen zufrieden sein.

## B. Die Vormerkung: Inhalt und Zweck

656 Alle dinglichen Rechte, deren Erwerb, Bestand und Inhalt in den letzten Kapiteln diskutiert wurden, haben eine Gemeinsamkeit: Sie entstehen durch Einigung und Eintragung. Das gilt sowohl für den Erwerb von Grundeigentum als auch für die Entstehung der Grundpfandrechte. Die Bestellung oder Übertragung eines dinglichen Rechts ist daher abhängig vom Behördenhandeln. Bis zur erfolgten Grundbucheintragung ist der Erwerb des dinglichen Rechts nicht wirksam. Daher bleibt der bisher eingetragene Rechtsinhaber berechtigt, seine Rechte an dem Grundstück zu veräußern oder zu belasten. Verzögert sich die Grundbucheintragung, ist der Erwerber nur unzulänglich vor Verfügungen an Dritte geschützt. Mit einer solchen Verfügung an Dritte werden zwar häufig Leistungspflichten aus dem zugrunde liegenden Kausalgeschäft (etwa einem Grundstückskaufvertrag) verletzt. Das ändert aber nichts daran, dass der Dritte das dingliche Recht erwirbt. Zur Verdeutlichung:

**Fall 70:** E ist Eigentümer eines Waldgrundstücks, das er zu einem Preis von 40 000 € an F veräußert. Beide schließen einen notariellen Kaufvertrag ab, F leistet eine Anzahlung auf den Kaufpreis. Noch bevor F den Antrag auf Grundbucheintragung stellen kann, erhält E ein lukratives Angebot von A, der ihm für dasselbe Grundstück 50 000 € bietet. E lässt sich darauf ein. Nach erklärter Auflassung wird A in das Grundbuch eingetragen.

Die Verfügung des E an A ist wirksam, ohne dass überhaupt auf die Regeln des gutgläubigen Erwerbs zurückgegriffen werden müsste. Schließlich ist E immer noch der *dinglich* Berechtigte an dem Grundstück. Damit verletzt E zwar seine Pflichten aus dem mit F abgeschlossenen Kaufvertrag, wonach er F zur Übereignung verpflichtet war. Hier ist aber – wie stets im Sachenrecht, und damit schließt sich der Kreis zur ersten Einheit – gedanklich zwischen dem Verfügungsgeschäft, das die dingliche Rechtsänderung herbeiführt, und dem Obligationsgeschäft (dem schuldrechtlichen Vertrag, der dazu verpflichtet) zu unterscheiden: Unabhängig davon, dass E auch dem F schuldrechtlich zur Übereignung verpflichtet war, ist seine Verfügung über das dingliche Recht an A wirksam. Alle Voraussetzungen eines Eigentumserwerbs durch A liegen vor. E und A hatten die Auflassung erklärt, und A war in das Grundbuch eingetragen worden. Begehrt F nun allein aufgrund des Kaufvertrags von E die Übereignung des Grundstücks, könnte sich E auf Unmöglichkeit berufen: Er ist nicht mehr Eigentümer und kann dem F auch nicht das Eigentum an dem Grundstück verschaffen. F blieben daher nur Ansprüche wegen der Verletzung des Kaufvertrags; erwerben würde er das Grundstück aber nicht mehr, oder wenigstens nicht von E.

Die Situation des ersten Vertragspartners wäre allerdings dann merklich gebessert, wenn sich sein Anspruch aus dem Kaufvertrag – eine Forderung also! – durch ein *dingliches* Recht sichern lassen könnte. Tatsächlich hat der Gesetzgeber dem Schutzbedürfnis des Vertragspartners Rechnung getragen und mit der Vormerkung ein Rechtsinstitut geschaffen, das eine Sicherung der Ansprüche des Erwerbers weitgehend gewährleistet. Mit einer Vormerkung können schuldrechtliche Ansprüche auf die Einräumung eines dinglichen Rechts gegen unbefugte Zwischenverfügungen gesichert werden.

Die Vormerkung ist in den §§ 883 ff. normiert. Vormerkungsfähig sind alle schuldrechtlichen Ansprüche auf Einräumung oder Aufhebung von Rechten an einem Grundstück. Dazu gehören neben dem oben genannten Beispiel des Anspruchs auf Übereignung aus einem Grundstückskaufvertrag auch Ansprüche auf Einräumung bestimmter Grundpfandrechte aus Sicherungsverträgen.

Durch eine Vormerkung werden die obligatorischen Ansprüche des Käufers ge- **657**
stärkt: Überträgt der Eigentümer sein Grundstück auf einen Dritten (so wie etwa oben in Fall 70 der E an den A), darf sich der Vormerkungsinhaber (das wäre F, wenn er sich eine Vormerkung hätte eintragen lassen) auf den Standpunkt stellen, das Eigentum sei nicht auf den Dritten übergegangen. Er kann also weiterhin vom Verkäufer Auflassung begehren, der sich ihm gegenüber dann nicht auf nachträgliches Unvermögen berufen kann.

Die Auflassung allein genügt jedoch nicht zum Schutz des Vormerkungsinha- **658**
bers. Um das ursprünglich im Vertrag versprochene Recht zu erwerben (wie in Fall 70 das Grundeigentum), muss auch noch die Eintragung ins Grundbuch vollzogen werden. Das könnte sich wenigstens dann als problematisch darstellen, wenn der Dritte inzwischen als Eigentümer im Grundbuch eingetragen wurde. Grundsätzlich sperrt die Existenz einer Vormerkung das Grundbuch nicht für weitere Einträge. Begehrt der Vormerkungsinhaber nun ebenfalls die Eintragung ins Grundbuch, könnte sich der Grundsatz der Voreintragung als Hindernis erweisen: Immerhin ist der Dritte als neuer Eigentümer dann der Voreingetragene. Dem hilft § 888 I ab, der dem Vormerkungsgeschützten einen Anspruch gegen den Dritten auf Zustimmung zur Eintragung gewährt.

**Hinweis:** Grundfälle zur Vormerkung finden Sie bei Löhnig/Gietl, JuS 2008, 102, eine generelle Übersicht bei Hager, JuS 1990, 429; Petersen, JURA 2016, 495.

## I. Voraussetzungen für die Entstehung der Vormerkung

659 Die Vormerkung ist streng akzessorisch. Sie setzt immer einen schuldrechtlichen Anspruch auf dingliche Rechtsänderung voraus, vgl. § 883 I. Außerdem muss die Vormerkung gemäß § 885 I bewilligt werden. Die Bewilligung ist eine einseitig empfangsbedürftige Willenserklärung gegenüber dem Vormerkungsberechtigten oder dem Grundbuchamt. Zur Bewilligung ist derjenige berechtigt, dessen dingliches Recht durch die Eintragung beeinträchtigt wird. Gemäß § 883 I ist außerdem die Eintragung ins Grundbuch erforderlich. Da eine Vormerkung das Grundbuch für weitere Eintragungen nicht sperrt, scheint dieses Erfordernis auf den ersten Blick überflüssig. Das ist es aber natürlich nicht, da die eingetragene Vormerkung den *gutgläubigen* Erwerb weiterer Beteiligter hindert – hier spricht dann der öffentliche Glaube des Grundbuchs gegen eine freie Verfügbarkeit des Veräußernden. Außerdem muss derjenige, der die Bewilligung zur Vormerkung erteilt, auch der tatsächlich Berechtigte sein.

**Vertiefung:** Zur möglichen oder unmöglichen Auswechselbarkeit der der Vormerkung zugrunde liegenden schuldrechtlichen Forderung im Rahmen einer langjährigen Geschichte von BGH Rechtsprechung schreibt Kesseler in NJW 2012, 2765.

## II. Wirkung der Vormerkung

660 Besteht eine Vormerkung, sind zwischenzeitlich vom Eigentümer vorgenommene Belastungen oder Veräußerungen des Grundstücks zugunsten Dritter gemäß § 883II relativ unwirksam. Diese relative Unwirksamkeit ist dadurch gekennzeichnet, dass sich nur der Vormerkungsberechtigte auf sie berufen kann. Gegenüber allen anderen erlangt der Erwerber des Grundstücks vollwertiges Eigentum.

**Abwandlung von oben Fall 70:** E hat das Waldgrundstück für 40 000 € an F verkauft. F lässt sich beim Grundbuchamt eine Vormerkung eintragen. Kurz danach übereignet E das Grundstück für 50 000 € an A: Diese Übereignung ist relativ unwirksam. A wird zwar als Eigentümer in das Grundbuch eingetragen, da die Vormerkung keine Sperrwirkung entfaltet (siehe Rn. 661). Die Eigentümereigenschaft des A ist allerdings durch F angreifbar. Gegenüber allen anderen Betroffenen (etwa den Waldarbeitern oder den Pächtern eines dort befindlichen Gasthauses) gilt aber zunächst A als Eigentümer.

661 Aufgrund der Vormerkung des F ist die Übereignung von E an A, die ansonsten wirksam vollzogen worden wäre, gemäß § 883 II relativ unwirksam, soweit sie den Rechtserwerb des F vereitelt. Aufgrund dieser relativen Unwirksamkeit gegenüber dem betroffenen Vormerkungsinhaber ist daher E auch weiterhin in der Lage, F das Grundstück aufzulassen: Er kann sich nicht deshalb auf Unmöglichkeit berufen, weil das Grundstück schon wirksam an A übereignet sei. Folglich hat F gegen A den Anspruch auf Auflassung. Um das Eigentum an dem Grundstück zu erwerben, muss der aus der Vormerkung berechtigte F außerdem noch in das Grundbuch eingetragen werden. Dafür ist gemäß § 19 GBO die Bewilligung des Voreingetragenen nötig. Das ist hier A. Als Vormerkungsberechtigter könnte F aber auch von A die Bewilligung gemäß § 888 I verlangen. Der Vormerkungsinhaber wird so-

mit vom Gesetzgeber so ausgestaltet, dass er trotz einer Zwischenverfügung des Veräußernden seinen Anspruch auf die Verwirklichung des vorgemerkten Rechts umsetzen kann: Zum einen bleibt sein Vertragspartner zur Erklärung der Auflassung verpflichtet und zum anderen muss derjenige, dessen Buchposition die Rechtsverwirklichung blockieren könnte, die formelle Eintragung bewilligen.

Doch die Vormerkung schützt den Erwerber noch umfassender. Die sogenannte 662
„Vollwirkung" bringt zum Ausdruck, dass der Schutz der Vormerkung die Rechtsverwirklichung weitgehend auch dann ermöglicht, wenn andere Widrigkeiten den Rechtserwerb des Vormerkungsberechtigten bedrohen. So könnte etwa bei E Insolvenz eintreten: Bei einem ungesicherten schuldrechtlichen Anspruch des F auf Übereignung bliebe ihm allenfalls ein Schadensersatzanspruch statt der Leistung, für den er sich mit der Quote begnügen müsste. Doch für die Vormerkung stellt § 106 InsO klar, dass der Rechtserwerb auch in der Insolvenz zu verwirklichen ist. Ähnliches gilt bei der Zwangsvollstreckung: Würde in das Grundstück des E vollstreckt, bliebe der durch eine *vorrangige* Vormerkung gesicherte Anspruch sogar nach einer Zwangsversteigerung bestehen, § 883 II 2 i.V.m. §§ 44, 52 ZVG: Der alte Eigentümer bleibt berechtigt, das Grundstück an den Vormerkungsberechtigten aufzulassen (§ 883 II); der neue Eigentümer ist nach § 888 I trotz hoheitlichem Erwerbs zur Zustimmung verpflichtet. Eine *nachrangige* Vormerkung würde allerdings erlöschen; an ihre Stelle träte gemäß § 92 I ZVG der Anspruch auf Ersatz des Werts aus dem Versteigerungserlös.

Außerdem kann sich der Erbe des Veräußerers gegenüber dem Vormerkungsberechtigten nicht auf eine Beschränkung seiner Haftung berufen, vgl. § 884.

**Hinweis:** Spätestens die Vollwirkung zeigt, warum die Vormerkung in den meisten Fällen einen effektiveren Schutz des Rechtserwerbers darstellt, als es ein Anwartschaftsrecht gewährleisten könnte.

## III. Gutgläubiger Ersterwerb der Vormerkung

Damit eine Vormerkung entsteht, muss derjenige, der die Bewilligung erteilt, auch 663
der Berechtigte sein, Rn. 661. Denkbar ist auch hier wieder der Fall, dass derjenige, der als Veräußerer einer Rechtsposition auftritt, tatsächlich gar nicht berechtigt ist.

**Beispiele: 1.** E verkauft A „sein" Grundstück – in Wahrheit ist aber nicht E, sondern D Eigentümer. **2.** E will A „seine" Hypothek übertragen – in Wahrheit steht die Hypothek aber der Bank zu, die nur wegen eines Fehlers des Grundbuchbeamten nicht eingetragen wurde.

Will sich A nun eine Vormerkung für den angestrebten Rechtserwerb (Eigentum oder Hypothek) bestellen lassen, braucht er dazu die Einwilligung desjenigen, dessen Rechte davon betroffen sind. Im ersten Beispiel wäre dies aber nicht E, sondern der wirkliche Eigentümer D, im zweiten Beispiel die Bank. E kann dem A in beiden Fällen nur als „Nichtberechtigter" eine Vormerkung bestellen.

Erteilt der Vertragspartner (etwa E als Verkäufer) die Bewilligung ohne als Grundstückseigentümer dazu berechtigt zu sein, kommt nur ein gutgläubiger Ersterwerb der Vormerkung in Betracht. Ein solcher gutgläubiger Erwerb ist nach herrschender Meinung gemäß § 892 entsprechend möglich, da die Bewilligung als Verfügung

i. S. d. § 893 2. Alt. zu sehen ist. Neben den bekannten Voraussetzungen des § 892 muss der zu sichernde Anspruch allerdings tatsächlich bestehen: Die Forderung selbst kann nicht gutgläubig erworben werden, sie ist aber Grundvoraussetzung für die wirksame Bestellung einer Vormerkung. Daher ist ein gutgläubiger Erwerb bei Nichtbestehen des zu sichernden Anspruchs ausgeschlossen. Ist dagegen der eingetragene Veräußerer tatsächlich nicht der Grundstückseigentümer (wie oben im Beispiel 1.), ist ein gutgläubiger Erwerber nach den üblichen Voraussetzungen möglich.

664 Bei der Vormerkung ist allerdings eine wichtige Modifikation des Gutglaubenszeitpunkts zu berücksichtigen: Nach der sogenannten „großen Lösung“ des gutgläubigen Erwerbs nimmt die herrschende Meinung an, dass bei später eintretender Bösgläubigkeit ein gutgläubiger Erwerb des Vollrechts möglich ist, wenn der Erwerber bei Eintragung der Vormerkung (beziehungsweise beim entsprechenden Eintragungsantrag) noch gutgläubig war. Die Vormerkung führt also zu einer Vorverlagerung des maßgeblichen Gutglaubenszeitpunkts. Das wird vor allem dann relevant, wenn nach Eintragung der Vormerkung und vor dem späteren Erwerb des vorgemerkten Rechts ein Widerspruch eingetragen wird. Normalerweise würde der Widerspruch den gutgläubigen Erwerb hindern (vgl. unten Rn. 671), die zuvor erworbene Vormerkung schützt jedoch den Vormerkungsberechtigten auch in diesem Fall.

**Vertiefung:** Die oft so bezeichnete „große Lösung“ (schon Tiedtke, JURA 1981, 354, 361 f.; Palandt/Herrler, § 892, Rn. 25) überzeugt schon deswegen, weil der gutgläubige Erwerb einer Vormerkung ansonsten praktisch wertlos wäre. Einen interessanten Klausurfall zu dieser Problematik bietet Witt, JuS 2004, 48 [49 f.].

## IV. Übertragung der Vormerkung

665 Wie oben bereits festgestellt, ist die Vormerkung streng akzessorisch. Daher wird es nicht weiter verwundern, dass sich die Übertragung der Vormerkung nach schon bekannten Grundsätzen vollzieht. Wie die ebenfalls akzessorische Hypothek wird auch die Vormerkung nicht als selbstständiges dingliches Recht übertragen, sondern folgt dem Übergang der gesicherten Forderung (bei der Vormerkung also dem zu sichernden vertraglichen Anspruch) nach. Wird der gesicherte Anspruch gemäß § 398 abgetreten, geht auch die Vormerkung kraft Gesetzes nach § 401 (auch möglich in Verbindung mit § 412) auf den Zessionar über.

**Beispielsfall 71:** A hat von E ein Grundstück gekauft und sich zum Schutz vor Zwischenverfügungen eine Vormerkung auf das Grundstückseigentum eintragen lassen. Bevor er das Eigentum endgültig erwirbt, verliert er das Interesse an dem Grundstück und würde es am liebsten gleich an seinen Bekannten B veräußern. Da A noch nicht Eigentümer ist, kann er allerdings nicht einfach das Grundeigentum übertragen. Er tritt aber dem B zu einem entsprechenden Preis seine Ansprüche aus dem Grundstückskaufvertrag mit E ab. Mit Übergang der Forderung geht auch die Vormerkung des A gemäß § 401 auf den B über. B ist somit Inhaber der Forderung gegenüber E (Anspruch auf Übereignung) und der Vormerkung geworden.

Wird ein bereits bestehendes dingliches Recht auf einen anderen übertragen, handelt es sich um einen klassischen Zweiterwerb: Der Ersterwerber (im Beispiel A) tritt sein Recht an den Zweiterwerber (hier: B) ab. Bei einem Zweiterwerb der Vormerkung ist eine Eintragung ins Grundbuch nur erforderlich, um die Richtigkeit des Grundbuchs zu gewährleisten, nicht aber, um die Vormerkung für den Erwerber (B) zu begründen, vgl. § 894 (vgl. auch Hager, JuS 1990, 429 [434]).

## V. Gutgläubiger Zweiterwerb

Was geschieht, wenn derjenige, der die Vormerkung überträgt, gar nicht Vormerkungsberechtigter ist? Hier ist (wie bei der ebenfalls akzessorischen Hypothek) zu unterscheiden, ob die mithilfe der Vormerkung zu sichernde Forderung nicht existiert oder ob nur die Bestellung der Vormerkung mangelhaft war. **666**

**1. Nichtbestehen der Forderung.** Möglich ist etwa der Fall, dass der zu sichernde Anspruch gar nicht entstanden ist. **667**

**Beispiel:** A spiegelt dem B vor, er habe einen Anspruch gegen E auf Übereignung eines Waldgrundstücks. Diese mit einer Vormerkung gesicherte Forderung wolle A nun zu einem Freundschaftspreis an B abtreten. Tatsächlich war der Kaufvertrag zwischen A und E nicht wirksam, da E bei Abschluss aufgrund einer psychischen Störung geschäftsunfähig war. Der Anspruch auf Übereignung, der mit einer Vormerkung hätte gesichert werden sollen, existiert also gar nicht. Kann B trotzdem von A gutgläubig Forderung und Vormerkung erwerben?

Ist der zu sichernde Anspruch gar nicht entstanden, kann auch eine Vormerkung nicht gutgläubig erworben werden. Das ist im Grunde genommen nur konsequent, da eine Rechtsposition, die erworben werden könnte, nicht existiert. Außerdem schützt das Grundbuch nur den guten Glauben an die dingliche Berechtigung des Verfügenden, nicht aber den guten Glauben an bestehende Forderungen. Da jedoch eine Vormerkung nur durch Abtretung der Forderung übertragen werden kann, fehlt es, wenn keine Forderung vorliegt, dafür schon an der Substanz.

**Hinweis:** Etwas vorschnell könnte man an dieser Stelle fragen, warum der Gesetzgeber nicht einfach wie im Hypothekenrecht zugelassen hat, dass die Forderung für den Übergang des dinglichen Rechts fingiert wird (vgl. § 1138). Hiergegen spricht schon die strenge Akzessorietät der Vormerkung: Ebenso wie die streng akzessorische Sicherungshypothek verschließt sie sich der Fiktion einer Forderung, da sie gerade bewusst eng an den gesicherten Anspruch gekoppelt wurde. Die Vormerkung soll schließlich nur den Sinn erfüllen, die schuldrechtlich begründete Erwartung, Inhaber eines Grundstücksrechts zu werden, zu schützen. Existiert aber kein entsprechender schuldrechtlicher Vertrag, entfällt die Verpflichtung, dem Erwerber überhaupt irgendein dingliches Recht (auch keine Vormerkung, die den Erwerb eines dinglichen Rechts schützen soll) zu verschaffen. **668**

**Vertiefung:** Zum Schicksal der Vormerkung beim gutgläubigen Forderungserwerb durch Urkundenvorlegung (§ 405) Morell, JURA 2008, 165.

669 **2. Mangel der Vormerkung.** Wurde eine Vormerkung im Grundbuch eingetragen, die gar nicht wirksam entstanden ist, soll ein gutgläubiger Erwerb wenigstens dann möglich sein, wenn die Forderung tatsächlich existiert.

**Beispiel:** E wollte dem A sein Grundstück verkaufen. Schon kurz nach der notariellen Beurkundung erfährt er, dass A dort ein Bordell errichten möchte. Den streng katholischen E reut der Verkauf. Er weigert sich, die Auflassung zu erklären und verwehrt dem A die Bewilligung für eine Vormerkung. A besticht den Grundbuchbeamten G, damit er die Vormerkung trotz fehlender Bewilligung einträgt. Nun will A diese „Vormerkung“ an den redlichen Z veräußern. Da die Forderung tatsächlich existiert, soll Z, der dem Grundbuch vertrauen durfte, auch die Vormerkung gutgläubig erwerben können.

**Vertiefung:** Dieses Ergebnis ist umstritten. Hierzu empfiehlt sich die Lektüre von BGHZ 25, 16 [23] = JZ 1957, 627 (mit Anmerkung Baur [629]), Medicus/Petersen, Rn. 557 oder MüKo/Wacke, 7. Aufl. (2017), § 883, Rn. 73 ff. für die eine Meinung und von Kupisch, JZ 1977, 486 für die andere Auffassung. Zusammenfassend auch Brehm/Berger, § 13, Rn. 29; Latta/Rademacher, JuS 2008, 1052. Eine Fall-Lösung, der die Annahme eines gutgläubigen Zweiterwerbs der Vormerkung zugrunde liegt, bietet Thomale, JuS 2013, 42 ff.

### VI. Erlöschen der Vormerkung

670 Die Vormerkung erlischt mit dem Untergang des zu sichernden Anspruchs. Wenn eine dauerhafte Einrede gegen den Anspruch besteht, kann der betroffene Rechtsinhaber gemäß § 886 die Beseitigung der Vormerkung verlangen. Durch Erklärung des Vormerkungsinhabers kann die Vormerkung auch gemäß § 875 f. entsprechend aufgehoben werden.

## C. Der Widerspruch, § 899

671 Der Widerspruch basiert insofern auf einem ähnlichen Grundgedanken wie die Vormerkung, als der Begünstigte vor den Folgen einer Verfügung über ein Grundstück geschützt werden soll.

In den ersten Einheiten zum Immobiliarsachenrecht war erläutert worden, dass der Berechtigte bei Unrichtigkeit des Grundbuchs einen Anspruch auf Berichtigung gemäß § 894 haben kann. Bis dieser Anspruch auf Berichtigung nachgewiesen und vollzogen ist, kann einige Zeit vergehen. Um zu verhindern, dass nun ein Dritter gutgläubig von dem zu Unrecht Eingetragenen Eigentum oder andere dingliche Rechte erwirbt, kann der Berechtigte einen Widerspruch gegen die Richtigkeit des Grundbuchs eintragen lassen, § 899 I.

**Beispiel:** B ist gesetzlicher Erbe des A. Nach dessen Tod wird er Eigentümer eines Grundstücks und lässt das Grundstück auf sich umschreiben. Nach einiger Zeit taucht ein Testament des A auf, das X als Erbin des Grundstücks benennt. X stellt einen Antrag auf Berichtigung des Grundbuchs. Vorher lässt sie einen Widerspruch eintragen, um zu verhindern, dass B in der Zwischenzeit das Grundstück an einen anderen Erwerber veräußert.

Allerdings versagt der Widerspruch, wenn zuvor zugunsten des Erwerbers bereits eine Vormerkung eingetragen wurde: Nach der „großen Lösung“ verhilft der zuvor erfolgte gutgläubige Erwerb der Vormerkung dem Berechtigten auch zum Erwerb des vorgemerkten Rechts, wenn später ein Widerspruch eingetragen wird (Rn. 664).

**Vertiefung:** Zum gesetzlich nicht normierten Rechtshängigkeitsvermerk im Grundbuch und dessen Vergleich zu Vormerkung und Widerspruch Zeising, ZJS 2010, 1.

**Literatur:** *Hager, Johannes:* Die Vormerkung, JuS 1990, 429–439; *Kesseler, Christian:* Segen und Fluch der „Wiederverwendbarkeit" einer Vormerkung, NJW 2012, 2765–2767; *Kupisch, Berthold:* Auflassungsvormerkung und guter Glaube, JZ 1977, 486–497; *Latta, Daniel/Rademacher, Lukas:* Der gutgläubige Zweiterwerb, JuS 2008, 1052–1056; *Löhnig, Martin/Gietl, Andreas:* Grundfälle zur Vormerkung: Die Handlungsmöglichkeiten des Auflassungsvormerkungsinhabers, JuS 2008, 102–107; *Morell, Alexander:* Schicksal der Vormerkung bei redlichem Erwerb eines Auflassungsanspruchs, JURA 2008, 165–169; *Petersen, Jens:* Die Vormerkung, JURA 2016, 495–497; *Thomale, Chris:* Fortgeschrittenenklausur – Zivilrecht: Vormerkung und ungerechtfertigte Bereicherung – Todtnauberg, JuS 2013, 42–48; *Tiedtke, Klaus:* Die Auflassungsvormerkung, JURA 1981, 354–370; *Witt, Carl-Heinz:* Fortgeschrittenenklausur Bürgerliches Recht: Schicksal einer Auflassungsvormerkung, JuS 2004, 48–52; *Zeising, Jörg:* Der grundbuchliche Rechtshängigkeitsvermerk – ungeregelt und entbehrlich?, ZJS 2010, 1–9.

**Falllösung:** JuS 2004, 48; JuS 2009, 635; JuS 2009, 930; JuS 2012, 341; JuS 2013, 42; JuS 2015, 337; JURA 2008, 379; JURA 2010, 450; JURA 2017, 834; JA 2013, 888; JA 2014, 18; JA 2015, 177; JA 2015, 581; ZJS 2010, 61.

## Lehrbuch- und Kommentarliteratur (aktualisiert)


Baumbach, Adolf/Hopt, Klaus J.: Handelsgesetzbuch, 37. Auflage, München 2016

Baur, Fritz/Baur, Jürgen F./Stürner, Rolf: Sachenrecht, 18. Auflage, München 2009

Brehm, Wolfgang/Berger, Christian: Sachenrecht, 3. Auflage, Tübingen 2014

Bülow, Peter: Recht der Kreditsicherheiten: Sachen und Rechte, Personen, 8. Auflage, Heidelberg 2012

Czeguhn, Ignacio/Ahrens, Claus: Fallsammlung zum Sachenrecht, 2. Auflage, Berlin (u. a.) 2011

Eckert, Jörn: Sachenrecht, 4. Auflage, Baden-Baden 2005

Gerhardt, Walter: Immobiliarsachenrecht: Grundeigentum und Grundpfandrechte, 5. Auflage, München 2001

Gerhardt, Walter: Mobiliarsachenrecht, 5. Auflage, München 2000

Gottwald, Peter: Sachenrecht, 16. Auflage, München 2014

Gursky, Karl-Heinz: 20 Probleme aus dem BGB, Sachenrecht ohne Eigentümer-Besitzer-Verhältnis, 8. Auflage, München 2014 (zit. „Probleme")

Gursky, Karl-Heinz: 20 Probleme aus dem BGB, Sachenrecht, Das Eigentümer-Besitzer-Verhältnis, 9., überarbeitete Auflage, Neuwied (u. a.) 2015 (zit. „Probleme" mit EBV)

Gursky, Karl-Heinz: Sachenrecht, 10. Auflage, Heidelberg 2000

Gursky, Karl-Heinz: Klausurenkurs im Sachenrecht: Fälle und Lösungen nach höchstrichterlichen Entscheidungen, 12. Auflage, Heidelberg 2008

Habersack, Mathias: Examens-Repetitorium Sachenrecht, 8. Auflage, Heidelberg 2016

Heck, Philipp: Grundriß des Sachenrechts, 3. Neudruck der Ausgabe, Tübingen 1930, Aalen 1994

Heinrich, Christian: Examensrepetitorium Zivilrecht: Examensklassiker anhand originalgetreuer Klausuren, 2. Auflage, München 2018

Hütte, Felix/Hütte, Marlena: Sachenrecht I, Mobiliarsachenrecht, 7. Auflage, Grasberg bei Bremen 2015

Koch, Jens/Löhnig, Martin: Fälle zum Sachenrecht, 5. Auflage, München 2017

Lange, Hermann/Schiemann, Gottfried: Fälle zum Sachenrecht, 6. Auflage, München 2008

Medicus, Dieter/Petersen, Jens: Bürgerliches Recht: eine nach Anspruchsgrundlagen geordnete Darstellung zur Examensvorbereitung, 26. Auflage, Köln (u. a.) 2017

Münchner Kommentar zum BGB: Band 1 (Allgemeiner Teil), 7. Auflage, München 2015; Band 5 (Schuldrecht BT III), 7. Auflage, München 2012; Band 7 (Sachenrecht), 7. Auflage, München 2017; Band 1 (Allgemeiner Teil), 3. Auflage, München 1993; Band 6 (Sachenrecht), 3. Auflage, München 1997 (zit. MüKo/Bearbeiter)

Neuner, Jörg, Sachenrecht, 5. Auflage, München 2017

Palandt, Otto: Bürgerliches Gesetzbuch, 77. Auflage, München 2018

Prütting, Hanns: Sachenrecht, 36. Auflage, München 2017

Prütting, Hanns/Wegen, Gerhard/Weinreich, Gerd: Bürgerliches Gesetzbuch, 12. Auflage, Köln 2017 (zit.: PWW/Bearbeiter)

Rimmelspacher, Bruno/Stürner, Michael: Kreditsicherungsrecht, 3. Auflage, München 2017

Schaffrin, Heike: Sachenrecht I, München 2001
Schellhammer, Kurt: Sachenrecht nach Anspruchsgrundlagen: Samt Wohnungseigentums- und Grundstücksrecht, 4. Auflage, Heidelberg 2013
Schwabe, Winfried: Lernen mit Fällen, Sachenrecht, 11. Auflage, Köln 2017
Serick, Rolf: Eigentumsvorbehalt und Sicherungsübertragung, Band I, Heidelberg 1963
Soergel, Hans-Theodor: Bürgerliches Gesetzbuch, Band 14 (Sachenrecht 1, §§ 854–984), 13. Auflage, Stuttgart 2002; Band 16 (Sachenrecht 3, §§ 1018–1296), 13. Auflage, Stuttgart (u. a.) 2001; Band 15/1 (Sachenrecht 2/1, §§ 985–1017), 13. Auflage, Stuttgart 2007; Band 6 (Sachenrecht §§ 854–1296), 12. Auflage, Stuttgart (u. a.) 1989
Staudinger, Julius von: Kommentar zum Bürgerlichen Gesetzbuch: mit Einführungsgesetz und Nebengesetzen, III (Sachenrecht, §§ 854–1296), 12. Bearbeitung Berlin 1993 ff. (im Jahr 2017 erschienene Neubearbeitungen sind berücksichtigt)

Vieweg, Klaus/Regenfus, Thomas: Examinatorium Sachenrecht, 2. Auflage, Köln (u. a.) 2011
Vieweg, Klaus/Röthel, Anne: Fälle zum Sachenrecht – ein Casebook, 4. Auflage, Köln 2017
Vieweg, Klaus/Werner, Almuth: Sachenrecht, 7. Auflage, Köln (u. a.) 2015

Weber, Ralph: Sachenrecht I, Bewegliche Sachen, 4. Auflage, Baden-Baden 2015
Weber, Ralph: Sachenrecht II, Grundstücksrecht, 4. Auflage, Baden-Baden 2015
Westermann, Harm Peter/Gursky, Karl-Heinz/Eickmann, Dieter: Sachenrecht, 8. Auflage, Heidelberg 2011
Westermann, Harm Peter/Staudinger, Ansgar: BGB Sachenrecht, 13. Auflage, Heidelberg 2017
Wieling, Hans Josef: Sachenrecht, 5. Auflage, Berlin (u. a.) 2007
Wilhelm, Jan: Sachenrecht, 5. Auflage, Berlin 2016
Wellenhofer, Marina: Sachenrecht, 32. Auflage, München 2017 [zitiert als: Wolf/Wellenhofer]
Wörlen, Rainer/Kokemoor, Axel: Sachenrecht, 9. Auflage, Köln (u. a.) 2014

# Paragraphen-Register


| § | Rn. |
|---|---|
| **AktG** | |
| 10 | 255 |
| **BauGB** | |
| 24 ff. | 472 |
| **BGB** | |
| 90 | 1 |
| 90a | 1, 363 |
| 93 | 1, 232, 233, 237, 258, 455 |
| 94 | 233, 260, 582 |
| 95 | 234 |
| 96 | 455 |
| 97 | 235, 583 |
| 99 | 258, 261, 305 |
| 100 | 305 |
| 104 | 16, 132 f., 463, 623 |
| 105 | 463 |
| 107 | 133 f., 208 |
| 108 | 133, 208 |
| 116 | 135 |
| 117 | 527 |
| 119 | 15 ff. |
| 123 | 15 ff., 260, 577 |
| 125 | 135, 527 |
| 130 | 139, 383 |
| 133 | 133, 386, 410 |
| 134 | 16, 48 |
| 135 | 470, 527, 587 |
| 136 | 587 |
| 137 | 638 |
| 138 | 16, 440, 580 |
| 139 | 18, 518 |
| 140 | 410, 451 |
| 145 | 133 |
| 157 | 133, 386, 410 |
| 158 | 18, 135, 209, 384 |
| 160 | 398 |
| 161 | 390, 395 f., 446, 522 |
| 163 | 396 |
| 164 | 135 |
| 182 | 173 |
| 183 | 173 |
| 184 | 174 f., 515 |
| 185 | 124, 151, 163, 169, 172 ff., 180, 184, 197, 201, 205, 297, 409, 423, 525 |
| 195 | 321, 329 |
| 199 | 321, 329 |
| 216 | 441, 606 |
| 223 | 441 |
| 226 | 511 |
| 227 | 75, 84, 110, 496 |
| 228 | 113 f., 118 |
| 229 | 85 |
| 230 | 85 |
| 241 | 459 |
| 242 | 89 f., 293, 321, 400 |
| 249 | 297, 317, 449 |
| 258 | 249 |
| 268 | 597, 648, 650 |
| 271 | 604 |
| 273 | 90, 292, 603, 624 |
| 275 | 307 |
| 276 | 185, 315, 334 |
| 280 | 295, 307, 334, 449 |
| 283 | 290 f., 307 |
| 285 | 294 |
| 307 | 383, 424, 426, 440 |
| 311b | 516, 527 f. |
| 323 | 382 |
| 346 | 296 |
| 362 | 649, 651 |
| 398 | 166 f., 257, 423, 565, 609, 617 f., 623, 635 ff., 665 |
| 399 | 635 |
| 400 | 654 |
| 401 | 597, 638, 665 |
| 407 | 570 |
| 412 | 665 |
| 413 | 636 |
| 428 | 406 |
| 432 | 406 |
| 449 | 209, 372, 380 f., 426 f., 449 |
| 455 | 427 |
| 488 | 590, 623 |
| 498 | 382 |
| 537 | 310 |
| 539 | 248 |

| § | Rn. |
|---|---|
| 541 | 310 |
| 546 | 47, 296 |
| 581 | 296 |
| 603 | 286 |
| 604 | 5, 47, 283, 296 |
| 631 | 242 |
| 667 | 47, 284, 296 |
| 670 | 356, 364 |
| 681 | 47 |
| 683 | 284, 356, 364 |
| 684 | 356 |
| 687 | 367, 370 |
| 695 | 283, 296 |
| 718 | 122 |
| 719 | 122 |
| 741 | 120 f. |
| 742 | 121, 171 |
| 747 | 121 |
| 869 | 49, 73 f., 81, 88 |
| 870 | 51, 166, 203, 289, 291, 452 |
| 871 | 411 |
| 872 | 41 |
| 873 | 459, 462, 478, 486, 513 ff., 518, 520 ff., 530, 563 f., 576, 580, 608 f., 626, 637, 654 |
| 875 | 635 |
| 878 | 520 f., 609 |
| 879 | 490 f., 494 |
| 880 | 494 |
| 883 | 471, 522, 544, 656, 659, 662, 669 |
| 886 | 670 |
| 888 | 662 |
| 889 | 575 |
| 891 | 296, 461, 473, 540, 567 f., 619 |
| 892 | 463, 471, 480, 521, 538, 541 f., 544, 547 ff., 551, 570, 613, 617, 619, 622 f., 632, 634, 641 f., 663 f. |
| 893 | 550, 570 |
| 894 | 527, 532, 534 ff., 665, 671 |
| 899 | 543, 619, 671 |
| 900 | 223, 555 |
| 903 | 1, 3 f., 21, 105, 110 f., 272 f., 449, 454, 496 |
| 904 | 75, 77, 110, 113 ff., 117 f., 273, 458, 511 |
| 906 | 507 ff. |
| 907 | 496, 510 |
| 908 | 510 |
| 910 | 510 |
| 911 | 510 |
| 912 | 236, 282, 510 |
| 925 | 18, 158, 459, 462 f., 513 ff., 519, 522 ff., 527 f., 561 |
| 925a | 516 |
| 927 | 555 |
| 928 | 266, 469, 557 |
| 929 | 57, 131, 138 f., 141 ff., 147 ff., 150, 154, 156, 161, 163 ff., 170 f., 177 ff., 184, 187, 197 ff., 201, 210, 217 f., 234, 252, 256 f., 279, 282, 303, 384, 388, 391. 396 f., 399, 404, 408 f., 411, 413, 416, 436, 443, 449 ff., 517 |
| 930 | 50, 57, 144, 146 f., 154, 156 ff., 178, 199 ff., 280, 378, 388, 397, 399, 411, 428, 436, 443, 447, 450 f., 561 |
| 931 | 48, 50 f., 57, 147, 165 ff., 178, 199, 202, 219, 396 f., 428, 451 |
| 932 | 100, 153, 172, 178 ff., 183 ff., 187, 197 ff., 205, 207 f., 210, 217 f., 220 f., 301, 303, 318, 399, 404, 408, 413 f., 416 ff., 427, 433, 449, 542, 587 |
| 933 | 178, 185, 199 ff., 203, 450 ff. |
| 934 | 48, 60, 178, 185, 199, 202 ff., 220, 396, 450 ff. |
| 935 | 60, 150, 178, 180, 184, 188 ff., 194 ff., 201, 205, 215, 217 f., 268, 277, 297, 408, 414, 449 |
| 936 | 217 ff., 396, 449, 586 |
| 937 | 60, 273 |
| 946 | 225, 231 ff., 239, 241 ff., 251, 259 f., 316, 355 |
| 947 | 29, 226, 231, 237 f., 239, 243 f., 259, 355 |
| 948 | 129, 226, 231, 238 f., 244 |
| 949 | 244 |

| § | Rn. |
|---|---|
| 950 | 225 ff., 239, 241 ff., 246, 269, 342, 392 |
| 951 | 224, 241 ff., 260, 285, 342, 355, 359 |
| 952 | 251 ff., 597 |
| 953 | 258 ff., 269, 305 ff. |
| 954 | 259 f., 262 |
| 955 | 262 f., 305, 310 |
| 956 | 262, 307 |
| 958 | 128, 264, 267, 557 |
| 959 | 128, 177, 265 f., 557 |
| 960 | 265 |
| 965 | 27, 268 |
| 973 | 101, 268 |
| 984 | 268 f. |
| 985 | 4 f., 47 f., 89 ff., 98, 157, 161, 167 ff., 200, 213, 215, 260, 263, 270 ff., 284 f., 287, 289, 291, 293 ff., 300, 305 ff., 310, 323, 326, 334, 341, 343, 363, 397, 402 f., 413, 435, 449, 457, 496, 498 f., 502, 505 |
| 986 | 4, 98, 102, 200, 271, 286 f., 292, 397, 399 f., 403, 498 |
| 987 | 247, 263, 274, 285, 300, 304 ff., 321 ff., 326 ff., 331, 343, 350, 365, 368, 370, 442, 502, 505 |
| 988 | 301, 312 ff., 350, 363 |
| 989 | 220, 247, 291, 294 f., 297, 300, 302, 305, 315 ff., 319, 323, 327, 331 f., 334, 337, 367, 435, 458 |
| 990 | 220, 247, 263, 291, 294 f., 297, 301 ff., 305, 307, 310, 315 ff., 321, 323, 327, 331 f., 334, 350, 367, 435, 458 |
| 991 | 263, 307, 310, 319 f., 332 f., 337 |
| 992 | 321, 337, 366, 458 |
| 993 | 247, 273, 301, 304, 310, 314, 322, 331 f., 366 |
| 994 | 248, 273 f., 324, 328, 340 f., 344 ff., 350 f., 354, 356, 362 ff., 368 ff., 433 |
| 995 | 346 |
| 996 | 237, 345, 347, 352, 362 ff., 369 |
| 997 | 236, 249, 353 ff., 357, 363 f. |
| 999 | 361 |
| 1000 | 90, 292, 362, 413, 433 |
| 1001 | 355, 358 ff. |
| 1002 | 360 |
| 1003 | 337, 362 |
| 1004 | 4, 236 f., 335 ff., 458, 496, 498 ff., 530 |
| 1006 | 10, 58, 140, 154, 182 f., 212, 276 ff., 296, 416, 437, 449, 460 f. |
| 1007 | 65, 89, 99 ff., 104, 157, 297, 401, 414, 449 |
| 1008 | 120 f., 171, 237 |
| 1010 | 121 |
| 1018 | 281, 467 |
| 1030 | 467, 492 |
| 1036 | 83, 281 |
| 1090 | 467 |
| 1094 | 469 |
| 1105 | 468, 654 |
| 1107 | 654 |
| 1108 | 654 |
| 1113 | 468, 560, 562 f., 573 f., 577 f. |
| 1115 | 563, 573, 626 |
| 1116 | 253, 562 ff., 626 |
| 1117 | 563 |
| 1118 | 573 |
| 1120 | 582 ff., 588 |
| 1121 | 582, 585 ff. |
| 1123 | 589 |
| 1127 | 589 |
| 1137 | 604 f., 652 |
| 1138 | 567, 569, 581, 615, 618 ff., 622 f., 642, 668 |
| 1139 | 569 |
| 1140 | 615, 632 |
| 1141 | 569 |
| 1142 | 599, 634, 651 |
| 1143 | 599, 634, 647, 651 |
| 1144 | 597, 603, 624 |
| 1147 | 591, 623 |
| 1150 | 597, 650 |
| 1153 | 567, 581, 597, 599, 609, 617, 624, 638 |
| 1157 | 570, 632, 635, 638, 640, 643 |
| 1160 | 597, 603, 624 |
| 1161 | 603 |

| § | Rn. |
|---|---|
| 1163 | 575, 577, 580, 594, 596, 601, 618 f., 627, 633 f., 651 |
| 1164 | 601 |
| 1168 | 635 |
| 1169 | 635 |
| 1177 | 575, 577, 580, 594, 596, 599 ff., 618, 627, 633 |
| 1180 | 578 f. |
| 1183 | 576, 594, 635 |
| 1184 | 568, 570 |
| 1185 | 569 f. |
| 1190 | 560, 562, 571 |
| 1191 | 560, 625, 651 |
| 1192 | 21, 623, 625 f., 632, 635 f., 638 ff., 650, 652 |
| 1193 | 635, 638 |
| 1196 | 575 f. |
| 1197 | 600 |
| 1198 | 560, 625 |
| 1199 | 468, 560 |
| 1204 | 220, 378, 428, 436 |
| 1205 | 281, 391, 428, 433 f. |
| 1253 | 281 |
| 1256 | 575 |
| 1281 | 406 |
| 1353 | 160, 446 |
| 1416 | 122 |
| 1419 | 122 |
| 1922 | 462, 554 |
| 1924 | 533 |
| 1937 | 533 |
| 2032 | 122 |
| 2033 | 122 |

**BImSchG**

| | |
|---|---|
| 14 | 337, 509 |

**BJagdG**

| | |
|---|---|
| 1 | 267 |
| 3 | 267 |

**ErbbauVO**

| | |
|---|---|
| 11 | 446 |
| 14 | 446 |

**GBO**

| § | Rn. |
|---|---|
| 1 | 475 |
| 3 | 473 |
| 13 | 479, 520, 533, 547, 576 |
| 17 | 414, 491, 520 |
| 19 | 480 f., 533, 576, 661 |
| 20 | 481, 518, 530 |
| 22 | 482, 533 f., 536, 554 |
| 29 | 478, 483, 516, 530, 554, 576 |
| 39 | 465, 483, 527, 554 |
| 40 | 483, 554 |
| 45 | 491 |
| 54 | 472 |

**GBVfg**

| | |
|---|---|
| 4 | 474 |
| 7 | 476 |

**GG**

| | |
|---|---|
| Art 14 | 21, 106 ff., 454, 497 |
| Art 34 | 494 |

**HGB**

| | |
|---|---|
| 19 | 55 |
| 56 | 191 |
| 366 | 184, 186, 415, 423 |

**InsO**

| | |
|---|---|
| 47 | 104 |
| 106 | 662 |

**ScheckG**

| | |
|---|---|
| Art 5 | 196 |
| Art 21 | 196 |

**StGB**

| | |
|---|---|
| 242 | 321 |

**WEG**

| | |
|---|---|
| 4 | 446 |
| 7 | 446 |
| 31 | 467 |

**ZPO**

| | |
|---|---|
| 24 | 592 |
| 25 | 592 |
| 253 | 300 |
| 261 | 300 |
| 400 | 654 |
| 569 | 591 |
| 771 | 104 |
| 794 | 591 |
| 836 | 289 |

| § | Rn. |
|---|---|
| 850b | 654 |
| 864 | 591 |
| 866 | 591 |
| 869 | 591 |
| 883 | 289, 457 |
| 885 | 289, 457 |
| 886 | 289 |
| 894 | 289 |
| 935 | 123, 527 |
| 938 | 123, 527 |

| § | Rn. |
|---|---|
| **ZVG** | |
| 10 | 487 |
| 11 | 487 |
| 20 | 470 |
| 23 | 587 |
| 44 | 662 |
| 52 | 662 |
| 90 | 556 |
| 91 | 492 |
| 92 | 492, 662 |
| 146 | 470 |

# Stichwortregister

Die Angaben beziehen sich auf Randnummern


Abhandenkommen 60, 79, 101, 162, 168 f., 178, 184, **187 ff.,** 205, 210, 217 f., 268, 277, 363, 413 f., 448 f.
Abholungsrecht **96**
Abschleppen/Abschleppfälle **83**
Absolutheit 2, 5, **7 ff.**
Abstraktion **13 f.,** 17, 18, 127 ff., 135, 207, 386, 438, 514, 527
Akzessorietät
– Begriff **429 f.**
– bei Anwartschaft 217, **392 f.**
– bei Eigentumsvorbehalt **445 f.**
– bei Grundschuld 626, **636 ff.,** 647
– bei Hypothek **562,** 565 ff., 574 f., 577
– bei Sicherungsgrundschuld **639**
– bei Sicherungshypothek **570**
– bei Vormerkung **668**
– Ersatzakzessorietät bei Sicherungsübereignung **445**
Alleineigentum 140, 171, 561
Aneignung 128, 260, **264 ff.,** 307, 354 f.
Ansprüche
– des Besitzers 5, **69 ff.**
vgl. auch Besitzschutz
– des Eigentümers **270 ff., 305 ff.**
vgl. auch Eigentumsschutz und EBV
Anspruchsmehrheit **20**
Anwartschaftsrecht
– als dingliches Recht 282, **392,** 402
– bei Eigentumsvorbehalt **371**
– bei Sicherungsübereignung **444**
– nach Eintragungsantrag **521 ff.**
– Übertragung 392, 397, **407 ff.**
Aufgabenstellung, zivilrechtliche **20**
s. Fallbearbeitung
Aufgedrängte Bereicherung **246,** 359, 364, 369
Auflassung 18, 134, 459, 462 f., 477, 481, **513 ff.,** 541, 545, 555, 561, 656 ff., 661, 669
Aufwendungen 264, 339 f., 345, 348, 355
s. Verwendungen
Ausgleichsansprüche
– für gutgläubige Erwerb 220
– nach gesetzlichem Eigentumserwerb 224, **240 ff.,** 245 f.

Bedingung
– auflösende 135, 445 f., 517
– aufschiebende135, 209, 211, 384, 421, 445 f., 449, 517
– Bedingungsfeindlichkeit der Auflassung 517, 519
– des Verfügungsgeschäfts 18, 135, 175, **209 f.,** 380, **384 ff.,** 393, 395, 421, 427, **444 ff.**
Befriedigungsrecht **363 f.**
Begünstigtenhaftung **118**
Bereicherung
– aufdrängende **246,** 359, 364, 369
Beseitigungsanspruch 953
vgl. außerdem Unterlassungsanspruch
Besitz
– als absolutes Recht **5**
– Definition **22**
– Ende des Besitzes **24**
– Herausgabeanspruch
– mittelbarer 29, **31, 44 ff.,** 49, 51 ff., 73, 143, 147, 155 ff., 166, 194, 202 ff., 286 f., 289, 428, 451
– Rechtsschein 10, **154,** 419
– unmittelbarer **2,** 29, 33 f., 53, 73, 81, 84, 93, 100, 141, 155 f., 163, 212, 286, 378, 437, 451
– Unterscheidung vom Eigentum **2**
Besitzdiener **32,** 54, 80, 141, 191, 193 f., 302, 370
Besitzentzug **71,** 77, 83, 86, 95, 405
Besitzerwerb
– derivativer **35,**
– originärer **33,** 36 f., 39, 61, 100, 102, 141, 149, 151, 181, 211 f., 279 f., 302, 318, 361, 415, 452
Besitzherr **32,** 191, 193
Besitzkehr 34, **78 ff.,** 83, 85
Besitzkonstitut
– antizipiert 137, 163 f.
– bei Eigentumserwerb s. dort

Besitzmittlungsverhältnis 5, **31, 44 ff.,** 47 f., 50 f. 73, 144 f., 147, 151, 155 ff., 158 ff., 167, 202, 204, 289, 319, 387, 412, 436, 439, 443, 447
Besitzschutz 30, 34, 49, **61 ff.,** 65 ff., **69 ff.,** 84, 89 f., 92 ff., 97 ff., 102, 104, 401, 404, 453
Besitzstörung **71,** 76, 83
Besitzverlust 34, **43,** 69, 72, 90, 140, 181, 195, 451
Besitzwehr 34, **76,** 80 f., 84
Besitzwille **25**
– Besitzergreifungswille **38 f.,** 189
– Eigenbesitzerwille **41,** 61
– genereller Besitzwille **26 f.,** 269
– Fremdbesitzwille **42,** 44, 144, 155 f., 200, 277, 320
Bestandteil
– einfacher **233,** 237, 354
– wesentlicher 1, 231 f., **233 f.,** 236 f., 258 ff., 341, 354 f., 363 f.
Bestimmtheitsgrundsatz 11, **12,** 136
Briefgrundschuld s. Grundschuld
Briefhypothek s. Hypothek
Buchgrundschuld s. Grundschuld
Buchhypothek s. Hypothek

Darlehen 16, 135, 371
– Darlehensauszahlung bei Hypothek 559, **574 ff.,** 577 f.
– und Hypothek 485, 567, 580, 585, 590, 592 ff., 610, 613, 616 ff., 623 f.
– und Sicherungsgrundschuld 630, 633, 638, 641, 647
– und Sicherungsübereignung 175, 371, **373 ff.,** 399, 436 ff., 445
Dereliktion **128,** 265 f.
Dingliche Rechte **3**
– Unterscheidung vom Schuldrecht 8, 244, 269, 281
Dingliches Rechtsgeschäft 17, 127
Doppelverwertung **450**
Drittwiderspruchsklage **104**
Duldungspflicht 109, **112 ff,**273, 337, 458, 507, 508 ff.

Eigenbesitz 29, **41,** 52, 111, 144, 150, 168, 200, 222 f., 262, 264, 277, 321, 328 ff., 411, 451, 555
Eigentum
– als absolutes Recht **3** f.
– Duldungspflicht 109, **112 ff,**273, 337, 458, 507, 508 ff.
– Eigentum an Grundstücken vgl. Grundeigentum
– grundrechtliche Gewähr **106 ff.**
– Herausgabeanspruch 4 f., 47 f., 89 ff., 98, 157, 161, 167 ff., 213 ff., 260, 263, **270 ff.,** 300, 305 ff., 310, 326, 334, 341 ff. 363, 397, 402 f., 413, 435, 449, 457, 496 f., 505
– Sozialpflichtigkeit **21**
– Unterscheidung vom Besitz **5**
Eigentümer- Besitzer-Verhältnis **270 ff.**
– berechtigter Besitz **271 ff.,** 324 ff., 396
– beschränkte Haftung **301, 310 ff.,** 344
– Bezeichnung Haftung **299 ff.**
– Bezeichnung EBV **274**
– bösgläubiger Besitzer **299**
– Deliktischer Besitzer **321**
– Fremdbesitzer **42,** 44, 51, 144, 328
– Fremdbesitzerexzess **323 ff.,** 328, **331 ff.,**
– Konkurrenzen 294 ff., **365 ff.**
– Nutzungsersatz 263, **305 ff.,** 315, 368, 382
– Recht zum Besitz **281 ff.,** 286, 291 f., 323, 362, 370, 397
– Schadensersatz 294 f., **298 ff., 315 ff.,** 322, 324, 331
– unentgeltlicher Besitz **312 ff.,** 351 f.
– unredlicher Besitz **356 ff.**
– verklagter Besitzer 290
– verschärfte Haftung **305 ff., 321 ff.**
Eigentümergrundschuld s. Grundschuld
Eigentumserwerb
– Abtretung d. Herausgabeanspruchs 50 ff., **165 ff.,** 202 ff., 251, 257, 291, 396, 450 ff.
– Auflassung 459, 462 f., **513 ff.,** 518 ff., 527 ff., 302, 530, 541, 545, 555, 561, 656 ff.
– Besitzkonstitut 137, **154 ff.,** 163 f., 178, 199 ff., 248
– Einigung 14 f., 18, 36 f., 129, **132 ff.,** 148, 154, 156, 161, 163 f., 169 ff., 180, 184, 197, 201, 205, 209, 211, 303, 384 ff., 421, 433, 440, 443 f., 449, 459, 463, 481, 513 ff., 518, 528 ff., 549
– Eintragung **518 ff.**
– gesetzlicher **900**

– gutgläubiger Erwerb vom Nichtberechtigten s. dort
– rechtsgeschäftlicher **126 ff., 512 ff.**
– Übergabe 10, **140 ff.,** 165 ff., 459, 478, 512
Eigentumsschutz **4,** 270 ff., 297, **335 ff.**
Eigentumsvermutung **58, 276 ff.**
Eigentumsvorbehalt 230, 371 ff.
– Anwartschaftsrecht **389 ff.,** 521 ff., 548
– Erklärung auf Lieferschein **386**
– Formen des Eigentumsvorbehalts **420 ff.**
– Gutgläubigkeit **413 ff.**
– Konsumentenkredit **382**
– Unterschied zur Sicherungsübereignung **444**
– Verarbeitungsklausel **230**
– Voraussetzungen **379 ff**
– Willenserklärung **383**
Eingriffskondiktion 104, 250
Einigung **132 ff.;**
– Anwendbarkeit der Regeln über Willenserklärungen **133**
– bei Eigentumsvorbehalt **383**
– Voraussetzungen **136**
Einwilligung 167, **173,** 533, 663
Einwirkendenhaftung **118**
Erbenbesitz **29 ff.**
Erbschaft
– Testament und Unrichtigkeit des Grundbuchs **533**
Ersitzung 60, **223**
– Buchersitzung **555**
– Kontratabularersitzung **555**
Erwerbsverbot **527**

Fahrzeugpapiere **254**
Fallbearbeitung
– Examen 20, 432
– Fortgeschrittenenklausur 21, 27, 239, 261, 382, 392, 402, 468, 524
Faustpfand 378, **428,** 432, 436 s. Vertragspfandrecht
Fehleridentität **14 ff.**
Finder 27, **268 f.**
Forderung 462, 465, 466 ff., 573 ff., 577 ff., 581 ff., 593 ff., 599 ff., 613 ff., 629 ff., 641 ff., vgl. außerdem Akzessorietät
Forderungsauswechslung **577 ff.**
Fräsmaschinenfall **451 f.**
Fremdbesitz **42**
– Aufschwungexzess **328 ff.**
– Fremdbesitzerexzess **331 ff.**
Fruchterwerb **261 ff.**
Fund **268**
– Schatzfund **269**

Gattungsschuld 12, 136 f.
Gebrauchtwagenkauf **186**
Geheißerwerb 147, **150 ff.,** 182
Geheißperson **150 ff.,** 182
Genehmigung 134, 201, 269, 359
– einer unberechtigten Verfügung **174,** 215 f., 297, 408
Genereller Besitzwille s. Besitzwille
Gesamthandseigentum **122,** 489
Gewahrsam **24,** 55
Grundbuch
– Berichtigung 464, 527, **533 ff.,** 543, 552, 554, 610, 671
– Grundbucheintragung 459, 461 ff., **478 ff.,** 518, 523, 530 ff., 557, 578, 658 f., 665
– Locus- und Tempus-Prinzip **491**
– öffentlicher Glaube **545 ff.,** 563, 611
– Publizitätsfunktion 457, **460 ff.,** 473, 512, 532, 537, 540 f., 546, 561, 609
– Rangerwerb **490**
– Systeme **473**
– Verfahren **478 ff.**
Grundbuchamt 475, 480, 493 f., 516, 523, 527, 530, 539, 545, 547, 557, 563, 576, 610, 621, 659, 661
– Amtshaftung des Grundbuchamts **494**
Grundeigentum 466, 479, 481, **495 ff.,** 556 f., 611, 645, 647, 656, 658, 665
Grundprinzipien d. Sachenrechts **7 ff.**
Grundrechtlicher Eigentumsschutz vgl. Eigentum
Grundschuld 562, 575 ff., **625 ff.**
– Befriedigung der Grundschuldgläubiger **644 ff.**
– Briefgrundschuld 549, 626, 636
– Buchgrundschuld 626, 636 f., 645
– Eigentümergrundschuld **575 ff.,** 593 ff., 599 ff., 613, 618, 627, 629, 634 f., 643 ff., 651
– Gutgläubiger Erwerb 626, **641 ff.**
– Sicherungsgrundschuld 562, **629 ff.** 638 f., 646 ff., 652
– Übertragung **636 ff.**

Grundstück
– im Rechtssinne **455**
– als Flurstück **456**
Guter Glaube
– bei Grundbucheintragung **545 ff.**
– bei Übereignung eines Pkw **186,** 450
– Definition **185**
– grobe Fahrlässigkeit **185 f.,** 210, 318
– nach Maßgabe des § 932 II **183**
– positive Kenntnis 301, 318 f.
Gutgläubiger Erwerb vom Nichtberechtigten
– abhanden gekommener Sachen **188 ff,**
– Anwartschaftsrecht **413 ff.**
– Ausgleichsansprüche **349 ff.**
– bei Abtretung des Herausgabeanspruchs **202 ff.**
– bei Besitzkonstitut **199 ff.;**
– Eigentum **178 ff.**
– Grundschuld **641 ff**
– Hypothek **611 ff.**
– Schutzinteressen **312**
– Schutzwürdigkeit 178
– Vormerkung **663 ff.**

Hauptsache 233, 235, 237, 243, 246 ff., 258 ff.
Herausgabeanspruch
– Abtretung **165 ff.**
– bei gestuftem Besitzmittlungsverhältnis **286**
– beim Besitzmittlungsverhältnis **46 ff.**
– bereicherungsrechtlicher 104, 130, 297
– des Eigentümers 4, 98, 270 ff., **275 ff.**
– des Besitzers **86 ff.**
– Verkaufserlös 20, 213
Herrenlosigkeit **265 f.**
Hersteller 16, 163 f.
– bei Verarbeitung **228,** 230, 243
Hypothek
– Befriedigung des Hypothekars 591, **593 ff.,** 623
– Briefhypothek 549, **562 f.,** 575, 597, 608 ff., 615, 617, 619, 623
– Buchhypothek **564,** 570, 575, 576, 594, 603, 608 f., 614 f., 619, 621, 624
– Gutgläubiger Erwerb **611 ff.**
– Haftung **582 ff.**
– Sicherungshypothek **568 ff.,** 606, 622, 629, 668
– Übertragung **609 ff.**
– Verkehrshypothek **566 ff.,** 581, 608, 615, 618, 622 f.
– Höchstbetragshypothek 571 ff.

Inhaberaktien 196, 255
Inhaberpapiere 196, 255 f.
Insolvenz 104, 118, 284, 374, 376, 388, 427, 433, 436
– Besitzrecht des Insolvenzverwalters 284
Inventar 12, 136

Katasteramt **456**
Konkurrenzen
– Anwendbarkeit neben gesetzlichen Schuldverhältnissen 294 f., **297**
– Anwendbarkeit neben vertraglichen Ansprüchen **296**
– zum Eigentümer-Besitzer-Verhältnis **365 ff.**
Konsumentenkredit **382**
Kontratabularersitzung **555**
s. Ersitzung
Kommissionsgeschäft
s. mittelbare Stellvertretung
körperliche Gegenstände **1**
Kreditsicherung 21, 125, 163, 371, **428 ff.,** 451, 475, 477, 558 ff., 575

Lastenfreier Erwerb **217 ff.**
Lieferschein **386**
Luxusaufwendungen 345, **348,** 355, 359, 363

Mehrstufiger Besitz **53**
Mitbesitz **54,** 100, 140, 171, 195
Miteigentum **120 f.,** 171, 230, 237 f., 244
Mittelbarer Besitz 31, **44 ff.,** 143
vgl. außerdem Besitzmittlungsverhältnis und Besitz
– Besitzschutz **73 f.**
– Erwerb und Verlust **51 ff.**
– Rechtswirkungen **49**
– Voraussetzungen **51 ff.**
mittelbare Stellvertretung (Kommissionsgeschäft) **143 ff.**

Nachbarrecht **497 ff.**
Nebenbesitz 42, 411, 450 ff.
Nebensache 232, 248

Nießbrauch 106, 217, 281, 337, 454, 467
– Rang der Grundbucheintragung **492**
Notstand
– aggressiver **113 ff.**
– defensiver **114 ff.**
– Haftung **117 f.**
– Nothilfe **118 f.**
Notwehr 75, 84
Numerus Clausus **9**
vgl. Typenzwang
Nutzungen 263, 274, 298 f., **305 ff.,** 350, 364 f., 442
vgl. auch Nutzungsersatz im Eigentümer-Besitzer-Verhältnis **305 ff.**

Oderpapiere **255 ff.**
Organbesitz **55, 194 ff.**

Personalsicherheit **374,** 446
Petitorische Ansprüche 62 ff., **97 ff.**
Petitorische Widerklage **91**
Pfandrecht 102, 164, 175, 217, 220, 281, 324, 337, 344, 378, 392, 400, **428 ff.,**
vgl. das jeweilige Recht
Possessorische Ansprüche **69 ff.**
– Abgrenzung zu petitorischen Ansprüchen **62 ff.**
Prioritätsprinzip **487 ff.**
Publizitätsfunktion
– des Besitzes **57 f.,** 64, 79
– des Grundbuches 457, 460, 463 f., 473, 537, 540, 546, 561
Publizitätsprinzip **10**

Rangerwerb **490 f.**
– Tempus-Prinzip **491**
– Locus-Prinzip **490**
Realakt 22, 128, 264
Reallast **654 f.**
Realsicherheit 373 f., 376 f., 560, 598
Recht
– absolutes s. Absolutheit **3**
– dingliches s. dingliches Recht
– obligatorisches **283,** 397, 399 f., 414
– relatives s. Relativität **5,** 287, 320
Rechtsfortwirkungsanspruch 174, **213 ff., 241 ff.,** 367
Rechtshängigkeit **299 ff.**
Relativität der Schuldverhältnisse **5,** 287, 320
Rentenschuld 468, 477, 560, 653, **655**
Risikobegrenzungsgesetz **21**
Rückerwerb vom Nichtberechtigten **449**

Sachenrechte
– Arten **1**
Sache
– Begriff **15**
– neue 222, **225 ff.**
Sachherrschaft
s. tatsächliche Sachherrschaft
Scheck 196, 257
Scheingeheißerwerb **153, 182**
Schuldrechtliches Geschäft
– Unterschied zum dinglichen Geschäft **13**
Schuldurkunden **251 ff.**
Selbsthilferecht **69 ff.**
Sicherungsabrede 157, 437, 440 ff.
Sicherungseigentum 136, 212, 388, 437 ff.
s. Sicherungsübereignung
Sicherungsübereignung
– Anwartschaftsrecht **443 ff.**
– auflösend bedingt **444 ff.**
– Freigabeklausel **440**
– Sittenwidrigkeit **440**
– Unterscheidung vom Eigentumsvorbehalt **436**
– Voraussetzungen **438 ff.**
Sicherungsvertrag **438 ff.**
Sozialbindung d. Eigentums 21, **106 ff.**
Sperrwirkung **304,** 322, 331, 365 ff.
Spezialitätsgrundsatz **11 f.**
Sphäre **23 ff.,** 38 f.
Störer **69 f.,** 84, 95, 337
Streckengeschäft **152 f.,** 182

tatsächliche Sachherschaft 5, **22 ff**
Tiere **1,** 267, 305, 346, 363 f.
Treuhandeigentum **123 ff.**
Typenzwang 9, 18, 130, 457, 560, 631

Überbau **236**
Übereignung
vgl. außerdem Eigentumserwerb
– Bestimmtheitsgrundsatz 12 f., 17 f., 20, 32, 51, 56, 125, **127 ff.**
– falsa demonstratio non nocet bei Grundstücksübertragung **528 ff.**
– Formen der §§ 49 ff., 53 ff., 186 ff.
– kurzer Hand **148**

– langer Hand **149**
– Sachgesamtheiten 1l **136**
Übergabe **140 ff.**
– Besitzaufgabe **141**
– durch und an Geheißperson **150 ff.**
– longa manu **149**
– Mitbesitz **171**
– Voraussetzungen **141 f.**
Übertragung
vgl. Übereignung
Unentgeltlichkeit 214, 301, **312 f.**, 350 f., 363
Unmittelbarer Besitz
vgl. Besitz
unrechtmäßiger Besitz 274, 285, 331
– Ansprüche des Eigentümers **270 ff.**
vgl. Eigentümer-Besitzer-Verhältnis
– Herausgabeanspruch d. berechtigten Besitzers **86 ff.**
Unterlassungsanspruch4, 236, 273, **499 ff.**
– Abgrenzung zum Herausgabeanspruch **336**
– Beseitigung **95**
– Duldungspflicht 4, **336 f., 507**
– Einwirkung **337, 501**
– Störerbegriff **504**

Verarbeitung **225 ff.**
– Ausgleichsansprüche **240 ff.**
– Eigentumsvorbehalt **423 ff.**
– Hersteller **228**
– Verarbeitungsklausel **230**
Verbindung **231 ff.**
– Ausgleichsansprüche **240 ff.**
– Bestandteil **233**
– Hauptsache s. dort
– Nebensache s. dort
– Scheinbestandteil **234**
verbotene Eigenmacht 30, 49, 61, 64, **70 ff.**, 321, 366
– Begriff **71**
– des Besitzdieners **80 ff.**
Verbraucherkredit 21, **38**
Verfügung 13 f., 16 ff., 120, 124, 127 ff., 172 ff., 213 ff., 233, 282, 294, 297, 388, 390, 395 f., 404, 408, 442, 446, 449, 470 f., 520, 522, 542, 550, 578, 586, 613, 656, 661, 664 f., 671
– eines Minderjährigen **208**
– eines Nichtberechtigten **172 ff.**
– Genehmigung 134, **184,** 215 f.
Verfügungsgeschäft **14 ff**
– Abgrenzung zum Verpflichtungsgeschäft **13**
Verkehrshypothek **566 f.**
s. Hypothek
Vermischung **238**
– Ausgleichsansprüche **240 ff.**
Verpflichtungsgeschäft 13, 15, 18, 127, 129, 135, 207, 385, 438
Vertragspfandrecht 378, **428,** 433
Verwendung 90, 248, 273, **338 ff.,** 433
– Wegnahmerecht **353 ff.**
– Begriff **339 f.**
– gewöhnliche Erhaltungsmaßnahme **346,** 350, 363
– Luxusverwendungen **348,** 357
– notwendige **346,** 356, 363 f.
– nützliche **347,** 357
– Verwendungsersatz **338 ff.**
Verwertungsrecht 454, **468,** 559, 561, 590 ff., 654
Vindikationslage **275 ff.**
Vorbehaltseigentum 379 ff.
s. Eigentumsvorbehalt
Vormerkung **635 ff.**
– gutgläubiger Erwerb **663 f.**
– Voraussetzungen **659**
– Zweck **656 ff.**

Warenkredit 371
Wechsel **257**
Wertpapiere **255 ff.**
Widerklage, petitorische **91**
Widerruflichkeit d. Einigung **138 f.**
Widerspruch 471, 480, 528, 542 ff., **671**
Willensmangel 135, 449
Wucher **16**

Zubehör **235**
Zurückbehaltungsrecht 90, **292 f., 362,** 433
Zwangshypothek **591**
Zwangsversteigerung 487 f., **492 f.,** 591, 597, 662
Zwangsverwaltung 565, **591**
Zwangsvollstreckung 550, 587, 623, 647
– bei Grundpfandrechten 559, **591 ff.**
– bei Herausgabeverlangen d. Eigentümers **457**
Zwischenverfügung 169, 219, 282, 390, **395 f.,** 449